全国广播电视艺术高考指南丛书

主持人话题宝典
ZHUCHIRENHUATIBAODIAN

（第 3 版）

主　编　李建伟
副主编　董彦君

河南大学出版社
HENAN UNIVERSITY PRESS

图书在版编目(CIP)数据

主持人话题宝典 / 李建伟主编 . —3 版 . —郑州 : 河南大学出版社, 2017.3
ISBN 978-7-5649-2756-1

Ⅰ. ①主… Ⅱ. ①李… Ⅲ. ①主持人－高等学校－入学考试－自学参考资料 Ⅳ. ①G222.2

中国版本图书馆 CIP 数据核字 (2017) 第 068576 号

责任编辑　柳　涛　姚占伟
责任校对　朱春华
封面设计　王　韧

出版发行	河南大学出版社
	地址：郑州市郑东新区商务外环中华大厦 2401 号
	邮编：450046
	电话：0371-86059712（高等教育与职业教育出版分社）
	0371-86059713（营销部）
	网址：www.hupress.com
排　　版	郑州市郑东新区大艺图文设计商行
印　　刷	开封智圣印务有限公司
版　　次	2017 年 7 月第 1 版　　印　次　2017 年 7 月第 1 次印刷
开　　本	787mm×1092mm 1/16　　印　张　19.25
字　　数	468 千字　　　　　　　　定　价　42.00 元

（本书如有印装质量问题，请与河南大学出版社营销部联系调换）

前　言

　　我这次对《主持人话题宝典》所做的修改，是基于对播音与主持艺术、广播电视影视编导专业考试模式与理念变化、革新的思考。

　　河南大学作为全国较早开设播音与主持艺术专业的院校之一，在过去的20多年时间里，为社会培养了一大批优秀的广播电视专业人才，该专业在社会上的影响也越来越大。从2003年起，我一直参与河南大学以及河南省播音与主持艺术等艺术类专业的统考工作，发现大多数考生在准备面试环节的"即兴评述"（模拟主持）时非常盲目，这可能与他们缺乏合适的、便于自学的参考资料有关。本着服务考生的理念，我召集相关专业的师生搜集了大量资料，参考了几十本即兴口语表达方面的书籍，并且分析了它们的优缺点，编撰了《主持人话题宝典》一书。该书问世以来，深受广大考生欢迎，连续再版多次，一直在北京王府井图书大厦、西单图书大厦热销。

　　随着时间的推移和形势的发展，书中的部分内容显得多少有些不合时宜，出版社建议我重新修订这本书。我们在这次修订的过程中，力争使《主持人话题宝典》做到话题选择的典型性与前瞻性并重、话题内容的逻辑性与口语化相结合，使之具有科学性、知识性与趣味性。

　　本次修订是围绕着高校最新的播音与主持艺术、广播电视影视编导专业考试大纲而展开的。《主持人话题宝典》的目标读者，不仅仅局限于播音与主持艺术专业和广播电视编导专业的考生，也适合影视与戏剧文学、戏剧表演类等专业的考生。相信这本书会对他们的专业考试有较大帮助。

　　我们修订时对原书的有关内容进行了修改和增减，丰富了该书的内容。同时，我们也对该书的其他方面进行了调整和补充：

　　1.把"即兴评述、即兴主持概述"单列并作为第一部分，更加细致地按照高考流程进行了讲解和备考规划。

　　2.对"即兴评述话题示例"进行了修补。我们及时更新了中学生素质、时事·政治、人生感悟、名言解读、文艺·体育、校园一瞥、地球家园、影视与广告、播音与主持等方面的案例，真正做到了以播音主持、影视编导专业学术理念为导向，密切关注热点问题的原则。

　　3.在书后附录中修订了主持人话题练习，增加了2012～2016年高考语文作文题，以有利于考生综合练习。

为了能使《主持人话题宝典》的内容更加丰富,我们在自己撰写的同时,还从互联网上下载了一部分参考资料,所以有些引文内容的出处无从确定,在此向作者表示歉意。请作者在看到文章之后与我们联系。

再次真诚地感谢读者的厚爱,期待着读者批评指正。

李建伟
2016年10月于河南大学

目　录

第一部分　即兴评述、即兴主持概述 / 1

　　第一节　即兴评述环节讲解 / 2
　　第二节　即兴主持环节讲解 / 4

第二部分　即兴评述话题示例 / 9

　　第一节　中学生素质 / 10
　　第二节　时事·政治 / 31
　　第三节　人生感悟 / 49
　　第四节　名言解读 / 83
　　第五节　文艺·体育 / 123
　　第六节　校园一瞥 / 132
　　第七节　地球家园 / 159
　　第八节　影视与广告 / 168
　　第九节　播音与主持 / 185

附录一　即兴评述话题分类练习题 / 219

附录二　历年高考作文题汇编 (2002 ~ 2016) / 255

后　记 / 299

第一部分　即兴评述、即兴主持概述

第一节　即兴评述环节讲解

即兴评述实际上就是一篇口头小议论文，完成时间一般要求不超过5分钟，不少于3分钟。考生准备的时间也不长，抽取题目后准备5分钟左右，就进入考场。即兴评述的题目都是议论性的，内容基本上都在高中生所应掌握的知识范围之内。比如"就初中生'早恋'现象谈谈你的看法""你如何看待当前开展的学雷锋活动""谈谈你对'最美妈妈'的认识""我看'杜甫很忙'现象""谈谈你最喜欢的动物""谈谈你喜欢的一句格言""谈谈你对选秀类节目的看法"等等。应该说，这样的题目都是有话可说的。

考生应如何备考即兴评述呢？笔者在此提出以下六点建议，供广大同学参考。

第一，要审题立论。考生抽到题目之后，要认真审题，弄清楚考题要你议论的是什么，这是第一步，也是最重要的环节。（进入考场之后，主考一般在考生抽取题目后，都让考生把题目出声朗读一遍，目的就是让考生明确并且记住、记准题目）

在准备的时候，首先要有一个明确、准确而正确的观点，这就是"立论"。观点既要明确还要正确，只明确不正确也不行。比如"就初中生'早恋'现象谈谈你的看法"一题，如果你说"初中生'早恋'也没有什么，处理好了还可以促进学习，使事业、爱情两不误"，这个观点虽然很明确，但不能说是十分正确的。有了明确而又正确的观点，才有话可说，有话好说。

第二，确立提纲结构。考生确立了观点之后，就要迅速围绕观点思考出一个提纲，理清议论的思路。因为考生准备的时间很短，又不能写提纲。所以，所谓的提纲也只能是一个大致的提纲，而不是详细的提纲，关键是把议论的结构"搭"起来。这时，思维要积极活跃，思路要尽量开阔。比如"就初中生'早恋'现象谈谈你的看法"一题，提纲和结构可以这样设计：

观点：初中生谈恋爱是不对的。

其一，危害性：影响学习，辜负父母老师的期望等等。

其二，如何解决这一问题：中学生自身、家庭、学校、社会等。

其三，结论：树立远大人生理想和目标；发奋学习，立志成才。

准备完提纲，如果还有时间，你可以再把开头的话和结尾收场的话想一想，再适当增加些典型的案例，争取设计得精彩一些。诗人杜甫说得好："语不惊人死不休。"所以，要开好头，收好尾，把主干论述得可信、丰富。

第三，联系实际，巧用例证。在确立好即兴评述的提纲之后，就要用例证去丰富自己的观点，以避免空空其谈。即兴评述是要考生谈谈对某一问题的看法，而不是让考生做一篇理论文章或学术演讲。因此，考生不必把问题想得太复杂、抽象、"理论化"。有的考生不明此道，一开始就拉了一个很大的架势，一上来就说了一堆堂皇而又空洞的话，反而显得华而不实。

无论什么题目，评述就是有逻辑性地谈自己对某一现象的看法。你是怎么认为的就怎么谈，不要去揣摩主考的心思，投其所好。联系实际，是最好的方法，就是联系自己的实际，联系自己身边人的实际，联系自己所熟悉的社会环境的实际，谈自己最为熟悉的、最有感受的人和事，这样才能更容易有感而发、入情入理。

第四，强行记忆，边想边说。即兴评述对考生强行记忆能力也是一个检验。快速想好了提纲，想好了事例，就要反复练习以加强记忆。首先是把大的分观点和大的结构记住，然后再强行记忆分观点的小观点和小结构。说的时候，要一边想一边说，不要试图去背诵准备的原话，而要去说观点的意思。另外，也不要用一种流利和生动的"演讲调"，这样容易给主考一种事先押中了题而临场背诵的感觉。不用担心说得不精彩和不流畅，精彩和流畅都是相对而言。偶有重复、不顺畅，包括词语的不太准确，在即兴口语表达中都是正常现象，关键是要言之有物，言之有理，能自圆其说。

第五，自信、连贯，一气呵成。即兴评述的成功与否，与应考者的自信心强弱有直接关系。准备得再好，怯场、不自信也难以出色发挥。即兴评述的考试一般都是在电视演播室的环境下进行。有的考生第一次进入这样的环境，在聚光灯下，面对摄像机镜头，的确容易紧张。因此，自信心就显得更为重要。在即兴评述时，要大胆自信，尽量做到语句连贯，一气呵成。

第六，自拟题目早练习。即兴评述这种短时间内口脑并用、口头作文的能力对人的综合素质要求较高，没有平时的实践积累，难以一蹴而就。因此，有志于播音与主持艺术专业的考生，可以通过平时自选题目、自我评述的方式，加以练习，积累经验。临参加考试之前的一两个月内，闲暇之余，考生可以抽出一点时间，自拟一个题目，先准备几分钟，再评述几分钟。开始可以准备的时间稍长一些，如准备20分钟，然后说上3至5分钟。随着练习次数的增加和经验的积累，准备时间可以逐渐缩短，关键是要熟悉这套程序和方法。考生可以请自己的家人或同学帮助自己练习，请他们做听众，事后帮助分析不足，挑毛病。当考生练了几十个题目以后，即兴评述的能力自然就会大大提高和增强了。

【提醒】

准备即兴评述时切不可试图把要说的每一句话都想好，因为无论是主观上和客观上都做不到这一点。有些考生在评述时往往说了一半，甚至只说几句话就说不下去了，其中有的就是因为他没有把提纲和结构准备好，话说了一半就不知道往下再说什么了；还有的考生是因为下意识要求自己在考场上要按照自己打的草稿一字不差的评述，其结果或是因为个别地方忘词而尴尬，或给主考背诵的感觉。这些是广大考生特别要吸取的教训。

另外，要切记"功到自然成"。训练到一定程度，即兴评述的能力就会大大提高，考生在应对时才能得心应手，游刃有余。

第二节　即兴主持环节讲解

　　即兴主持是一个考查考生应变能力的环节，也是最贴近播音与主持艺术专业的环节。"即兴"一词，《现代汉语词典》的解释为：对眼前景物有所感触，临时发生兴致而创作。这样的创作情境，电视节目主持人时常遇到，有的是"兴致而创作"，有的则是因情势所迫而为之。无论哪种情况，即兴主持都应是稍加思索后的脱口而出。而在有限时间内巧施经营得来的连珠妙语，正是即兴主持的魅力所在。

　　1. 主持人的分类和考试应对技巧

　　主持人参与节目的策划、组织、串联、编辑，是节目演播阶段的指挥者和代言人，要有采、编、播、评等素质。他们参与制定选题，进行现场采访，善于在错综复杂的大千世界中捕捉新闻，有较强的新闻敏感度，能够深刻地反映最新的有价值的新闻。他们善于现场采访、提问议论，敏于思考，对新闻的报道有思想深度。一般来讲，按照节目的不同，主持人分为如下8类。

　　（1）新闻节目主持人

　　新闻节目主持人有四种类型，即以事件性动态新闻为主的新闻联播节目主持人，能容纳多种内容的杂志型新闻节目主持人，带有讨论、评论、辩论色彩的新闻论坛节目主持人，以人物专访为主的访问节目主持人。

　　（2）综艺节目主持人

　　综艺节目主持人也有四种类型，即以推出各类艺术表现为主的综艺欣赏节目主持人；以讨论不同门类娱艺术为目的的综艺讨论节目主持人；以明星访问为主的综艺访问节目主持人；综合各种小栏目，以轻松愉悦的格调为主的板块节目主持人。

　　（3）体育节目主持人

　　体育节目主持人有三种类型，即体育新闻节目主持人、专项体育运动节目主持人和综合节目主持人。

　　（4）教育节目主持人

　　教育节目主持人有五种类型，即科学教育节目主持人、文化节目主持人、知识节目主持人、法律节目主持人和时事节目主持人。

　　（5）服务节目主持人

　　服务节目在国外被称为信息节目。这种类型的节目有两种样式：一种是综合服务节目，一种是定向性专门服务节目。

(6) 儿童节目主持人

儿童节目既有综合性，又有很强的专门性。世界各国都将儿童节目作为对象性节目，主持人也相对具有独立性。

(7) 对象性节目主持人

对象性节目面对不同的收视对象而设立，在我国分为青年节目、老年节目、科教节目、对外节目、妇女节目、少数民族节目等。对象性节目大多为综合性节目，以杂志型样式出现。

(8) 特别节目主持人

除了长期固定栏目，电视屏幕还会推出各种临时安排的一次性特别节目或者在一段时间内而推出的节目。这类节目大部分是文艺节目，有特别的传播意向。这类节目主持人大多由著名专职节目主持人或者特邀嘉宾主持人来主持。

这个考试环节的关键在于考生能否有良好的应变能力，考生要敢说、能说、会说，要说通、说顺、说巧、说妙。要想在这个考试环节中获得好成绩要做到以下几点：

第一，考生要对自己充满信心。即便是心里很紧张，也不要让考官们看出你的紧张状态。

第二，即兴主持力求稳中求新。考生要在具备播音与主持基本素养的基础之上添加创新意识，让考官感觉你有与众不同的独特一面，这样才能给考官留下深刻的印象。

第三，多方面准备。在全身心投入即兴主持的过程中也要留意考官对你的反应。

第四，冷静应对突发情况，谦虚、认真地回答考官的提问。突发情况大部分是评委在考验你，在某一程度上也证明了评委已经对你产生了兴趣。在考生主持的时候，考官会突然让其停下。这时有的考生就此为止，有的还会满头雾水。此时，最好的办法就是跟上几句话。例如，添加一句"广告之后马上回来"等，这样考官会感觉到你较强的应变能力。

第五，要注意考场内摄像机的机位，千万不要对它产生恐惧，更不要站错位置。

第六，某些学校会在即兴主持环节为考生配备一个搭档进行主持。千万要注意不要和搭档抢话，更不要以为谁说得多谁就是胜利者。两个人要形成一定的默契，要在即兴主持中展现出团队合作的精神。

实践证明，即兴主持大都以话题的方式进行；考生在即兴主持这一环节，进入话题和结束话题的技巧对得分有重要影响。为了使考生的即兴主持更出彩，就不能不讲究话题的设计，就不能不讲究话题的进入和结束乃至衔接的方式和技巧。

2. 即兴主持话题进入技巧

(1) 开门见山，亮出主题

开门见山式的话题进入方式是从传统的有稿播音演变而来的，是最为简单的话题进入方式。如："听众朋友，大家好！今天《家居服务》栏目的第一个话题是和朋友们谈一谈如何装饰飘窗。"这类开头的优点是直入主题，极为简洁。一般内容比较简单的话题或者在节目内容排得较满又较为紧凑的时候，用这种开头方式较为有利。它的不足是较为单调，对有些话题显得缺少铺垫，生动情趣性稍显不足，并且多少还有些旧式有稿播音的痕迹。

(2) 情景相融，借景引题

考生在即兴主持中通过对周围景物或环境因素的观察、捕捉、触景生情、借景抒情地进入话题，可以为节目营造出一种和谐、亲切的现场气氛。运用这种技巧需要注意的是，借用景物和环境因素不可牵强附会、矫揉造作。如："今天，5月27日，是英雄的城市上海解放48周年的喜庆日子。此刻，流光溢彩的夜上海沉浸在节日的欢乐中。面对陈毅同志的雕像，侧耳倾听黄浦江悠远的涛声，此情此景，此时此刻，我们更加缅怀新中国诞生后的第一任上海市市长，也是伟大的革命家、政治家、元帅、诗人陈毅同志……"

（3）以小见大，逐层递进

有些稿件资料内容较长而且较复杂，还有一些稿件资料不容易一下子引起受众的兴趣。这个时候，如果采用开门见山的方式进入话题效果就不佳，就需要考生设计一个渐进式开头，作适当的铺垫。比如，有这样一篇稿件："广东省第四届大学生科技学术节之生物化学实验技能大赛决赛在华南农业大学举行。暨南大学参赛队的地沟油含量鉴别方法颇引人注意。他们希望可以通过分离氯离子的方式确定地沟油的含量。"如果主持人就这样原封不动地开始话题，这个话题就未必能引起受众的收听兴趣。如果考生设计一个渐进式的开头，则效果大为不同。如："观众朋友，专家告诉我们地沟油的毒性百倍于砒霜。每年多达300万吨的地沟油流向国人餐桌。你每吃十顿饭，可能有一顿碰上的就是地沟油。中国人一年吃掉300万吨地沟油，难怪我们自嘲'有和蟑螂一样的生存能力'。在一个注重食品安全的时代，理想的状态是，你下馆子吃饭时，随手掏出一张化学试纸浸到饭菜里，过一会儿拿出来跟谱表比比，然后大叫：'掌柜的，你这油有问题！'但现实是，截至目前，科学家们还没有找到一种理想的、方便的检测和鉴别地沟油的手段。但是，在广东省第四届大学生科技学术节之生物化学实验技能大赛决赛中，暨南大学参赛队的地沟油含量鉴别方法颇引人注意。他们希望可以通过分离氯离子的方式确定地沟油的含量。队员施亚运介绍，他们将地沟油和水混合，利用超声波方法，使得油相中的氯离子进入到水中，再测量水中氯离子含量。下面呢，我们就来谈一谈这个话题。"

这种渐渐把内容引入话题的方式，使话题进入自然、轻巧又富于情趣，容易引起受众的收听兴趣。有些不太复杂的内容采用这种渐进式开头也容易减小主持人与受众之间的距离，使人感到亲切、热诚。实践证明，具有铺垫作用的渐进式开头，是较为有效的，也是主持人使用频率较高的一种话题进入方式。

3. 即兴主持话题的结束技巧

（1）首尾呼应式结尾

首尾呼应式结尾是指在开头和结尾的内容上要有着极其密切的关系的一种结尾方式。它可以使内容更为完整，结构更为紧密，是对同一情况作出的解释、说明和交代。对于此种情况，考生要注意做到：一是前后内容要有内在的联系，要能够互相搭配，互相衔接；二是前后内容和精神实质要一致。譬如，如果前面的句子是歌颂赞扬性的，那么呼应的结尾也必须是歌颂赞扬性的。

如开头："清明节是我国传统节日，也是最重要的祭祀节日，是祭祖和扫墓的日子。扫墓俗称'上坟'，是祭祀死者的一种活动。汉族和一些少数民族大多都是在清明节去扫墓的。"结尾："我们思念悠久的古人，我们思念至爱的亲人，我们思念为共和国浴血奋战的烈士，我们思念为人民生命财产而舍身的英雄……我们思念的人很多。'清明时节雨纷纷'，放下案头的工作，出去走走，看看值得你思念的人们。他们很期待你的到来，哪怕你还撑着一把油纸伞！"

(2) 点评式结尾

点评式结尾要求考生着眼于此次的话题，合理总结，提出分析，发表意见。这样的结尾不是例行公事，而是充满一种人文关怀。如：

从下周六开始，一年一度的春运要拉开大幕了。每年春运的压力一直居高不下，今年还有新的挑战：一是天气情况不容乐观，出现低温雨雪等恶劣天气的可能性较大；二是返乡客流量大，比去年可能又有所增加；第三，今年由于抢票插件的出现，加剧了不会使用电脑人群的购票难度。虽然这些挑战伴随春运，但我们仍然想提前祝愿回家过年的人们，能在社会各界的努力下一路顺风。好了，本周的内容就先聊到这儿，下周的内容咱们下周再聊。《朝闻天下》祝您周末愉快。

(3) 联想式结尾

有些即兴主持的内容需要由考生在结尾作举一反三的联想和引申，引导受众去合理展开联想。联想式结尾的思维方式较为开放，但也给考生提出了较高的要求。如开头："什么是爱情？爱情是音乐：初恋是轻音乐，热恋是摇滚乐，结婚是通俗乐，离婚是流行乐。但我想没有人会喜欢这样的流行乐吧。"结尾："爱情到底是什么样子呢？每一个人眼中的爱情都不一样，但有一点是一样的，就是幸福的感觉。当我闭上眼睛的时候，我就会想起他的样子，想起他的种种好。原来爱情就是这样的……好了，今晚的《城市心情》到这里就要和朋友们说再见了，我是×××，感谢好朋友们这一个小时的陪伴，也感谢今晚的导播×××。下期节目我们再会，晚安！"

(4) 综合式结尾

有时，即兴主持用单一方式结尾往往不能够满足表达的需要，那就可以采用几种话题结束方式综合并用的技巧结束主持，即利用不同话题首尾方式的多样性和一次节目话题设计的整体和谐性，力求达到这几方面的完善统一。只要考生能勤于思考，勤于实践，勤于总结，就一定会有更多更丰富的创造。

【练习】

(1)《同一首歌》的演出现场，活动即将因周杰伦的出场而再次达到新的高潮，现在请你继续主持本次演出。

(2) 在某题为"现代社会竞争与合作哪种模式重要"的辩论赛现场，双方选手激辩正酣，难分难解，现在请你担任此次活动的现场主持人。

(3) 国祭日当天，假设此时全国默哀刚刚结束，你身处闹市，请自定采访主题，自拟问题，面对镜头对路人A进行实时采访。

(4) 在某大学校园内举行人才招聘会期间，请你以某民生关注类节目主持人的身份主持本档节目，并对大学生A进行采访。采访主题自定。

(5) 大年三十上午十点，北京西站广场，请你以前方记者身份，主持对因大雪天气滞留在车站等待返乡的民工A的采访报道。自定主题。

(6) 请你想象高中毕业十周年同学聚会，并主持这次活动。

（7）广受社会关注与期待的影片《归来》今日上映。请你在电影院门口采访刚从电影院出来的观众A，主持此次直播报道。

（8）某个正在直播的质量监督类节目，大屏幕刚刚播放完暗访记者拍下的劣质火腿肠生产过程。请你继续节目的主持。

（9）某个大众娱乐挑战类节目，选手A将挑战高空走钢丝穿越大峡谷，此时画面切到演播室，请你继续主持节目。

（10）网上曝出北京朝阳区水碓子东里社区内25号楼下，突然出现一个"集装箱蜗居"。这个由集装箱改造的移动房屋，内有床垫、柜子等家具，顶部有空调。请你以特约记者身份主持对该事件的采访报道。主题自定。

第二部分 即兴评述话题示例

第一节　中学生素质

1. 你是如何理解合作与竞争之间的关系的？

　　我认为竞争与合作是辩证统一的关系，竞争离不开合作，合作也离不开竞争。从形式上看，竞争与合作是对立的；从本质上看，二者又是相互伴随、相互统一的。合作是人们为了达到某个共同的目标而有序分工、相互配合、相互协作的工作模式。精诚的合作是取得成功的关键。通过合作可以使人们相互促进，互惠互利，扬长避短，最有效地利用人力、物力资源。在合作中人们可以激发创造性，迸发新思维，开阔视野，培养团队协作能力。竞争是不同的个体或群体为了达到同一目标，按照一定的规则和标准展开的竞赛与较量。当然，竞争是要在道德和法律允许的范围内进行的。通过竞争可以激发学习热情，提高工作效率，开发潜能，取得更大的进步。

　　希腊的船业大亨欧纳西斯说过：要想成功，你需要朋友；要想非常成功，你需要的是比你更强大的对手！从这句话中我们就可以看出竞争与合作是密不可分的；既竞争又合作，我们才能成功。就拿我们身边的事例来说。我们同学之间在学习上都存在着竞争与合作的现象。有的同学可能不想与他人分享和探讨自己所掌握的知识，这样纵使取得了好成绩，但也只是暂时的。因为缺乏竞争意识和合作意识的人只会把自己孤立起来，闭门造车，这样的人是永远不会成功的。

　　所以，我们要学会在学习中竞争，在学习中合作，这样才能达到取长补短、共同进步的效果。

2. 你是如何理解内在美和外在美的？

　　我认为内在美就是有涵养、思想素质高、心地善良、性格好等。内在美并不直接表现出来，而是通过一系列的行为举止、谈吐气质等表现出来的。外在美就是有着靓丽的外形、魔鬼般的身材、姣好的面容、标准的五官等。外在美是可以很直观地用肉眼捕捉到的，不大会反映出人的内心，而且会很快地消逝。时间可以消磨一个人的外在美，但是内在美是任何东西都磨灭不了的。人们常说："心灵美才是真的美。"可见，内在美较之外在美更重要，也更值得称赞和学习。另外，对于我们学生来说，过分地追求外在美就会浪费学习时间，长时间下去就会影响学习成绩。试想，一个正在奋战高考的学生每天花费一两个小时打理自己的头发，怎么还会有时间和精力花在学习上？但反过来，如果太不注重自身的外在形象，对自己的言行举止和穿着全无心思，甚至邋遢不堪，这也是不可取的，因为那样会让人怀疑他的内心是否理性严谨，会让人产生不信任甚至厌恶的情绪。

总的来说，内在美和外在美是缺一不可的，缺了其中一种都会使另一种黯然失色。当然，两者相比较而言，内在美还是比外在美更重要。只有内在美才是真正的美，是有内涵的美，是可以经得起时间考验、不易被改变的美，而外在美却是有些肤浅的。外在美是天生的，内在美却是可以通过后天培养而形成的。当然两者兼备的人是最受欢迎的，我们都要努力使自己成为内在美和外在美兼备的人。

3. 有这样一则寓言：两匹马同行，一匹马将另一匹马的脖颈咬伤了，结果被咬的那匹马不但没有发怒，反而去安慰因咬伤自己而羞愧不安的马。故事虽小，却揭示出世间最动人的情感，那便是宽容。谈谈你对"宽容"的理解。

19世纪的法国文学大师维克多·雨果说过这样一句话："世界上最宽阔的是海洋，比海洋宽阔的是天空，比天空更宽阔的是人的胸怀。"我国有句古语：宰相肚里能撑船。这些无不体现出宽容的品质。宽容是一种美德，是一种饶恕，是一种博大，是一种极高的人生境界。

宽容是一种美德。宽容不是突然凌空出现的，不是短期能够形成的，而是一种长期的修养与沉淀。当然，宽容也不是一味地、毫无原则地做老好人，而是要把握一定的度，要有原则和底线，更要在法律和道德允许的范围内进行。过度的宽容就是纵容。

宽容是一种饶恕。一个宽容的人能够体谅别人的无可奈何，能站在对方的角度看问题，原谅对方的过失和不当。宽容的人大多有着一颗金子般的心，遇事不斤斤计较，不会纠结于眼前的小事，眼光更加长远。

宽容是一种难能可贵的姿态，一种恰到好处的智慧，一种博大的胸怀。"人非圣贤，孰能无过？"我们每个人都不是完人，都会犯错。因此，对别人宽容的同时也是在宽容自己。

鲁迅先生曾经说过："渡尽劫波兄弟在，相逢一笑泯恩仇。"懂得宽容的人有着平淡从容的内心，能够很好地处理自己的人际关系，既成全了他人也升华了自己。对别人最大的恩惠有时候就是宽容。或许我们一个小小的善举就会拯救了他人，那么我们何乐而不为呢？如果人人都能宽以待人，相信我们这个社会也会越来越美好。

4. 美国总统威尔逊说过这样一段话："我们因梦想而伟大，所有的成功者都是大梦想家，在冬夜的火堆旁，在阴天的雨雾中，梦想着未来。有些人让梦想悄然地灭绝，有些人则细心培育、维护，直到它安然度过困境，迎来光明和希望。"你是如何理解"人因梦想而伟大"这句话的？

马丁·路德·金的《我有一个梦想》的著名演讲轰动了全球。在演讲中，他曾提到过"人因梦想而伟大，因筑梦而踏实"。我们每个人都是自己人生的主角，都应该主导自己的人生戏剧。但是，有时候，我们可能也会走错舞台，会成为别人的配角。问题的关键就在于我们如何接受挑战、战胜困难，把自己的梦想坚持下去。

李安毕业后，六年没有活干，靠老婆赚钱养。他一度想放弃拍电影，还报了个电脑班想学点技术打工补贴家用。他老婆知道后直接告诉他："全世界懂电脑的那么多，不差你李安一个，你该去做只有你能做的事。"后来，李安拍出了一些全世界只有他能拍出的电影。

有一天，洗车行开来了一辆"劳斯莱斯"。一个擦车小弟非常欣喜地摸了下方向盘，可是被顾客发现了，还挨了一巴掌。顾客告诉他："你这辈子都不可能买得起这种车。"后来，这个擦车小弟买了六辆"劳斯莱斯"。这个擦车小弟叫周润发。

这样的事例还有很多。故事里的主人公有一个共同的特点，那就是心怀梦想、永不言弃。最初，他们是不幸的，过的日子远不如一般人。最初，实现梦想对他们来说那么不切实际，几乎没有人相信他们会成功。他们受尽非议，但是从未放弃梦想，坚定地、一步步地走下去，并最终实现了自己的梦想。

我们每个人都有自己的梦想。梦想是美好的，实现梦想的道路是曲折的，但是只要我们的梦想引力足够强大，实现梦想的决心足够坚定，它就会激发出我们无穷的潜能去推动梦想的实现。可能有些人到最后还是没有实现自己的梦想，但是，只要心存梦想并为之付出真心和努力，这就是伟大的，是值得敬佩的。

5. 有句谚语："压力就是动力。"请谈谈你对"压力就是动力"这句话的理解。

作为社会中的独立个体，我们每个人都会有压力，只不过不同的时期承受的压力来源不同而已。上学时，我们有学习的压力；就业了，我们有工作的压力；成家了，我们有养家糊口的压力。既然压力时时有、处处在，那我们就不能逃避也无法逃避，只能勇敢地面对它，接受挑战。大家或许都听过这样一句话："如果你想翻墙，请先把帽子扔过去。"人都是有惰性的，很多时候，我们需要破釜沉舟，断绝自己的后路，这样才能拼尽全力，达成目标。

一条猎狗跟随主人出去打猎，发现了一个兔子窝。为了在主人面前邀功领赏，这条猎狗主动去追击兔子。兔子机灵地拔腿就跑，猎狗最终也没有追上兔子，一无所获。主人见状嘲笑猎狗还没有兔子跑得快，并不允许猎狗吃午餐。猎狗辩驳道，虽然它和兔子都在奔跑，但一个是为了饭食而跑，一个却是为了保全性命而跑。主人笑了笑告诉猎狗说，如果它再捉不到兔子，猎人就把它当猎物。从此，猎狗比之前跑得快了好多。

动物尚且如此，何况人呢？德国天文学家开普勒，从童年开始便一直多灾多难。先是天花让他满脸麻子，后来是猩红热弄坏了他的眼睛；虽然他的学习成绩一直名列前茅，但不幸的是，父亲欠债又使他失去了读书的机会。在以后的生活中，他又经历了多病、妻子去世、良师去世等多重打击，但他并没有放弃、一蹶不振，而是依旧学习、研究天文学。终于在59岁时，他发现了天体运行的三大定律。他把一切不幸都化作了推动自己前进的动力，以惊人的毅力摘取了科学上的桂冠。

上面的事例中，主人公都是将压力化为动力而取得的成功的。面对压力，一味地逃避是不行的，只有勇敢地接受，主动出击，正确地把压力转化为动力，才能取得最终的成功。

6. 节约是一种美德。

勤俭节约自古以来就是我们中华民族的传统美德，是一种难能可贵的品质，更是一种境界。勤俭节约总是被看作是持家立业的根本、定国安邦的保证，是一个人事业有成和国家综合发展的重要因素。

在《周总理的睡衣》这篇课文中，周总理的那件睡衣补了又穿，穿了又补，直到逝世那天，仍然穿在身上。他的一双皮鞋一穿就是20多年，一块上海牌手表一直戴到心脏停止跳动。在节俭方面，周总理为我们树立了光辉的榜样。之前听过这样一则故事：一家杂志社举行"打造节约型社会"有奖征文活动，应征的稿件堆积如山。应征者中不乏专家、学者。但出人意料的是，特等奖获得者却是一名普普通通的中学生。原因就是他是唯一一个把征文稿件打印在正反两面纸上的人。或许，我们中的有些人对此会感到不屑，那是因为他们对奢侈浪费的现象已经司空见惯，觉得没什么大不了的。我们经常看到空无一人的教室里电灯长明；水龙头哗哗地流着水，无人理睬；餐厅的盘子里还有未吃完的饭菜堆得像座小山……

就我们身边的节约用水来说，许多人或许还不知道节约用水的意义。那么我们一起来算一笔账：一吨水大约可炼钢150千克，生产化肥500千克，织布220米，磨面粉34袋。"滴水成河"，如果人人都节约用水，那么我们就可以大有作为。

所以，勤俭节约并不需要我们作出多大的牺牲，而是要我们从身边的小事做起，从节约每一张纸、每一粒粮食、每一度电、每一滴水等开始。我们能做的还有很多，只要我们心中有节约意识，处处留心，节约每一点资源，那就是我们为自己的祖国作出的贡献。

7. 谈谈你对"榜样的力量是无穷的"这句话的理解。

"榜样的力量是无穷的"是我们经常挂在嘴边的一句话。我们的先人早已提出"以人为镜，可以明得失"这样的至理名言。实际上，先人的这句话讲得也是榜样的力量。

2006年感动中国十大人物之一的华益慰，从当医生的那天起，便将白求恩作为自己的榜样。雷锋这样的榜样，也在不知不觉中从古老的中国影响到美国的西点军校。可以说，世界上任何一个不断发展、奋力进取的民族，都不会忽视榜样的力量。榜样的力量是无穷的。榜样，就好比是一座明亮的灯塔，指引着人们前进的方向；榜样是永无止境的力量源泉，带给我们必胜的信念。在成长的道路上，在职业的生涯中，榜样是一种强劲的动力，在助推我们成长。榜样是我们学习、生活中的良师益友。

我听过这样一则故事：在一个居民住宅区里，垃圾箱周围散乱地堆起了杂物，一到夏天蚊蝇成群，臭气扑鼻。有一天，墙上出现了"禁止乱倒垃圾"的标语，后来这条标语又改成了"乱倒垃圾罚款100元""乱倒垃圾者是猪狗"等一些标语，但都无一奏效。谁也没想到，后来情况突然发生了奇迹般的转变，再也没有人乱倒垃圾了。这是怎么回事呢？原来，这里住进了一个年过花甲的老人，而且还是个盲人。每天早晨他做的第一件事就是出门走30米去倒垃圾，并能准确地将垃圾倒进垃圾桶里。有人问他怎么做到的，他答道："开始也倒不准，时间长了，心里就有数了。"人们退而思之，叹服不已。其实，每个人心底的善良和良知往往会在受到某种外来善举的影响时被激发出来,在潜移默化中慢慢改变着自己的行为,这就是榜样的力量。

8. 谈谈你对"勤能补拙"的理解。

有人问华罗庚是怎样成为大数学家的,他写了一首诗作答:"发白才知智叟呆,埋头苦干是第一。勤能补拙是良训,一分辛苦一分才。"这首诗告诉我们,只要辛勤的付出,必会有所收获。

成功的果实往往是靠勤奋的汗水浇灌出来的。著名的科学家爱因斯坦小时候经常被老师打骂,被同学欺辱,就连上课坐的小板凳都比别人差好多。可是,后来爱因斯坦为什么会一举成名,从一个不起眼的小男孩儿变成科学家呢?原因之一就是他比别人付出了更多的努力和汗水。爱迪生说的"天才是百分之九十九的汗水加上百分之一的灵感",着实是至理名言。成功之路本就是用汗水铺就的。海伦·凯勒是一个既盲又聋又哑的不幸的人。虽然有着严重的生理缺陷,但是她并没有因此而放弃自己。她用顽强的毅力和勤奋的努力战胜了种种困难,不仅学会了说话和读书,最终成了一位学识渊博、掌握多国语言文字的著名教育家、作家。张海迪之所以成为最具影响力的文学家,与她的勤奋是密不可分的。童年的磨难并没有使她一蹶不振。相反,惊人的毅力和勤奋的努力使她成了中国的海伦·凯勒。我想人们在欣赏她脍炙人口的《轮椅上的梦》的同时,更应该欣赏的是她那种勤奋的品质。

勤奋,能使柔弱的水滴穿透坚硬的顽石;勤奋,能使脆弱的小树苗长成参天大树;勤奋,能使稚嫩的雏鸟在天空中自由地翱翔。勤能补拙是古人留给我们的伟大智慧,是成就一番事业的保障。

9. 真正认识你的人,除了你的朋友外,就是你的对手。所以,要重视你的对手,因为他最早发现你的过失;要感谢你的对手,因为他使你强大起来。请谈谈你对此的看法。

亚洲"飞人"刘翔曾经说过:"没有对手就没有动力,我永远感谢我的对手。"有了对手,就有了竞争;有了竞争,也就有了动力。在学习和生活中,对于我们的对立面,我们总是持反感厌恶的态度,有时甚至因为遇到对手而沮丧、消沉。但是,任何事物都有两面性,如果我们把事情向积极的一面引导,事情或许就会大有不同。其实,我们的对手就是一把"双刃剑",在对我们造成威胁的同时,也会成为我们前进的动力。

爱尔兰当代著名女作家梅芙·宾奇原来是一位小学教师,生活十分清苦。在债主的催逼下,她被迫拿起笔挣钱还债。经过一番努力,渐渐地,她的名字在爱尔兰家喻户晓。多年后,她在公共汽车上遇到当年的债主,不胜感激地说:"谢谢你,是你把我逼成了畅销书作家。"宾奇的成功来源于对手的"逼迫"。如果没有外界的压力,也许她还在默默无闻地教书。可见,困难、对手,对于一个想要成功的人来说是多么重要。

因此,在某种意义上来说,有对手未必是一件坏事。我们甚至需要强大的对手来激励自己不断进步,让自己时刻保持一颗警惕的心,不断反思自己、超越自己,这样才能达到最终的目标。希腊船王欧纳西斯有句名言："要想成功，你需要朋友；要想非常成功，你需要强大的对手。"

因此，感谢我们的对手吧，因为他使我们强大，并最终使我们获得成功。

10. 谈谈你对"众生皆平等"这句话的理解。

佛教提倡众生平等。人与人是平等的，人与动物、植物都是平等的，这便是众生平等。北京师范大学教授、文化学者于丹说："人有两只眼睛，全是平行的，所以应当平等看人；人的两只耳朵是分在两边的，所以不可偏听一面之词；人虽只有一颗心，然而有左右两个心房，所以做事不但要为自己想，也要为别人想。"

英国大作家萧伯纳在一次写作间隙，和邻居小女孩一起玩耍。当送小女孩回家时，萧伯纳对小女孩说："知道我是谁吗？回家告诉你的妈妈，就说今天和你一起玩儿的是萧伯纳！"小女孩天真地回应道："知道我是谁吗？回家告诉你的妈妈，就说今天和你一起玩儿的是克里佩斯莱娅！"大文豪不禁愕然。此后，萧伯纳每次对朋友说起此事时，就会感慨地说："是这位七岁小女孩给我上了人生最好的一堂课！一个人不论有多大的成就，他在人格上与其他人都是平等的。这个教训我一辈子也忘不了。"

当年，杜鲁门当选美国总统。有人向他母亲祝贺："你有这样的儿子，一定十分自豪。"杜鲁门的母亲回答："是的。不过我还有一个儿子同样使我骄傲，他现在正在地里挖土豆。"在母亲的眼里，不管儿子们的职位有多大差别，都是她的好儿子。

生活中没有绝对平等的事。花，正因为"不平等"，才色彩斑斓、五彩缤纷。花草树木，弱肉强食，正因为"不平等"，才能维持生态系统的平衡。五指长短"不平等"，才能各有分工、共同协作。世间的不平等自有它存在的道理，我们能做的就是尊重每一种生灵、每一个个体，用一颗平等的心去看待他们。

11. 你如何理解"厚积而薄发"这句话？

"博观而约取，厚积而薄发"出自宋代苏轼的《杂说送张琥》。"博观而约取"的意思是人应该广泛地、大量地阅读，取其精华为己所用；"厚积而薄发"的意思是人应该大量地、充分地积蓄，少量地、慢慢地释放。这两句的意思都是指要经过长时间有准备的积累才能有所作为。成功也是一样。机遇对于成功来说固然重要，但是机遇只会降临到有准备的人身上。

2012年红遍全球的《江南style》，让鸟叔的名字家喻户晓。很多人认为他一夜爆红只是因为好运气而已，但是谁又知道鸟叔背后付出的努力呢？他其实也是一位高才生，为了音乐，义无反顾，30多岁才成名，这期间的辛苦和努力我们可想而知。

"苦心人，天不负，卧薪尝胆，三千越甲可吞吴。"勾践之所以能成功，正是他带领将士们不懈努力的结果；司马迁在狱中，靠着曾博览的群书写成《史记》；孙膑身残著兵法；左丘双目失明却能编著《国语》。他们都是靠着坚实的基础和渊博的学识才取得了成功。

我们学生也一样，那些成绩优异的同学并非都聪明过人，但是他们一定都是在以前打好了坚实的基础。成功从来都是属于有准备的人、辛勤付出的人。只要努力，我们每个人都能实现自己的梦想。在机遇到来之前，我们能做的就是努力地充实自己，不断地提高自身的能力。只有这样，在机遇真正到来的时候才能把握住它，释放出自己的光彩，创造出属于自己的"神话"。

12. 你是如何理解"君子之交淡如水"这句话的？

"君子之交淡如水"源于《庄子·山木》中的"君子之交淡如水，小人之交甘若醴"。这句话的意思是，君子间的友情，像清水一样澄净无暇，无杂质，无金钱、利益的纠葛。

"君子之交淡如水"常常被人们作为处世哲学，或是交友的理想境界。据史料记载，唐贞观年间，薛仁贵因"平辽"有功，被封为"平辽王"。但他拒绝了所有贺礼，除了平民王茂生送来的两坛清水。薛仁贵当众饮下，并感慨道："早年我家境贫寒，全靠王茂生夫妇二人的接济，才会有我的今天。如今，王兄贫寒，送清水也是一番情谊，君子之交淡如水。"此后，薛仁贵与王姓夫妇的关系一直十分要好。一段有关"君子之交淡如水"的佳话就这样流传了下来。

"君子之交淡如水"，马克思和恩格斯40年革命生涯中的相互支持与牵挂也是对这句话的诠释。为了让马克思能够集中精力研究革命理论，恩格斯违背自己的意愿去从事商业工作，在经济上资助贫困的马克思。他们曾20年身处两地，但思想和心灵的沟通始终不断。当恩格斯患病时，马克思在给他的信中说："我关心你的身体，如同自己患病一样……"

不论是古代还是现代，中国还是外国，"君子之交淡如水"的内涵都是一样的。真正的友谊是经得起时间、金钱、利益的考验的。真正的友情，就像是一杯温暖的白开水，不会那么热，也不会很冰凉，总是能在你需要的时候带给你慰藉。它不冷不热，让你喝下去感到很舒服，能缓解你的疲劳。"君子之交淡如水"是一种交友的最高境界。

13. 谈谈你对诚实守信的看法。

诚实守信是中华民族的传统美德，是人与人之间交往的一个约定俗成的准则，也是人与人相处的基础。试想，如果人与人之间没有了信任，那将是多么可怕。诚信关系到一个人的名誉，甚至一个人的前途。

曾经看过这样一个故事：我国的一个留学生在德国留学时，每天都要乘坐地铁到学校。慢慢地这位留学生发现德国的地铁没有检票口。在一次乘车时他没有买票，也没有遇到麻烦，暗自庆幸了很长时间。于是在后来的日子里，他又有几次没有买票。毕业后，他以各科全 A 的成绩去德国各大公司求职，均被拒绝。他只好降低自己的求职条件，可是仍不被聘用。再一次求职失败后，他愤怒地质问拒聘自己的人事主管自己成绩优异而不被录用的原因。在他的一再质问下，对方只好说："非常遗憾，由于您的社会信用上记录着您曾乘坐地铁没有买票，因此我们不能聘用您。"可见，如果一旦失去了诚信，人是难以在这个社会上立足的。

诚实守信是做人的美德，是对自己的严格约束，也是对他人的尊重。做一个诚实守信的人，就要诚实待人，不因为对方的无知或弱小欺瞒对方，对他人做出的承诺要说到做到。这样的人才能在这个社会上立足，才能得到他人的尊重与认可。

14. 谈谈你的消费观。

首先，我认为每个人都应该树立适度的消费观。适度，就是要根据自己的家庭情况，花钱要考虑到家庭的承受能力。不顾家庭情况而一味地追求名牌或超前消费、高消费都是不恰当的。在孩子的成长阶段，有些花费是必需的，该花的钱还是不能吝惜，但是在享乐方面不能过分追求，不该花的尽量不花。比如身体发育所需的营养饮食、培育智力需要的有益书刊、符合中学生身份的衣物，都是不能少的，这些不能省。但是，如果是为了与同学攀比而消费父母辛辛苦苦挣来的钱，这就是很不合情理的，是应该受到批评的。

其次，我认为我们应该防止盲目消费。作为学生，我们更应该提高自己的审美水平，接受科学的消费观，多听家长、老师的意见，多思考消费的目的及效果，防止盲目消费。不能跟风，消费要适合自己，不能一味地去追时髦、赶潮流，而要有自己的审美标准。消费不仅要符合自己的身份，还要考虑自身的消费能力。

作为学生，我们要清楚地认识到自己的身份，在平时的穿着上应以节俭、朴素为主。同时，我们也要意识到所谓的追求个性化、讲究名牌等的消费，不过是披着华丽外衣的空壳，毫无意义。我们要坚决抵制追求名牌、讲求个性化等不良诱惑，不盲目从众、追随潮流……我们不应该追求物质享受，而是应该追求精神享受。这些才是正确的消费观。

15. 有人说"有舍才有得"。你是如何理解"舍"和"得"的？

古人云：鱼与熊掌不可兼得。事实上，这个世界从来就没有两全其美的事。我们要得到一些的同时，就必然要放弃一些。比如，我们要成功，就不得不付出努力与汗水；我们要闻到花朵的芬芳，就不得不好好地给花施肥，精心呵护；我们要获得游玩的快乐，就不得不放弃悠闲的休息时间……

"昙花一现"这个词语相信大家并不陌生。昙花是一种很美丽的花，但它只在夜间开放，并且花期十分短暂。也许你精心养一盆昙花，很多年后它才会开一会儿的花，但是这也是值得的，因为你的付出得到了回报。

曾经，蔺相如放弃身份，"引车避匿"，在历史上留下一段"将相和"的佳话；曾经，庄子放弃了那个屈从权势的官场社会，做了那棵独守望月的树；曾经，五柳先生放弃仕途，获得了"采菊东篱下，悠然见南山"的恬静与安然。

在我们的生活中，也有很多不懂得舍弃而终究无所得的例子。很多人只看到了眼前利益而忽视了长远利益，更有甚者投机取巧走上了违法犯罪的道路。他们都因为不懂得舍弃而葬送了自己的一生，最终却是什么都没有得到。

学生时代的我们总是习惯于抱怨，抱怨我们不够自由，抱怨我们的青春不该是各种考试和卷子堆砌的大山。然而，我们应该懂得，现在舍弃的自由是为了换取今后的幸福生活，换取更大的自由。

生活就是这样，有舍也有得。洗去纤尘，我们看到的将是更加绚烂的世界。

16. 你认为朋友之间什么最重要？

我认为朋友间最重要的是信任。信任是人与人之间建立各种关系的基础，一旦连最起码的信任都没有了，那么也就没有建立关系的必要了。"朋友"这个词，无关年龄，无关长相，无关身份、地位的高低，只是因为彼此之间有共同语言、共同的价值期待。富可敌国的大贾可以与乞丐灯下促膝长谈，权势滔天的政客也可以与小职员对坐把酒言欢。朋友之间没有瞧不起，没有虚伪，有的只是相互支持与陪伴。这就是朋友之间的信任。

人与人之间的和谐相处离不开信任。我小时候很喜欢收集卡片。记得一天，一个朋友到我家来玩，她对我的卡片爱不释手。等她离开后，我发现卡片少了一些，我知道是她拿走的。于是，我就拿着所有卡片追了出去，让她回家看个够。过了几天，她把卡片都还给我了，一张不少，并且还在卡片中增加了一张小纸条，说谢谢我的宽容和信任。从那之后，我们的友情更加深厚。可见，信任对于朋友之间来说是多么重要。

朋友，能够在你孤独时帮你赶走寂寞，能够在你失意时敞开怀抱迎接你，能够在你成功时陪你一起把酒言欢。朋友是人生中最好的财富，信任是这种关系得以建立的基础。因此，我认为朋友之间最重要的就是信任。

17. 谈谈你对"读书无用论"的理解。

近年来，"读书无用论"在国内又有所抬头，发出这种感慨的主要是农民。曾经，"知识改变命运"的口号在农村孩子中流行。但是如今，上大学难，就业难，毕业就等于失业，成了很多大学毕业生的真实写照。在国外，教育同样遭受了尴尬的境地：大学文凭已经无法保证有一份稳定的工作。因此，越来越多的人怀疑教育是否真的有用。随着社会逐步发展，商品经济在我国不断发展壮大。它在给社会带来前所未有的生机的同时，也导致了"读书无用论"思潮的蔓延。"读书无用论"的成因，包括学费过高、就业形势不好、工资待遇偏低、教育实用性不强等。

但是，读书真的无用吗？持这种观点的人可能会说，没有上过大学的人通过创业照样能获得巨大的成功，这不是正说明读书无用吗？可是我想说，这样的比例又有多少呢？没有上过大学而取得成功的人确实存在，但是这种成功的比例远远低于那些上过大学，甚至海外留学归来的大学生们。当我们只盯着读了大学也没赚到钱的人的时候，却不愿意看到没读过大学也没赚到钱的人更多。问题根源就在于我们把没读大学而成功的人看成了多数人的代表，把读了大学而没成功的人也看成了多数人的代表。我们每个人都必须得承认：多读书，提高素养，积蓄能量，当机遇来临时才能把握机会，创造奇迹。"读书无用论"显然是一种有失偏颇的论断，是不可信的。

18. 你认为学历和能力哪个更重要，为什么？

我认为学历和能力都重要。但是，非要我二者择一，我认为学历更重要。学历，即学习的经历，指曾在哪个学校毕业或肄业；而能力则是指能胜任某项工作或事务的主观条件。学历是显性的，而能力则是隐性的。

首先，在当代社会，学历是进入职场的敲门砖。当今社会给予高学历的人更多的社会资源，拥有更多的机会。可以说"学历社会"已悄然生成，"学历"在当今社会中扮演着越来越重要的角色。学历是可以一目了然的，但是能力却是需要时间来证明的。在许多社会活动开始时，我们并没有足够多的时间去证明自己的能力，这个时候就需要学历来敲门。可能由于学历原因，许多人确实丧失了许多理想的工作机会。当今社会，通常学历越高，工作机会越多，发展速度也就越快。有了学历这块敲门砖，能力才能在职场上得到发挥。

其次，参加工作后，各种评职称、薪资、资格证的考试、出国留学的机会，都需要学历作保障。学历就好比是作家的基础知识，而能力就像是偶然来的灵感。只有基础知识学好了，灵感才能发挥出来。否则空有灵感，不懂得写作技巧，也是不能写出好文章来的。

最后，站在教育者和国家的角度来思考。如果大家都注重实践能力的培养，那么中华民族几千年博大精深的文化由谁传承呢？

固然，如果学历和能力兼备当然是最好的，但是如果二者选其一，我还是认为学历更重要一些。

19. 请你谈谈公民应该具备怎样的道德素质。

首先，公民应该具有爱国情怀和爱国意识，这是一个公民最基本的道德素质。如果一个人连自己的国家都可以抛弃，那么即使才华满腹也只是小人一个，更别谈什么道德素质了。对于一个国家来说，爱国情怀能够增强民族凝聚力，提高国家文化软实力。对于公民来说，爱国情怀能够激发全民族的爱国热情和斗志，能坚定社会主义理想信念，更好地投身于社会主义事业，为早日实现中华民族伟大复兴的中国梦贡献一分力量。

其次，公民要有法治观念。遵守国家宪法和法律，是每个公民必须履行的责任和义务。法治观念的普及对于构建法治中国、法治社会具有深远的意义。法治社会里，人人都要学法、懂法、守法、用法，学会用法律维护自己的合法权益，这也是社会文明进步的体现。

再次，公民要具有礼让的素质。社会在进步，文明礼貌不能丢。两千多年前哲学家管子就说过："仓廪实而知礼节，衣食足而知荣辱。"社会的物质生活水平提高了，精神生活也要有所提高。现代社会文明程度的提高促进了人的素质的提高，对知礼向善也就更加重视。从这种意义上说，知礼是检验现代公民文明程度的标志。

最后，公民还应该具有积极进取的心态和素质。随着生活节奏的加快，很多新鲜事物扑面而来，我们也面临着越来越多的挑战和诱惑。在追寻梦想的同时，我们也会经历很多的磨难、挫折，因此就需要我们练就一双明辨是非的眼睛，培养起积极向善的心态和坚韧不拔的毅力。只有这样，我们才能在阳光大道上越走越远，越走感觉越平坦。

20. 谈谈你对"人丑就要多读书"的理解。

我认为丑和美相对的,两者是相比较而存在的:离开了美就无所谓丑了,离开了丑也就无所谓美。人丑和多读书其实并没有必然的关系,只不过人们可能会在一种东西欠缺的时候就想要在另一种东西上寻找心理安慰,因此,就出现了"人丑就要多读书"这样的说法。

其实,不论是美还是丑,都是不能长久的。时间会磨平你外表的一切,真正能够留下来的都是经得起时间检验的东西。时间会夺去你的美貌,但夺不走你的才华;时间会苍老你的容颜,但洗刷不了你的睿智。只有精神层面的东西才能够永久地保留下来。

通过读书,我们能够丰富知识,开阔眼界。希腊哲学家苏格拉底说过:真正高明的人就是能够借助别人的智慧来使自己不受蒙蔽的人。古人云:"读史使人明智。"一个人要想获得智慧、感悟人生,决不能只靠个人的经历和实践,而必须利用前人已经积累的经验教训。"人丑就要多读书",这种说法不是严谨的科学论断,但是也有一定道理。相貌问题是天生的,是无法通过后天努力轻易改变的。但是才华不一样,它可以通过后天的努力改变的。一个有才华的人即使长相很丑陋,也是有魅力的。著名音乐家贝多芬的外表就不是那么完美,甚至可以说是有些丑陋。但是,当我们听了他狂风夹杂着雷鸣般的悲壮的《命运交响曲》《英雄交响乐》和夏日神明般美丽的《田园交响曲》、梦幻温柔的《月光奏鸣曲》,就不得不感叹那真是一种美的享受。

因此,"人丑就要多读书"这种说法虽然不严谨,但却是有一定道理的。

21. 你认可《虎妈猫爸》中以"虎妈"为代表的"魔鬼式"的教育方法吗?

我不认可这种"魔鬼式"的教育方法。

首先,一直以来,孩子的教育方式和方法都被认为是没有绝对性的,一百个家庭会出现一百种不同的教育模式。每一个孩子的性格和生活环境不同,所需要的教育方式也应该有所差别。很早以前,大教育家孔子就提出了"因材施教"的教育思想。每个孩子的个性、特点不同,要根据他们不同的特点采取不同的教育方式,切忌千篇一律。其次,现在的母亲对"虎妈"式的教育方法抱有极其微妙的心态,一方面对其怀有抵触心理,另一方面又趋之若鹜。造成这种现象的原因,就是日渐残酷的社会竞争。每个家长都不想让自己的孩子输在起跑线上。随着孩子的成长,各种比较是难免的,她们恐慌甚至无所适从,总希望自己的孩子比别人优秀,于是就为自己和孩子敲响警钟,拼尽全力让孩子接受更好的教育。望子成龙、望女成凤是每一个家长的期望。但是,在教育方式上不可以用"一刀切"的做法。最后,家长都想把子女培养成社会需要的人才,但是如果不管孩子的意愿和天性,就容易让孩子走向极端。其实父母最需要做的应该是在尊重孩子意愿的基础上,培养孩子好的生活习惯和健全的人格。

虽然有"不打不成才""棍棒底下出孝子"这样的说法,但是这种高度强压下的教育方式并不可行,逼到极端就会使孩子出现逆反心理,甚至酿出惨剧。因此,教育还需因材施教,根据每个孩子的不同性格使用不同的教育方式。

22. 人们都说"一分耕耘一分收获",你是如何理解这句话的?

伟大的教育家陶行知说过一句话:"一年之中务求不虚度一日,一日之中务求不虚度一时。"人生其实很短暂,在短暂的生命中,不可能每一天都一帆风顺。也许你昨天很精彩,而今天很失意、困惑;也许你今天很失意,明天比较顺利。时光匆匆流逝,只要我们不懈地努力,收获必然有许多。我们若是能多付出一分勤劳,就能多一分收获。

居里夫人是一个伟大的科学家,知识渊博。她学习时全神贯注地投入,到了忘我的境地。同时,她也很勤奋。这些都是造就她成功的关键之处。

曾有这样一则故事:一个在沙漠中行走的人,听从一个声音的提示,带回了一些石子和石块。回家后,这些石子和石块变成了钻石和珠宝,正如这那个声音当初提示的那样。我们可以这么认为:这些钻石和珠宝是对这个人的回报,因为他付出在先。试想一下,在沙漠中行走,本来就是一件艰难的事,再带上石子和石块,无疑是给他自己增添了压力。负重而行,谈何容易?可这个人克服了路途的艰辛,洒下了劳累的汗水,带回了本无价值的石子,而石子却出其不意地变成了钻石和珠宝。这是他始料不及的,是对他一路付出的回报。

我们不能虚度一时一分。只要努力,一切皆有可能。

一分耕耘必然会有一分收获。只要我们付出辛勤的劳动,便会有丰收的希望。让生命的希望在汗水的浇灌下,在我们的生活里生根、发芽、开花、结果。

23. 机遇是可遇而不可求的,你觉得当机遇来临时你有能力把握吗?

机遇是给有志向的人准备的。即使再普通的人,只要抓住机遇努力拼搏也会成就一番事业的。成功离不开机会,只有把握住了机会,才能拥有开启成功大门的钥匙。智者创造机会,强者把握机会,只有弱者才会傻等机会。

一百多年前,因加利福尼亚州发现金矿,美国掀起了一股淘金热。许多先行者暴富的消息不胫而走,吸引着更多的后继者潮水似的涌向加利福尼亚。随着淘金者的日益增多,竞争也日趋激烈。面对如此庞大的财富机遇,德国人莱维·施特劳斯看到了这个巨大的竞争市场后,并没有投入淘金者的行列,而是冷静观察眼前的情况。聪明的他看到别人在挖金过程中衣服破烂得很快,特别是裤子烂得不能缝补。于是,他发现了一个比淘金更赚钱的商机,他造出了更耐磨、方便的裤子。这样,牛仔裤的前身——第一条工装裤就诞生了。由于它的美观、耐穿,所以深受矿工欢迎。在此基础上,莱维不断地改进和提高工装裤的质量,使它逐渐演变成了一种时装——牛仔裤。莱维成了闻名于世的"牛仔裤大王"。

强者和弱者的区别就在于,当机遇来临时强者能够立即抓住它,而弱者由于没有做好准备,只能望洋兴叹。

机遇总是留给有准备的人的。保持心灵的宁静,安安静静地求知识、学本领,这是在为抓住机遇做准备。我认为当机遇来临时,我可以很好地把握它,因为在此之前我已经作出了很大的努力。我认真地学习,向每一位能帮到我的人虚心请教。我这样做就是为了有朝一日,机遇来临时能紧紧地抓住它,并且好好地利用它。

24. 银行等许多公共场合都设置了"一米线"来规范秩序，但一些人并不能很好地遵守，对此你有什么看法？

曾几何时，"一米线"的实行给服务行业带来了一股新风。它既防止了客户的个人信息被盗取，也维护了正常的秩序。然而，时至今日，人们却在经意或不经意间将"一米线"遗忘了，使"一米线"形同虚设。现在，随便走进一家银行或设有"一米线"的单位，还能看到几个人在"一米线"后自觉排队呢？"一米线"在不少银行已经成为摆设，很多市民直言不讳地把银行里的"一米线"称为"鸡肋"。然而，对于它，人们更多的是漠视和随意践踏，偶尔有自觉站在"一米线"后排队的倒成了另类。

"一米线"的设立，实际上是对每个人隐私权的尊重、对公共秩序的遵守，体现着社会文明的进步。"一米线"就像一面镜子，从中折射出人们的公德意识。它同时又是一把尺子，悄然地丈量着人们的文明程度。我认为，"一米线"没有推行起来，主要是因为多数人对个人隐私的保护意识还不强。另外，就是有小部分不遵守公共秩序的人从中作梗。要规范银行业务办理秩序，除了提高这部分市民的素质外，银行等一些提供服务的单位也要尽到保护顾客隐私的责任，采取加强硬件方面的投入来化解难题。

"一米线"不只是地上的一条线，也不只是一种时髦的口号，它代表的是一种文明。我们每个人都应当遵守"一米线"的规则，否则就是没有公德意识的体现。对于不遵守的人，我们要提醒他们，使"一米线"规则的贯彻执行深入人心。

25. 请举例谈谈你对"送人玫瑰，手留余香"的理解。

在我看来，"送人玫瑰，手留余香"就是教导我们要乐于助人，关心他人，传播爱心。因为，在我们帮助别人的同时，自己也会收获快乐。

生活中有太多不尽如人意的事，因为人们的欲望是无穷的，欲望并不都能得到满足。但是，如果一个人只想着收获，而不想付出，那是自私的表现，他也会失去很多快乐。无论在任何事情上，我们都应该多一点无畏的付出，要时刻保持一颗善良之心，学会在生活中行善，相信"善有善报"。当然，我们付出并不是为了得到回报，而是从善举中升华自己的人格，从而得到快乐。

有这样一个故事：一个盲人住在一栋楼里，每天晚上他都会到楼下花园散步。奇怪的是，他看不见却还一定要开楼道里的灯。一天，邻居忍不住好奇地问道："您的眼睛看不见为什么还要开灯呢？"盲人答道："开灯能给别人上下楼带来方便，也会给我带来方便。"邻居疑惑地问道："开灯能给您带来什么方便呢？"盲人答道："开灯后上下楼的人就能够看清东西，就不会把我撞倒了，这样不就给我带来方便了吗？"邻居这才恍然大悟：开灯这件小事，既方便了别人也方便了自己，何乐而不为呢？

从一件小事中就可以看出一个人的品格。我们一个小小的善举，或许就能帮助别人很多。如果我们每个人都能尽自己的力量多做一些善意的小事，多体谅别人，为他人做一点事，为自己做一点事，点点滴滴汇集到一起就能够创造出美好的社会，就像一首歌中唱到的"只要人人都献出一点爱，世界将变成美好的人间"。

26. 你是如何看待广场舞现象的？

如今，随着人们物质生活水平的提高，民众的精神生活需求亟须满足。另外，国家对广场舞这种文化形式的推广，加上广场等公共场所的新建以及广场舞自身的随意性、自由性等特点，使得广场舞这种休闲娱乐活动迅速流行开来。

广场舞作为一种大范围的娱乐活动，不仅能够锻炼身心、强身健体，还能够形成一种健康、积极向上的文化氛围。但是，随着广场舞的大面积蔓延，一些问题也越来越多地表现出来。首先就是广场舞扰民现象比较严重。记得两年前，武汉一个小区内的广场舞爱好者遭到楼上居民的泼粪，就是因为广场舞影响到居民的休息。据当地媒体报道，由于嫌广场舞噪声扰民，附近楼上住户曾投过硬币、碎石，双方还发生过口角，但用大粪作"武器"还是第一次。新浪微博此前发起的"你觉得广场舞扰民吗"的调查中，超过73%的网友认为广场舞扰民，影响看电视，影响孩子学习等。但也有网友为广场舞者鸣不平，认为广场舞的参与者主要是中老年人，她们一般不适合剧烈运动，广场舞就是她们最好的健身、娱乐方式。

我想说的是，虽然广场舞在一定程度上可能影响了别人的生活，但是应该以一种正确的方式来处理问题，而非采用"泼粪"这种过激行为。相互体谅，相互包容，在包容的基础上进行良好的沟通才是解决问题的关键。双方各让一步，把广场舞的活动尽量限制在一个固定的时间段、固定的场地，同时住户们也要以一个宽容的态度来看待广场舞。只有这样才能避免双方发生冲突。加强对群众性娱乐活动的管理和引导，帮助参与者提高文明素质和公德意识，为公众创造安宁和谐的城市生活环境，是当务之急。

27. 2015年6月3日，安徽六安一中高三学生上完高中最后一节课后，在校园里上演了一场"撕卷狂欢"活动。漫天纸片从教学楼的各个楼层撒下，这些纸片是撕碎的各科试卷。你怎样评价高三学生高考前夕集体撕书事件？

年年岁岁有高考，岁岁年年人不同。每年高考前夕，对待教科书，同学们总有几样活动表现出惊人的相似：一曰撕书，二曰卖书，三曰赠书。高考前夕，学生们为了减压，纷纷"撕书狂欢"，释放自己紧张的学习压力。有经济头脑的学生们会把自己的教科书当废品卖了，还有的把书赠送给低年级的亲朋好友。

国人称读书为"拜读"，说明读书之神圣。孔子曰："君子有三畏：畏天命，畏大人，畏圣人之言。"通过读书，通过学习，我们从无知到有知，从无畏到有畏。畏由敬来，敬因爱生。撕毁教科书虽然可以减压，但只是一种打着"人本"旗号的冠冕堂皇的借口罢了。究其原因，还是因为他们缺少对书籍最起码的敬畏之心。压力固然可以释放，但要找到正确的方式和发泄口，单纯地通过撕书来减压显然是不妥当的，也是愚蠢的。

现在的教育，从小就对学生灌输功利思想，鼓励孩子从小就与人竞争。孩子们在学校里道德教育欠缺，以致很多学生道德败坏。所以，学校就能反映社会百态。很多学生不但撕书，还殴打老师，通过暴力来发泄自己的不满情绪，这就是社会的畸形病态。更可悲的是，学生打着所谓的"宣泄"旗号，随意撕毁书本，随意砸坏学校物品。这种现象折射出的早已不是高三的压力,而是学生内心深处的厌学、厌读情绪。当学生们用这样的方式来"发泄情感"时,怕是整个社会都要反思了。

28. 谈谈你是如何理解"孝道"的。

孝道,是中国古代社会的基本道德规范,一般指社会要求子女对父母应尽的义务,包括尊敬、关爱、赡养老人,为父母长辈养老送终等。父母给了我们生命,我们当然有责任和义务去照顾他们、孝顺他们。但是,孝顺父母并不是一味盲目顺从,而是要有一定的原则和度。父母说的有道理的地方我们当然要听从;对于一些无理的要求,我们就要有自己的思辨能力,理性地分析问题,作出妥善的处理。

父母对于我们的爱是无私的,伟大的。人们常说:"可怜天下父母心。"我们最应该报答的就是父母。报答父母的第一步,就是听从父母的话。"孝顺",不只有"孝",还有"顺"。很多时候,我们要遵从父母的心意。天下没有哪个父母不爱自己的孩子,他们的心意都是替子女着想。因此,我们要多理解他们,关心他们,在他们需要我们的时候,一直在身旁默默地陪伴,或许这就是对他们最大的孝顺。

但是,父母毕竟不是我们自己。生活的年代、价值观、审美标准、生活方式等的不同,很多时候都会使我们和父母之间产生巨大的鸿沟。在矛盾发生的时候,我们不能简单地一味地顺从父母,以为这就是孝顺,而是要冷静思考,跟父母讲清道理。但我们也要站在对方的角度思考问题,互相体谅,用爱化解矛盾。

这世界上最长久的、最牢固的、最包容的感情,就是亲情。孟郊的《游子吟》中,质朴的诗句体现出了深沉的母爱;朱自清的《背影》则让我们感受到了父爱的含蓄、内敛。孝顺父母自古以来就是我们中华民族的传统美德,我们每个人都有责任和义务把它传承下去。

29. 是不是每个人都应该争当主角呢?请就此谈谈你的看法。

我觉得并不是每个人都应去争当主角。相反,我认为做好生活的配角也是非常有意义的、重要的事情。然而,我们都应该有主角意识,通过自己的能力主导自己的人生。

首先,每个人在这个社会上的分工是不同的。红花也需要绿叶陪衬,不管是主角还是配角,都有在这个社会上存在的价值。现代社会纷繁复杂,分工也很明确。如果人人都去争当主角,那么就会有许多次要工作没有人做。我们身边每天都有人演绎生活的配角。他们不是因为懦弱和胆怯,畏惧做主角,而是身怀一颗奉献之心,甘心做配角。没有清洁工人的辛苦工作,哪有干净的街道?没有农民伯伯挥汗如雨,哪有粮食的丰收?没有老师授业解惑,哪有学生的成绩进步?等等。配角总是在自己平凡的工作岗位上做着不平凡的事,用满满的爱心在演绎生活的美丽。

其次,我们每个人都要有主角意识。这是因为我们每个人都是独立的个体,这个个体是无可复制的。我们的人生之路还需要我们自己去开拓,别人的成功之路是他们自己走出来的,未必适合每一个人。我们要根据自己的实际情况作出符合自己人生的规划,然后通过一步步的努力取得成功,不要让别人主宰我们自己的人生。

学者熊培云在《自由在高处》一书中说："河流的弯曲是为了哺育更多生灵。"上善若水，水利万物而不争。它默默地流淌着，为缤纷多彩的世界充当永恒的配角。它在大地上鲜活如生命一般，虽是默默的配角，却哺育了万物。它在人们的生活中无私的演绎，是奉献，是忘我，是付出。我们要勇于争当自己人生的主角，做好别人人生的配角。

30. 谈谈你对"金钱不是万能的，但没有金钱是万万不能的"这种说法的看法。

人们常说：金钱不是万能的，但没有金钱是万万不能的。这句话乍听起来没什么问题，但仔细琢磨就会发现其实它并不准确。我认为这句话应改为："没有金钱是万万不能的，但是金钱也不是万能的。"虽然只是前后调换了一下顺序，但是两句话的侧重点是大不相同了：前者的重点是没有钱什么也做不成；后者的重点是金钱并非万能，不是所有的东西都要屈服于金钱之下。

我认为"没有金钱是万万不能的"这句话有一定的合理性。在现代社会，我们的衣食住行，每样东西都需要支付一定的金钱，没有钱我们很难在这个社会生存下去。一个人就算再怎么视金钱如粪土，也必须用钱来维持最基本的生活。所以，没有钱是不行的。

"金钱不是万能的"这句话是完全正确的，因为还有很多东西是金钱买不到的。假如我们现在一直在污染和浪费水资源，那么当整个大地找不到一滴干净的饮用水时，再多的钱也枉然；假如我们现在不懂得珍惜时间，将来老了就只能追悔莫及，再多的钱也买不来曾经的岁月；假如我们不善待身边的每一个人，当他们离我们而去时，花再多的钱也买不来彼此的感情。

所以，只要是取之有道，我们就可以尽我们的所能获得金钱，使我们的生活更加安逸、幸福。但是，我们决不能被金钱蒙蔽了双眼，而看不清那些对我们来说很珍贵的东西。我们应该坚定地认为"金钱不是万能的"。

31. 中国道家创始人老子有句名言："天下大事必作于细，天下难事必作于易。"海尔集团总裁张瑞敏说：把简单的事做好就是不简单，伟大来自于平凡，一个企业每天需要做的，往往就是重复所谓平凡的小事。请谈谈你对"细节决定成败"的看法。

"不积跬步，无以至千里；不积小流，无以成江海。"这句话告诉我们，任何看似很大的事物，都是由很小的事物组成的。要有所作为，取得硕大的胜利果实，就要从我们身边的小事做起。把一个个小的果实聚集起来，才能获得更大的胜利果实。

哲学上说量变达到一定程度必然引起质的变化。海尔集团总裁张瑞敏先生在比较中日两个民族的"认真"精神时说：如果让一个日本人每天擦桌子六遍，日本人会不折不扣地执行；可如果让一个中国人去做，那么他在第一天可能会擦六遍，第二天可能擦六遍，但到了第三天以后可能就会擦五遍、四遍、三遍，到后来就不了了之。与日本人的认真、精细比较起来，中国人确实有马马虎虎的毛病，以至于社会上"差不多"先生比比皆是。在中国，想要做大事的人很多，但愿意把小事做细的人很少。我们不缺少雄韬伟略的战略家，缺少的是精益求精的执行者；绝不缺少各类规章管理制度，缺少的是规章条款不折不扣的执行。我们必须改变心浮气躁、浅尝辄止的毛病，提倡注重细节，把小事做细。

细节虽小，可稍不留意就会造成不可弥补的损失。豪华的汽车少一个零件就会车毁人亡；坚固的大堤可能因为几只白蚁就毁于一旦。不经意的一个小失误，也许就会导致一场战役的失败；一个轻率的决定，往往会让人悔恨终生。所以，无论做人、做事，都要注重细节，从小事做起，虽然它并不起眼，但是可能就会决定最终的成败。

32. 李白面对权力和金钱的诱惑，不为所动，才有了"贵妃研磨""力士脱靴"的流芳美事，也有了他"安能摧眉折腰事权贵，使我不得开心颜"的千古名句。拒绝诱惑，需要的是坐怀不乱的气概，更需要对信仰的坚定追求。请谈谈你对拒绝诱惑的理解和看法。

人生时时都面临着诸多诱惑：权重的地位是诱惑，利多的职业是诱惑，光环般的荣誉是诱惑，一件奢侈品、一顿美味佳肴、一场精彩的球赛……都是诱惑。诱惑真是无处不在，无时不有。

古往今来，多少人沦为了诱惑的奴隶，以致身败名裂、不得善终。秦朝时，身居宰相之位、不可一世的李斯，为权势所诱惑与赵高结党营私，终因权高势大引起秦二世的怀疑，被腰斩于咸阳；"战士军前半死生，美人帐下犹歌舞"的南唐后主李煜，终日沉溺于美酒美色，忘情于吟诗作赋，醉生梦死，终而国破家亡，做了个"违命侯"；中国第一大汉奸汪精卫，为权势所诱惑，卖国求荣，遗臭万年。可见，诱惑足以亡身、破国、灭族，实在是可悲、可叹，令人警醒。

纵览青史，能够拒绝诱惑，不为之所动者也比比皆是。庄子，一位冷眼观世者。当楚国国君欲重金聘请他去做一人之下万人之上的国相时，他却以楚之神龟"宁其生而曳尾于涂中"也不愿"笥而藏之庙堂之上""死而留骨以贵"为喻，拒绝了诱惑，为后人称颂；诗仙李白，不肯"摧眉折腰事权贵"，辞官不做，漫游天下，为后人留下了诸多传世之作。

古人尚能蔑权贵如草芥，视金钱如粪土，我们今人更该勇于抗争，坚守自我。当遇到诱惑时，我们首先应该冷静下来，保持清醒的头脑，理性地分析问题，作出正确的选择。其实，道理人人都懂，关键是在遇到诱惑的时候不能动摇，不能放松警惕之心而给诱惑可乘之机。为此，我们平常就要树立正确的价值观，明辨是非，坚守正确的信念，这样当诱惑来临的时候才能不为所动。

面对诱惑，我们要坚定地、毫不犹豫地说"不"！

33. 谈谈你对"态度决定一切"的理解。

"态度决定一切"，是美国演说家罗曼·文森特·皮尔的一句名言。不同的态度会让我们对同一件事情采取不同的做法，从而得到不同的结果。

有一位名叫塞尔玛的妇女随丈夫的部队驻扎在了沙漠。丈夫奉命远征，塞尔玛与周围的人语言不通，还要忍受沙漠的高温，这样的日子使她度日如年。她写信给父母，希望能回家，可父母给她的回信只有几行字："两个人从监狱的铁窗往外看，一个看到的是地上的泥土，另一个看到的却是天上的星星。"塞尔玛领会了父母的意思，并且开始改变自己，主动和周围的人交朋友,这时她发现原来他们是那么热情。她还研究起了沙漠里的仙人掌,体味到了千奇百怪的仙人掌带给她的无尽乐趣。塞尔玛觉得一切都不一样了,生活每天都很快乐。后来,她回到了自己的国家,根据自己的这一段真实经历写了《快乐的城堡》一书,引起了很大的轰动。

不一样的处世态度会造就不一样的人生。对别人采取友善的态度,会发现别人对自己也很友善;对困难采取积极的态度,会发现困难其实很好解决。人的一生有顺境也有逆境,只有拥有正确的处世态度,才能坦然面对一切。好的态度不仅可以使我们做起事来事半功倍,还能使我们时刻保持乐观,变得快乐。我们每个人生下来都是平等的,但不同的态度决定了我们的将来,这就是态度的力量。所以,我认为态度决定一切。

34. 你是怎样理解"简单与精彩"的?

佛语中有句话:"一花一天堂,一草一世界。"这句话蕴含着深刻的哲理。在我们身边,存在着无数简单的事物,这些事物给我们带来了无限的遐想和精彩。

大自然是简单的。一片树叶悄然飘落,一潭湖水泛起波光,一只鸟儿自由飞翔……这些都是自然界最简单的画面。可就是这简单的画面构成了精彩的画卷。日出日落,是自然界最简单的现象,可就是这个简单的现象引得无数游人登高而看,无数诗人品酒而赏。这份简单装饰了我们的生活,点燃了我们生活的激情。一滴滴水铸就了不息的涌泉,一缕缕阳光铸就了灿烂的辉煌,一朵朵白云铸就了深邃的蓝天,一棵棵小草铸就了原野的芬芳……正是简单,铸就了大千世界精彩的一切。

一个人可能长得很普通,但只要充满信心,将自己的优势展现出来,就能活出精彩。有人说生活简单点好,因为这样少了许多烦琐;有人说生活精彩点好,因为这样多了许多满足。其实简单的生活就是精彩的生活,只要用心体会,每一个细节都很值得回味。我们可能常常听到有人抱怨自己的生活琐碎、平庸。而生活中最精彩的一页,也许就在哀叹中悄然隐退了。居里夫人的生活是简单的,她不为名所累,拒绝了法兰西大学理学院发给她的荣誉勋章,在狭小的实验室潜心研究;钱钟书的生活是简单的,他不为利所累,拒绝了美国普林斯顿大学的重金聘请,心无旁骛地研究学问。虽然他们的生活简单而平淡,但我们不能不为他们精彩的人生所折服,生活的简单同样铸就了人生的精彩。

我们只要以简单的心态面对生活,就会发现精彩蕴含在其中。

35. 你认为现代社会"文才"与"口才"哪个更重要?

从个人层面上讲,具有好口才的人拥有更强的说服力,更能直接而又准确地表达自己的思想,因此能够使自己更适应于社会的需要;从社会层面上讲,现代社会高度的信息化需要人与人之间有充分的交流,而口才是信息化社会交流的重要组成部分。好口才能使交流的效率更高,促进社会分工合作进一步完善,从而推动社会进步。因此,很多人认为口才比文才更重要。其实不然。

口才是指人们在交际中因时因地、因人因事,凭借自己的知识和阅历,力求准确表达自己思想的口头表达能力。口才是人直接作用于人的传播。文才是指人们通过写作诗文的方式来表达自己的见解、感情，充分发挥自己的书面表达能力。文才是人先作用于物，再作用于人的传播。

文才源于我们的大脑，而口才是大脑形成文才后才有的。一个人要想说话，而且说得好，文才就是必要的基础，也就是说没有文才就没有口才。所以，相比之下，我认为文才比口才更重要。

虽然现代社会人们交流和沟通用的都是"口才"，但是如果没有文才，想说的话不能很好地表达出来，那么就无法与人交流，口才也就无从谈起。生活中常会出现这样的情况：两个人说的是同一件事，但是表达出来的效果截然不同。这时便是文才发挥作用的时候了。可见，文才比口才更重要，因为它是口才的基础。

这里强调文才的重要性，并不是说口才不重要。我们不可否认，文才与口才两者兼备才是最佳的配置方案，也是现代社会更稀缺的人才。

36. 你认为企业用人应该以才为先还是以德为先？

我认为不论做什么事，都应该以德为先，因为德是做人的根本。社会上有才能的人很多，但是有才不一定有德。有德的人就算才能不是很突出，也能凭借他的"德"而具有强大的号召力，并凭借这种号召力聚拢无数的人才为他办事。

对于企业来说，"德"主要被理解为职业道德，也就是要做到忠于企业，不会为了谋求个人私利而损害企业利益。现代企业希望拥有有德之人，也希望拥有有才之人。但当这两者必须选一个时，大部分企业会选有德之人。因为有德之人就算没有才，对于企业来说也只是没有贡献，谈不上损失，并且才能还可以通过学习和培训得到提高。而一个有才无德的人呢？我们常说：江山易改，本性难移。一个人的"德"是很难几天就培养出来的，而一旦"德"出现问题，对企业来说就不仅仅是没有贡献那么简单了，甚至会造成很大的危害，如贪污公款、泄露商业机密等。

目前，企业最头疼的问题是人才的管理问题，这些问题往往会给企业造成致命的打击。这和企业忽视人才的道德管理是分不开的。所以，我认为企业用人应坚持"德才兼备，以德为主"的原则，不能因为要重用其才，就忽视了对其德的评估。有才无德的人还是不用为好。

37. 金钱的追求与道德的追求是否可以并行？请就此谈谈你的财富观。

我认为金钱和道德二者是可以并行的：追求金钱的同时也可以加强自身的道德修养；同样的，道德的提高并不妨碍对金钱的追求。

中国有句古话叫："君子爱财，取之有道。"这里的"道"就含有社会道德规范的意思。这句话是说金钱要通过合法正当的渠道获得。因此，对金钱的追求与道德的追求并不相悖，只要在追求个人利益的时候，兼顾社会效益，不损害别人的正当利益，就是与道德并行。由此可见，金钱追求和道德追求实际上没有必然矛盾，只是需要掌握好度与道而已。在追求金钱的时候应该不要忘记自己所要遵守的道德规范，不要对金钱过度的追求就行了。否则，最后即使得到了金钱，也会失去很多东西。

在日常生活中，在工作中，人们确实有对金钱的追求。但这能说工作仅仅是为了追求金钱吗？显然不是。在选择工作的时候，金钱并不是唯一的衡量标准，企业的文化和个人能获得成就感可能更为重要。从另一层意义上说，人们工作就是为了创造社会财富，让自己也让别人生活得好，所以利己不损人就是双赢。一个企业的老板如果视金钱如粪土，平时不去想怎样使公司盈利，工人发不出工资，那样员工也不会说他是一个有道德的人，反而会痛骂他。相反，如果这个老板真心地为员工着想，使员工得到实惠，员工们也会认为他是一个好老板。

因此，我认为只要遵守法律法规，不走邪路，金钱的追求和道德的追求是可以并行的。

38. 如何应对微信朋友圈中传播的谣言？

随着信息技术的发展和人们生活水平的提高，越来越多的人开始使用微信。

微信有便捷高效、普遍参与等多方面的特性，可以在短时间内聚集了大量用户。在这个平台上，我们每个人都可以自由地表达自己的看法，传播信息，促进社会信息的交流互动。然而，微信毕竟只是一个虚拟空间，大部分用户在面对如此海量的信息时都不具备逐一进行查证的能力，这就为网络谣言留下了巨大的生存空间。因此，微信作为一种信息传播的渠道，需要严格加以规范。信息最基本的要求就是真实性，一旦信息的真实性丧失以后，信息传播就会产生不可预料的后果。微信谣言的传播最终会给个人和社会带来双重损失，尤其是当政府和社会的信用度下降后，社会出现的一个极大的负面后果就是"造谣的成本很低，而辟谣的成本则很高"。

微信是一把"双刃剑"。它在满足人们信息需求的同时，也使各类虚假信息和谣言混杂期间，让人真假难辨，甚至影响社会的安定团结。这些谣言触动着社会敏感的神经，在社会上引起极大恐慌。作为政府，要加强立法，相关部门也要加强监管，规避此类事情的发生。对于每位微信用户来说，都应该有自己的思考和判断能力，不盲目听信网络传闻，避免谣言在更大范围内传播。唯有如此，网络民意才能够得到更有效的表达，进而为政府部门科学决策提供有效的参考，实现个人与社会的双赢。

39. 针对明星代言虚假广告，你怎么看？

明星代言虚假广告已成为和谐社会建设的一大"毒瘤"，社会各界必须对此予以重视。明星作为社会公众人物，他们的言行对消费者的消费行为会产生很大的引导作用。他们一旦代言了虚假广告，就会对消费者产生误导作用。一些明星为了一己之利不惜代言虚假广告，以致误导消费者购买假冒伪劣产品。这不仅给消费者带来了不可弥补的损失，更是扰乱了市场经济的正常秩序。

针对这种行为，我认为可以从以下几个方面采取措施进行规避。首先，相关部门应对现行的法律法规进行修改和完善。完善广告代理制度、审查机制和违法广告责任追究制，加强这方面的法律规范力度和专项整治力度。其次，媒体应健全规章制度，强化自身规范，承担起"把关人"的责任，杜绝虚假广告的传播。大众传媒若要求得生存和发展，就必须树立可持续发展观念，恪守职业道德，建立合理良性的媒介理念，使自身具有适应市场经济特点的职业化伦理道德，重视这种无形资产的巨大作用和良性效应。最后，明星代言广告应讲求诚信，维护自身的公众形象，要有责任感，遵守职业道德，尊重消费者权益，对所代言的产品进行适当审查，不应见利忘义，误导坑害消费者。

明星代言虚假广告是不道德的行为，会对社会大众造成不利的影响。作为公民个人必须擦亮双眼，明辨是非，不能一味地相信明星，最终损害了自身利益。

40. 对于近年来频繁出现的学术造假行为，你怎么看？

学术造假是指剽窃、抄袭、占有他人研究成果，或者伪造、修改研究数据等的学术腐败行为，是一种违背学术道德和科学精神的表现。近年来，我国学术造假事件频发，正是目前我国学术领域学风浮躁和急功近利结出来的恶果。

学术造假虽然不像商品造假那样对人们的身心健康及经济利益产生直接的影响和危害，但是它潜在的危害却是巨大的。首先，形成负面影响，造成诚信的缺失；其次，学术造假不利于学术研究的发展；再次，学术造假对社会产生不好的影响，滋生不安定的因素。

综合分析，我认为产生学术造假的行为主要有以下几种原因：

第一，高校对教师考核、职称评定过分重视"学术成果"，以致有些教师铤而走险。

第二，急功近利、浮躁的社会大环境的驱动。

第三，学术管理制度的不完善，给学术造假以可乘之机。

针对学术造假这种行为，我认为我们应该从以下几个方面进行防治：

首先，要树立正确的学术观念，祛除急功近利的畸形心理。

其次，要加强国民道德建设，提高国民特别是学术工作者的学术道德良知和自律能力，为防治学术造假营造良好的社会氛围。

再次，加强和完善学术评价、监督体系。

最后，加大对学术造假的惩治力度，充分发挥法律的威慑作用，建立健全相关的政策和法规。

我认为，之所以学术造假行为频发不断，主要还是因为学术者的道德观念不强，缺少诚信意识。学术研究是一门清苦的工作，研究者要摒弃诱惑，潜心研究，只有这样才不枉称学者。

第二节　时事·政治

1. 社会上有人说"90后"是"垮掉的一代",你怎么看?

社会上有人称"90后"是"垮掉的一代",是无所事事的一代,是让人失望的一代。我就是"90后"的一员,对以上说法,有一些自己的见解。

大概从上小学起,就听不少人说我们是"温室里的花朵"。是的,改革开放给我们的生活带来了许多可喜的变化。计划生育的实施又使我们之中的许多人成为家人重点呵护的对象。别人说我们是"温室里的花朵"也不为过。可是,"温室里的花朵"就一定会垮掉吗?

的确,在"90后"身上已经暴露出许多问题,不时也有一些不为世人所赞许的事情发生。可是,正如我们自身有缺点一样,我们也有自身的优点。作为一名即将跨入大学的高三学生,我们在努力为自己绘制蓝图的时候,也担负着祖国赋予我们的历史使命,也背负着家人的殷切期望。我的同学中就有许多优秀的人才,他们学习刻苦,品质优良。我认为现在的年轻人与前辈们相比,只是多了一份大胆的探索精神和活跃的思想,但是他们清醒地知道,祖国需要什么,家人需要什么,他们自身需要什么。

我们心里都很清楚:在追求理想的道路上有平坦的大道也有坎坷的沟壑,我们从来没有放弃过,今天的努力就是明证。无论我们将来走进什么样的大学,或者走上什么样的人生舞台,都会去努力拼搏,用自己的行动来担负起国家、民族的重任。

"90后"是垮掉的一代吗?我的回答是:"'90后'是肩负民族希望的一代!"

2. 大学生为求职而整容,谈谈你对此现象的看法。

"就业""毕业生",以及"应届毕业生"这三个词我们在各类新闻中经常看到。

时代在进步,社会要发展,就需要各方面的人才。可是现在很多毕业生面临着这样一种状况:上学容易了,就业难了。有一些毕业生为了求职而去整容从而增加求职成功的筹码。对此,我就谈一下自己的看法。

现在有很多的同学为了能够拥有一份好工作,让自己在以后的社会中更具有竞争力,发奋努力地充实自己。这种现象是好的,是良性的。可是,有的同学为了得到一份好的工作,去做各种的整容和整形,我觉得是陷入了一种误区。

不管是什么样的企业,员工有姣好的容貌和形象确实是有利于企业的发展的,可这并不是企业发展的绝对条件。长沙理工大学一个大四的男生为了求职先是做了双眼皮的手术,过了几天又做了隆鼻手术,着实让人大吃一惊。求职成功与否不一定非与长相挂钩,如果企业招聘只选"花瓶"而不注重实力,那么这个公司的企业文化一定是有问题的,因为提高素质和综合能力比单纯地打扮漂亮更重要。面容姣好的女生称:"出色的外表确实为她带来了更多的机会,但要把握住机会还是要靠真正的实力,因此要做个'才貌双全'的人。"企业要生存,首先考虑的是产品的销售与经营问题,雇佣员工主要看是否能为企业创造价值,这与员工的容貌没有必然关系。尽管大家都知道应该多看一个人内在的素质,但是"以貌取人"的现象仍然广泛存在于社会各个方面。

面对社会的种种不公,我只想说"是金子总会发光""莫笑少年穷",每个人都会有出头的那一天。正所谓:"人不可貌相,海水不可斗量。"不要为这不值得挂心的小小因素,而左右了你发展的脚步。

3. 随着反腐力度的不断加大,近年来不少"大老虎"纷纷落马。谈谈你对反腐和社会发展的认识。

我认为腐败现象的产生和社会发展是有密切关系的:腐败会制约社会的发展,腐败现象又产生在社会发展之中。所以我们在坚定不移地谋发展的同时,必须毫不动摇地反腐败。谋发展使人民得实惠,反腐败则是为人民除蛀虫。经济社会发展滞后,蕴藏在人民群众中的积极性难以调动;蛀虫不除,经济社会发展的成果就会旁落于贪官污吏的囊中。谋发展与反腐败的根本目的是一致的,都是为了人民,服务人民。

正如古人所说:"非言之难也,行之唯难。"现在,要从理论上释明反腐倡廉的重要性并不困难,而真正在行动上坚持反腐倡廉却很不容易。特别是腐败分子用"潜规则"与党纪国法相抵抗,在一定程度上造成了思想的混乱。他们的腐败行为会严重地伤害人民的感情,阻碍社会正常有序的发展。社会的发展需要反腐败,需要防止腐败。虽然说,腐败问题是世界性的难题,世界各国的执政者都在探寻反腐败对策,但是反腐败斗争的重要性和紧迫性在中国大地上则显得更为突出,因为我国的腐败问题已经到了不解决不行的地步了。何况,党风正就有利于社会发展和进步,社会进步就促进社会稳定。

通过对60多年的执政经验的总结和对执政规律的探索,中国共产党已经认识到,必须通过大力加强党的执政能力建设和先进性建设,这样才能更好地担当起执政为民、执政兴国的历史重任。

反腐败是加强党的执政能力建设和先进性建设的重大任务,也是维护社会公平正义、促进社会和谐发展的紧迫任务。

作为社会主义接班人的我们也应该从小养成纪律意识、规矩意识,自觉遵守纪律,努力学习,为自己将来奉献社会打下坚实的基础。

4. 如何看待中国年味儿越来越淡这一现象?

我在和朋友交流的时候,经常会说这样一句话:"人越来越大了,心里的年味儿却越来越淡了。"

我想,很多人可能和我一样都有这样的感受:最近几年,年味儿越来越淡了。当然,也有朋友不同意我的说法，说"年味儿"并没有变淡，只是换了一种形式，大家没有发现而已。年味儿到底是淡了，还是换了一种形式呢？

门上贴对联，屋顶挂灯笼，再倒悬一个"福"字，是年味儿；除夕吃饺子，是年味儿；全家看央视春节晚会，虔诚地"守岁"，是年味儿。这些都是年味儿。但真正的年味儿，恐怕主要包含在人与人之间的情感交流中。那洋溢着过年时浓浓的人情味儿，就是我们所要的年味儿吧！

春节，是一个拉近人际关系的良好契机。一年中各类节日，从功能上说，都不如春节。"拜年"，一个多么温热的字眼儿，"人文关怀"，都从这里往外伸延！

反过来想，年味不足的问题追到根上，还是人与人之间感情交流得太少。

关于拜年，清代吴继钱的《竹枝词》中有这么两句："路上相逢共长揖，发财恭喜贺新年。"还有相类的说法："途中相见交相揖，即刻登堂说一声。"可见拜年路上，所遇邻里朋友，都得恭谨相贺；关系近些的，还得特意到他家里，连其长辈都拜一拜，才算够礼儿。这当然不如今日的电话拜年、短信拜年那么简单方便，但味道就不同了。

"年味儿"在哪里？其实就架设于众位心灵间的桥梁上。正如一首歌中所唱的："只要人人都献出一点爱，世界将变成美好的人间。"人情味足了，"年味儿"自然也就浓了。

5. 微信朋友圈曾被这样一条信息刷屏："建议国家修改贩卖儿童的法律条款，拐卖儿童判死刑！买孩子的判无期！"你赞同拐卖儿童一律判死刑吗？

拐卖儿童的相关话题一直被社会各界广泛关注。在这次的微信朋友圈刷屏中，大量网民表态支持对拐卖儿童者一律死刑。然而，法学界、社会学界则多从专业角度提出反对意见。事实上，拐卖妇女儿童情节严重的罪犯被判死刑，在我国不是没有先例。至于"是否该一律判死刑"，则成为争论的焦点所在。

影视作品如《亲爱的》《失孤》等，不仅还原了被拐卖儿童家庭的不幸现状，也引起了人们对拐卖儿童这一丑恶犯罪行为的痛恨和愤慨。的确，每一个儿童的失踪，都伴随着一个家庭的破裂。"幼吾幼，以及人之幼"，人们欲置拐卖儿童者于死地的心情可以理解，但汹涌的民意并不总代表理性。网友对拐卖儿童的危害了解至深，对拐卖儿童行为深恶痛绝，因而就认为，对拐卖儿童者判处极刑，就可以有效减少拐卖儿童的现象，从而达到保护儿童成长、保护家庭完整的目的。但是，法不容情，如果法律过分被民意或感性所裹挟，那么对于社会稳定甚至会产生负面影响。

我认为对拐卖儿童判死刑要理性看待。所有被拐儿童的家人最为关心的不是对拐卖儿童者的判刑轻重，而是被拐儿童能否重回自己身边。但如果对拐卖儿童者一律判处死刑，实际造成其退无可退，除了拐卖更多的儿童换取更大利益，别无他路。从这个角度讲，对拐卖儿童者，重其重，轻其轻，反而更有利于督促犯罪分子洗心革面，让被拐儿童重回父母身边。

拐卖儿童者自应受到严惩，这本是我国刑法的应有之义。但杜绝拐卖儿童行为，不能仅仅依靠严苛的刑罚，而需要完善社会福利、更新继承观念甚至改变计划生育政策等一系列社会治理措施的共同作用。对拐卖儿童者一律判处死刑，不仅没有必要，也有违现代社会的法治精神。

　　法律是严谨和理性的，人贩子可恨，网民和父母的心情是可以理解的，但需要理性看待和解决。

6. 谈谈你对"互联网+"的理解。

　　2015年3月5日，在第十二届全国人大第三次会议上，李克强总理在政府工作报告中首次提出"互联网+"行动计划。

　　"互联网+"代表一种新的经济形态，即充分发挥互联网在生产要素配置中的优化和集成作用，将互联网的创新成果深度融合于经济社会各领域之中，提升实体经济的创新力和生产力，形成更广泛的以互联网为基础设施和实现工具的经济发展新形态。

　　互联网时代是一个颠覆旧传统的时代，也是一个融合的时代。在"互联网+"背景下，几乎每个行业都可以借助互联网平台进行自身的转型与发展。通俗来说，"互联网+"就是"互联网+各个传统行业"。但这并不是简单的两者相加，而是利用信息通信技术以及互联网平台，让互联网与传统行业进行深度融合，创造新的发展生态。比如，"互联网+传统集市"有了"淘宝"，"互联网+传统百货卖场"有了"京东"，"互联网+传统银行"有了"支付宝"，"互联网+红娘"有了"世纪佳缘"，"互联网+传统交通"有了"滴滴打车"。这是一个互联网与一切行业融合的时代，也是一切行业都向互联网靠拢、触网的时代。可以说，互联网影响着每一个人、每一个行业。

　　从现状来看，"互联网+"尚处于初级阶段，各领域对"互联网+"还在作论证与探索，各行各业更应抓住机会，顺应"互联网+"的浪潮，借助互联网平台增加自身利益，逐步尝试网络营销带来的便利。互联网加任何一个传统行业，不仅是代表了一种能力或者是一种外在资源和环境，更是对这个行业的一种提升。

7. 如何看待高校"更名潮"？

　　近年来，高校"更名之风"愈演愈烈，不少学校借更名打出"提升教学质量"等旗号以吸引生源。

　　高校更名，主要有四种类型：一是从"学校"更名为"学院"，基本上是从专科升为本科的学校；二是从"学院"更名为"大学"，这一类包括一些很有名的学院，也觉得学院名字不"高大上"；三是独立学院和母体学校脱钩，独立成为民办学校；四是某些学校想摆脱传统行业形象，变更为一个时髦的校名，如把校名中的机械、纺织、化工、农林等字眼，替换为文理、科技、经管等时髦词汇。

　　一所大学的校名，其实就是它的无形资产，早已与学校的办学理念、治学风格紧紧融合在了一起，成为一所学校最重要的标志。校名作为一所大学长久的文化符号，往往承载着厚重的校园文化和教育理念。从这个角度来说，大学校名不仅要能够传递出办学特色的信息，也要给公众一种积极的心理暗示，从而提升公众对学校的社会认同度。但很多高校改名字只是"换汤不换药"的面子工程，除了一大堆听上去"高大上"的校名，没有带来任何实质性的变化。

人们眼见的事实是，高校的科研竞争力没有上去，而高校的人才培养质量却在不断下滑。这样的更名不仅没有任何实质意义，而且终究会"搬起石头砸自己的脚"，失去家长、学生和社会的信赖。高校"更名潮"是高等教育浮躁的一个突出表征，在急功近利和好大喜功思维的指引下，注定无法建成一流高校、培养一流人才。

高校办学不能总在名字上做文章。高等教育要追求的不是校名的"高大上"，而是教育质量和科研实力的"高大上"。这需要每所高校明确自身定位，摒弃急功近利、华而不实的浮躁心态，积极修炼内功、发展内涵。这既是对学生负责任，也是对社会、对国家负责任。

8. 谈谈你对"证明你妈是你妈"这种"奇葩"证明的看法。

随着李克强总理的一句"证明你妈是你妈"，"证明难"成了热点话题。它不仅引起了老百姓的共鸣，也引起了很多部门的格外关注和高度重视。的确，很多单位要求的"奇葩"证明让人困惑不已，啼笑皆非，造成了老百姓办事的诸多困难，应当予以取缔。但我们也需要理性地、辩证地看待"证明"问题。我认为对于不必要的证明应当取缔，但对于一些必要的证明，应当给予理解。

产生各类"奇葩"证明的原因很多。一些政府部门没能及时分析和理清哪些证明是必需的，哪些是多余而需要清理的。特别是在一些地区、部门之间还存在着严重的信息壁垒，一些本来是政府部门之间可以通过互联互通等简单的技术手段完成的信息验证工作，却需要公民个人不断地在政府部门之间"跑断腿""磨破嘴"，这样既伤了群众的心，也损害了政府的公信力。也有一些部门和单位的少数工作人员怕担责或故意推卸责任，甚至借开具各类"奇葩"证明之机刁难民众，进而吃、拿、卡、要，谋取私利。所以，一些看似荒唐的"奇葩"证明背后，有时可能是少数单位和个人的私利。

另外，我们整个社会的诚信建设还是一个短板。由于历史和现实的种种原因，完善、可靠的征信系统还未能建立，各种弄虚作假行为多发，导致因缺乏信任而对各类书面证明过度依赖，于是各类"奇葩证明"也就不断地应运而生。

如何有效地减少、杜绝"奇葩"证明的产生呢？加强部门间信息联网与共享是关键，但最根本的问题，显然还在于加强各办事部门和机构的责任感，杜绝其相互推卸责任的服务意识。

9. 最近两年全国各地时有城管打人的事件发生，你怎么看这一现象？

作为城市市容市貌的管理者，城管队伍对社会有很多贡献。他们在保障城市的正常运行、维护城市的正常秩序方面发挥着巨大作用。可以说，他们的存在不可或缺。但是近年来，城管却成了社会"阴暗"的代名词，负面消息众多。特别是城管打人的事，几乎每个月都要上一次新闻头条，这些无论是真是假，都让老百姓对城管的印象非常不好，长期下去，自然而然地形成了偏见，让城管执法过程更加艰难。

城管作为一线执法人员，直接与老百姓接触，工作内容涉及商家的利益，特别是小摊小贩们的利益。城管工作相当难做，管还是不管都是问题，但这不能成为打人、暴力执法等违纪、违法行为发生的理由。而政府出面道歉也不能成为每次城管打人事件后的常态行为，而是应该给出明确的解决方案，一旦出现暴力执法事件，不应只推脱为临时工或停职调查上面，要继续向公众公开后续处理办法，给对关心该事件发展近况的群众一个交代。

要杜绝城管打人事件的发生，重点在于严肃纪律，改进队伍工作作风。一是要大力加强纪律教育，加强监督检查，加强惩罚力度。只有将纪律的严肃性摆在眼前才能让那些乱作为、目无法纪的人管好自己的手，管好自己的嘴，将心思放在提高行政能力上来。二是要完善相应的规章制度。截至目前，我国还没有专门针对城管执法的相关法律，这让城管的权力得不到监督和保障。三是要尽快转变城市管理理念，实现从管理型向服务型的转变。城管打人就是他们没有把群众放在心上的表现，是漠视群众的做法。城管工作难做，就应该寻求好的方式来解决问题，而不能用粗暴的方式来解决问题，这样反而是给城管这个职业抹黑。

理性分析城管打人问题，才能客观评价城管执法。只有让制度有良心，执行制度的人才能讲良心，才能安心执法，整个社会才能和谐，并得到健康的发展，这才是理性看待城管问题的态度。

10. 谈谈你对"全面放开二孩政策"的理解。

党的十八届五中全会决定，全面实施一对夫妇可生育两个孩子的政策。

当前，我国的老龄化问题已经引起了社会各界的广泛关注，并且有越来越严重的趋势。60岁以上的老人占总人口的比重每年稳定增长，大大地增加了我国社会保障系统的负担。而我国的社会保障体制，包括保险机制、医疗保健政策等，仍然处于较低的水平，只能勉强满足一部分老年人的需要。另外，对于我们这样一个拥有庞大人口的发展中国家，如果老年人太多、青年人相对较少，就没有足够的劳动力来维持我国的可持续发展。同时，鉴于之前的单独二孩政策遇冷，为保证"人口红利"，有必要全面放开二孩政策。

全面实施两孩政策是促进我国人口长期均衡发展的重大举措。从目前看，它至少有三方面的意义。一是有利于优化人口结构，减缓人口老龄化带来的压力。二是有利于促进经济社会持续健康发展。近期看，它可以直接带动住房、教育、健康、家政等方面的消费需求；长远看，新增人口进入劳动年龄后，对降低人口抚养比，对经济增长的正效应更为显著。三是有利于更好地落实计划生育基本国策，促进家庭幸福与社会和谐。全面两孩政策能够满足绝大多数群众的生育意愿，使家庭规模有所扩大，有利于构建稳定的亲缘关系，增强家庭的代际支持、养老照料功能，促进家庭发展。

全面放开二孩政策的实施，将会对我国经济社会长远发展带来一定的积极影响，能够在一定程度上缓解劳动力缺乏的问题。短期来看，生育率的提高会对资本市场相关领域的企业经营产生影响，并带来相关投资机会。中长期来看，二孩婴儿潮的到来将改变中国人口的年龄结构，减缓老龄化速度。长期来看，放开二孩后，新一轮人口红利的形成和中国潜在经济增速的提高，将使各类行业最终受益。

11. 如何看待当今社会相对紧张的医患关系？

如今的医患关系比较紧张。要缓解这一情况，首先要了解其产生的原因。我大体上把医患关系紧张归结为三方面的原因：医者方面的原因、患者方面的原因、管理方面的原因。

医者方面的原因主要体现在有些医生医术不高、医德低下。医务人员由于经验不够，对疾病的变化估计不足或处理不当或是服务态度差、责任心不强、粗心大意等，均会引起患者不满甚至发生医患纠纷。

患者方面的原因表现在患者不信任医生的就医心理。比如，患者往往相信经验丰富的老医生，而对年轻医生缺乏信任感；患者对健康的期望值过高，在治疗效果的问题上，医生认为疗效比较理想，患者则认为效果不明显；患者由于所患疾病产生紧张、焦虑、烦躁情绪，向医务人员抱怨甚至出现过激的言行。这些都可能引起医患关系紧张。

管理方面的原因表现在有的医院过分强调经济利益，常采取开大处方、重复多次检查等方法，加重了患者负担，引起了患者不满。

了解了原因，我们就应该从这几方面入手来缓解紧张的医患关系。对于医务人员来讲，应当提高医疗技术水平，提高医德修养，竭尽全力地为患者提供优质服务，让患者满意并产生信任，这对于建立和谐的医患关系大有裨益。对于即将踏上工作岗位的医生，要自觉学习相关理论知识，深刻理解"一切为了病人，为了病人的一切，为了一切病人"的精髓，并在工作中付诸实践。对于患者，要加强就医道德的宣传，要相信科学。对于管理方面，医院要加强医务人员的管理，始终将社会利益放在第一位。此外，我觉得还应该制定相关的法律、条例来规范医患关系。

我认为只要切实地做到以上这些，就能缓解当前紧张的医患关系。医院要在日益激烈的医疗竞争中立于不败之地，就必须以患者的需求为医院的工作重心，建立相互融洽、理解、信任和支持的医患关系。也只有这样医院才能实现可持续发展，才能为维护社会安定团结的局面作出相应的贡献。

12. 中小学校园暴力事件频发，你怎么看？

受社会上不良因素的影响，我国中小学近年来不断发生打架斗殴，甚至群殴、凶杀等严重暴力事件，校园暴力事件呈不断上升趋势。校园暴力在多地上演，严重影响了青少年的健康成长，扰乱了正常的教学秩序，影响了社会的稳定，也引起了社会各界的广泛关注。

目前，校园暴力频发，我认为原因有三：

一是学校教育侧重点偏颇，德育教育不到位。在素质教育已经成为社会共识的今天，学校应以培养德、智、体、美全面发展的合格人才为己任。但在升学率的压力之下，很多学校往往只重视学生的智育而忽视学生的德育。部分学校过度重视学生的学业，忽视了他们情商的培养和提高，致使许多中小学生问题解决能力和社会适应能力低下。

二是受到社会不良因素影响，学生心理扭曲。目前，网络上仍有大量渲染凶杀暴力或色情的作品，宣传江湖义气的武侠小说与影视作品也比比皆是。这些信息潜移默化地就对学生产生了不良影响。如，致使学生早恋现象日趋严重，由此很容易导致争风吃醋，发生暴力行为。另外,中小学生好奇心强,心理可塑性强,容易模仿,面对同学间的矛盾时,往往会不自觉地想到以武力解决,从而出现校园暴力。

三是我国相应的法律法规还不完善。现存的法律基于保护未成年人权益的角度,对校园暴力的主体量刑比较宽松,使得行凶者得不到惩戒,从而助长了施暴者的行为,甚至使他们变本加厉。

校园暴力频发,应引起社会及学校的高度重视。一方面学校教育要智育、德育两手抓,倡导"与人为善"的理念。一方面社会各方也要为学生营造一个文明和谐的成长环境。要认清校园暴力所带来的危害,从家庭、学校、社会三方面入手,及时预防和正确处理校园暴力事件,确保学生们身心健康成长,从而构建平安、和谐校园。

13. 近两年世界各地恐怖袭击不断,谈谈你对全球反恐的看法。

恐怖主义是严重危害人类文明的社会毒瘤。从"9·11"事件、"巴黎暴恐"事件,到"尼斯恐怖袭击",可见"世界远比以前危险"。我们与发生暴恐的地点虽然相距千里,但悲愤与不安感同身受,更为无辜者的罹难、同胞的受伤而痛惜。恐怖主义已经成为威胁人类生存与发展、和平与安全的"头号敌人"。对于卑鄙可耻的暴恐,我们必须予以最强烈的谴责,并支持对其毫不留情的打击。

当前,恐怖袭击越来越碎片化、高频化和目标平民化,变得"声东击西""防不胜防"。恐怖主义的版图病毒式地向全球蔓延,让和平与安全的风险不断增加。恐怖袭击手段之残忍令人发指,恐怖组织发动袭击能力之强大令人震惊,这些都应得到国际社会的高度警惕。一系列恐怖袭击预示着全球反恐战争已经进入了新的阶段。

"巴黎暴恐"事件后,习近平主席在给奥朗德总统的慰问电中指出:"中国一贯反对一切形式的恐怖主义,愿同法国及国际社会一道,加强安全领域合作,共同打击恐怖主义,维护各国人民生命安全。"从布鲁塞尔到尼斯,从伊斯坦布尔到莫斯科,构筑一道资源共享、更加注重协作的反恐安全屏障已经迫在眉睫。因为不断升级的暴力恐怖袭击,不少城市的安全正受到威胁,国内政治也随之动荡,政党分歧趋于"极化",全球安全秩序受到挑战。缺少了更高层次、更广泛的全球合作,要彻底铲除恐怖主义的根基将十分艰难。只有全世界热爱和平的力量真正团结起来,我们才能抵御"非正义"势力的不断扩散。

恐怖主义是秩序之外的恶魔,对于现有政治、安全秩序的冲击与破坏是显而易见的。集中力量打击恐怖主义,是缔造更稳健的和平与发展秩序的开端。但仅限于此还不够,只有推动世界政治经济更加平衡的发展,消除世界上一些地区政局的持续动荡,我们才能避免政治失序,才能维持安全秩序,才能真正铲除恐怖主义之根。放眼全球,极端恐怖主义不仅威胁地区和全球安全,而且给无辜民众带来巨大伤害。恐怖组织活动越来越猖獗,全世界各国必须联合起来全力打击恐怖组织。

14. 你认为网络提速降费会产生哪些影响?

自今年全国两会以来的三个月内,国务院总理李克强三次督促宽带提速降费。总理频繁关注网费、网速的原因在于，网速、网费关系着推进"互联网+"所需要的基础环境，关系着基础设施建设投资的边际效应。进入"互联网+"时代，网络提速降费将极大推动我国大众创业、万众创新局面的形成。

一方面提速降费有利于推动运营商创新。对于长期居于垄断地位的运营商来说，提速降费工作好比一剂强力催化剂，压力化为创新动力正在倒逼运营商自我革新。"提速降费"这枚"石子"，将激起一连串"涟漪"。"提网速、降网费"将是重塑一个更加成熟电信市场的开端。当市场竞争更激烈、市场发育更完整时，自会形成更真实、有竞争力的电信资费。

另一方面，提速降费支撑了"互联网+"的发展。网络提速降费创造了优良、创新的土壤，为"双创"降低了门槛，让创新之花开满全国，使前所未有的创新创业蓬勃发展。提速降费有益于基于互联网的创业创新。从投资、技术、场地等方面而言，它无疑能降低创业创新成本和门槛，令普通公众，甚至偏远地区的网民，都能参与其中。提速降费并不是单纯对网民让利，而是事关互联网建设发展，进而对营造大众创业、万众创新的环境具有重要意义，并且包含了经济转型升级的深层次考虑。

宽带网络作为国家战略性公共基础设施，正是推动经济转型升级、落实"互联网+"战略的根本和基石。提速降费是国家经济发展到现阶段对宽带网络的要求，影响深远。

15. 谈谈2015年举行的纪念中国人民抗日战争暨世界反法西斯战争胜利70周年大阅兵的意义。

此次阅兵是中国人民抗日战争暨世界反法西斯战争胜利70周年纪念活动的重要组成部分。70年前，中国人民经过14年浴血奋战，赢得了近代以来反抗外敌入侵的第一次完全胜利。这场伟大斗争的胜利是中华民族永远值得纪念的胜利，也是世界各国人民永远值得纪念的胜利。组织纪念中国人民抗日战争暨世界反法西斯战争胜利70周年阅兵，是党中央、中央军委和习主席作出的重大战略决策，具有重大的政治意义和深远的历史意义。

这次阅兵的主题是"铭记历史、缅怀先烈、珍爱和平、开创未来"，目的是彰显我国坚定不移走和平发展道路，坚定不移维护世界和平，捍卫国家主权、安全和发展利益的坚定立场，彰显中国人民在世界反法西斯战争中作出的巨大民族牺牲和重要历史贡献，展示我军贯彻强军目标、推进现代化建设的新成就和威武之师、文明之师的良好形象。

这次阅兵对塑造中国心、凝聚民族魂、提振强军志，对进一步动员和激励全党全军全国各族人民铭记历史、缅怀先烈、珍爱和平、开创未来，更加奋发有为地为实现中华民族伟大复兴而奋斗，具有十分重要的意义。

另外，这次阅兵也是我国军事实力的体现。军事实力是现代国家竞争的最后的硬实力，有了这些硬实力支撑，才能在国际博弈中让对手心有忌惮，才能让伙伴安心合作跟随，才能在战略博弈时让形势往更有利于自己的方向发展。同时，这次阅兵也彰显了我国对维持战后世界秩序的决心。

16. 谈谈2015年11月7日新加坡"习马会"的意义。

2015年11月7日下午3点，两岸领导人习近平与马英九在新加坡香格里拉酒店会面。这是1949年以来两岸领导人的首次直接会面。跨越66年的时空，长达80秒的握手，两岸领导人的会面，定格在历史中。这历史性的一握，冲破了两岸交流形式的最后束缚，翻开了两岸关系历史性的一页。

1949年以来，两岸曾经长期对峙隔绝，给无数家庭留下刻骨铭心的伤痛和无法弥补的遗憾，这是一段民族辛酸史。然而海峡隔不断两岸同胞血浓于水的兄弟亲情，挡不住两岸同胞对家人团聚的热切期望。海峡两岸终于在20世纪80年代冲开了封闭已久的大门。近30多年来，两岸同胞交往互动日趋频繁，各领域交流合作稳步推进。特别是2008年以来，两岸关系走上和平发展道路，取得一系列重大进展，两岸领导人会面条件渐趋成熟。两岸领导人会面得以实现，来自于两岸双方和两岸同胞的共同努力，得益于两岸关系和平发展累积的丰硕成果，可以说是两岸民心所向，两岸关系发展大势所趋。

此次会面，将两岸交流互动提升到新高度，迈出了两岸高层互动往来的关键性一步，是对肯定一个中国原则的"九二共识"的再确认，巩固深化了两岸关系和平发展的共同政治基础，坚定了"走两岸关系和平发展道路"的信心，推进了两岸各领域交流合作的扩大和深化，凝聚了两岸携手实现民族复兴的热情和力量，彰显了两岸中国人有能力有智慧解决自己的问题。

17. 国务院接连取消部分职业资格许可，你认为这对大学生"考证热"有何影响？

近几年，大学校园里出现了"考证热"。老师、家长、同学、朋友每天都在说"你要去考这个证，含金量高""你要去考那个证，有了它工作不愁"。于是，越来越多的学生加入考证大军。曾有人断言："21世纪将是职业证书的时代。"时下很多工作都需要"持证上岗"。人们对此早已习以为常，并认为这是提高专业技能、保证工作质量的必要举措。因此，大学生们花费大量的时间、精力和财力报考各种补习班、培训班。但是，这些资格证书真的就能成为他们的"就业通行证"，能得到用人单位的青睐吗？

首先要明确考证并不等于实际能力的培养和提高。虽然考证是好事，但也不能什么证都要去考。考证一要从工作需要出发，二要从自己感兴趣、愿意从事的行业发展出发。这样才会既对求职有帮助，又能扩展自己的知识。其次"考证热"出现的前提是大学生希望在就业市场上增加就业砝码，证实自己的实力，但如果以逃课为代价去博得"就业通行证"，实际上是在耽误自己的主要学业，是本末倒置。另外，还要明确用人单位更看中的是实际工作能力而非一纸证书。

目前，职业资格呈现过多过滥之势。一方面，很多工作其实没必要非得"持证上岗"；另一方面，有些职业资格认定并没有法律上的依据。职业资格过多过滥只会阻碍人才自由流动。因此，从去年开始，国务院分批取消了不必要的职业资格许可和认定事项，在一定程度上，为"考证市场"降了温。此举让市场更具活力，让择业更加自由，让市场的"无形之手"实现优胜劣汰，让每个毕业生拥有更多自由择业权，更有利于人力资源的优化配置。

18. "绿水青山就是金山银山"已成为社会共识。谈谈新《环保法》实施的意义。

伴随着我国经济的快速发展，资源约束趋紧、环境污染严重、生态系统退化的形势依然十分严峻，特别是大气、水、土壤等污染严重，人民群众反映强烈，经济社会可持续发展也面临着越来越突出的资源环境制约。2015年1月1日起开始施行的新《环保法》，是我国通过的史上最严的环境保护法，它设定了生态保护红线，引人注目。

首先，新《环保法》的出台，对保护和改善环境、防止污染和公害、保障民众健康、推进生态文明建设、促进社会和谐、促进经济社会可持续发展具有现实和深远的意义。其次，新《环保法》增加了公众参与的力度，使环保信息公开透明化。环境保护工作是一个系统而复杂的工程，仅靠政府力量的监管是完全不够的。让公众参与进来，与政府部门形成良好的互动，成为环保力量的一分子，能够更好地扩大管理范围和环境保护力量。另外，新《环保法》的监管力度加大，监管手段变硬。污染的"成本"不再是简单的罚款，而是有可能追究刑事责任，这样的后果让企业不再敢"越雷池一步"，使环保部门的执法力度得到极大的增强。

建设生态文明，保护生态环境，是关系经济社会可持续发展、人民福祉、民族未来的伟大事业。生态文明建设和环境保护工作需要动员全社会力量，要通过对新《环保法》的宣传、贯彻、实施，增强全社会节约意识、环保意识、生态意识，人人参与，全民行动，形成爱护生态环境、保护环境质量的良好社会氛围。无论是谁，都要以对人民大众特别是子孙后代高度负责的态度，贯彻实施好新《环保法》，为建设美丽中国、实现中华民族伟大复兴的中国梦作出新的贡献。

19. 前不久，《万万没想到》《屌丝男士》《太子妃升职记》等网络自制剧大火一把。请谈谈你对网络自制剧的看法。

在信息技术不断创新与发展的今天，人们的网络休闲娱乐方式也呈现出多样化的发展趋势。近几年极受欢迎的网络自制剧，便为大众提供了一种新的娱乐途径。网络自制剧作为一个新兴的文化产业也引起了广泛的关注。

网络自制剧，就是由各大视频网站自己选择题材，组织编写剧本、拍摄，然后在网站上独家首播的短剧、微电影、影视剧。自制剧已日渐成为视频网站品牌竞争的一大利器。在带来高点击率、拉动广告投放的同时，自制剧甚至可以逆向输向电视台，创造网站新营利点。自制剧的高性价比就在于它为视频网站节省制作成本的同时，还具有唯一性，即要看某网站出品的自制剧，只能到该网站观看。这样便潜移默化地将网站的品牌形象植入到了在线用户的心中，进一步提升了视频网站的品牌形象及影响力。

网络自制剧能有市场主要是因为剧本题材选择恰当，迎合了现代受众的收视品位。在高负荷运转的现代生活中，受众对短、平、快的追求逐渐战胜对含蓄蕴藉的青睐。人们更多地追求是快乐，越来越习惯于欣赏一种模糊的、无深度的、没有中心的、不需要提供真实世界基本意义的影视作品。犯罪片、灵异片、搞怪片、青春爱情片是其主攻方向，而且几乎每个门类中都有颇受关注的翘楚之作。

但纵观市面上的网络自制剧，它们或多或少地融入了一些低俗元素。有一些影视剧剧情苍白无力、漏洞百出，甚至抄袭痕迹明显。但不可否认的是，网络自制剧目前处于探索阶段，还有很大的拓展空间。

同时，网络自制剧要发展差异化品牌，可从横向与纵向两个维度上下功夫。横向上，应当注重内容的原创性。若缺乏创新意识，一味生搬硬套必然不能长久。纵向上，要与传统剧目有清晰的区分界限。以电视台播放范围作为选材参考，趋利避害，减少竞争，则不失为明智之举。

20. 谈谈你对2015年发布的史上最严"控烟令"的看法。

吸烟的危害想必大家都清楚。它不但吞噬吸烟者的健康和生命，还会污染空气，危害他人。据研究发现，抽烟时喷出的烟雾可散发超过四千种气体和粒子物质。这些物质中的大部分都是很强烈的刺激物，其中至少有四十种在人类或动物身上可引发癌变。在抽烟者停止吸烟后，这些粒子仍能停留在空气中数小时，可被其他非吸烟人士吸进体内，亦可能和氡气的衰变产物混合在一起，对人体健康造成更大的伤害。因此，当吸烟危害吸烟者本身健康的同时，二手烟也影响着非吸烟者。

戒烟对不少人来说是件难事，以至于禁烟成为全社会的一大难题。但只要管理部门始终保持一种禁烟的高压态势，通过全民动员，久而久之自然会使吸烟者形成一种遵章守纪的良好习惯。以法规形式禁止在公共场所吸烟的确可喜可贺。但禁烟绝非易事，不是一朝一夕就可完成的。如果没有严格的监管和强制性的约束手段，禁烟目的恐怕难以实现。正所谓法律的威慑力既在于严肃性，还在于其严格执行。如何做到在落实禁烟措施中的违法必究，是在公共场所禁烟需要考虑和应对的。

多宣传控烟令的相关要求以及吸烟对人体的伤害，必要时可以请烟草协会的专家或者曾经深受烟草毒害的民众现身说法，从而让民众自身意识到吸烟的危害，在全社会形成一种良好的风气。政府部门应该将控烟令真正地落实到实处，可以加大惩处力度，真正做到有法可依、有法必依。我们每一个人都应该意识到自身所负有的责任，学会拿起法律的武器维护自身的合法权益，看到在公众场所吸烟的人应及时劝阻，甚至可以向卫生计生行政部门投诉举报。同时，家长更要以身作则，在孩子面前尽量不要吸烟，以免影响孩子的身心健康。

"史上最严"条例必须辅以"史上最严"执行，否则只能功败垂成，只能听到一声文明的叹息。人的文明程度要靠教育和培养，但有时候也要靠倒逼。须知，过度迁就就是保护落后。从某种意义上说，进步也是一个痛苦的过程，严厉的执法是推动人类文明进步的一种重要力量。

21. 谈谈你对延迟退休的看法。

关于"延迟退休"的话题，其实早在几年前就引起的大众的广泛热议。人民网等许多网络媒体曾调查，至少有94%的人反对"延迟退休"。尽管如此，有关"延迟退休"的筹备工作仍未停止。2016年7月13日,二十国集团劳工就业部长会议在北京闭幕,人力资源和社会保障部部长尹蔚民表示,延迟退休方案预计今年出台。可见,国家对延迟退休工作的重视。

其实讨论延迟退休的问题,就是讨论人口老龄化及养老问题。中国逐渐步入老龄化社会,老有所养将成为严重的社会问题。据有关资料显示,如今我国老年人口数量已达2.02亿,占全国总人口的14.8%。这意味着如果不延迟退休年龄,适龄劳动力的缺口将越来越大。另外,延迟退休可以很好地缓解我国养老金缺口大的压力。要明白,老年人领取的退休工资并非来自于本人缴纳的养老金,而是由同时代劳动人口缴纳的养老金来供养。因此养老金问题本质上就是劳动人口和老年人口之间的供养问题。但目前两种人口此消彼长,一边是劳动人口的日益萎缩,一边是老年人口的日益膨胀,尽管现今养老尚未出现严重问题,但以此趋势发展下去,终有一天会打破平衡。

解决老龄化问题,一般有三种措施:鼓励生育、吸收外来移民以及延迟退休年龄。目前,对于我国来说,全面二孩政策已经开始实行,延迟退休年龄也是应对老龄化的必然选择。通过调整劳动人口比例,可以从根本上缓解不可避免的养老问题。

当然,国家也要充分考虑绝大多数劳动人员的心里承受能力和适应能力,充分考虑政策实施时给社会带来的负面影响,如就业压力剧增等,稳步推进"延迟退休"。

22. 说说你对安徽"女大学生扶老人"事件的看法。

从2015年9月8日起,安徽"女大学生扶老人"事件的发展可谓一波三折。起先,女学生自称扶摔倒老人被讹,并在微博上寻找目击者以证清白。随后,有网友表示自己是目击者,并愿意作证。之后,又有几名目击者实名作证,称在事发现场,曾亲耳听到袁某承认撞人,并向老太道歉。最后,经警方多方调查取证,认定这是一起交通事故:女大学生骑车经过老人时相互有接触,女大学生承担主要责任,老人承担次要责任。

在事件的发展过程中,网民们的观点大致分为两类:一类认为女大学生撞到了老人(呼吁等待真相),另一类认为老人在讹女大学生(批判碰瓷现象)。在整个事件的舆论场中,舆论几乎是一面倒地批评"坏老人",只不过在不同的阶段,舆情的走势还是发生了些许变化。刚开始,"碰瓷老人"几乎是唯一的舆论导向,到出现证明女孩道歉的声音时,我们预期的反转点未出现,网民对"坏老人"的批评找到了新的"攻击点",虽然网民之间开始出现大的争论点,但舆论导向仍然是偏向于女大学生的。直到最后,当警察通报认定女大学生负主责的时候,舆论场中才算真正出现了一波反思潮。可是,比之更盛的是网民对警方通报的质疑和不信任,坚持"错在老人"观点的依旧是绝大多数。在整个事件中,不论剧情如何反转,"倒老人派"几乎是碾压性的多于"挺老人派"。

可见,真相未必能够抚平被撕裂的社会信任感。由于之前太多的类似好心救人反被讹、老人碰瓷的报道,人们已经在心底给老人打上了"碰瓷"的标签。路上遇到老人一心想着敬而远之。曾经的弱势群体如今却成了"恶人"的代表。虽然社会上确实有这样一批损坏社会公德的人,但是不得不说,媒体在传播此类事件时,也没有起到良好的导向作用。我们现在遇见老人不敢扶,遇到病人不敢帮,这不仅是媒体报道的误导,更是社会道德的缺失。重拾民众对道德的信心，弥补信任的缺失，不仅需要媒体发挥良好的舆论导向和意见领袖作用，更需要我们每个人共同努力，营造一个互帮互助、友好信任的社会环境。

23. 说说你对"魏则西事件"的看法。

魏则西去世曾是前段时间网上热议的话题。魏则西的离世，不仅使我们再次生发出对生命逝去的叹息，对病魔无情的憎恨，更促使我们反思互联网时代利益与信任的关系。

没有人会苛求一家医院能够包治百病并药到病除。我们深知，无论是自然科学还是社会科学，都有至今无法攻破的难题。其实，"魏则西事件"让我们感到痛苦的，并不仅仅是因为一个生命的逝去，或许这属于医学的局限性，我们探求的也不仅仅是谁可以对他的生命负责的问题，而是原本拯救生命的医疗系统却利用患者或消费者对于公众平台和专业医疗机构的信赖和渴求，演变成一场图谋利益的骗局。在这样的骗局中，或许我们每个人都会成为受害者，这才是最大的悲哀。

百度搜索是一个商业主体。挂靠在公立医院的游医更是商人身份。对于他们来说，守法应该是底线，道德是高线，如果在法律范围内追逐正当利益当然无可厚非，但如果超越法律的边界就应当承担应有的责任。同时，公立医院理应肩负公益之职能，切忌因为利益而放纵自己的社会责任。有关监管职能部门更不能懈怠自己的法定职能，不能非等到事情发展到一定危害程度或者出现严重结果时才摆开招式、使出狠手。

在类似的事件中，因为不确定、不安全，我们才有深深的危机感和焦虑。这种情绪的蔓延又极度影响到每个人的幸福感和获得感。在这样的时代，我们呼吁行业自律和企业自律。但如果没有法治环境的成熟、没有强大的社会他律存在，自律如何实现？如果是因为法律的滞后，才让这种行为不被制止，监管部门应该尽快提出立法建议，加快立法进程。利益面前，他律一定比自律有效。改革从来都是痛定思痛的结果，但只要开始，就有希望。

24. 微信朋友圈经常有老师、朋友请求拉票，你怎么看这种现象？

随着微信的普及，朋友圈的公共空间问题随之出现。其中，各种孩子评优、朋友评奖、单位创先之类的朋友圈拉票让人不胜其烦。

虽然大家在讨论这个话题时几乎是一边倒地义愤填膺地反对，但在朋友圈真遇到时，尽管内心非常抵触，但碍于人情不会表达出来，还是有大部分响应投票。不过他们心理上已经有了疙瘩，那些没有投票的更成为"以沉默表达不满的大多数"。

当朋友圈拉票成风之后，拉票者很多时候也是被拉票者。将心比心，其实很多拉票者也明知道此种行为可能会招致不满，他们有时候会通过发个"红包"来表达歉意，减轻自己的不安，化解部分人的抵触情绪。朋友圈的友情本就很弱，拉票之风消费了本就淡漠的社交关系。

"朋友圈拉票"不仅消费友情，鼓动人们"不要珍惜你手中的一票"，实际上也是一种变相的传销。在微信平台上设置投票，鼓动朋友圈拉票，这样有什么公平性可言呢？无非是朋友让投谁就随手投一票，跟选手本身的优劣并没有多大关系。拼朋友圈，实质是一种公然的"拼关系",是公然地践踏公平原则。

另外,占据"朋友圈拉票"半壁江山的是给孩子比赛评比的拉票。这种比赛,得票的高低与孩子在活动中的表现几乎没有任何关系,完全靠的是家长的拉票。这种"拼关系"的行为无法反映和体现出孩子的真实情况。人气最佳的孩子可能会对自己的表现形成误判,从而沾沾自喜,无益于进步;票数不多的孩子可能会抱怨父母,或者在成长中产生一些不自信、不健康的心理。这种"朋友圈拉票",不但有违公平,更是对公共资源的浪费。

25. 高校推出零手机课堂你怎么看?

如今,"手机控"已经成为校园中不可忽视的现象。学生在课堂上频繁使用手机,严重影响了学校的教学秩序和教学质量。为此,许多高校已经着手采取措施规范学生上课使用手机的行为。而"该不该上课使用手机"甚至成为影响师生关系的重要因素。

在教学课堂上,每个班都会有部分学生在低头摆弄手机。特别是教室的后几排,更是"低头族重灾区"。几乎90%以上的学生都有在课堂上玩手机的经历。"上课可以忘带课本,但不能忘带手机。"这样的"课堂手机观"在大学生中深入人心。学习的课堂变成了手机娱乐的场所,玩手机代替了做笔记,大好的青春献给了手机。虽然事后大学生都表示后悔,但深度的"手机依赖症"让他们觉得"离开手机缺乏安全感"。还有部分学生用"课堂太乏味,手机来提神"为自己辩解。

上课玩手机,不仅是对自己的不负责,也是对老师的不尊重。上课学习,天经地义。课堂就是用来学习的,学习本就是学生的天职,学生可以用手机快速查询课堂上的疑难知识,但更多的还应回归课堂。更何况,学生畅游于网络空间、微博、微信朋友圈之间,反而把老师辛辛苦苦的教学当作对自己的"打扰",这也影响了原本和谐的师生关系。

为了防止手机影响学生学习,部分高校不得不采取强制措施:上课前没收手机、在教室安装信号干扰器、上课手机关机……为的是让"短信声、QQ声、游戏声,声声不息"回归到"风声、雨声、读书声,声声入耳"。尽管有学生吐槽"禁手机是学校对自己的不信任""学校把我们当作没有自制力的小孩子",但不得不说,"零手机课堂"的推出是有效的。学生上课的精神状态变化很大,跟老师的互动增多,补课率也随之降低。

"抬起头来,回归课堂"不仅是对学生自身负责,也是对教师的尊重,对知识的尊重,对文明规范的尊重。"零手机课堂"应成为校园文明的题中之意。教师则应用生动的课程让学生主动放下手机。另外,"零手机课堂"光靠道德自律和老师的"温情提示"是不够的,还需要加强制度约束,通过有策略的引导,全面提升大学生素养;还可以根据不同的学段和专业,将包括手机使用在内的素养教育纳入常规课程,开设公共课,教育大学生合理使用手机。

26. 谈谈你对"青岛天价大虾"的看法。

一直致力于创建文明城市的"好客"青岛,国庆期间却因为一盘大虾,让"宰客"名声大噪,让旅游品牌形象大损。一盘普通的虾要价高达38元一只,整盘收费1500余元。"天价大虾"事件不仅让游客义愤填膺，更损害了青岛的旅游经济和城市形象。该事件发酵后，在网络上引发数十万条评论，对整个山东旅游业也产生一定负面影响。"天价大虾"是面"示丑镜"，映射出了旅游城市的许多问题。

回顾近年来的国内旅游市场，不难发现，以"天价菜单"来宰客的手段屡禁不止。它们的发生地都顶着"旅游城市"的标签，受害者多为外地游客，时间多为节假日旅游旺季，监管部分的反应迟缓，都引发了舆论的"次生灾害"等。这背后，折射出了横亘在商家、游客和监管者三者之间的冲突和矛盾。在某种程度上，少数商家的竭泽而渔，相关部门的坐视不管，都可说是在治理不完善的情况下搞"伪市场经济"的恶果。对于38元一只的青岛大虾，依法给予相应处罚，应说是捍卫规则和人心的必然。更何况，如果青岛的相关部门能在出事的第一时间积极介入，出狠招，做重罚，还游客以公道，施商家以惩戒，也不至于引发舆论次生灾害，让城市的颜面大失。

形象建立不易，毁之轻而易举。有问题不可怕，怕的是投诉无门、监管乏力。网上各种戏谑"青岛大虾"的段子流行，也告诫这座旅游城市，别小瞧了"一只大虾"，它足以撼动数年间、数亿元打造的城市品牌。从这个角度看，对于青岛，一只大虾岂止38元。

代表一座城市的永远是热爱她的优秀市民，而不是抹黑她的不法商贩。但是，"一颗老鼠屎坏了一锅汤"，却绝不仅是谚语。理顺商家、游客和监管者的角色定位，加强事前预防和事后处理，势在必行。这个教训，每座城市都应该引以为戒。

27. 2016年2月8日，微信公布了当年除夕红包整体数据。除夕当日，微信红包的参与人数达到4.2亿人，收发总量达80.8亿个，是2015年除夕的8倍。针对春节的微信抢红包热，谈谈你的看法。

"世界上最遥远的距离是我在你身边，你却在忙着抢红包。""盯得眼花，戳得手疼，抢得心跳。"这些都是春节抢红包火爆场面的生动写照。这两年，春节抢红包，成了全民的狂欢。有人调侃说，春节晚会都成了红包的陪衬。客厅里、饭桌上、公交车上、办公室里，甚至上厕所时，"低头族"们都死死盯着方寸手机屏幕。以前地上掉5毛钱大家都懒得弯腰捡起来，现在微信红包里只有几分钱，大家都抢得火热。

微信红包的出现，激发了人与人之间不需要太多语言就可以拥有互动的社群关系的心理需要，增加了彼此关系的黏性，也增添了许多社交的趣味性话题。人们打招呼已不用惯常的"吃饭了吗"，而是用"发个红包乐一下""今天抢到红包了吗"代替。

现实生活中很多事都不尽如人意，甚至还得看别人脸色。而对于发红包的人来说，发多少，发给多少人，看到大家都被自己调动起来后的控制性快感，极大地补偿了现实生活的落差。微信抢红包的功能也完全迎合了大众即时满足的心理，让受众在第一时间去参与、去收获，自然会乐此不疲。

发红包和抢红包都是传统意义上的抢彩头。因此，在一些特殊节日，特别是春节，大家都愿意在这样一种互动模式里有所收获，抢一个好彩头，这在一定程度上也推动了微信抢红包热的产生。

对待抢红包的火爆，我们需要客观对待，冷静思考，把握好其中的度。新春佳节是家人团圆、共叙亲情以及友人欢聚、畅谈理想的时候,大家在抢红包之余,还要多抬起头,和身边的人拉拉家常,嘘寒问暖,不要因为抢红包而搁浅了那份弥足珍贵的亲情。

28. 给差评被报复,遭商家骚扰,类似现象屡见不鲜。谈谈你对这种情况的看法。

互联网时代,人们的生活也越来越互联网化。网上购物、网上打车、网上订餐也成为生活的常态。变化往往伴随着问题而来:给差评被报复,遭商家骚扰。类似现象屡见不鲜,需要我们向诚信建设投去审视的目光。

信用既是无形的力量,也是无形的财富。当诚信程度与利益得失挂上钩,难免会掀起更为复杂的博弈图景。在供给端的商家,有人诚信经营却遭遇恶意差评,也有人为装点门面猛刷好评,更有人求删差评不成就用骚扰报复"伺候";在需求端的消费者,有人以差评要挟商家让利,也有人因商家给点儿蝇头小利就改评价,更有人从中嗅出商机组建"职业差评师"队伍。凡此种种,说明良善的制度设计,有被人性"毒素"扭曲的可能。单以消费者"点评"为制约的信任机制更需要不断地完善。除了像阿里巴巴采用"大数据"跟踪追溯删除恶意评价之外,还有一些地方的网约车软件、"饿了么"等网络应用平台,接入第三方平台,实现司机、店家与用户号码的双向屏蔽,降低供需双方投诉后被骚扰的可能性。

将目光投向全社会。互联网诚信机制的探索完善,值得社会信用体系建设借鉴。当前,我国正处于加快推进国家治理体系和治理能力现代化的关键时期,也是大力推进诚信建设的有利时机。以问题为导向,防止商业欺诈、合同违法、制假售假、偷排污染物、偷逃骗税、学术不端等不良现象时有发生,加快征信系统建设,建立信用信息共享机制是推动诚信建设制度化的应有之义。

"明者因时而变,知者随事而制。"社会各界需要群策群力,让健康信用生态持续进化,以诚信约束市场,以诚信匡扶人心,以诚信铸就责任,"诚信中国"才有坚厚的基础。

29. 南海仲裁案风波后,有人开始提出"抵制肯德基""拒买洋货"等口号。对于这样的"爱国"行为,你怎么看?

南海仲裁案后,有人煽动青年上街抵制洋货,有人在洋快餐门口拉条幅、在网上发虚假组织游行帖。对于这一轮"爱国舆情",有人说,这是对爱国行为的"神助攻"、帮倒忙;有人说,这不符合爱国主义的本意;也有人说,这些不过是打着爱国主义旗号的炒作。这也提醒我们进一步思考:对于今天的中国,什么才是真正的爱国行为?什么才是成熟健康的大国心态?

从某种意义上讲,爱国不仅是一种情感,还是一种能力。这种能力,首先是一种运用理性思考问题的能力。透过风云变幻的国际形势,如何认识国家的真正利益所在?这次处理南海问题,我国始终坚持用国际法捍卫国家利益,得到70多个国家的支持。赞同中国的声音成为国际社会的主旋律。这样的结果,值得我们深思。当今世界,法理是最有说服力的共同语言;当下中国,法治是民族复兴的根本保障。以法的精神驳斥对法的滥用,我们才能赢得世界的尊重和支持。同样，尊重法律，尊重他人的合法权利，爱国的激情才不会成为"糊涂的爱"，不会导致盲目的冲动和偏激的行动，不会演变成同胞之间的相互争斗。

一百多年来，中华民族挨过打也挨过饿。但历史告诉我们，空有一腔悲愤无以救国，只把爱国挂在嘴上难以强国。"爱国"的定义可能有很多种，但"务实"应该是其中的一条。这种"务实"，就是我们常说的爱国要有行动，还要看效果。爱国的目的，是要让我们的国家变得更好。但凡促进国家进步的举动，都是爱国行为。反过来，如果只满足于呈现爱国的姿态，甚至以为只要"爱国"就能为所欲为，不惜伤害同胞利益、损毁公共财产、破坏社会秩序，那么我只能说这不是爱国，而是害国。这样的"爱国行为"，不仅不会达到预期的效果，相反会给我们的社会和国家带来伤害。

有人说："一个国家，只有当她的人民获得了与当前和未来发展相适应的大国心态，才可以真正称之为大国。"换句话说，只有当现代化及于精神层面时，才是真正的现代化；只有国民心态成熟健康了，才能成为一个名副其实的大国。超越自卑自傲，保持从容自信，让我们这个时代的爱国主义更加"理性、务实、包容"，是历史对于我们的期待。有主张、有定力、有激情、有理性，这是我们成为大国国民、走向民族伟大复兴的应有之义。

30. 宜家在陷入"夺命安全门"纠纷后，对美国和加拿大的宜家家具召回，但对中国却仅接受有条件的退货。这样的"双重标准"，你怎么看？

"宜家"，这个来自诗经的词汇，让瑞典家具制造商宜家家具公司精准地找到了国人对美好家庭生活的向往。然而，宜家最近的"双重标准"，却不太美好。

这些年来，外资企业在华高歌猛进，享受了巨大的市场红利。然而凡是涉及质量问题，它们却常常采取龟缩战术，缺乏国际巨头应有的担当。从大众汽车到东芝洗衣干燥机，从尼康相机到路虎汽车，再到三星手机，与欧美市场悬殊的召回率，让人看到内外有别的"双重标准"。有报道称，强生公司从2005年以来的51次产品召回事件中，有48次将中国排除在外。如此的"中国式召回"，是人为制造的"南橘北枳"，让人在遗憾中感到愤怒。

当然，他人如何待己，往往是自己如何对待自己的镜像。在这个意义上，也不妨检视自身。客观说国内尚不健全的召回制度，仍有差距的产品质量标准，都在一定程度上妨碍消费者维权；显得软弱的执法力度，过于低廉的违法成本，也在某种程度上"容忍"外企的责任。

这次宜家的做法，部分是因为国标与美标有落差。美国国家标准化组织制定的一项针对衣物储存类家具标准，使得宜家不得不向其安全性能规范作出妥协。从这个角度，对方的"强势"，或许正是因为我们对高质量高标准的"无视"。

提升标准，不仅仅只是针对外企的敦促，更是为了唤醒一种更普遍的高水平产品意识。从宜家橱柜的倾覆中，我们是否应该同样意识到：缺少了更高水准的标准，国内的产品自然也可能陷入同样的问题？因此，对外企的"穷追猛打"很有必要，但更要认识到，只有我们不断填平质量标准的洼地，才能提升产品质量的基本面，为高水平中国制造的涌现提供沃土。

第三节　人生感悟

1. "在生死临界点的时候，你会发现，任何的加班、给自己太大的压力、买房买车的需求，都是浮云。如果有时间，好好陪陪你的孩子，把买车的钱给父母亲买双鞋子，不要拼命去换什么大房子。和相爱的人在一起，蜗居也温暖。"（选自于娟的《生命日记》。于娟，32岁，海归博士，乳腺癌晚期患者）请结合材料谈谈你对幸福的理解。

　　人生在世不过几十年的匆匆岁月，我们不停地寻找、追逐幸福——我们每个人都想得到幸福。但当我们拥有金钱、名誉、地位的时候，却不一定得到了幸福。有位富翁在生命终结的前一瞬说起自己到后来穷得就剩下几个钱了：亲人相继离散，朋友也已不再可以信赖，连身体也抗议起来，除了金钱，最后他一无所有。于娟的例子也告诉我们：工作、物质、名利都是浮云，幸福其实可以很简单，活着就是最大的幸福。

　　幸福有时可以是妈妈不停的唠唠叨叨，可以是爸爸关切的责备，可以是孩子任性地对你哭闹，可以是看一场感人的电影，可以是陪家人吃一顿并没有多贵的晚饭。幸福不需要用金钱、名利去证明，再大的房子没有家人的陪伴也显得空荡，再贵的汽车独自开久了也想停下，再好的工作若是赔上健康也会不值，再多的钱财若是失去了朋友的信任也会花得不舒心。

　　因此，幸福与年龄、性别和家庭背景无关，而是来自于一份轻松的心情和健康的生活态度。不同的人对于幸福的定义不同，一百个人对幸福有一百个理解。但只要追随心情，解放内心，抛开无止境的欲望，豁达起来，回头看看身边拥有的一切，我们随时都能感知幸福。

2. 幸福是什么？

　　幸福是什么？正如一千个读者眼中就有一千个"哈姆雷特"一样，一千个人对"幸福"就有一千种解释。

　　我曾看过一部伊朗的儿童影片，这部影片完全从儿童的视角出发，讲述了一个再简单不过的故事。由于家境贫困，两个不满十岁的孩子过早地懂得失去一双鞋子对于整个家庭也是一场不小的灾难。于是，他们轮流穿上哥哥阿里的球鞋奔跑在上学的路上。他们想尽办法，希望靠自己的努力去获得一双鞋子。

　　影片很成功，没有任何好莱坞式的华丽，却处处打动人心。虽然生活在贫穷的阴影下，总是会让他们感觉压抑，但是当影片里两个孩子洗刷他们唯一的一双小鞋子时，望着飞上天的彩色肥皂泡泡，笑声动人。恐怕再没有人会怀疑那一刻幸福就在他们的心理荡漾徘徊。

我们大部分人都有过很多双鞋子，或许也曾经为了某双漂亮的鞋子怦然心动而挪不动脚步。但是，真正拥有的时候你会把那种喜悦叫作幸福吗？

有人说，幸福不是你得到了别人看上去美好的东西，而是得到了你喜欢的东西，因为追求本身就是一件幸福的事。兄妹俩正是在追求鞋子的路上感受到了幸福。决定我们幸福与否、快乐与否的，不在于我们是谁、我们在什么地方、我们有什么、我们正在做什么，而在于我们怎么想。

追求过，努力过，这就是一种幸福。正如泰戈尔所说："天空中没有留下鸟的痕迹，但我已飞过。"

3. 谈谈你对"成人与成才"的看法。

报纸上曾经刊登过这样一则消息。

某小学，一位女同学把在校园里捡到的一块手表藏在书包里打算带回家。老师发现了就给她讲道理，没想到她却理直气壮地说："我妈妈说了，捡到的东西就是自己的。"于是，老师找来了她的家长，告诫他们注意自己的一言一行，培养孩子诚实守信的品德。老师的话没有激起这对夫妇什么反应。说到他们的孩子最近学习不太好时，父亲的情绪顿时激动起来，说："小孩子小偷小摸不算什么，长大了会改的；学习不好可不行，将来要吃大亏。老师可得抓紧点！"这种"以分为本"的观念如今依旧很普遍，无论是家长还是一些教师，对孩子的要求都显得有点急功近利。在教育孩子成长的过程中，成人与成才孰先孰后本来不用争辩。然而在现实的教育中，家庭、学校、社会却无不表现出同样的偏差——重智育轻德育，重分数轻素质。"考不上大学什么都白搭。"这种几乎一致的观念被家长、老师自觉不自觉地传达给孩子，根植在他们心里，造成的结果是许多孩子只知道学习知识，不知道如何做人。

事实上，成人与成才相辅相成，不可偏废一方。成人是成才的基础和前提条件，成才是成人的归属和升华。古语有云："欲先善其事，必先利其器。"成人与成才亦是如此，要想成才你必须得先成人。

成人就是要学会做人，懂得做人的道理，有正确的世界观、人生观、价值观，就是要学会运用正确的立场、观点、方法去观察问题、分析问题和解决问题，成为具有远大理想、坚定信念、良好品德、过硬本领、健康身体的人。

成人，更要成才。成才就是要用人类社会创造的优秀文明成果武装自己，使自己真正学有所长、学有所成。在校期间我们一定要珍惜时间，努力学好本领，拥有真才实学，真正实现个人的社会价值。

4. 你怎样看待"时间"与"生命"？

"明日复明日，明日何其多。我生待明日，万事成蹉跎……"这首《明日歌》广为传颂，发人深省。时间是无限的，但你如果不抓紧今天赶紧做事，一直等待明天再做，那样浪费的不仅是时间,更是自己的生命。所以有人说,每个人从呱呱落地时起,就开始一步一步地滑向坟墓。虽然话说得残酷,却一针见血地指出了人们一直不敢承认的事实。时间如一条长河,不怜惜任何人的生命。无论你是谁,对它而言,都只是一片偶然掉入河中的树叶,不过是在水中漂一段,打几个旋,最终都会沉入水底,永远地消失。

朱自清在散文《匆匆》中曾经这样写道:"洗手的时候,日子从水盆里过去;吃饭的时候,日子从饭碗里过去;默默时,便从凝然的双眼前过去。我觉察他去的匆匆了,伸出手遮挽时,他又从遮挽着的手边过去。"的确,不管我们愿不愿意,时间就是这样悄悄而来,又悄悄而去,不动声色,不留痕迹。然而,时间固然可以流逝,却带不走一切,关键看每个人如何把握时间,这样才不至于使生命白白消失。勤劳的人惜时如金,无聊的人虚度光阴,虚荣的人用大量的时间去换取廉价的赞美,努力的人却在不懈的坚持中获取了思想、精神、智慧、知识而青史永垂。因为,没有人能驾驭时间的规律,却有人能在时间溜走的那一刹那间抓住它,从而掌握自己的命运。这样的人是幸运的,因为他懂得生命的真谛。

纵观古往今来,对人类有贡献的杰出人物,比如牛顿、居里夫人、爱因斯坦等,无一例外都是珍惜时间、热爱生命的人。而被推崇为继爱因斯坦之后最杰出的物理学家史蒂芬·霍金,身体虽然残疾了,但他并没有被这巨大的不幸所压倒,而是凭借顽强的毅力和一颗热爱生命的心,抓紧时间与疾病作斗争,最终在宇宙起源、黑洞等科学领域作出了巨大的贡献。他战胜了疾病,战胜了自我。他的生命也因此变得更灿烂辉煌!

只有珍惜时间、珍惜生命的人,才能真正体验出生命的价值。

5. 谈谈你对"自信与自负"的理解。

自信与自负,是截然不同的两种人生观。

自信的人通常是理性的。他们在感性认识的基础上借助思维、判断、推理形成对事物本质和内部联系的正确认识,继而找到解决问题的正确方法。比如诸葛亮,《三国演义》中知识分子里无出其右者,就是个自信的人,运筹帷幄,决胜千里。"定三分隆中决策",是他在充分分析了天时、地利、人和以及当世形势后得出的结论;而"舌战群儒""火烧赤壁""七星坛祭风"等,则仰仗于他出色的外交才能和对天文地理的通晓,绝不是任意胡为、盲目自信的,是有根据有理论基础的。

自负的人通常是感性的。他们仅仅通过感觉、知觉、表象等认识的基本形式,对事物或形势进行表面性的判断,盲目地、自以为是地相信自己,最后的结果往往与预期的结果相去甚远,甚或截然相反。比如吕布,《三国演义》里武将中当之无愧的佼佼者,就是个自负的典型。当曹操兵临城下、敌众我寡之际,此君仍在貂蝉面前没心没肺地狂妄叫嚣着:"汝无忧虑。吾有画戟、赤兔马,谁敢近我?"

自信与自负,在一定条件下可以转换位置。由自信转而为自负的,从谦虚谨慎走向狂妄自大的,大有人在。这些人,通常因为一点微不足道的成绩而沾沾自喜、忘乎所以,在经历了一段辉煌荣耀之后,不可避免地走向自负的歧途,从此变得目中无人、自以为是。殊不知,自己曾经的光辉早已在不知不觉中黯淡下去了。

自信,是做事的基础。相信自己,但不是盲目地相信。根据自身的实力,目标定得合适，完成的条件也恰到好处，那么，你离成功就不远了。

6. 谈谈你对网恋的看法。

网恋，到底是美丽的邂逅还是一场噩梦？正如人们所说：网络是把"双刃剑"，利弊得失全靠自己把握。那就是说网恋也不能武断地说好还是不好，应该视情况而定。

时代不断发展，科学进步日新月异，电脑走进寻常百姓家，网络给了人们一个很好的空间和平台。人们可以通过网络沟通，让自己在网络世界中畅游，认识可以很近又可以很远的朋友，彼此交流自己的心得体会。网络的发展使得人们的交流跨越了时间和空间的阻隔，为"千里姻缘一线牵"平添了几分便利。所以，有了"网络情缘"，自然就有了网恋。事实上，"网恋"成了网络时代的一种必然产物。

网恋和现实中的恋爱有什么不同呢？网恋是从文字交流开始的，现实中的恋爱是从见面开始的。网络给了人们一个大大的舞台，可以把你的内心尽情地展现，而没有牵扯到别的诸多因素，诸如地位、容貌、金钱、权势等。在虚拟的世界里，人与人之间是平等的。

因此，很多人因网络相识、相知、相恋，最终携手步入婚姻的殿堂。但一些居心叵测的人也正利用了网络的这一特性，以网恋为诱饵，使痴情于网恋中的男女们迷失，甚至毁灭。时下不少人相信网恋，也有不少人沉迷于网恋。曾有报道说，一个14岁的赣州女孩不远千里来福清市宏路镇看网友，可惜网友没见着，钱却花光了，只能躺在路边哭，幸亏遇上好心的警察才得以回家。

所以，作为爱情的一种形式，网恋本身无可厚非，但是，处于网恋中的男女们要保持一种清醒、理智的心态，这样才能使网恋有个美好的结局。

7. 你对代沟问题怎么看？

当前，在父母与孩子之间，尤其是父母与独生子女之间，最棘手的问题是代沟问题。所谓代沟问题，是两代人的价值观、人生观不同，影响了两代人正常的感情沟通。

代沟其实是一种很正常的社会现象。由于社会的急剧变化，两代人的经历不同，受到的教育不同，因而，他们对生活、工作以及社会问题的观点和态度必然会有所不同。如果不能真诚地去相互理解和善意地进行沟通，而是力图把自己的看法、观念和价值标准强加给另一方，则必然导致分歧、争论不断发生。

要解决代沟问题，子女与父母都要有所改变，双方都应该相互谦让地理解对方，都应该相互倾听、倾诉，共同分担、分享生活中的喜怒哀乐，寻找思想上的共同点。这不仅可以保存子女自信的一些优点，也能在两者之间寻找到对双方有利的地方。当然它的基础是理解，是相互之间情感和心理的沟通。在人际交往中，理解更多的是要求能设身处地为对方着想，能做到将心比心。

同时，它也要求双方要能主动寻找"共同语言"，达到求同的目的。我们的父母，跨越的时空比我们长，经历的风霜比我们多，身上有着我们缺少的经验和高尚品质。生活中有句格言，大意是这样的：如果老人能再活一次，那么他们中的大多数人将成为伟人。父母的经验是宝贵的，作为晚辈也要虚心地接受，因为这样既避免了走"弯路"，又达到了和谐相处的目的。这样"代沟"问题不就迎刃而解了吗？

8. 你是如何理解"慈母手中线，游子身上衣"的？

"慈母手中线，游子身上衣。临行密密缝，意恐迟迟归。谁言寸草心，报得三春晖。"（孟郊《游子吟》）这是一首家喻户晓的唐诗。诗中描述的是一件生活中极为平常的事：儿子要出远门了，母亲为他缝制衣服，一针一线，密密地缝，生怕缝得不结实。因为不知儿子外出何时归来，所以母亲担心要是缝制得不牢固，儿子离乡背井在外，会带来不方便。就是这么一件小事，母亲的爱，母亲无微不至的关怀已融进里面了。所以诗人感叹地说：母亲的恩德就像太阳，做子女的如同小草；有谁敢说，子女像小草那样微弱的孝心，能够报答得了像春晖润泽的慈母恩情呢！

我的姐姐去北京上大学之后，妈妈便养成了看天气预报的习惯。每当《新闻联播》过后，妈妈都会特别认真地了解北京的天气状况，一有变化，就打电话叮嘱姐姐要注意照顾好自己。时间长了，连我都觉得妈妈有点唠叨。直到有一天，妈妈带着老花镜在看报纸，自言自语地说："自从你姐去了北京，只要听到、看到关于北京的消息，都好像跟咱们有关系一样，儿行千里母担忧啊。"这一刻，我终于体会到母亲的良苦用心；终于明白了儿女无论长到多大，在妈妈眼里都是孩子；终于明白了无论离家多远，妈妈的牵挂都像风筝的线一样牵引着子女。

作为儿女，我们该怎样报答父母呢？有篇文章说："赶快为你的父母尽一份孝心。也许是一处豪宅，也许是一片砖瓦……但'孝'的天平上，它们等值。只是，天下的儿女们，一定要抓紧啊，趁你父母健在的光阴。"这也是我的想法。

9. 你认为父母与孩子之间的关系应该是怎样的？

我认为父母与孩子的关系应该是互相尊重，互相爱护，可以平等地交流和沟通的。在教育孩子的问题上，父母应该是作为良师益友的。

中国的父母对子女的管理，大多都是家长式的管理。他们对孩子，常常只关注他们的成绩，还喜欢在各方面拿别人的孩子与自己的孩子进行比较。对于子女的内心世界，比如子女是否快乐、在想些什么，他们根本不感兴趣。即使孩子告诉他们，他们也不会认真去听。

苏联著名教育家马卡连柯曾经说过："要尽量地要求一个人，也要尽可能地尊重一个人。"作为父母，要尊重孩子的人格和尊严，也要倾听孩子讲的话，与孩子交心谈心。家长要看到孩子的成长，尊重孩子的自尊心，要相信孩子有独立处理事情的能力，尽可能支持他们。在其遇到困难、失败时，父母应鼓励、安慰他们；孩子成功了，父母要立即表扬他们。

这里的"良师益友"，是指父母是孩子最好的老师和朋友。父母对子女的教育应像老师和朋友那样。恨铁不成钢，是天下父母们的心灵写照。但用"拔苗助长"的方法来教育孩子，是不应该被提倡的，那样更多的是伤害孩子。家长作为孩子的老师，对孩子的教育应该及时，应该适度，应该准确。我想，把握住了这些，家长和孩子之间的关系就有了好的保障。

父母是孩子的老师，也应该是孩子的益友。朋友的关系是平等而又友爱的，也是相互尊重的。这一点是处理好父母与子女一切关系最基本的条件。孩子有自己的生活空间和心灵空间。在社会活动的某些领域，孩子也需要自己做主，表达他们的观点，展示他们的才能。这时候，他们渴求的就是平等和尊重，渴求的就是朋友般的理解和帮助。这时候父母就成了他们最亲密、最友好的朋友。

只有与孩子建立健康、平等、友善的关系，家庭生活中才会出现互相关心、互相帮助、互相信任的和睦亲情。

10. 谈谈你选择知心朋友的标准。

交朋友要有宽大的胸怀，要有"海纳百川，有容乃大"的胸襟，要有"大肚能容天下难容之事"的气概。对朋友不要苛求，更不要过于计较小节，要知道世界上没有十全十美的东西，更没有完人。要明白要求过高，便没有了朋友。选择知心朋友，我认为能够互相信任最重要。

友谊的基础是信任，没有信任的友谊就如沙堆上的楼房，不用多久就会倒塌。朋友之间没有信任，轻则导致分手，重则酿成不可挽回的悲剧。这是一则令人悲伤的故事：很久之前，有个三口之家——猎人、年幼的儿子和一条忠诚的狗，他们之间亲密无间，过着美好的生活。每当猎人外出打猎，狗就在家看护着他的儿子，从不懈怠。有一次，猎人回来发现儿子不见了，只看到那条满嘴是血的狗。猎人以为它吃掉了自己的儿子，举起猎枪把狗打死了。这时，儿子从床底下爬了出来，哭叫着说，为了保护他，狗和一条窜到屋里的大蟒蛇搏斗，最终咬死了大蟒。猎人陷入深深的懊悔和痛苦之中。为了纪念他忠心的朋友，他在河滨修了一座塔，把狗埋在塔的下面。但是，从这以后，他和儿子再也见不到那个最亲密的朋友了……

所以，朋友间能够互相信任，才能成为知心朋友。前面说，选择朋友不能苛求，但是也不能把标准定得太低。不辨黑白，不明是非，凭一时之江湖义气，一时谈得来，便成挚友，那也是万万要不得的。所以，真朋友难交，真友谊不易得。鲁迅曾说："人生得一知己，足矣！"梁实秋也曾说："就是把友谊的标准降低一些，真正能称得起朋友的还是很难得。"试想一想，如有金钱经手的事，你信得过的朋友能有几人？在你蹭蹬失意或疾病患难之中，还肯登门拜访乃至雪中送炭的朋友又有几人？

正所谓："近朱者赤，近墨者黑。"知心朋友不在多而在于真心，真诚的友谊才是人生中一笔宝贵的财富。

11. 我的同桌。

假期里，我参加了一个英语补习班。我的同桌竟是一位年轻的妈妈。上学以来，我的同桌都是同龄人,这一次年龄上的差距让我格外注意她。

她让我叫她王姐。她是一名小学音乐老师,有着高挑的个头、白净的皮肤,有一头飘逸的长发。虽然她已经是一位三岁孩子的母亲,但从外表看,依然年轻漂亮。

可惜这个同桌老是迟到。每一次,上课快半个小时,她才风风火火地赶到教室。老师讲课的思路总是被她进班级引起的一点点骚动打断。我也必须停止记笔记,起身让出空间让她坐下。这样几次之后,全班同学尤其是我感到很不满。终于在一次下课之后,我问她为什么就不能早到一会儿,避免这么多麻烦。王姐的脸腾地红了,连声道歉并解释说,孩子的爸爸出差了,每天要送孩子上幼儿园之后才能赶来上课。其实,我心里一直不明白她为什么要跟我们一起学英语,正好趁此机会把心中的疑惑一股脑地全说了出来。王姐腼腆地笑笑,说:"活到老,学到老嘛,况且我还年轻啊。"原来,王姐在教小学生唱英文歌的时候,常常感到吃力,怕自己的发音不正确误导了学生,就决定从基础抓起要好好学习发音。最后,王姐开玩笑地说:"等我学好了,自己的孩子也可以从小就把英语的基础扎牢,岂不是一举三得?"

听了王姐的话,我终于明白她为什么要在繁忙的工作中和沉重的生活压力下坚持来学习英语的原因了。虽然经常迟到,但她是全班最认真的学生:她的笔记、作业都写得整整齐齐;每次放学后围着老师提问的人里也总能看到她身影;就连迟到耽误的知识点也毫不疏忽,一下课就虚心请教周围的人。虽然我们都要叫她姐姐,她也丝毫不顾及面子,谦虚的态度让每一个人敬佩。

这就是我的同桌,一个时间虽短却印象深刻的同桌,一位负责的老师和慈爱的母亲。

12. 我最敬佩的一个人。

我最敬佩的人是周恩来总理。在小学的语文课本里,我第一次学到如何立志。那是一篇叫《为中华之崛起而读书》的课文,周恩来的老师向全班学生提出一个问题:"请问诸生为什么而读书?"学生们有的说:"为光耀门楣而读书。"有的说:"为了明礼而读书。"甚至有的说为了父母而读书。只有周恩来非常郑重地回答道:"为中华之崛起而读书!""为中华之崛起而读书!"回答得多好啊!一句话,表达了周恩来从小立志振兴中华的伟大志向。这句话对我影响很深。作为学生,我们该有什么样的志向呢?我想,我们应该向敬爱的周总理学习,从小立志,立志为人民服务,立志为国家作出自己的贡献。立志就是树立一个远大的人生目标。只是立志还不够,还要为实现这个目标坚持不懈、奋斗不止,这样一生才有意义。

随着年龄的增长,我读了更多关于周恩来总理的故事。周恩来逝世后,联合国为他降半旗致哀。当年有些国家的驻联合国代表向当时的联合国秘书长提出说:"凭什么就中国的周恩来能享受降半旗的待遇,其他国家的不能?"联合国秘书长这样回答他们:"你们中间哪个国家的领导人只要做到了周恩来总理的这三点我一定会降半旗。第一,死后没有留下一分钱的财产;第二,死后无一儿一女;第三,不留骨灰。"

他是政治家的典范,更是做人的典范。中华民族千百年来的传统美德集中体现在他身上。崇高的思想品德、高尚的道德情操、非凡的人格魅力和他对祖国对人民深沉的爱心,这些不仅在共产党内受到广泛推崇,而且令党外人士、广大侨胞、国际友人,甚至敌人由衷地钦佩,这种现象为历史所罕见。这说明,人格力量的伟大。人格可以超越时代,超越国家,超越意识形态。所以,他永远值得我们每一个人敬佩!

13. 请你谈谈青年人的责任感。

台湾作家罗兰说:"聪明、才智、学识、机缘等等,都是促成一个人成功的必要因素,但假如缺乏了责任感,他仍是不会成功的。"正所谓:"不患无策,只怕无心。"忍着病痛走访贫苦百姓的焦裕禄、迎着洪水探查灾情的张鸣岐、以微薄收入供养藏族孤儿的孔繁森……先进人物的思想和事迹,无不具有一个共同的特点,那就是对国家、人民、事业有着高度的责任感。

作为当代青年人,我们的责任感又该如何体现呢?"两耳不闻窗外事,一心只读圣贤书"是一心博取功名利禄、只是为了一己之利的思想,是不可取的。我们应抛弃这种狭隘的思想,走出个人的小圈子。中国自古就有"修身,齐家,治国,平天下"的做人理念,意思是说首先要培养良好的道德情操,掌握丰富的知识,然后用它们去管理家庭、治理国家,使天下太平。我觉得这句话到今天仍有积极意义。我们青年学生,正处在长身体、学知识的阶段,正处于"修身"阶段。因此,我们现在的最大责任就是培养良好的思想道德,学好各门功课,用科学知识来武装我们的头脑,努力把自己培养成一个德才兼备的、一个随时准备着为祖国和人民奉献一切的青年。这样,才能使我们的国家处于科技的领先地位,才能在国际竞争中立于不败之地。

14. 你怎样理解"可怜天下父母心"这句话?

我们常说:"可怜天下父母心。"其实,更多时候,我们应该把它理解为"可敬天下父母心"。

父母对于我们的爱是这世界上最无私的爱。我们都听过这样一个故事:一个小伙子从小和母亲相依为命,母亲含辛茹苦地把他拉扯大。长大后,小伙子爱上了一位美丽的姑娘。但是这位姑娘要小伙子把母亲的心拿来送给她,她才肯接受小伙子的爱。小伙子趁母亲睡觉的时候拿走了母亲的心。他一心只想着那位美丽的姑娘,向姑娘的住处跑,一不小心跌倒了。母亲的心也从怀里滚落到地上,这时母亲的心说话了:"孩子,摔疼了吗?"

这就是让你无法不落泪的母爱!从呱呱坠地的那天起,我们就接受着父母的关爱。我们的成长离不开父母的精心呵护,是父母辛劳的汗水将我们抚育成人。谁是最可爱的人?除了我们的父母,还能有谁呢?世界上有种种情感,可有哪种情感能与比天高、比海阔的亲情相提并论呢?父母亲情是人类最伟大的感情。"慈母手中线,游子身上衣。临行密密缝,意恐迟迟归。谁言寸草心,报得三春晖。"孟郊的这首《游子吟》体现了深深的母爱。同样,朱自清的《背影》使我感到了父爱的伟大。孝敬父母是中华民族的传统美德。我们每个人都是父母所生、父母所养,常回家看看,带去你一句问候的话语,父母的心也就满足了。

15. 如何学会感恩？

如今，国外的很多节日都被我们接受，如圣诞节、情人节、愚人节等。在名目繁多的节日中，有一个节日是很有意义但被大多数人所忽略，那便是感恩节。在美国，每年10月的最后一个星期四是感恩节。感恩节是一个感谢恩赐、家庭团聚、合家欢宴的日子。

有这样一个广为流传的感恩故事：一个生活贫困的男孩为了积攒学费，挨家挨户地推销商品。他的推销活动进行得很不顺利。傍晚时他疲惫万分，饥饿难耐，绝望地想放弃一切。走投无路的他敲开一扇门，希望主人能给他一杯水。开门的是一位美丽的年轻女子。她笑着递给了他一杯浓浓的热牛奶。男孩含着眼泪把牛奶喝了下去。从那一刻起，他对人生重新鼓起了勇气。许多年后，他成了一位著名的外科大夫。

一天，一位病情严重的妇女被转到了那位著名的外科大夫所在的医院。这位大夫顺利地为妇女做完手术，挽救了她的生命。无意中，大夫发现那位妇女正是多年前在他饥寒交迫时给他那杯热牛奶的年轻女子！他想悄悄地为她做点什么。一直为昂贵的手术费发愁的那位妇女硬着头皮去办理出院手续，在手术费用单上看到的是这样几个字——"手术费：一杯牛奶"。

滴水之恩，当涌泉相报。自古以来，有所作为的人无不有着一颗感恩的心。感激不需要惊天动地，只需要你的一句问候、一声呼唤、一丝感慨。爱让这个世界不停旋转。怀着一颗感恩的心，去看待社会，看待父母，看待亲朋，你将会发现自己是多么快乐。

学会感恩，因为它会使世界更美好，使生活更加充实。

16. 谈谈你对俗语"棍棒底下出孝子"这句话的看法。

中国有句古话，叫"棍棒底下出孝子"。这是中国老百姓几千年来养儿育女、教子成才的经验总结。但放到今天这个文明社会来说，打骂是"驯服"孩子的最佳方法吗？一个比较极端的例子是：只因儿子不愿认字，四川3岁男童在2005年平安夜永远地闭上了眼睛。医院给出的死亡原因是颅骨损伤后引起呕吐，呕吐物堵塞呼吸道引起窒息而亡。同时伴随他的，还有满身的伤痕。如此凶残对待一个3岁孩子的，竟然是他的父母。郑某夫妻只有初中文化，信奉"棍棒底下出孝子"之类的古训，对孩子的教育一直靠拳打脚踢。

这是一起典型的"棍棒底下出孝子"的惨案。事实上，专家研究发现：一见孩子犯错误就大发雷霆，大声训斥，甚至打骂，是无益的举措。这样重复下去，对训斥的耐受力会逐渐提高，时间长了，孩子对一般的训斥也就无所谓了。打骂孩子所遗留下来的弊端也显而易见，打非但不能让孩子"心服口服"，更会让这些孩子的内心感觉不到家庭的温暖，因此遇到挫折就会离家出走，甚至被坏人利用，走上犯罪的道路。这时，父母是对越来越犟的孩子采取更严厉的训斥，还是应该反思自己的教育方法呢？

我认为父母在教育孩子的同时，先要提升自己的文化素质，这样才能对教育孩子有正确的态度和方法。父母间的友好相处能为孩子创造良好的家庭环境。关爱孩子，与孩子建立起相互依赖的感情，注重和孩子进行情感交流，这样不仅更容易发现孩子存在的问题，而且更能让孩子接受。

17. 有人说性格决定命运。你认为呢？

不同的人经常面临相同的环境，然而不同的人却有不同的命运。有一种说法，叫"性格决定命运"。它的意思是在同样的环境下，人的不同性格，决定了人的不同命运。

性格真的能决定命运吗？我认为命运不可能仅由性格决定，只能说性格在某种程度上影响人的命运。

"性格决定命运"有些宿命论的味道，就是说某人的性格就是那样的，所以他的命运也会是那样的。这种话蒙骗了不少人，在现实生活中其实经不起半点推敲。纵观古今中外，无论是政治、经济领域还是文化领域，上至王公贵族，下至平民百姓，是不是做总统的性格都是一样或相近呢？是不是所有超级富豪的性格都是一样或相近的呢？是不是所有平民的性格都是一样或相近的呢？

我们可以这样理解"谋事在人，成事在天"：就算一个人有着再完美的性格，有时自己也是无法主宰命运的。所以说，片面强调"性格决定命运"是错误的。过去的命运已成事实，未来的命运是不可预知的，根本谈不上改变与不改变。当你身处困境时，要努力与现实抗争，才会使自己的明天更美好。虽然说成事在天，但一定要尽己之力、谋己之事，而这一切都与性格毫无关系。如果认为自己的性格就是这样，无法改变，自己就认命了，这不是宿命论还是什么？人们评点帝王将相时，一般会从性格层面去剖析人的命运。但是如果仅凭性格就得出项羽自刎于江边的结论，相信不会有人认同。

18. 你如何看待"君子之交淡如水"？

《庄子·外篇·山木》有云："且君子之交淡若水，小人之交甘若醴。君子淡以亲，小人甘以绝。彼无故以合者，则无故以离。""淡以亲"指淡泊而心地亲近，"甘以绝"指小人之交因过于甜蜜而往往利断义绝。"君子之交淡如水"，那水如山中清泉，自然纯净，有山之灵气；那水如涓涓细流，清澈透明，有溪之绵长；那水如井中佳品，甘甜醇爽，有井之魂灵。

"君子之交淡如水"，此话不假，朋友之间应该互相宽容，互相不苛求、不强迫、不嫉妒、不黏人，就像白水一样平淡。

的确，朋友之间不应苛求什么，因为每个人做人处世的原则不同。你或许耿直，但却不可能要求你的朋友放弃圆滑；你可能善恶分明，但却不要去要求你的朋友也要疾恶如仇。试想一下，如果别人总是要求你怎样怎样、如何如何，你又会怎么对待？一次或许可以，十次之后呢？要求朋友必先反求于己，如果自己都做不到的，就不要强加于朋友了。

当然，"君子之交淡如水"，虽淡却不忘。于人于己，既不是牵挂，也不会是负累，有的只是一种流露自真心的和谐。朋友，不似交杯把盏般浓情，不似荣辱与共般深情，也不似耳鬓厮磨般矫情。朋友其实只是路过的好心人，曾经帮过你一把，哪怕是再简单不过的一句话，却足以让人感怀半生

俞伯牙依水让瑟瑟琴声幽绕山谷的时候，于江之上的钟子期听得如痴如醉。当钟子期去世后，俞伯牙断琴而誓，不再弹琴。是啊，缺了知己，缺了可与心交流的人，琴声的意

义何在？这个故事曾在千百万华夏子孙的内心泛起波澜。它让人懂得人与人之间需要的正是心灵与心灵的交流。

正如李白的诗句："我醉欲眠卿且去，明朝有意抱琴来。"这大概是君子之交的最高境界吧！

19. 谈谈你对"出门靠朋友，在家靠父母"这句话的理解。

相信大家都有这样的印象，在一些古装影视作品中经常有这样的情节：一个彪形大汉，袒胸露背，朝着集市上熙熙攘攘的人群喊着"在家靠父母，出门靠朋友"的话，许多人点头称是。

这句话成为走江湖的套话是有一定道理的，但是现在越来越多地出现在现实生活的社交场合中，就像一句口号一样迅速拉近谈话双方或者多方的距离。仔细推敲这句话，其实有很多站不住脚的地方。

先说"在家靠父母"。从小父母就应该培养孩子的独立意识，一个只会衣来伸手、饭来张口的"小皇帝"或"小公主"是无论如何也不能适应社会上的激烈竞争的。所以很多亿万富翁在教育子女的时候，从来不让他们有依靠父母、可以不劳而获的思想。事实上，现在很多家庭也有意地培养孩子在这方面的能力，教育孩子尽早独立，即使是父母也不能过分依赖。换一个角度，父母辛辛苦苦养育了我们，作为子女，怎么能只想着依靠父母，而不去帮他们分担生活负担呢？在家里不仅不能"靠"父母，而是要"敬"父母，这才是正确的观念。

再说"出门靠朋友"。这句话更是大有问题，竟把友情关系理解为那么强调实用性和交换性。到底什么才是真正的友情呢？我特别赞成英国诗人赫巴德的这句话："一个不是我们有所求的朋友，才是真正的朋友。"真正的友情都应该具有"无所求"的特点；真正的友情不依靠事业、祸福和身份，不依靠经历、地位和处境。它在本质上拒绝功利、拒绝归属、拒绝契约，是独立人格之间的互相呼应和确认。

所以再也不要说"在家靠父母，出门靠朋友了"，应该说"在家敬父母，出门帮朋友"。

20. 你认为"生命的价值"是什么？

生命的价值和意义是我们每一个人都应该思考的问题。我认为，生命的价值在于奉献。

从历史发展的角度来看，无数人的生命构成了历史；历史要发展、进步，同样需要许许多多做出奉献的人。前人无私的奉献砌起了我们今天高度发达的精神文化生活。不要忘了华佗创造的"麻沸散"为人们减少了痛苦，不要忘了爱迪生发明电灯为人类带来了光明……我们更不能忘了孙中山先生推翻帝制的贡献、毛泽东带领人们建立新中国的贡献、邓小平推行改革开放的贡献。他们奉献了毕生的精力寻求真理，造福后人，推动了整个历史的前进。

奥斯特罗夫斯基在他的作品中说过这样一段话："人最宝贵的东西是生命。生命对于我们只有一次。一个人的生命应当这样度过——当他回首往事的时候，他不因虚度年华而悔恨，也不因碌碌无为而羞愧。这样，在临死的时候，他能够说：'我整个的生命和全部精力，都已献给世界上最壮丽的事业——为人类的解放而斗争。'"

现在有些人认为奉献是愚蠢的，只有"多劳多得"才是生命的价值。这样的说法实质上把生命的价值与金钱画上了等号。从历史的进程来看，这种人生观是肤浅的、落后的。马克思说过从金钱中获得解放，也就是现代人的自我解放。

在改革开放逐步走向纵深的今天，无论人们的思想观念怎样变化，有一个最基础的价值观不能改变，那就是"生命的价值在于奉献"。

21. 你赞成小时候的吃苦教育吗？

我赞成小时候的吃苦教育。虽然"穷人的孩子早当家"是一种无奈，不能让所有的孩子都早当家，但"有钱难买幼时贫"确实有道理。

据报载，在经济发达的德国，小学生每学期用过的课本都由老师收回发给下一届的学生再用，反复多次，直到不能再用才"吐故纳新"。这样的做法既节省了学生的费用，减少了重复印刷造成的浪费，也有利于教育孩子养成节俭的习惯。而我们的有些孩子却被宠成"小皇帝"，什么都要新的、贵的、时髦的，互相攀比，唯恐落后。我们的学校对学生也缺乏节俭方面的教育，这的确值得深思。

"有钱难买幼时贫"，美学大师朱光潜的至理名言饱含哲理。少时生活过分富有、舒适，不全是好事，往往对孩子成长、成才十分不利。世界球王贝利喜得贵子，有记者向他祝贺道："看他长得多壮，今后会成为像你一样的体育明星。"贝利不假思索地答道："他有可能成为一名优秀的运动员，但绝不会有我这样的成就，因为他很富有，缺乏先天竞争意识，而我小时候生活非常贫穷。"贝利依据自己成长的道路总结出的道理确实是真知灼见。

日本、英国等发达国家的很多学校已将磨难教育列入正式教育计划。"有十分幸福的童年的人，常有不幸的成年。"这已在社会上达成共识。他山之石，可以攻玉。我国还并不富裕，许多有识之士，提出对孩子进行勤俭教育、吃苦教育、挫折教育：在学校进行军训、拉练、探险、夏令营、勤工俭学等活动；在假期让孩子们到工厂、农村、商店去参加锻炼，作社会调查，甚至"花钱买苦吃"。这样的教育是非常有远见的。吃苦的精神与良好的心态是从童年和青少年时期不断遭受挫折和解决困难中培养起来的。只有让孩子不断经受磨炼，将来才能适应飞速发展、竞争激烈的社会。

22. 对我影响最深的一个人。

光阴一晃而过。刚走进中学大门的很长一段时间内，我很自卑。殊不知，在小学，我是老师的得力助手，是班里的宣传委员。大家都羡慕我，喜欢我。可能是因为我在鲜花和掌声里待得太久，才让我在这个强手如云的新班里找不到自己的位置。

我的学习退步了。看着爸爸妈妈为我而白的头发，我的心里很不是滋味。我总是怀念以前的那段生活，可我很无助。爸爸妈妈总是叫我好好学习，我又何尝不想呢？但我真的是力不从心。我努过力了，好好学习了，但成绩还是在第15名左右徘徊。越是这样，我越怀念以前，我想把我的世界留在过去，留在我怀念的那段生活中。

就在我最无助的时候，我的班主任王老师给我讲了一番话。他的那一番话对我产生了很大的影响。他说："从你的表现来看，你的世界还停留在过去。"我当时很感激地望了老师一眼，发现他正在严肃地望着我。我慌乱地低下头。老师接着说："时间是往前走的，它不随任何一个人回去，对于你，也不能靠昨天来过日子。我也曾经怀念过，但那毕竟是过去，我们应该往前看！"

是呀！人应该往前看。长久以来困扰我的问题终于解决了。我想：过去的时光即使是美好的，正如失去的东西才珍贵一样，但我也要回到当下的世界！

王老师也许不知道，正是他的几句话，让一个女孩儿找到了自己的目标。她会努力，她会朝着她的目标而努力奋斗！

王老师就是对我影响最深的那个人。

23. 感动的时刻。

日常生活中，感动的事情、感动的时刻有很多，但最让我感动的时刻往往是一些很平凡的事情发生的时刻。

春天到了，楼前的草坪一派生机。一位新搬来的中年人不忍心践踏那片草坪，便绕了点儿路。没想到刚上楼时，邻居老太太微笑着迎上前来，一番话让中年人颇感意外："我整天都在想，很有点担心新来的邻居是个怎样的人，当看到你刚才绕过那片草坪时，我算了解了你，我知道我没有什么好担心的了。"

生活常常是这样，刻意为之往往不能缩短彼此的距离，而偶尔发生的一个细节、一个举动，却会在人与人之间架起美丽的心灵桥梁，缩短心与心之间的距离。

人与人因不经意的感动可以使彼此心灵走近，人与自然也是如此。云卷云舒，花开花落，我们因万物的兴衰或喜或悲。濠梁之上，庄子畅叹鲦鱼之乐，惠子曰："子非鱼，安知鱼之乐？"庄子曰："子非吾，安知吾不知鱼之乐？"快乐是简单的，感动也在一瞬间。感动就在庄子击栏而歌时，因为他跟鱼和自然也达到了一种和谐的状态。多年之后，李白独坐敬亭山，发出"相看两不厌，唯有敬亭山"的感叹。这岂止是心随物而婉转，更是物随心而徘徊。人与自然在不经意间互相感动，从而共鸣，浑然一体。

所以，于不经意间显露一分真诚，心与心的距离因不经意间感动而缩短。不经意的瞬间往往就成为最感动的时刻。

24. 那一刻，我读懂了母亲。

读懂母亲是一种成熟，一种朴实而真切的成熟。

我任性爱发脾气，小时候如此，大了还是如此。小时候的任性是我行我素，长大了的任性仍没有收敛。我的任性不对别人，只对母亲。

母亲的唠叨会招来我不耐烦的埋怨，母亲小小的过失会引发我时不时地冷嘲热讽甚至是大呼小叫。这些，大多时候毫无端由，只因为我心情烦闷，就把一肚子的不快发泄在母亲身上。在母亲面前，我向来都是一个高傲的公主，哪怕无意间已经看到了母亲黯然的神色，哪怕心里隐隐地有了一丝惭愧，但我从不会开口对母亲说"对不起"。对别人，我可以把这三个字运用自如，可是对自己的母亲我竟就如此地吝啬。我不会把一丝一毫的愧疚流露于母亲，因为我始终都是高傲的。

我自以为在长大，在成熟，直到有一日忽然在书上看到这样一句话：一个不能读懂母亲的人，永远都无法超过自己心灵上的幼稚。作者说，她一直以为母亲不够爱她，总是挑她这样那样的毛病，怎么做她都不满意。有一天，她放学回家听见母亲正在跟邻居夸奖她，说女儿多么懂事，多么优秀，最后母亲伤感地说："我身体不好，不过女儿这么能干即使以后离开我，也一定生活得很好。"那一刻，她读懂了母亲。

看到那句话的那一刻，我也读懂了母亲。

母亲太平凡了，我们无须在母亲面前刻意打造自己，以至于我们很多时候忽视了她的存在。我们学会去体谅周遭的人，却往往忽视了我们原本最该体谅与理解的人。

读懂母亲，才意味着一个人的真正成熟。我将用心去体味迈向成熟道路上的艰涩与快乐。

25. 走向成熟。

怎么才能成熟起来？要解决这个问题，就有必要先了解什么是成熟。有人说成熟者是一个大智大勇、朴实无华、谦逊平和的人，是一个洞悉人生、洞悉世事的人。还有人说成熟需要沧桑岁月的磨炼，需要历经坎坷和失败。

首先，我认为成熟是一种稳重的气质，遇事不慌，做事不乱。"世间凡尘来笑看，乃大丈夫也。"要想成熟起来，就必须养成深思而后行、谋定而后动的习惯。

其次，成熟是由内而外的气质，不是装出来的。扮相成熟只能说明你老了，并不是成熟。成熟是内在的气质，不是穿件西装就能有了的。要成熟，就要注意自身内在的修养。我个人觉得坦诚与负责任是两个可以让人迅速成熟起来的品质。坦诚是种魅力，让人觉得此人可信，值得结交。相反虚假的面孔总有一天会暴露。当然坦诚也不是那么容易做到的，坦诚也是一门艺术，不是缺心眼的表现。坦诚的人就会让人觉得很成熟可靠。我们再谈责任。敢于负责任是走向成熟的必要条件。一个逃避责任的人永远不是一个成熟的人。失败了没有关系，勇于承担失败的责任才是真正的成熟。

再次，成熟的人会懂得珍惜。我们通过观察可以看到一个成熟的人都会懂得珍惜生活中的点滴。珍惜亲情、爱情、友情是他们共有的特点。经历了很多挫折以后，一个人才会明白人生在世最宝贵的是什么，那不是名利，而是亲情、爱情和友情。这才是心的成熟。

如果你能享受成功，也要能笑看失败和忧愁。人虽然不能一帆风顺，却有着容纳一切的气魄。这样你已经走向了成熟。

26. 感谢挫折。

《孟子》有云："天将降大任于斯人也，必先苦其心志，劳其筋骨，饿其体肤，空乏其身，行拂乱其所为。"面对挫折，古人尚能以豁达的胸襟从容应对，作为新世纪青年的我们，更应该如此。我想，我们应该感谢生活中的种种挫折，正因有了它们，我们以后才可以得到成功的欢乐。从经受挫折到得到快乐，如品尝一杯加糖的咖啡，如咀嚼一枚青橄榄，苦涩中的丝丝甘甜会慢慢地沁入灵魂的最深处。

愚公移山、精卫填海的故事让我们深深体会到坚持就是胜利的可贵。挫折似磨刀石，让你越磨越硬，越挫越强。著名科幻作家凡尔纳的第一部科幻小说曾经接连被15家出版社退稿。可能一般人在5次退稿之后就不再尝试了，开始怀疑自己的能力。可是凡尔纳没有那样。受到打击和挫折之后，他在家人的鼓励下，尝试着走进第十六家出版社，终于遇上了伯乐，获得了成功。他这匹千里马终于有了任意驰骋的空间，他的作品开始受到世界读者的欢迎。有着"发明大王"之称的爱迪生，一生发明了1000多件新产品。但每一个新发明的诞生前，他都经历了无数次的失败。在一次新发明的实验过程中，他失败8000多次，但他仍乐观地说："失败也是我需要的，起码让我知道了有8000个办法行不通。"

蚕蛹破茧成蝶前，必须"作茧自缚"，必须忍受痛苦、黑暗以及所有的不舒服，否则，永远无法成为美丽的"蝴蝶"。挫折的彼岸就是胜利，咬紧牙关，蹚过这条河，你将练就一身好本领。

不经历风雨怎么能见彩虹？感谢挫折，它使我们在追逐梦想的旅程中，经历暴风洗礼之后，能带着喜悦与欢快的心情，迎接那美丽的彩虹。

27. 论朋友。

朋友是什么？我想朋友就是在交往的过程中，兴趣相投、价值观相近、彼此能说得来的人。朋友相处是一种相互认可、相互仰慕、相互欣赏、相互认知的过程。

茫茫人海，彼此能够相遇相识、相互了解、相互走近，实在是一种缘分。在快乐的时候，常常邀两三个知己，一起分享，快乐就越分越多。

朋友是走在我们生命中无法忘怀又时时惦念的人。虽然不经常联系，但他时时在我们的心中，彼此牵挂思念，彼此关心依靠，就像一条不尽的河流，像一片温柔轻拂的白云，像一朵幽香阵阵的花蕊。细数往日的点滴，淡淡的回忆，淡淡的茶香，淡淡的共鸣，有过欢笑泪水和珍贵的记忆，把真挚默默地镶嵌在关爱中，遥相辉映，不亦乐乎？朋友不在于多，真心才好。

歌颂友谊的诗词人们百读不厌。李白的"桃花潭水深千尺，不及汪伦送我情"、苏东坡的"但愿人长久，千里共婵娟"、王维的"劝君更尽一杯酒，西出阳关无故人"、何逊的"春草似青袍，秋月如团扇，三五出重云，当知我忆君"、王勃的"海内存知己，天涯若比邻"等等，被人们世代传诵，经久不衰。千百年来，人们吟诵着它们，受它们感染，书写着一幕幕动人的篇章。

讲述友谊的故事人们千说不腻。马克思一生生活困顿，恩格斯一直无私地支持着他的工作和生活。正是这种伟大的友谊，造就了跨时代的巨著《资本论》。毛泽东和周恩来，无论是在战争年代还是建设年代，哪怕是在"四人帮"横行时期，总是深深地信任着对方。正是这种高度的相互信任，才使他们带领中国革命从胜利走向胜利。

这里我想到了周华健的《朋友》、田震的《干杯朋友》、吕方的《朋友别哭》。

就让我们为朋友真心祝福，真诚地祈祷吧！

28. 如何看待尊老敬老？

尊敬老人是中华民族的传统美德。古有木兰代父从军、黄香扇枕温席、王祥卧冰求鲤、孟宗哭竹生笋的佳话，今有陈毅探母等感人肺腑的故事。

俗语云："家中有一老，如同有一宝。"老年人已跋涉过漫长的岁月，经历过人生崎岖的道路，尝尽人世间的酸甜苦辣，也累积了不少宝贵的经验，这些经验散发着智慧的光芒。俗语又说："不听老人言，吃亏在眼前。"老人阅历丰富，经验充足，对人生更有透彻的看法，他们可以给我们极好的指导。他们就像一本"活字典"值得我们去珍惜。年轻人的财富是青春，老年人的财富是智慧。年轻人做事很有冲劲，但常因设想不周，而功败垂成。就如同一部汽车，年轻人犹如引擎，具有冲力；老年人犹如方向盘，能保持安稳前进，减少危险与差错。为避免挫折，我们应主动请教老人，汲取他们的经验，虚心接受指导。

尊敬老人不仅包括物质上的供给和生活上的照顾，还包括精神上的安慰和鼓励。精神上的关心往往比物质上的照顾更重要。

电视上的一则公益广告相信大家都印象深刻。中秋佳节，父母满怀希望地准备了丰盛的饭菜等待儿女回来。结果，电话一个一个打来，都有着冠冕堂皇的理由不能回家吃饭了。老人望着一桌子的饭菜，眼神里流露出无尽的失望。其实正如歌中所唱："老人不图儿女为家作多大贡献，一辈子不容易就图个团团圆圆。"常回家看看，陪老人聊聊天他们就很满足了。

《孟子》中说的"老吾老以及人之老"，就要求我们不仅要尊敬自己家的老人，还要尊敬社会上所有的老人。因为尊敬老人已经不仅仅局限在家庭范围。推而广之，这应该成为一种社会责任和行为规范，是每个公民应尽的责任和义务。

29. 你会怎样对待人生中的顺境和逆境？

人活着，总是处在一定的社会环境和自然环境中。当这样的环境为我们的方方面面都设置了很好的条件时，我们说这样的环境就是顺境；当我们生活在不顺利的环境中时，无论是维持生存还是成就事业，总感到困难重重，我们说这样的环境就是逆境。

我认为顺境和逆境是相对的，也是可以互相转化的。有两句话大家很熟悉："逆境出人才。""从来纨绔少伟男。"事实上，逆境并非一定出人才，顺境也并非一定出庸才，关键在于处于顺境或逆境中的人怎么做。

人生总会遇到许多不如意的事。因此，大家在盼望顺境的时候，也应当做好应对逆境的准备。只有既能够在顺境中不骄不矜，又能够在逆境中不屈不挠的人才是真正的强者。既然一路顺风是不可能的，那你就一定得会开顶风船。正是在这个意义上，人们才不得不把逆境当成磨刀石、炼钢炉，当成磨炼人们意志和毅力的条件。也正是在这个意义上，人们往往有意识地把那些长期生活在顺境中的人投入到艰苦的环境中去，让他们去经受磨炼。有良好的物质条件并不意味着就是人才成长的好环境。自古雄才多磨难。我们既要让人才具备战胜逆境的良好心理素质和坚强意志，更要为人才健康成长创造有利条件。

逆境和顺境或者说霉运和幸运，是同一事物的两个面，关键是怎样去认识和对待它们。只要善于利用顺境，勇于正视逆境和战胜逆境，远大的人生目标就一定能够实现。

30. 在表扬面前。

人在一生中会得到很多表扬，这些表扬往往来自你的老师、父母、领导、朋友……表扬有时意味着他人对你工作、学习的一种肯定，有时意味着一种由衷的赞许和意味深长的鼓励。但有时的"表扬"却是一种违背客观事实、为了达到某种目的而进行的吹捧。

面对表扬，不同的人会作出不同的反应。有的人会觉得表扬是一种无形的督促，表扬就像一面旗帜，一旦授予获得者，你就必须将他高举到底。一个很简单的例子，上小学的时候，老师往往会让班里最调皮捣蛋的学生当纪律委员，当他因此稍微能够约束自己行为的时候，就会受到老师的表扬和鼓励，也因此会慢慢变成真正遵守纪律的好学生。当你看到一个怎么批评都不能改正的坏学生因此成长起来的时候，不就能体会表扬的力量了吗？

有的人则把表扬视为一种荣誉。很多人由于获得了这种荣誉，被荣誉的光环笼罩，失去了前进的动力。这时的表扬如同一味毒药，在人体里逐渐蔓延，侵蚀人的思想和意志，造成的后果也许会相当严重。这样的例子更是不胜枚举。

楚霸王项羽贵族出身，被人称赞"英雄盖世，力拔山河"，而且拥有雄兵百万，不把亭长出身的刘邦放在眼里。但刘邦善用张良、韩信、萧何等人，由弱转强。刘、项相争的结果是项羽惨败，自刎乌江。明末农民起义领袖"闯王"李自成，率领大军攻陷北京。但李自成及其手下大将骄傲自满，互相吹捧，腐化堕落，争权夺利，很快就被吴三桂和努尔哈赤的人打败。

因此，当你受到表扬时，应想一想自己还有哪些缺点或不足之处，不要沾沾自喜，要戒骄戒躁，要"百尺竿头，更进一步"。

31. 在批评面前。

每一个人都喜欢被别人称赞，哪怕只是一句夸奖的话，他也会一整天乐滋滋的。那如果是受到了批评呢？你是怎么样对待老师的批评的？我们处在这个年龄，正是叛逆期，面对老师的批评，总是把老师推到自己的对立面，总认为老师故意和自己过不去。大家知道，一棵长歪的小竹子，如果不及时扶正，而让它任意弯曲生长，等到它长大时，就扶不过来了。如果用力将它扶直，那么竹子就会爆裂开来。所以，当老师批评我们的时候，应该是自己好好反思的时候。

被批评是一件让人尴尬的事。不管是任何人，都希望能得到别人的表扬而不是批评。当被老师批评时，不少同学就会产生抵触情绪，找出100个理由为自己开脱，这是正常现象。但请大家注意，在你产生抵触情绪的同时，要记住一点：教师的出发点是为我们好。老师在批评你的时候，也许正在气头上，不免态度生硬、语气不够婉转。这时我们应该端正心态，正确看待。人无完人。老师的批评也许是因为一些小的误会。这时，如果不是你的错，你就得主动找老师谈谈。同学们受了批评后不要垂头丧气、自暴自弃，而产生破罐子破摔的想法，也不必要怒发冲冠，更不必耿耿于怀。要使自己避免在受到批评后依旧我行我素，或者当面接受，背后重犯，口是心非，我们就应该在心悦诚服地接受后，分析错误的原因，寻找对策，积极改正。但是，有些同学在受到老师批评后，在背地里说老师的坏话，不停地议论老师这点不好那点不好，甚至在抽屉里写老师的不是。这是极不礼貌、极不文明的表现。

既要让幼苗长成大树，就不必责怪大雨的无情，也不要埋怨环境的艰苦。只有扎根深深的土壤，冲破藤萝的缠绕，小树才能长成大树，才能在蓝天下枝繁叶茂。

32. 英雄与成败。

有句俗语说："成则为王，败则为寇。"由此可以看出，很多时候，人们是以成败来论英雄的。我的观点却是"不以成败论英雄"。

所谓"以成败论英雄"，是指成功了就是英雄，失败了就不是英雄。可事实上，成败都是相对于具体目标而言的。英雄是指能以自身杰出的才能、品质激起他人崇高情感的人。英雄是有血有肉的人，他既有卓越之处，也有凡人的弱点，而成败不过是一时一事的结果。决定成败结果的因素有很多，既有本人的主观努力，也有不以人的意志为转移的天时、地利、人和等的客观因素。这也就是为什么，成功时或失败时我们都说项羽是一个英雄。

成功不是上天安排、命中注定的，它需要努力，需要争取。爱迪生说：天才是百分之一的灵感加上百分之九十九的汗水。成功也是如此。每个人都有付出，但并非所有的付出都会得到预期的收获。也许你的期望落空，但是我觉得人生收获不在于最终结果，而是重在追求的过程。

追求之中有失败的挫折，也有成功的愉悦，有时会悲喜交集。但只要我们仍然坚持耕耘，无怨无悔，定能够从中得到收获，获得成功。所以，我们决不能以成败论英雄。成功也好，失败也罢，毕竟拼搏过，努力过。有多少人在追求梦想时望而却步，半途而废，临阵逃脱。对于最终顶住了压力，坚持到了最后的，努力了、奋斗了的人，即使没有达到预期的目标，也可谓虽败犹荣！

33. 我看"美与丑"。

我们经常讨论美与丑的关系，我觉得这是一个非常复杂的问题，因为美与丑是相对而言的：丑离开了美就无所谓丑了，美离开了丑也就无所谓美了。我们经常说矛盾是无处不在的，因此，美与丑便有了客观而鲜明的存在。没有假恶丑就没有真善美。正是因为美的存在和高尚，才能感到丑的卑鄙与可憎。也正因为生活中还存在许多不美的东西，所以才感到美的东西难能可贵。

但是，很多时候美与丑的界限又是比较模糊的，它们两个总是相互依托而存在的。比如说著名音乐家贝多芬，谁都不会说他的外表符合传统意义上的美。但是，当我们听了他的似狂风夹杂着悲壮雷鸣般的《英雄交响乐》和《命运交响曲》以及夏日神明般美丽的《田园交响曲》和梦幻温柔的《月光奏鸣曲》时,就会觉得那真的是一种美的享受。这时再看他的肖像画和雕像,我们也许会觉得他的面部洋溢着沸腾的热情,觉得从他那不大但深邃的目光中流露着不屈的和命运抗争的生命力。还有《巴黎圣母院》里面的那位撞钟人,外貌奇丑无比,却有一颗善良真诚的心。所以,多少年来,没有一个人会觉得他丑。

所以,我认为美与丑总是相对存在的。但是,心灵美是真正的美,是崇高的美,是最有光彩的美。它能跨越历史的空间和长河,长驻不衰,千古永存。

34. 请你阐述一下理论与实践的关系。

理论与实践的关系是长期以来人们不断讨论的问题。我认为理论是人们通过长期实践总结出的心得与经验,实践是检验理论是否可行、是否正确的社会活动。由此可见,两者之间有着密不可分的联系。

理论要"讲清楚",就要合逻辑,就要得到广泛的验证,就要力求"放之四海而皆准",就要"同而不和"。实践要"想周全",就不能认死理——只要一家、拒斥其余,就要综合考虑一切出场的因素,并博采各家之长,以求事情本身的集成优化,就要"和而不同"。相对于任何一种理论来说,理论是一,实践是多,一种理论可以对多个实践有效。同理,相对于实践来说,实践是一,理论是多,一种实践必定牵涉多种理论。理论和实践的一多关系是双向交织的一多关系,而不是单一理论主宰一切实践的关系。在处理理论与实践的相互关系时,既不能用实践的方式搞理论,也不能用理论的方式搞实践,要分工而互补。

总之,在现实生活中,我们应该遵守这样的规则:理论指导实践,无论是学习还是工作都要建立坚实的理论基础,这样在很大程度上可以避免实践的盲目性;实践是检验理论的标准,很多理论必须要在生活中得到验证。所以,我们不能只会纸上谈兵,而要深入实践。

35. 你认为生命与信仰哪个更可贵?

生命对我们的重要性不言而喻,生命的结束意味着个体机能的终结。但是,我觉得比生命更可贵的是信仰。我们不是经常说"生命诚可贵,爱情价更高"吗?所以,信仰作为人类生存的一种精神抚慰,与生命本身相比较,更有其宝贵性。

在《百家讲坛》中于丹曾讲到"子贡问政"的故事。这个故事说的是孔子的弟子子贡问孔子一个国家要想安定,政治平稳,需要做到哪几条。

孔子的回答很简单,只有三条:"足兵足食,民信之矣。"就是说,国家机器要强大,必须得有足够的兵力做保障;要有足够的粮食,老百姓能够丰衣足食;老百姓要对国家有信仰。子贡又问道:三条太多了。如果必须去掉一条,应该先去掉什么?孔夫子的回答是"去兵"。就是说不要这种武力保障了。子贡又问:如果还要去掉一个,您说要去掉哪个?孔夫子这次非常认真地告诉他要"去食",就是宁肯不吃饭了。

这个故事生动地说明了信仰的重要作用。信仰可以使生命真正从内心感到安定，即使在物质匮乏时，人们依然能够愉悦地工作，对社会作贡献。而人一旦失去信仰，就会变成行尸走肉，失去动力与活力，生命就会变得毫无寄托，毫无意义。

36. 谈谈你对短暂与永恒的理解。

短暂和永恒是一对反义词：短暂就是昙花一现，永恒则是亘古不变。但是短暂与永恒之间存在着微妙的转换关系，短暂中蕴藏着永恒的真谛。

就拿"美"来说吧。美丽是每个人都向往的东西，但是真正的美有短暂的如惊鸿一瞥，也有永恒的永不凋谢。人是幸福的，因为人们能创造美，无论是容颜的美，还是运动员在场上的运动美。人正因为创造了美才创造了令无数人为之陶醉的幸福。但人也是悲哀的，年华终将老去，运动员不可能永远都保持最佳的竞技状态，而再美的明星年老的时候也无法留住青春美丽的容颜。因此，有的人在事业巅峰时选择了急流勇退，给人们留下了永恒的美好的回忆。美丽的东西注定都是短暂的，而短暂又何尝不意味着一种永恒呢？我们的人生也是这样：人生虽短，也可永恒。我国唐代诗人李贺英年早逝，却留下了"天若有情天亦老"的永恒名句；秦皇汉武、唐宗宋祖、一代天骄，虽早已化为尘土，可是他们给人类留下了丰功伟绩；陈逸飞、王小波的人生是多么短暂，却分别为我们留下永恒的艺术和文学等佳作。

人的生命就像美丽的鲜花，虽匆匆盛开又匆匆凋谢，但在这稍纵即逝的美中蕴含的是永恒的生命，是生生不息的生命。人生短暂，生命尽力绽放就可以永恒，即使不为他人绽放，也可以为自己而美。

37. 谈谈你对中国传统文化的理解。

中国传统文化源远流长、博大精深，它并不仅仅是博物馆里的展品，而是影响我们日常思维方式和行为举止的精神力量。

在瞬息万变的现代社会，中国传统文化还在悄无声息地影响着我们的生活。举例来说，"孝"是儒家文化的主要内容，是中国传统文化的重要组成部分，至今仍存在于我们的日常生活里，存在于几乎每一个中国人的意识里，渗透在我们现实生活之中。源远流长的中国传统文化，给我们留下了许多至今仍用之不尽的宝贵财富，并且继续在我们构建和谐社会、建造良好的社会关系的过程中发挥作用。中国传统文化具有顽强的生命力。它历尽劫难而生生不息，是中华民族凝聚力的象征，是联结各地人们的精神纽带。近些年，各地举办的拜祖大典，就是对传统文化的弘扬。它给全球华人提供了一个共同凝聚的精神符号，为现代文明的传承找到了一个共同祭拜的源头。

中国传统文化历经数千年发展，现如今继续为现代人的知识构建提供养料。于丹教授的《＜论语＞心得》、易中天教授的《品三国》受到热捧，正是中国传统文化精华备受当代人青睐的一个缩影。

中国现当代文化应尽其可能地吸收传统文化的有益成分与思想成果，为现代文明服务。在汲取的过程中要甄别精华与糟粕，让传统文化的灼灼光芒继续照耀中华民族，继而融入世界。

38. 你最崇尚的职业是什么？

我最崇尚的职业是电视节目主持人。做电视节目主持人一直是我的梦想，因为我觉得从事这方面的工作可以让我认识更多的人，接触更多的新鲜事物。更重要的是从事播音主持的工作是一个传播信息的过程，可以传递给大家最新的资讯。我觉得那是一件非常有意义和快乐的事情，所以我一直想成为一名优秀的节目主持人。

现在，随着电视传媒的发展，节目类型越来越多，主持人的类型也越来越多，对主持人的要求也来越宽泛。我最喜欢的主持人是谈话类节目主持人。我喜欢陈鲁豫的小家碧玉、温文尔雅，喜欢张越的知识渊博、富有内涵，也喜欢陈伟鸿的谦逊机智、敏锐亲和。我觉得谈话类节目是一个很好的平台。在这个平台上主持人与嘉宾交流，传播嘉宾的观点，表达主持人自己的思想，引发观众更深入的思考。主持人在这个过程中的作用十分重要，他要充分理解每一期的选题，要了解嘉宾，这样主持人才能融入节目中，才能达到节目的要求。主持人不应该只是坐在演播室里，而应该深入到节目的制作中，从前期的采访到后期的编辑，都应该参与其中，这样做出的节目才能足够深刻，才能对观众有所影响。

总之，成为一名谈话类节目的主持人，是我的梦想。这样的节目可以引起观众的深入思考。在我看来，电视节目不只是让观众娱乐，更是让观众在休闲的同时也增加知识、提高内涵。我觉得这是非常有意义的，所以我最崇尚的职业是电视节目主持人。

39. 漫话时间。

鲁迅说："时间就像海绵里的水，只要愿挤总还是有的。"时间从不吝惜自己，它给予了人们太多。不管科技的发展还是战争的持续，它都奉献了自己的生命，用一个旁观者的身份静观人类的发展，不作任何评价。

我觉得可以这样来比喻时间：时间是副良药，可以抹去伤痕、淡化记忆，在时间的长河里，所有的伤痛都会随之离去；时间是位长者，教会我们世间的道理、与人相处的哲学，让我们从懵懂到懂事，从幼稚到成熟。我们经常说时间就是金钱，正确利用时间可以"买"来文凭，"买"来职位和名分，"买"来荣华与富贵……可是，我也知道给予生命的时间是一个恒数。你既无法借贷，也难以补充和受赠。

透支了时间的人，会受到时间的惩罚；挥霍了时间的人，也会受到时间的惩罚。人们总不愿意按月盘点，让剩余的"金钱"得其所在。人的生命何其短暂，时间的流逝又何其匆匆。如富家子弟挥霍掉积蓄，待到一贫如洗时才猛然惊觉：时间早已不知不觉地溜走，自己也早已在不知不觉中迎来了困苦不堪的后半生。

我们应当像珍惜生命一样珍惜时间，因为时间就是生命。利用好属于我们的有限时间吧，让我们在时间的浩渺长河里留下自己的印痕。

40. 门。

门是日常生活中最常见到的东西。自从有了文字,就有了关于"门"的记载。历经数千年发展,门到现在也演变得样式繁多,功能齐备。

从远古社会开始,人类在搭建茅草屋的同时就懂得留出一个门的位置。作用其一是方便出入,其二是为了防避野兽侵袭。到了现代社会,出入与防御两项功能仍是门的主体功能,只不过门更美观更多样而已。

门分内外,门内门外便分出两片天地。人们往往把隐私、安全留在门内,把门想象成庇护的保护神,但门的作用却极其有限。就家门来说,即便钢铁门,也避免不了梁上君子的光顾;就国门来说,清朝闭关锁国,把国门封得紧紧,但仍然避免不了列强的枪炮,最终落得国破家亡。门分开闭,门启门闭便是两种状态。许多人总是把心门封闭,以为这样就会不受侵害,但闭门却未必能够让心情平静。就实物来说,长城构成北国的锁钥,许多人以为封闭了大门就铸就了固若金汤的屏障,但大清的骑兵还是踏碎了砖瓦。就心境来说,心门关闭、无欲无求就意味着失去享受人生种种乐趣的渠道,使人生变得苍白乏味。

敞开国门,便有了吸纳接受先进科技文化的机会;敞开家门,便有了宾客盈门、高朋满座的热闹和喜庆;敞开心门,便有了交流互融的美好心境。

其实对我们来说,在如今这样一个时代,能够毫无顾忌地打开自己的心门是一件非常幸福但却存在一定困难的事情。因为生活的富裕,因为时间的忙碌使我们难以进行心与心的交流,但我们仍需努力敞开心门去更好地进行心与心的交流。

41. 美丽与魅力。

美丽和魅力是两个相依相容的不同概念。在我看来,二者各有所长,用古人的话说,就是"梅须逊雪三分白,雪却输梅一段香"。话虽这么说,但我以为,魅力与美丽相比,魅力更胜于美丽。

美丽只是一个毫无内涵的空泛载体,一旦脱下表面那层好看的外衣,一切都将显得毫无意义。而魅力比美丽更有深度和广度,修养、气度、品性、情趣等无不包含在魅力里面。美丽未必有魅力,有魅力自然就更美丽。打个比方,纯粹的美丽是花瓶,是绣花枕头,是银样镴枪头。它能展示给人看的,也就仅仅是包装了的外表。如果仅仅是"金玉其外"倒也罢了,如果是"败絮其中"那就更无美丽可言了。而魅力却是蕴涵在灵魂深处的高层次的深度的潜在的美。这潜在的美好比是名家打磨研制出来的一块玲珑剔透的玉,一个变幻无穷又耐看耐寻味的万花筒。

如果用女性来作比,美丽仅仅算得上是亭亭玉立的小家碧玉,而魅力却是雍容华贵的豪门千金。魅力除了美丽所具有的内涵和修养之外,它还必须具备淡泊名利、豁达开朗、乐观向上、善解人意、不杞人忧天、不怨天尤人、不嫉贤妒能、不攀慕富贵的品质和修养。一个有魅力的人,不管遇到任何挫折和艰难困苦,都能不气不馁,以笑脸面对;对任何误解自己的人和任何不平事,都拥有一颗母性的大度和包容、忍让之心。

42. 对手与伙伴。

对手和伙伴，都是与利益关系相关的词汇，与感情无关。能够互利的是伙伴，存在竞争的是对手。

首先我认为对手和伙伴没有明显的界线，既有竞争又可能存在合作；对手和伙伴也可以相互转换，转变可能只在一线之间。

社会上不乏由对手转为伙伴的事例。例如国美电器与永乐电器，相互拼杀了许多年，彼此针对对手制订了许多压制对方的市场战略，在竞争过程中，不断完善自身，不断制定更符合市场需求的人性化服务。最终，两家电器巨头强强联合，以更大份额统占了中国电器终端市场。由伙伴转换为对手的事例更是近在眼前。蒙牛老总牛根生原本是伊利集团的高层领导，他以自己独特的管理手段使伊利牛奶迅速占领中国奶业市场半壁江山，成为伊利集团重要功臣。后来，由于种种原因，牛根生与伊利集团分道扬镳，自己组建蒙牛集团，与伊利分庭抗礼，成为伊利奶业市场最大的竞争对手。

一方面，对手之间可以相互激励，相互施压，从而完善自身。强者恒强，故不必畏惧对手，也许对手就是最好的老师。"国无内忧外患，国恒亡"说的就是这个道理。另一方面，如果合作伙伴通过竞争可以拥有更大的发展空间，获得更长足的进步，沦为竞争对手也未尝是一件坏事。"分久必合，合久必分"就是对这种关系的一种注解。

43. 理解万岁。

当下，随着社会的发展，人和人之间的交往越来越密切。在交往的过程中，人与人之间难免会出现误会。由此，"理解"就显得更难能可贵。我们经常在工作、学习中喊"理解万岁"的口号，更说明理解在当今人与人之间是相当欠缺的。

理解是对一个人行为的包容，即所谓的"心心相印"。众所周知，人与人的理解是建立在相互信任的基础上的，只有相互信任，才能彼此理解。

金庸小说《神雕侠侣》中有一套武功，名曰玉女素心剑法。此剑法需两人同使，其真谛在于使剑的两人心心相印，浑若一人，若一方出了破绽，另一方需舍身相救。正是因为这剑术的无上心法，才使得二人皆不守而守，双剑之势骤然而长。把自己性命交付与对方手中，这是对对方何等的信任！也正是在彼此的信任中，双方才能渐渐地做到心有灵犀一点通。但由于种种原因，理解却不能一味去索求。例如，爱迪生发明灯泡时，成百上千次的失败经历，别人都不能理解，以为这是一种妄想。但爱迪生却没有一味寻求别人理解，而是坚持己见，直到成功。

另外，在与人相处时，也不能奢求万事都让别人理解。理解万岁可贵性就体现在不能理解的地方也理解才是相处之道。人们不应一味地索取对方隐私以求达到相互理解，而是应该给对方一定的属于自己的个人空间，互相信任。只有这样才能达到心心相印，情意相通。

44. 你如何看待理想与现实？

理想与现实肯定存在着差别，就像测量一样，肯定有误差。这个世界不是理想的世界，而是现实的世界。

理想是在理想的状态下，推理出的完美结局；现实是在现实世界中随时间一点一滴推移而出现的结果，是不完美的。这个世界无时无刻不在变，你所设想的情况只不过是停留在一个时段里的状况，谁又知明天会发生什么事呢？理想只存在于理论上，在现实中是没有的；现实就是现实，现实世界不是完美的、永恒的。

很多人设想自己的人生时，总往好处想，这也正常，谁又不想让自己过得好一点呢？但现实并非总往好的方向发展，结果总是与现实存在着差距的，多数情况，是不令人满意的。有人说，人间事，十之八九不如意。因为你不往坏处想，总往好处想，而现实就是现实，它没有好坏之分，只会按自己的步子走下去，不会去理会你美好的意愿。人总是喜欢追求完美、永恒，而造成事事总往完美、永恒处想，期望值太高，现实又怎能满足你呢？怎能令你满意呢？如果你能想到好的，也能想到坏的，那么现实就跟你所想的差不多了，但差距还是有的，只是不出其左右太多而已。

在人生的道路上，你只有把持着你的理想，同时要看到现实，用现实的方式去实现理想，才可以做好自己要做的事，走出自己要走的路。

45. 触动你心灵的一件事情。

"贫穷"是我们经常提到的词语。对于现在很多的年轻人来说，这个词也许只是存在于电视上、书本上和想象中。但是，当它真的呈现在我们面前的时候，相信真的是可以触动每一个人的心灵的。

去年，我去了一趟还不算闭塞的山村。从市里开车到镇上，我们用了三个小时。从镇上到村里走了将近两个小时后，由于山路窄且滑，无法行车，我们只好弃车徒步而行。之后，我们在走了两个半小时的时候遇到了一位纯朴的村民。他用自己的交通工具载了我们半个小时，才把我们载到了要去的村子。在其间，我们稀稀拉拉地路过了几个村子，每个村子最多十户人家，他们的房子大多数还是用土垒起来的。同行的人说这是最贫瘠的土地。由于我们去的前几天刚好下过雨，这些路经过雨淋后变得又滑又黏。我最明显的感觉就是自己走着走着就高了起来，等我找到石头去刮鞋子上泥的时候，发现那泥差不多有五厘米厚。而他们的学校，只有一间房，房子里的桌椅又破又烂，学生很少，老师基本上是单独辅导。在这途中，我们想找个饭店或小卖部，始终没有找到。我们开玩笑说，在这里就算有五块钱，一年也不一定能花得出去。

我去过很多地方，可这次旅行让我难忘。我们衣着光鲜，心安理得地享受着祖辈们积累下来的财富；我们大肆挥霍，购买着远超过我们消费能力的东西；我们与人比品牌，比场面，坐在那些孩子梦寐以求的校园里过着奢侈的生活。每每这个时候，我都会想起那次触动我心灵的事件。

46. 请讲述你认为最有意义的一次旅行的收获。

去西藏是很多人的一个梦想。说到西藏,总有一种欲说还休的感觉,因为它所给予人们心灵上的冲击与震撼,是触及灵魂的。其实,无论什么人,也无论你走过多少西藏的路,研究过多少西藏的文化与历史,谁也不敢说他真的熟知西藏。去过西藏的人,首先感受到的是它的单纯。无论是雪山草原还是蓝天白云,无论是牧民信徒还是雄鹰牦牛,他们都会像水一样的清透。然而,这种单纯和清透仿佛是艺术大师眼里的空白,永远蕴含着无限的玄机。这是一道无解的谜题。因为,在西藏,无论你是好奇地张望着那些虔诚的转经老人,还是伴随着红衣喇嘛穿梭在充满酥油味的寺院里,他们都会散发出一种魔力。

我的西藏之行是很特殊的。我是和一位意大利朋友乘着的房车,从新疆入境,穿过西北五省最后到达西藏的。这次特殊的旅行让我看到、听到、感受到了很多东西。在这短短的20多天的旅行中,我辛苦并快乐着,觉得自己迅速地成长起来了。

回来之后,我会给身边的人说,每个人在他的一生中都应该去一次西藏,站在布达拉宫前的广场上感受自己的人生,在稀薄的氧气下体验生命的力量。我庆幸我这样做了,虽然那时那刻我觉得自己好渺小,可那又怎样呢?谁敢说那一刻的我不够幸福?

我一直很喜欢这么几句话:"最有意义的旅行,不是寻找文化,而是冶炼生命。真正的旅行,产生于绝境,是生命中更为整体的荒漠体验和峭壁体验,你必须带有生命的气势去体验。放逐、撕裂、灭绝、重生,经历了这一番才会明白什么是彻心彻骨的灼热和寒冷,才会知道人世间什么是甘泉。"这也是我西藏旅行的收获。

47. 你如何理解"郁闷"?

"郁闷"一词是最近几年颇为流行的一个词语,大人说,小孩说,学生说,工薪一族也说,似乎每个人都有被郁闷笼罩的时候。

郁闷的缘由可谓多种多样。大人为日益增强的工作压力而郁闷,小孩为日渐缩短的假期而郁闷,学生为期末的考试成绩不理想而郁闷,而工薪族郁闷年底的评比。所有人内心不满的普遍性造就了"郁闷"一词的流行。

导致人产生郁闷感的,必然是不甚理想的现状。随着现代社会越来越激烈的竞争,人们感受到前所未有的压力,几乎每时每刻都有挑战性的事件发生,而人们却不能时刻预料和掌控事态的发展。与预期结果产生巨大落差后必然造成心境的波动,从而产生郁闷的感觉。

在人们感受郁闷压抑的同时,郁闷同样会给人们留下思索的空间。人们在郁闷的同时会反思自己的行为,给自己留下身心缓和的空间。郁闷过后的"雨过天晴""神清气爽"也是对人们近期心态的一种洗礼。

郁闷在某种程度上表现为心态烦躁,对事物毫无兴致。它在某些方面影响到正常的工作、学习以及人际交往。人们若不能及时调整心态,则可能导致恶性循环,差之愈差,进而使意志更加消沉乃至寻求一些极端手段进行发泄。这些都是郁闷带来的负面影响。

人是性情中人,郁闷在所难免,但万万不可深陷郁闷泥潭不可自拔,要懂得调整自己的心态,尽早从郁闷的阴影中走出去。

48. 谈谈你对中国传统中"学礼""明礼"的认识。

我国自古就是礼仪之邦。《论语》中曾有"不学礼,无以立"之说。随着时代的发展和进步,"礼"的内涵也在不断拓展。它不仅仅指礼仪礼貌、道德情操,也包括个人的科学素养、社会的诚信意识、政府的服务理念等。当前我国经济建设虽然取得了累累硕果,但文明之花却并未与之同步绽放。要实现美好的中国梦,公民、社会、政府都应学礼、明礼,为中华民族的伟大复兴筑牢根基。

只有学礼、明礼,公民方能自立自强。一是坚定理想信念,认识到国家的命运和个人的命运紧密相连、息息相关,每一个人都享有与祖国同成长、和时代共命运的机会,坚决抵御拜金主义、利己主义等腐朽观念的冲击;二是恪守文明道德,从自我做起,从小事做起,自觉拒绝随地吐痰、"中国式过马路"、公共场所大声喧哗等陋习,不断加强道德自律,提升文明标杆,完善个人修养;三是提升科学素养,树立"以崇尚科学为荣,以愚昧无知为耻"的观念,积极学习现代文化知识,形成科学理性思维,让"绿豆治百病""生吃泥鳅"等伪科学没有市场。

只有学礼、明礼,社会方能安定和谐。一是要化解诚信缺失,如解决食品安全问题突出、医患关系紧张等问题。对此要弘扬诚信的社会文化,推行社会信用体系建设,让守信者处处受益,让失信者处处受限。二是阻止浮躁风气蔓延,如解决学术界论文抄袭、数据造假,企业界忽视科技创新、山寨产品横行等问题。对此要提倡踏实、扎实的工作作风,纠正不合理的业绩考核方式,更加注重质量和效益。三是遏制戾气蔓延,如对一言不合大打出手、网络暴力严肃处理等。对此要加强道德教化和法律约束,让现实世界和虚拟世界都在法治轨道上有序运行。

中华民族的伟大复兴,不仅仅体现在军事、经济、政治等硬实力上,也体现在公民素质、社会风气、政府效能等软实力上。学礼、明礼,必将有力地提高我们国家的文明程度,进而推动中华民族以更加文明的姿态屹立于世界民族之林。

49. 谈谈你对"青春"的理解和感悟。

有人说,青春是晴朗的;也有人说,青春是明艳的。可在我刚踏进青春之门的那一刻,映入眼帘的却是一片灰暗。青春,它迫使我放下有趣的玩具和稚嫩的话语,同时也逼迫我走向成熟,走向现实。名次和成绩几乎是我青春生命的全部。压力像巨石一样压在我的心头,使我怎么也喘不过气来。此时的我,就像一叶孤舟,漂浮在这灰色的海洋里,浮躁不堪。终于有一天,我幡然醒悟,架起毅力的双桨,摆渡自己。渐渐地,我的青春不再灰暗,而是变得五彩缤纷、绚丽耀眼。

青春是充满智慧的蓝色,它使我徜徉于知识的海洋,使我的眼界变得开阔,使我的知识变得丰富。青春就像浩瀚的大海,因为有一个成语叫作"海纳百川"。它可以将所有的知识都纳入我的脑海,使我博古通今。

青春是充满希望的绿色。它寄托了我们的追求,寄托了我们的理想。看着生命中的点点绿色,不觉整个人都变得心旷神怡。它就像一颗刚刚发芽的种子,承载着我们的梦想,在我们的心中留下了深深的烙印，使我们学会为梦奋斗，为梦坚持。

青春是充满激情的红色。它使我们朝气蓬勃，为了自己的未来而勇往直前。它就像一轮骄阳，使我们充满激情地为未来呐喊，为成功奋斗。是青春，擦出了生命的火花，成为我们人生中的转折点。

青春是充满冒险的黄色。它使我们不畏艰险，勇攀高峰，也使我们学会挑战自我、超越自我，最终飞向广阔的天空。

青春是一场华丽的冒险。不管路上有多少坎坷和荆棘，我都不会停止前进的步伐。我会用我坚强的意志和不懈的奋斗，勾勒出属于我的绚丽青春。

50. 谈谈"自信"的重要性。

扬起生命的风帆，让自信伴你一生。这个伴侣，对于你我来说都很重要。只有不断表现自己，有自己独到的方法，你才能在激烈的竞争中站稳脚跟并超过别人。

哥白尼就以他持之以恒的自信告诉世人：只要有自己的观点，就会脱颖而出。以前，人们都认为地球是方的、平的，而哥白尼却不这么认为。经过长期的实验，他终于证明了自己的观点，后来一举成名。哥白尼正是靠着自己独特的认识，走进成功之门的。我们做事应以理为先，以众为次。毕竟世界上没有相同的两片叶子，没有相同的人和思想。让自信伴你一生，只要有一分独到之处，哪怕是一点点，你也是一位成功者。

自信是什么？是坚定地相信真理，是坚毅地承认事实，因为忠实于事实才能忠实于真理。

伟大的作家鲁迅告诉我们，他一篇篇短小精悍的文章是出于自己不断展示的长处。科学家居里夫人也告诉我们，她的成功源于自己独到的见解。

扬起勇气之帆，乘上展示之船，让自信伴你一生。成功者往往不是那些最具成功条件的人，但成功者必定是那些具有独到见解且勇于展示自己的自信的人。

51. 曾经是TF家族一员的刘志宏在微博上突然发文宣布退出演艺圈，做一位普通人，过"平凡的人生"。你是如何理解"平凡人生"的？

有一句话说得好：平平淡淡才是真。在这庸常的日子里，凡人亦悠出清、淡、真……唯有生命的平凡，我们才会体味到平凡的珍贵，生命的平凡就在这平凡的人生中！我们在平静的心绪中用心去欣赏《二泉映月》，或以平淡的心境聆听檐漏滴阶、碎雨敲窗，任思绪浮想联翩……在平淡如水的氛围中里，我们用平淡的情感体验出生活的真实味道，体味到平凡的独特心境。

平凡是一种清淡得让自己陶醉的人生。生命即使没有轰轰烈烈，也无后人之仰慕，却无不让人感到一种生存的神圣与尊严。我们乐为平凡之辈而不落于平庸之流。我们不甘受辱，我们更不会沉沦。有了平凡的一生，我们才会知道在平凡的情感、事业和人生境界里，生活原来是那么多姿多彩、灿烂绚丽。

52. 你怎么看待生活中的"积极"和"消极"？

人有积极的一面，也有消极的一面。积极地面对生活不仅会让我们的内心世界丰富多彩，更能使我们的精神世界丰富多样，从而让我们的生命得到进一步升华。当然，消极的态度会让我们的生活黯然失色，缺乏安全感。积极和消极这这两个完全不同的概念是平等的，没有孰多孰少，更没有高低之分。无论是积极的态度还是消极的态度，完全取决于自己。

我相信每个人都对这两个概念非常清楚，自己到底是要哪一个，也无用别人多说。所以说，态度决定未来是否辉煌，决定你是否是一个对社会、对家庭有贡献的人。

人生的意义和价值在于提升。明天的希望可以是无限美好的，但道路绝不是想象的那么平坦，它是充满了坎坷与荆棘的。无论如何，有一点是可以肯定的：明天会比今天更美好，但美好的明天只欢迎那些勤勉向上、奋斗不息的人们。荀子曾经说过这样的话："锲而舍之，朽木不折；锲而不舍，金石可镂。"做什么事情都不坚持，或者是半途而废的话，那么就连腐朽的木头也不能折断；反之，如果你做事情能够持之以恒、坚持不懈，那么就连金石般坚硬的物体也能够雕刻出美丽的花纹来。

"天生我材必有用，千金散尽还复来。"人生最重要的便是拿得起放得下。生活原本艰苦辛酸，你如果累了，就歇一歇，不要总抱怨生活的不公平，要积极地面对生活，笑着迎接新的挑战。成功不是一蹴而就的，需要我们慢慢地探索求知，用积极的态度投入到学习与生活之中。我想这些就是生活的真谛了吧。

53. 谈一谈你对"昨天、今天、明天"的感悟与看法。

人生有无数迷茫的今天、值得期待的明天和后悔的昨天。无数今天变成回忆，无数明天变成今天，岁月一天天推移，一年年叠加，不等你我他。其实今天就是最好的明天，明天才会是更好的今天。把烦恼留给昨天，把努力放在今天，共同建造美好明天，不要去浪费时间，因为岁月无情。自己的手中握着自己的未来，自己的路也要靠自己走完，给自己一个微笑，给他人一点帮助。

每天都是新的一天，烦恼会离去，快乐会重新而来，大声地说："我不差，我就是那耀眼的星。"不惧怕未来，也不荒废现在，相信上天会有更好的安排。

吸取昨天的教训，体会今天的点滴，把顿悟放在明天，让希望留给每一天。人生谁不流泪，只是擦干了还要重新面对；人生谁不失败，只是看到了失败也要想到成长。

过去的找不回来，所以要珍惜现在；失去的无法挽留，所以要珍惜身边人。现在的会变成回忆，遥远的未来转眼会变成现在。所以，我不想碌碌存在，也想找寻那远方的光彩。

昨天是以前的今天，今天是以前的明天，明天是更早的今天。无论今天、明天，都会变成回忆，都会悄然离去。

54. 请谈谈你对"有钱"和"值钱"的理解。

有钱的人,不一定值钱。因为有钱人的钱,可能是继承的遗产,可能是飞来的横财,也可能是敛聚的不义之财。自然,这些钱不必靠能力、本事来赚取,拥有这些钱的人,也就不一定值钱。当然,有钱的人,也有值钱的,那就是他们赚取的每一分钱,都是靠能力、本事赚来的。值钱的人,不一定现在有钱,但最终一定会有钱。因为值钱的人,最终会靠他们的能力和本事来赚钱。

值钱的人可能会一时没有钱。这就好像一块金子,哪怕是一时被埋没了,但它还是一块金子,不会因被埋没而失去金子的价值。因为当它重见天日的时候,人们一定会发现它的价值,认可它的价值。

一个人有钱永远不如值钱,因为有钱的"钱"乃身外之物,随时都可以被拿走,随时都可能失去。值钱的"钱"才是自己的,是拿不走、丢不了的,是可以跟自己一辈子的东西,是一生的资本。

55. 谈谈你对"痛苦"的感悟。

通常,人一旦失去什么,就会害怕,会不住地问自己:"未来还会再失去吗?"无法褪去的记忆与惊恐,使人的灵魂永远藏在黑暗里。一道又一道的伤痕,在岁月的累积中,使我们失去信赖的能力、善良的能力、快乐的能力。每一道过往的伤痕,折叠着旧时的怨、恨、愤以及攻击,都会让我们痛苦不已。

有这样一则故事:"施特劳斯"是一条流浪狗,它有一双蓝眼睛。"我"养的前一只流浪狗"肖邦"死后7日时,"我"遇见并收养了它。"我"以为流浪狗必然是阴郁的,然而,我发现它比我想象的快乐、自信。它只跳"圆舞曲"。它是一只没有烦恼,懂得舍弃"过往"的动物。

"黑夜原是为爱而生,白昼转眼就会回来。"这是拜伦的诗句,也是大自然的规律。人到一定阶段,就要开始学会断、舍、离。若没"福气"得阿兹海默症,也要想办法拥有"遗忘"的能力。记住忘记痛苦,才能拥有美好的未来。

56. 论"人生支点"。

人之所以能活着,是因为有许多支撑点,就像那火车之所以能在铁轨上前进,是因为有许多根枕木支撑着一样。

只有一根枕木的铁路是没有的,只有一个支撑点的人生也是没有的。

人生可以有很多支撑点。事业、升官、发财、爱情都可以成为人生某一个时期的支撑点,让你有滋有味地活下去,觉得天很蓝,草很绿,每个人的笑容都很美好。

在我看来,任何一个支撑点都不可能是永恒的。事业无穷尽,官做大了、做久了也很乏味,钱挣得太多也是个累赘,山盟海誓的情人也终会有一天离你而去。

所以我提出这样一个观点:泛点论。简而言之,即让你的人生多一些支撑点,其中的某一些点坍塌了，会有另一些支撑点支撑着你的人生，让你在漫漫人生路上走下去。

这就是老百姓所说的，别在一棵树上吊死，水路不通走旱路。

谁也不可能把你的人生隧道建造得那么牢固，因为这不单是你个人的问题。有些情况你不可能把握，你想得到的不一定都能得到，你期望得到的不一定都能成为现实。有些事和大环境有关，和人的主观能动性有关，更和一种叫作"数"的东西有关。"前数分已定，浮生空自忙。""自古成败原关数，天下英雄大可知。"这反映了古人对"数"的消极思想。人应该挑战命运，而有的时候你也得认命。从唯物辩证法的角度来说，所谓"数"，就是机遇。你的命再好，碰不上一个好的流年，也是徒劳。辛勤耕耘，丰收在望，一场洪水或一场冰雹就能击碎你的丰收梦。我欣赏一首流行歌曲里唱的："三分天注定，七分靠打拼。"人生不打拼不可能成功，但你打足了七分，那三分老天不给你，你仍然不能得到一个想要的结果。

建起多个人生支点，你永远都不会无路可走。

57. 以"黑暗"为主题谈谈你的感悟。

人懂得的东西越多，就会发现自己不知道的事情越多。正因为这样，我们总是借助黑暗掩饰自己，躲在梦与季节的深处，听花与黑夜唱尽梦魇，唱尽繁华，唱断所有记忆的来路。尘世的一切，总是被时光冲刷着。岁月无声，一缕缕星光照过来，让我们看见了自己的卑微，也让我们学会努力地释放自己的光芒。天边偶然划过的流星，穿过茫茫时空，淡定安然地陨落之时，又该照亮多少人的心扉？

平常生活中，一个找不到生命方向的人，多半是因自己的星空失去了光芒。要走出黑暗，必须适应在黑暗中体悟和摸索，学会由心灵引路，让心灵歌唱。茫茫宇宙中，我们的苦难再多，也装不满地球。对于上苍赐予我们的，轮回流转的黑暗和光亮，我们要心存感念。就算是天黑了，只要我们的心灵亮着，一样可以收获喜悦和快乐。

大千世界，需要有一些为生命歌唱的人。当别人唱着的时候，他在唱；当别人不再唱的时候，他还在唱。别人唱着的时候，听不出他唱得如何绝妙；当别人不再唱了，才发现他的声音是如此清新敞亮，内敛安详。他心中的光芒无论白天黑夜，一直都在，无时无刻不在每个人的心里流淌。

任世事变幻，岁月沧桑，人类的心灵世界，最终还是由自己主宰。生而为人，只要心中有烛，心头有光，就会找到爱和美的方向。这正是生活的法则；你哭，它也哭；你笑，它便笑；你心头有光，它绝无可能让你找不到生命的出口。

58. 谈谈你对"合格的灵魂"的理解。

在物质喧嚣的年代，很少有合格的灵魂。

合格灵魂的标准有两点：一个是崇高，一个是丰富。物质，是崇高的敌人；喧嚣，会迷乱了丰富的层次。合格灵魂的底子是干净的，也是清静的。

崇高的内在是良知和正义，丰富的内在是情趣性和层次性。前者以人情来统摄，后者用诗情来引领。

一个具体的现象是，生活中若没有了诗意，在欲望的表达上，就会显得更直接，更赤裸裸，甚至更低级——不是钱权，就是美色。当生命只剩下了与欲望耳鬓厮磨，灵魂便只好偏安于琐碎了。

灵魂缺位，动物性难免甚嚣尘上，进而在人性的层面上，就会呈现出自私与功利、阴暗和偏狭。有合格的灵魂，才会有合格的人，然后，才能谈人的一切，才有资格与天地精神相往来。人的恢宏和寥廓、峨冠博带与器宇轩昂、大品格与大境界，才能生发和升华。

人情美，让一个人的灵魂走向了高处；诗情美，则让灵魂走向了远方。人生的质量，一定程度上就是灵魂的质量。肉体降生只是交代了你来到这个世界，唯灵魂涅槃才回答了你为什么来到这个世界。也就是说，灵魂产生的是人生的意义。

我相信，有意义的人生一定蕴含着对灵魂的敬畏，猥琐的灵魂必然停滞在低级趣味的层面上，善美的灵魂始终与响亮的人生匹配。

59. 以你的理解，谈论一下人际交往中的"真诚"与"虚伪"。

认清一个人，不要仅看他对你的态度，还要观察他在你面前论及他人他事的态度。

因为，面对你的时候，他可能是另一个他；而面对你谈论第三方的时候，他展示给你的才是一个真实的自己。

人在无关痛痒的地方，往往会忘记了掩饰，在最该直接的地方，又常常表现得迂回。因此，可于无所谓处识其真，在最要紧处见其假。

要想有坦荡的人，必须得有坦荡的世界。两面三刀的社会，培养不出襟怀磊落的群体。人的率真可与生俱来，但吊诡也能不请自到。

人都有虚伪的一面。去原谅那些被生活逼成"演员"的人，去提防那些戏里戏外转换自如的演技派。有些演员是需要去周旋的，但永远不必与其交心。

当然了，每个人都会有自己的光明和阴暗处。也因此，人在生活中会分裂出好多个自己。人生最大的幸运是，遇上了一个喜欢的人，并最终发现，他自始至终为你呈现的都是那个最真实的自己。

愿意一辈子以本真示你的人，天下没有几人。唯如此，真诚才那么稀缺和珍贵。

60. 以你的理解谈谈"秘密"。

每个人的心中都有一块隐秘的地方，如珍宝般地捂着，一直捂了好多年。

对于生命来说，能够打败岁月的，恐怕就是这个秘密了。钱和权带不进坟墓，但秘密可以带进坟墓。

一个人的一部心灵史，就是隐藏自我秘密的历史。而打破和撕开它，引发的必然是一场革命。所谓革命，其实是一次情深意切的投降，把所有的秘密都倾诉给一个人，像扔掉所有的垃圾，亦若奉上全部的珠宝。把秘密都倾诉出来的人，倾尽的是精神的全部。

在倾听对象那里，你什么都不需要，只需要对方懂你。这种懂，是陌生的亲切感，是恍若隔世的通畅感,是激荡的痛,又是喷涌的快乐。你一下子空了,也一下子安静了。然后,万籁俱寂,风烟俱静。

不能在合适的时间遇上合适的人,有些秘密就只好一辈子烂在肚子里。对于漫长的人生来说,释放一个秘密,需要一次机缘;保守一个秘密,则需要一场人尘俱老的修行。

61. 谈"跑步"。

村上春树写了一本书叫《当我跑步时,我谈些什么》,书中记录了许多他跑步时的感想。他在书中写道:"我写小说的许多方法,是每天清晨沿着道路跑步时学到的,是自然地、切身地,以及实际地学到的。"

村上春树说跑步和写小说一样令他满足。即使有人嘲笑他每日坚持跑步是想长命百岁,他说:"不能长命百岁不当紧,至少想在有生之年过得完美。"

同样的五年、十年,有的人稀里糊涂,有的人生气勃勃。显然,后者更令人满意。而这正是跑步的意义。跑步让每一个奔跑的人感受到生命的燃烧。

很多人总是借口忙没时间跑步。村上春树坚持跑步多年,从来没有放弃过。就像他说的,每天跑步对他来说好比生命线,不能说忙就抛开不管,或者停下不跑了。忙就中断跑步的话,那我一辈子都无法跑步了。

坚持跑步的理由不过一丝半点,中断跑步的理由却足够装满一辆大型载重卡车。我们只能将那"一丝半点的理由"一个个慎之又慎地不断打磨,见缝插针,得空就孜孜不倦地打磨它们。

跑步和任何事情一样,说到底,还是坚持。

62. 关于"生命"的感悟。

卡尔维诺说过:"生命差点不能称其为生命,我们差点做不成我们自己。"是啊,生命是有负担也有力度的,最沉重的负担同时也成了最强盛的生命力的影像。负担越重,我们的生命越贴近大地,它就越真切存在。相反,当负担完全缺失,人就会变得比空气还轻,就会飘起来,就会远离大地和地上的生命,也就只是一个半真的存在,其运动也会变得自由而没有意义。

每次读杰克·伦敦的《热爱生命》都很受震撼。那种强大的生命力总能给我一种明灯似的指引,甚至那些生存的艰辛,都可以在勇敢的生命斗士面前变得渺小而可以忽略不计。不得不让我由衷感叹的是:平坦的路上,脚步固然轻巧,行程固然悠闲,宁静的溪水旁却留不下记忆的脚印和成长的足迹;泥泞的路上,脚步虽然拖沓,身子虽然疲惫,融融的月光下却镌刻了厚重的足迹,即使被岁月抚平了,依然可以留下深刻的凹痕。

生命是脆弱的,也是坚强的;生命是平凡的,也是壮丽的。生命往往是一场奇迹,演绎着平凡而又悲壮的故事。生命终究也是充满希望的。我们生活在这个大千世界里,总是感觉自我是那么渺小,那样平凡,甚至似乎只是一粒尘埃,仅此而已。然而,几十亿的人们生活在同一个世界上,不知道在不经意间会有多少生命降临人间,又有多少人在此刻撒手人寰。

因此，欢乐与悲伤在这个世界上同时上演。细细品来，不禁感慨：人世间，不乏悲剧，然而也不失快乐的色彩。生命是短暂的，是一去不复返的。人生如白驹过隙，一旦过去就不会再来。时间不可倒转，好好地热爱与珍惜自己的生命，把握人生中的每分每秒。生命如此鬼使神差，但生命总有它的轮回。上帝是公平的，它垂爱每个人，关上了一扇门，还留有一扇可以打开的窗。我们每个人都是一道美丽的风景，既可装点别人的梦境，也能温暖自己的心灵。

63. 如何看待"穷人""富人"与"钱"。

细想起来，富人比穷人更需要钱。穷人只有在需要钱的时候，才想起钱；富人未必需要钱，却时时刻刻惦记着钱。所以，穷人只是偶尔被钱所困，而富人是常常被钱所困。

金钱是人类永恒的鸦片。穷人拿它来能治病，富人成瘾却致了病。我们要怀着敬重的心情去仰望淡泊金钱的圣人，但并不意味着一定要鄙视见钱眼开的俗人。钱没有错，只要取之有道，爱钱的人就没有错。

金钱不会改变一切，但一切会在金钱的作用下发生改变。就像风从门缝里吹进来，看上去，风没有吹翻屋子里的什么，但时间久了，所有的器物上、墙壁上都蒙上了灰尘。这就是钱的作用。它无孔不入，影响无处不在。它既是温暖的，又是冷酷的；既是柔软的，又是坚硬的。它可以拯救，也可以摧毁；可以聚拢，也可以拆散。

我们所看到的是：因为有了钱，一个辍学的孩子最后学有所成，改变了自己的命运；因为有了钱，一个和睦的家庭最后分崩离析，妻离子散。

富人要表现自己的仁慈与善良，拿出钱就可以了；穷人也要表现自己的仁慈与善良，他们没有钱，只好拿出一颗心。

穷人理解不了富人的吝啬，觉得他们为富不仁。富人想不通穷人的贫穷，觉得他们活该受穷。所以，古有杀富济贫的人，今有仇富的人，他们是永恒的对立体。

不要蔑视所有巴结富人的穷人。他们当中，有的上有父母需要赡养，下有儿女需要抚养。不要去苛求他们，让他们去舍生取义。这些忍辱负重的心灵，需要我们去尊重。

64. 谈谈你是怎么理解庄子的"台阶"的。

人往高处走，水往低处流。所有台阶自然是能上能下的。但是庄子的台阶却只能下行不能上行。

庄子认为，人是可以往低处走的，躲开喧嚣，躲开争先恐后的人群。庄子冷眼站在台阶外面，那种只能往上爬的台阶他不要。他自己制造了另一种台阶，可以让自己从从容地往下走。他不赶这个热闹，也没力气在人窝里挤和撞。

庄子的生命状态是"游刃有余"的。庄子一步步往下走，走一步就放下心中的念想。名、利、势、位、声、色、犬、马，这八样东西都只是远远地看见过，就让它们留在山上吧。他每下行一段，就停留一下，像黛玉当年"埋香冢飞燕泣残红"一样，也给这八样东西，每样筑一冢，把它埋掉。埋在山上，也就相当于从心底用刀剜掉，彻彻底底，鲜血淋淋，在所不惜。

庄子一步步走下山来，提着哨棒，像当年景阳冈打虎的武松。欲望已被他打死，他平静下来，心空得就像黄昏寺庙的一口钟。这样的一个庄子，轻轻一碰，就是金石之声，响天动地。那样的洪钟大吕，世间谁人能比？

庄子下山了，那台阶还挂在山上，那是庄子留给我的。

第四节　名言解读

1. 宝剑锋从磨砺出，梅花香自苦寒来。

人生如歌，但在这如歌的人生中，我们不免会有痛苦。但只有经历了痛苦，我们的生活才会变得五彩缤纷，我们的人生才会变得更有意义，更有价值。

伟大的音乐家贝多芬，4岁就被父亲强迫练钢琴。后来由于疾病，他双耳失聪，这对一个音乐家来说，是多么痛苦的一件事。还有更痛苦的，便是他的女朋友嫁给了富翁。这些痛苦与打击不但没有让他消沉，反而更激发了他对音乐的灵感，他最终成功创造出了《命运交响曲》《英雄交响曲》《第九交响曲》等名曲。他战胜了痛苦，战胜了命运，战胜了人生的平庸。

每个人在生活中不可能总是顺顺利利，总会遇到挫折，遇到坎坷，遇到困难的条件、艰苦的环境、失败的打击。这些虽然是前进的障碍，但同时，也是激励人们奋发向上、砥砺坚强意志的基石。大家都知道学习是辛苦的。对我们高中部的同学来说，我们更应该懂得学习是一种提升自我内在素质的需要，也是我们实现自己理想的途径。我们应该懂得勤奋刻苦是我们成才的唯一有效捷径。正如人们常说的"保剑锋自磨砺出，梅花香自苦寒来"一样，我们只有努力学习，不畏惧困难，敢于面对和战胜挫折，才能成为开得最艳丽的梅花。

最后，我想用这样一句话作为结束语：假如生活捉弄了你，不要灰心，不要失望，要做生活的强者，因为，路在自己脚下。

2. 没有规矩，不成方圆。

古人有言："没有规矩，不成方圆。"这句话很好地说明了遵守规矩对于一个人乃至一个社会、国家的重要性。规矩是一种约束，更是一种保障。它在约束我们的同时，也为我们造就了一个难得的发展平台。

纵观华夏五千年历史，那些能征善战的将领或军队无不是严守规矩、严格纪律的。宋朝的岳家军，之所以攻无不克、战无不胜，靠的就是军纪严明。一次，岳飞的儿子岳云违抗军令，私自带兵出战，差点令岳家军全军覆没。岳飞不顾父子之情，要杀岳云，经众将劝解，才免除死罪，但还是打了一百杀威棍。三国时候，曹操之所以强大，靠得也是军纪严明。一次，他带兵出征，不料坐骑受到了惊吓，踩倒了一片麦苗。为严明军纪，他立刻拔出佩剑，准备自裁，经众将劝说，最后仍以割发代替死罪。可见，没有规矩是不行的。

但是，随着时代的发展，人类社会的生产力不断进步，人们的思想观念也在不断地变化。当一些"规则"不适应时代的脚步时，人们就必须要适当地修改它，而不能墨守成规，要勇于打破传统的条框束缚，勇于创新，使其为人类和自然的发展再次起到积极的保障作用。古人说得好："流水不腐，户枢不蠹。"只有求新求变，事物才会有生命力。太阳每天都是新的，于是我们不能抱着昨天的眼光来看待今天和明天。在日新月异的社会中，抱残守缺就意味着失败。只有不断采用有利于人类社会发展的新方法、新技术，不断地有新发明、新创造，不断地产生新成果，我们的生活才会更加美满，我们所在的社会才能更加兴旺发达。

所以，"没有规矩，不成方圆"与现在人要打破传统的条框束缚，二者之间并不冲突，或者说它们之间存在着相辅相成、辩证发展的关系。

3. 罪恶衍生罪恶，谎言创造谎言。

有这样一句话相信大家都听说过：一旦你说了一句谎话，你就可能得用一百句谎话来圆它。这句话的意思并不难理解。我们暂且不论说谎的初衷是善意的还是恶意的，就问有谁没有说过谎话吧。

在我们身边，很多同学沉迷于网络游戏不能自拔，因此不但他们的成绩受到了严重的影响，而且还得瞎编乱造无数谎言欺瞒家长和老师。想必他们自己也会因为这些谎言而承受着巨大的压力吧。还有，社会上存在着吸毒的现象。那些吸毒的人们刚开始可能只是想试一下这个东西到底是怎样的，可是他们没有想到毒品的危害竟然是他们无力抵挡的。所以，一次错误的开始便导致了他们一生的痛苦。正所谓：谎言创造谎言，罪恶衍生罪恶。

但是，我觉得有一种谎言是可以被原谅并能被接受的，那就是善意的谎言。为什么这样说呢？我们生而为人子为人女，有谁没有感受过母亲对我们说过的善意的谎言呢？而我们有时为了不伤害家人或朋友的感情时，不是也会这么做吗？一位医生对一个处于弥留之际的病人说，没关系，他会好起来的！我敢说，没人会责怪他对病人说了谎吧。所以，在面对善意的谎言时，我们应该能理解，能接受。

在现实生活中，有很多情况是身不由己的。但是，我仍然希望大家尽量远离谎言，特别是恶意的谎言。

4. 开卷有益吗？

在这个信息化的社会里，读书是我们获取知识的主要途径之一。多读书可以拓宽我们的知识面，提高我们的文学修养，陶冶情操，提高我们的精神境界。古人云："常开卷者，常以古为鉴。"读《谏太宗十思书》，我们明白"念高危，则思谦冲而自牧；惧满溢，则思江海下百川"。读《论语》，我们懂得要"吾日三省吾身，为人谋而不忠乎？与友交而不信乎？传不习乎？"。可见开卷有益。

汉代刘向也曾说过："书犹药也，善读之可以医愚。"那么书既然是药，自然就具备两种功能：一是良药，药到病除；一是毒药，置人于死地。如果这样说，"开卷有益"也就未必了。"不好的书就像不好的朋友一样，可能会把你戕害。"这句话说得一点也不错，现在就有一部分同学迷上了武侠或言情小说，整天看那些庸俗怪诞的书籍，而把功课丢一边，导致学习成绩一直往下降，最后"竹篮打水——一场空"。试想，"开"这样的"卷"，能说"有益"吗？"一本好书胜过珍宝，一本坏书比一个强盗更坏。"因此，开卷是否有益，得先看开什么卷。

有位哲人曾说过：能够摄取必要营养的人，比吃得很多的人更健康。同时，真正的学者往往不是见书就读的人，而是会读书的人。"开卷有益"这个成语，作为强调读书的重要性，自然有它的积极意义，但若作为"开卷"就"有益"的断语，却不是很妥当。

5. 酒香也怕巷子深。

"酒香不怕巷子深"，这句话在从前是真理。但在当下，如果我们还大谈、特谈"酒香不怕巷子深"，那绝对是早已落伍了。我们知道，藏在巷子深处的酒，其香所飘的范围毕竟有限，即使能香飘方圆十里，还能香飘百里、千里、万里吗？显然是有难度的。而且"酒香不怕巷子深"这句话只适合过去那个物质贫乏、缺少竞争、信息闭塞、交通不便的时代。然而，在今天这个什么都讲究品牌、知名度的竞争时代，如果你还是抱着"酒香不怕巷子深"的旧观念，必定会被社会淘汰。

现在很多产品之所以不惜重金打造品牌价值，投入巨资大肆进行广告宣传，怕的就是没人知道，没人了解他们的产品。比如国内著名企业蒙牛集团，能够在短短的时间内成为奶制品行业的佼佼者，靠的是什么？我想除了它本身具备的品质保证之外，就是靠广告宣传。如果蒙牛集团只是本着"酒香不怕巷子深"的原则行事，或许到现在也只是一个不太知名的小企业吧。

像这样的例子还有很多。目前，我们耳熟能详的那些著名的旅游胜地、妇孺皆知的服装品、备受女士青睐的化妆品等，无不与广告的大量投放有关。我想没有哪家企业敢轻言"酒香不怕巷子深"，而只是坐等消费者自己光顾。可见，广告宣传在这些产品成功树立品牌形象的过程中起到了非常重要的作用。

6. 外圆内方。

"方与圆"的话题由来已久。它发端于数年前热销的一本书《方与圆》。作为一种为人处世的观点与方法，它其实是存在于每个人的内心的，只不过是具体标准各不相同罢了。

具体到个人，该如何面对"方与圆"的问题呢？我们不妨先看一看历史上的名人都是如何处理"方与圆"的。陶渊明不肯因五斗米而折腰，挂印辞官还乡，虽然给后人留下不少诗句，但他胸中治国安民的才华却因此失去了施展的机会。或许也正是陶渊明的辞官归隐才造就了其在诗歌方面的不朽，这对人类的精神文明同样是巨大的贡献。可同样是清官，郑板桥采取的却是忍让策略，以自己的智慧和那些贪官周旋，做了不少好事，其诗画也堪称一绝。这些无疑是"方和圆"留给后人的思考。

其实，不难看出陶、郑二人有一个共同点，那就是坚持"方"乃做人之根本。不论是选择挂印辞官，还是周旋于官场，二人都以不同的方式来坚守着心中"方"的立场。正是这"方"成就了陶渊明在诗歌方面的精深造诣，使他为后世留下了不少脍炙人口佳作名篇。也正是"方"让郑板桥既能在官场中为民谋利，又能产出诗画精品以传世。所以对每个人来说，"方"就是一种无畏的品格，是为人处世的一个原则和底线。至于如何处理"圆"的问题，其实是没有统一标准的。我认为应推崇"外圆内方"那种"方是原则，圆是机变。方是以不变应万变，圆是以万变应不变"的观点以达到方中有圆、圆中存方、方方圆圆、方圆相济的一种中国人所追求的处世之理想境界。当然，我们也应该能理解那种为"方"而弃"圆"的做法存在，因为每个人的思想和价值观是不可能完全一样的。我们不能强迫所有人接受"外圆内方"的处世原则。只要不越过为人处世的底线，我觉得每个人都有权利选择属于自己的处世方法和人生道路。

7. 让传统照进现实。

在人类漫长的历史进程中，不同国家、民族创造的绚丽多姿、各具特色的文化，使我们生活的世界千姿百态、异彩纷呈。但是，不断加快的现代化进程，在为当代文化的发展创造了条件的同时，也使传统文化的生存和发展出现了困境。

由西方引导的近代化和现代化，在给人类带来科技进步的同时，也造成了地球资源的大量消耗和自然环境的极大破坏。它越来越快地把人类推向了无可救药的可怕境地。这是近代以来西方在引导世界潮流的时候所没有想到的。有着几千年文明史的中国，其传统文化的精髓都是强调人与自然的和谐，即强调"天人合一"。这是与西方引导的近代化和现代化截然不同的。因此，传统文化的保护和发展，已经成为在经济全球化过程中维护世界文化多样性以及人类社会可持续发展的重要工作。

如何让传统照进现实？如何才能在现代化进程中保存和发展我们的优秀传统文化，使各民族的传统文化有效地融入当代社会发展进程之中呢？首先，应坚持文化的民族性，继承和发扬各民族的优秀文化传统。因为每个民族的文化传统作为其独特的精神财富是产生文化创造力的重要源泉和世界文化发展的基础。其次，传统文化要尽快适应当下的社会。现代化观念的出现和发展、技术手段的进步、生活节奏的加快，使传统文化的生存环境发生了巨大的变化。传统文化要适应这种环境，才能在当代社会中继续生存和发展。再次，政府在传统文化的保护中应当发挥关键性作用。政府要研究如何通过政策调整实现文化继承与创新，使传统文化与现代社会相适应，以便传统文化中积淀的优秀文化遗产能为现代生活服务。最后，在各国之间形成文化交流和发展的机制。加强不同文化间交流，在减少冲突和摩擦的同时，通过相互吸收、相互借鉴，达到文化的共同繁荣，以利于在经济全球化过程中实现传统文化的继承和发展。

8. 知退者进。

传说古希腊神话中有一位大英雄叫海格力斯。一天，他走在坎坷不平的山路上，发现脚边有个袋子似的东西很碍脚，便踩了那东西一脚。谁知那东西不但没被踩破，反而膨胀了起来，加倍地扩大着。海格力斯见此恼羞成怒，操起一条碗口粗的木棒砸它。那东西竟然长大到把路给堵死了。正在这时，山中走出一位圣人，对海格力斯说："朋友，快别动它，忘了它，离开它远去吧！它叫仇恨袋，你不犯它，它便小如当初；你侵犯它，它就会膨胀起来，挡住你的去路，与你敌对到底。"这个故事中，那位圣人的话告诉我一个道理：退就是进。

一个人在世界上做人处事，必须谦恭礼让；一个人要想成就一番大事业，必须要懂得以退为进。有的人为了功名富贵，总是不顾一切地去争取，可很少能如愿。有的时候前面是险境，跌下去会粉身碎骨；有的时候前面是一道墙，撞上去会鼻青脸肿。如果这时候懂得以退为进，转个弯，绕个路，说不定就是另一番光景。因为世界还是一样会有其他更宽广的空间。这正是他人所说的："退一步海阔天空，让几分心平气和。"

其实我们也经常犯和海格力斯一样的错误：遇到矛盾时，不愿意吃亏，步步紧逼，据理力争，死要面子，认为忍让就是没了面子，就是失了尊严，最终只能使得矛盾不断升级，不断激化。其实忍让并不是不要尊严，而是成熟、冷静、理智，是心胸豁达的表现。一时退让可以换来别人的感激和尊重，避免矛盾的加深，这样岂不更好？社会就像一张网，错综复杂，我们难免与别人有误会或摩擦。善待恩怨，学会尊重你不喜欢的人，在自己的仇恨袋里装满宽容，那样你才会少一分怨恨，多一分快乐，才会赢得更多的尊重。

9. 知识改变命运。

"知识改变命运"，这一根深蒂固的观念如今受到了挑战。在今天这个社会，知识到底能不能改变命运？对这个问题的回答，恐怕是仁者见仁，智者见智。

现在的中国给人一大印象是什么都缺，就是不缺大学生。寒窗苦读十几年，花了数不清的钱，看着双亲的青丝变白发，考上了一所大学，到步入社会的那一天，却发现自己其实无足轻重，宛如空气中的一粒尘埃，甚至为人处世的方式也与社会格格不入。以前大学生被用人单位抢着要的场面，如今对许多人来说，已经变成了遥远的美好回忆。人们对现行的教育制度也产生了疑问，他们不再相信知识可以改变命运了。

其实，知识改变命运这种说法本身没有错，错的是人们的观念。

条条大路通罗马——改变命运的因素有很多，知识只是其中的一条途径，其重要性也因人而异。譬如，有的人天生擅长体育，他就可以通过体育来改变自己一生的命运；有的人擅长音乐，他就可以在音乐这条路上开创出一番自己的天地；有的人擅长美术，他就可以通过绘画改变自己的命运……这些人，不一定非要走高考这条路才能有出息。再打个比方，有些木头是松木，有些是杨木，有些是橡木，倘若这些木头都拿去做牙签，是不是很可笑？同样道理，有着不同天赋的孩子，如果都接受着同样一种模式的教育，结果肯定是不能尽如人意的。

所以，我们不能太盲目地崇拜知识教育，完全可以亲身投入实践，通过个人的不懈努力和能力来获得知识，积累经验，在实践中学习进步。其实怎样改变命运，应该自己说了算。

10. 鱼与熊掌不可兼得。

为什么鱼与熊掌不能兼得？它们之间又有什么关系？我想几乎所有人都对这个问题有自己的想法。下面我谈一点自己的看法。

《孟子》有云："鱼，我所欲也；熊掌，亦我所欲也。二者不可得兼，舍鱼而取熊掌者也。"这几句话的意思大致是：鱼和熊掌都是美味，我都想要。但是二者不可能都得到，那我就取熊掌吧。

众所周知，熊喜爱吃鱼，它捕鱼的方法就是用掌拍击河里的鱼，使鱼游到岸边。假设在熊刚好抓到一只鱼的时候，有个猎人出现。此时在猎人面前有两个选择：一是把熊赶走得到鱼；二是趁熊吃鱼时，袭击并捕猎它。熊高大凶猛，捕猎它要冒很大风险，要得到熊掌必须以鱼为诱饵。要得到鱼，就得赶走熊（失去熊掌）。故鱼和熊掌不可得兼。

《孟子》中"鱼与熊掌不可兼得"的话告诉人们做人不能太贪心，便宜不可能让一个人占尽，有所得必有所失，我们应该学会放弃次要的而取重要的方面。从另一个角度来看，舍弃了一样东西并不是意味着完全失去，因为舍弃之后反倒能够获得更多的东西，你的生活也许更加完美。舍鱼而取熊掌，刚开始的时候你可能会有失去鱼的遗憾，但时间长了你会发现在获得熊掌的时候你其实同时收获了很多的鱼。那份意外的惊喜绝对是你无法想象的。你的生活会因此而充满阳光，人生会因此变得有意义。

11. 天时不如地利，地利不如人和。

"天时不如地利，地利不如人和"出自《孟子》。这句话的意思是：有利于作战的天气条件，比不上有利于作战的地理形势；有利于作战的地理形势，比不上作战中的人心所向、内部团结。

解放战争时期，相比较于国民党军队，我党的军队不仅人数不足，而且装备极其匮乏。国军有美式先进飞机等装备。从地利上面讲，解放区人口也只有中国人口的四分之一，而国军拥有绝大部分大城市和富裕地区。但我军却掌握了人和：有共产党的正确领导，有马克思主义、毛泽东思想的理论指导，有一支得到了人民群众的大力支持的军队。在淮海战役中，自愿参加支援的农民就有几百万。失去民心的国民党士气低落，军队厌战，贪官横行，政治腐败。因此，共产党取得了最终的胜利，中国人民推翻了"三座大山"，成了国家的主人。

这句话告诉我们，外界环境等客观条件固然重要，但是最重要的是团结一致、共同努力的人心。没有什么东西比团结一致的人心更有力量了。正所谓是："天时不如地利，地利不如人和。"

12. 宁为玉碎，不为瓦全。

"宁为玉碎，不为瓦全"这个成语来源于《北齐书·元景安传》。它的意思是宁可做玉器被打碎，也不愿做陶器被完整保全。这句话经常用来比喻宁愿保持高尚的气节死去，而不愿屈辱地活着。

公元550年，北朝东魏的孝静帝被迫将帝位让给专横不可一世的丞相高洋。东魏宗室的远房宗族景皓不愿用抛弃本宗、改为高姓的办法来保命，宁愿死而保持气节，也不愿为了活命而忍受屈辱。结果，高洋便逮捕了景皓，并将他处死。

纵观历史，有太多的仁人志士，为了民族的尊严、国家的利益、社会的进步、革命的理想不愿苟全性命，宁可一死也不愿屈服。他们的铮铮铁骨闪耀着崇高的爱国主义光辉；他们的英雄形象铭记于史册，为后人所崇仰。正如"人固有一死，或重于泰山，或轻于鸿毛"一样，"宁为玉碎，不为瓦全"也是我们民族精神的一种真实写照。今天的我们应赋予它新的含义并把它发扬光大，这是我们每一位中华民族的子孙光荣的责任。

当今社会有些人在面对歪风邪气和恶意侵犯时，都会选择明哲保身甚至同流合污的方式。这无疑助长了一些不法之徒和敌对势力的嚣张气焰，使它们更加肆无忌惮、为所欲为。长此以往，这个社会就不会再有正义公理可言，整个社会风气会使人变得唯唯诺诺、卑躬屈膝。而这恰恰是所有有骨气的中国人都不愿看到和不能接受的。所以，面对不公我们要敢于说"不"，面对恶势力我们要勇于反抗，面对侵犯我们要奋起反击。总之，就是要让那些有不良企图和险恶用心的人和势力明白他们面对的是有着"宁为玉碎，不为瓦全"的民族精神和有着钢铁一样脊梁的中国人！

13. 不经历风雨，怎么见彩虹？

"不经历风雨，怎么见彩虹？"对于这句话，大家一定不会感到陌生。任何人想要在事业上有所成，都必须经历许多的坎坷和磨难，然后才能实现自己的理想和愿望。凡是轻易得来的东西，一定不会有太大价值。彩虹的神奇绚烂正是在风雨肆虐之后才出现的，它横跨天际，显得那样的壮美、迷人。道理很浅显，大部分人都懂，但能在生活中始终坚定这个信念并坚持到最后的人恐怕就寥寥无几了。

历史上赫赫有名的鉴真大师，在刚刚遁入空门时，也是觉得太过辛苦而难以忍受。住持看到他的情况后，就告诉他说："一个人只有在泥泞的路上才会留下脚印，而从又干又平的路上走过什么都不会留下。"鉴真听后恍然大悟，并将此话铭记在心。在此后的岁月中鉴真先后六次东渡日本，甚至双目失明也挡不住他前进的脚步，为传播佛教文化和中日文化交流作出了不可磨灭的贡献。鉴真大师一生的经历给了我们后人有益的启示，也从反面说明了任何投机取巧或妄图不靠奋斗而达到目的的做法都是拔苗助长般愚蠢的，是永远不可能到达胜利彼岸的。

现在有许多青年人对这个道理往往是说起来的时候明白，而实际去做的时候又显得比任何人都犹豫不决、摇摆不定。他们在前进的道路上遇到了困难和挫折时，便悲观、迷惘、彷徨，坚持不到最后的大有人在。人生的旅途总是欢乐与悲伤并存。对年轻人来说，挫折与困难应该是家常便饭，经历的坎坷就是日后走向成功的垫脚石，关键时刻咬牙坚持到最后就是胜利。记得时刻提醒自己：想让人生呈现出彩虹般的壮美，就不要畏惧暴风雨的打击；此时的电闪雷鸣、倾盆大雨恰恰说明成功已经离你不远了。

14. 人生而自由，却无往而不在枷锁之中。

"人生而自由，却无往而不在枷锁之中。"这句话是卢梭写在《社会契约论》里的一句话。自由是一个相对的概念，总是伴随着责任，从来都没有绝对的自由。在漫长的历史长河中，人类一直在追求自由，如言论自由、出版自由等等，这些自由是人们应得的。但自由并不是任性而为。社会需要秩序才能运行，秩序需要规则来维护。自由也意味着自觉维护社会秩序的责任。

自由的前提是不侵犯他人的权利。我们不能喜欢什么就占为己有，也不能随意地攻击别人。我们想要什么就需要付出劳动和报酬，我们就算对某人有意见也只能通过合法途径去解决。这些都是在保护个人的权利，就像你不能闯进别人家里，别人也不能闯进你家里一样。每个人都有维护自身权利的自由，如果你选择任性而为，那么就要为所作出的选择负责任。

其次自由与责任相依相存，更多的自由意味着更大的责任。汉武帝生性爱兵戈，为了寻求自己的"自由"，不顾民生，穷兵黩武，导致当时朝廷钱粮空虚，不过他在晚年明白了作为皇帝的"责任"。由此可见，只一味地追求自由而不顾责任将会害人害己。像如今，你有走遍祖国每个地方的自由，但并不意味着你可以随意地在这些地方违法犯罪；你有言论的自由，可以发表自己的观点，但并不意味着你可以传播虚假消息。你时刻需要对自己的行为和言论负责，自由万不可滥用。

自由自在的生活是每个人的梦想，但自由通常是以不自由为前提的。我们在作出每一个自由选择时，都要先问问能不能承担相应的责任。伴随着责任的自由才能称为真正的自由。

15. 读书破万卷，下笔如有神。

唐代诗人杜甫在他的《奉赠韦左丞丈二十二韵》一诗中，表达了自己徒有才华、壮志难酬的满腔愤激之情。其中的"读书破万卷，下笔如有神"两句，是诗人的自我评价。在此诗中，诗人并无心绪表述读书与写作的关系，而我们却可以认为，杜甫的"下笔如有神"，是得益于他的"诗书破万卷"。

现在不少同学写作文时都有搜肠刮肚也挤不出几个字的感觉。一个学生从小学到高中，12年光景，每天披星戴月，稳坐教室，至少读了20本语文教材及一些语文读本，写了数不清的作文，但面对作文题目，还是觉得无从下笔。原因何在？

希腊哲学家苏格拉底说过："真正高明的人，就是能够借助别人的智慧，来使自己不受别人蒙蔽的人。"一个学生，获得智慧，感悟人生，决不能只靠个人的经历和实践，而须利用前人已积累的经验。古人云："凡操千曲而后晓声，观千剑而后识器。"初学书法的人常要临摹字帖，临摹多了，自己就学会一着，佳者还能独创一体，成为书法大师。初学表演的人常要模仿他人，模仿多了，就会有所感悟，时日久了，佳者还能独成一派，比师者更高一筹。同理，学写文章须从多读文章开始。古今中外优秀的文学作品浩如烟海、汗牛充栋。唯有博览群书，才能从书中饮其甘霖琼浆，尝其佳肴鲜羹，使思想更加深刻，情操得到陶冶,知识得到增补,从而体会到"下笔如有神"的快感。

读书是这样,为人处世同样如此。自己的经历和实践毕竟有限,要想取得更大的成功,就得注意吸取别人的宝贵经验。只有这样,才能在应对学习、工作和生活中的问题时游刃有余,从而使自己离成功更进一步。由读书、写作引申出为人处世的道理,我想这也正是这两句诗最应该为人所称道的地方。

16. 业精于勤而荒于嬉。

我国唐代著名的文学家、哲学家韩愈说过这样一句话:"业精于勤而荒于嬉,行成于思毁于随。"前半句话的意思是勤奋学习才能精于学业,贪玩懒惰就会荒废学业。

勤奋出智慧,勤奋是通往成功的阶梯。大部分有成就的人都有勤奋刻苦的精神。古今中外的名人在这方面留下的美谈真是举不胜举。毛泽东同志早在湖南一师求学时,曾写过一副对联:贵有恒何必三更睡五更起,最无益只怕一日曝十日寒。这副对联提醒人们做人要勤奋而且要坚持不懈,而不是心血来潮时的"三天打鱼两天晒网"。再比如苏联伟大的无产阶级作家高尔基。他早年过着流浪的生活,每天在十几个小时的繁重劳动之余,不顾老板的鞭打责骂,挤时间偷着学习。他阅读过许多国家的文学名著和进步报刊,从中汲取了宝贵的营养,为他以后写出《海燕》《母亲》等传世之作奠定了基础。所以,我们说勤是成事之本。

相反,业必荒于嬉。春秋时期,卫懿公是卫国的第十四代君主。相传卫懿公特别喜欢鹤,整天与鹤为伴,如痴如醉,丧失了进取之志,常常不理朝政,不问民情,致使群臣不满、百姓怨声载道。公元前659年,北狄部落侵入国境,卫懿带兵出征,由于军心不齐,结果战败而死。在现在的日常生活中,我们的身边也有部分同学经不住一些不良事物的诱惑而荒废了学业,这是多么令人痛心疾首的行为啊!

通过这些生动的事例,我们不难明白,只要勤奋、努力、坚持,就能克服一切困难,成就自己的事业。而相反,如果只醉心于玩赏某些事物或是沉迷于一些有害的事情,就会丧失积极进取的斗志,从而毁掉自己的事业甚至前途。

17. 学而不思则罔,思而不学则殆。

"学而不思则罔,思而不学则殆。"这句话出自《论语·为政》。它的意思是:学习而不思考,人会被知识的表象所蒙蔽;思考而不学习,则会因为疑惑而更加危险。

这句话,我们可以看作是孔子所提倡的学习方法。西方的哲人康德也说过:"感性无知性则盲,知性无感性则空。"康德的那句话与孔子的这句"学而不思则罔,思而不学则殆"说明的道理可以说是惊人得一致。可见人类在知识的认知和获取上,不论地域、种族,其根本性的原则往往是一致的。

尽信书则不如无书。只是一味地埋头苦记书本知识,而缺乏对知识进行研究推敲,问题仍无法得到解决,也就会产生更多的疑惑。所以说一个人从接受知识到运用知识的过程,应该是一个记与识、学与思相结合的过程。学是思的基础,思是学的深化。这正如人摄取食物，只学不思，就是不加咀嚼、囫囵吞枣，必将造成食而不化、难以吸收，所学知识无法为己所有。只有在学习的同时也进行思考，才能将所学知识融会贯通，才能学到有用的真知。

学习是这样，生活、工作亦是如此。做事情不在于做了多少，关键在于做完一件事情之后有没有静下心去思考。不论是成功的经验，还是失败的教训，都应该在头脑中有一个完整而清晰的印象，从而为以后的路留下指南和参考。这样以后也就更能明辨是非，避免再犯类似的错误，从而能在生活和事业的道路上获得更大的发展。

18. 少欲觉身轻。

著名电影《七宗罪》里提到贪婪是天主教教义所指的人性七宗罪之一。贪婪也常常被视为万恶之源。其实贪婪归根结底源自人的欲望。人们总抱怨生活太累，但其实真正让我们感觉到累的不是生活本身，而是我们的欲望。"少欲觉身轻"恰如其分地概括了这个道理。

曾听过一则"渔夫捕鱼"的寓言故事。说有一位渔夫贪图省事，织的网只有一张桌子那么大。他出海一天也没有捕到一条鱼。邻居对他说："你织的网太小了，哪里能捕到鱼，还是把网织得大一点再出海捕鱼吧。"渔夫听了邻居的话，就认真地在家织网，把网织得和邻居的网一样大。渔夫带着他的大网出海捕鱼，一天下来，就捕到了很多鱼。渔夫想，看来，捕鱼的关键是网的大小，如果我把网织得更大，那捕到的鱼一定还要多。渔夫不再出海捕鱼，一天接一天在家织网。几天后，他把原来就很大的网又扩大了好几倍。巨网织好后，渔夫就带着它出海捕鱼去了。他费了好大的劲才把巨网撒入大海。渔夫想，这一网收起来，鱼一定可以装满一船。渔夫一拉网，觉得好沉好沉，拉了半天也拉不上来。网中确实有许多鱼，鱼儿拼命地向大海深处游去，把渔夫的小船也拉翻了。

这则故事告诉我们一个道理：膨胀的欲望可能会使我们生活的小船说翻就翻。但也许你会问我，若人人都舍弃欲望，如陶渊明一样隐居世外，过着"晨兴理荒秽，戴月荷锄归"的宁静生活，这世界还如何运转？的确，人性使然，纵使是陶渊明也达不到无欲无求的境界。我们不必逼迫自己舍弃欲望，但同时我们也要明白，适当的欲望会驱使着人们向更美好的生活努力，而过多的欲望只会给人增添烦恼。要想生活得更自在，那么就请记住"少欲觉身轻"这句话吧。

19. 尺有所短，寸有所长。

"尺有所短，寸有所长"比喻人或事物各有其长处和短处，这句话最早出自《楚辞·卜居》。在现代，不管是教书育人的老师，还是运筹帷幄的将军，都熟知这句话的重要性。

使用人才，应该避其所短，扬其所长。我国著名数学家陈景润早年在北京四中任教的时候，因为口齿不清、表达能力差，被学生拒绝上讲台讲课，就被调回厦门大学做了一个小小的资料管理员。他对华罗庚的名著《堆垒素数论》怀有浓厚的兴趣，就找来仔细研读。在仔细研究后，陈景润将他的研究成果写信寄给了华罗庚本人。华罗庚接到这封信后，立刻认真审阅了陈景润的来稿，很快就被这个素昧平生的年轻人所表现出的智慧震惊了。他认为陈景润是一个不可多得的人才。在会见了陈景润以后，华罗庚经过了多方努力，力排众议，把陈景润从厦门大学资料室调出，让他进入了大师云集的中国科学院数学研究所。从此，陈景润的才华得以施展，眼界大开，如鱼得水。1965年5月，陈景润发表了第一篇论文。这篇论文受到全世界数学界，特别是著名数学家的高度重视和称赞。英国数学家和德国数学家还把陈景润的论文写进数学书中，称为"陈氏定理"。

由此可见，每一个人都不可能是十全十美的，也不可能是一无是处的。选拔人才，不能求全责备，要看到他们身上出众的才能，用其所长，舍其所短，否则就可能会埋没人才。

20. 厚积而薄发。

据有关资料记载，"厚积而薄发"是唐宋八大家之一的苏轼首先提出的。那是他一生创作经验的总结，实际上也概括了历代名家大师的成功之道。纵观历代名家大师，很多都遵守并实践了这个信条。比如，海明威说过："我总是按照冰山的原则来写作，那就是浮出水面的只有八分之一，还有八分之七藏在水下。"鲁迅则强调："宁可将可作小说的材料缩成速写，决不将速写材料拉成小说。"

厚积而薄发的道理简单，但要真正做到并贯彻到底，并非易事。"厚积而薄发"作为精神产品创作的规律和方法，其内在的关系决定了它本身又是"一本难念的经"。把它付诸实践，必然要同名利欲望作斗争。急功近利使人速成、多产。不甘寂寞、追逐时尚，怎能耐得住"厚积"的寂寞和持久，受得了"薄发"的折磨和艰辛？厚积薄发意味着多投入、少产出，意味着耕耘、付出多而收获、报酬有限。不少有才能的人，就是因为经不住困苦的折磨和名利的诱惑，而远离精品的殿堂，陷入粗制滥造的作坊。所以，要真正做到厚积薄发，关键是要能淡泊名利，战胜名利诱惑，营造有利于厚积薄发的文化环境，发扬崇尚精品、以质取胜的社会风尚。

文化产品的创作讲究厚积薄发。学习、工作、事业又何尝不是这样？要想登上人生的高峰，尤其是年轻人千万不能总盯着眼前的那点物质诱惑，而让自己堕入物欲的深渊。静下心来，忍住寂寞与痛苦，踏踏实实进行学习积累，努力去干一番事业才是沧桑正道。

21. 愚公移山。

"愚公移山"的典故出自《列子·汤问》，讲的是90岁高龄面山而居的愚公不畏艰险、带领子孙开山修路的故事。愚公移山精神，多少年来一直被我们这个社会所推崇。中华人民共和国成立之后，它又发展成"愚公移山，改造中国"，成为鼓舞全国人民改变中国一穷二白落后面貌的动员口号。

我们要正确对待愚公精神，首先应该明白这种精神有其产生和发扬的特定历史背景。那是人类的文明和智慧还未达到能运用科技去谋求发展时期，所以迸发出"愚公移山"艰苦奋斗、顽强不屈、滴水穿石、勤劳坚韧的拼搏精神。所以"愚公移山"精神并不像一些人所理解的那样，只是一味地蛮干苦干、不思进取、原地踏步和不动脑子。

当今时代，任何人或民族在为自己的理想和目标而奋斗的过程中，毫无疑问地要大力弘扬这种精神。在这里，有两点最为关键：一是要对既定的理想和目标坚定不移，不管遇到什么样的困难和艰险，什么样的曲折和坎坷，都不能犹豫、动摇，甚至放弃。二是要坚持不懈地艰苦奋斗，不屈不挠，坚韧不拔，不为取得些许成就而止步不前、骄傲自满。应当说，这两点是最基本的和最重要的，抓住了这两点，就抓住了"愚公移山"精神的真谛。

与此同时，我们还应该赋予"愚公移山"精神全新的内涵，使之成为具有时代特征的新"愚公移山"精神。当今社会瞬息万变，各种竞争日趋激烈，前进的道路上困难重重，要想获得成功，就需要有移山的信念，但是不需要做愚公。我们可以在学习和工作中继续发扬他那种坚忍不拔的精神，但是也不要忘记在这个过程中不断融入我们的聪明才智、当今的各种先进科学技术和最新的精神成果，从而使"愚公移山"精神这盏明灯非但不会黯淡和泯灭，反而会更加明亮和辉煌，彰显其不可估量的当代价值。

22. 近朱者赤，近墨者黑。

客观环境对一个人的影响是巨大的，"近朱者赤，近墨者黑"这句话说明了这个道理。与高尚的人相伴会变得高尚，与卑劣的人相伴会变得卑劣，这是由于环境对人有着潜移默化的影响。一个人的人生观、价值观、世界观来自于他本身所处的环境，这个环境所崇尚的思想会对人的精神世界有同化作用。久而久之，人们会习惯于这个环境，并接受它所宣扬的价值观。

这个道理最明显地表现在孩童身上。人在年幼时期，思想并不完善，能很快接受新思想，也极易被不好的思想侵蚀。古时候有"孟母三迁"，现在有家长为了让孩子进入一个好学校不惜重金购买昂贵的学区房。这种做法虽有其弊端，但归根结底是想让孩子更加优秀。

从古至今，家长们的良苦用心，为的就是能让孩子有一个更好的学习环境。众多事实证明，良好的环境的确对一个人有着巨大的改变。在一个低标准的环境中，你稍微努力一点儿就有可能算得上"优秀"，进而会降低对自己的要求，在看似满意的成就中度过每一天。但若是在所有人都拼搏上进的氛围中，你可能会发现你的努力根本不值一提，那些比你优秀的人同时也比你勤奋。我想这就是"近朱者赤，近墨者黑"的道理。我们需要抬头看看那些比我们走得更远的人，以他们为榜样才会有大进步，与优秀的人为伴才会令自己变得更加优秀。

23. 生活中不是缺少美，而是缺少发现美的眼睛。

罗丹说过："生活中不是缺少美，而是缺少发现美的眼睛。"这句话是一个艺术大师进行艺术创作的经验总结——学会发现美，才能将其表现出来，从而成为人们共同的精神财富。但我个人觉得它还有更深一层的意思，只是这层意思的价值已不再仅仅局限于艺术创作，而是可以在生活中的各个方面体现出来。

美，其实是一个相当深奥和宽广的概念。为便于论述，在这里我将其简化成最易为普通大众接受的一种能使人产生健康向上的愉悦之感的精神或事物。首先从艺术创作本身来说，善于发现生活中的美是很重要的，这也正是艺术家与普通人之间关键差别。艺术家的使命也正是要从普通人眼里的平凡形象中发掘和提炼出非凡的、常人难以察觉到的那种美，并将其用更直观的方式——艺术作品表现出来，使普通大众耳目一新。而普通大众在感叹艺术作品之美的同时，也不禁赞叹艺术家那善于发现和捕捉美的眼睛和心灵。所以，才有了罗丹的那句令人印象深刻的至理名言。

生活中，人们在遇到各种各样的困难和挫折时，满眼看到的只是这个世界丑陋阴暗的一面，这使得人们往往对这个世界产生悲观失望的情绪。但这时我们不妨想想罗丹的"生活中不是缺少美，而是缺少发现美的眼睛"这句话。其实道理很简单，困难和挫折永远只是暂时的，我们也不能只盯着灰暗的过去不放。人们应当学会发现逆境中的美，在受挫的时候看到光明和希望，这都是有待人们去发现和感知的。这种美能让人跌倒后再爬起来，能让人体会到奋斗的快乐和意义，能让人看到前途的光明与未来的辉煌。

总之，生活中无论什么时候都不缺少美，唯一可能缺的就是发现美的眼睛。其实这双眼睛就在我们每个人的内心深处，随时等待开启。

24. 水能载舟，亦能覆舟。

"水则载舟，水则覆舟"出自《荀子·哀公》，是荀子讲述孔子与鲁哀公对话中的一句话。孔子在和鲁哀公的对话中说："君者，舟也；庶人者，水也。水则载舟，水则覆舟，君以此思危，则危将焉而不至矣？"也有一种说法是这样的："水能载舟，亦能覆舟"是魏征"纳谏"的话，唐太宗李世民常用告诫后人，久之成了李世民的"名言"。

且不论这句话到底出自哪里，但有一点是可以肯定，那就是他们大致都把一个政权看作"舟"，把百姓看作是"水"。"水能载舟，亦能覆舟"的意思，大致等同于"得民心者得天下，失民心者失天下"。"水能载舟，亦能覆舟"几乎已经成了历代统治者不变的警训和戒条，但真正能严格遵守并坚持下来的统治者屈指可数。道理都能明白，可能做到的人不多，到底为什么呢？水，性质轻柔，一般情况下看起来平静柔和，弱到极致，而一旦天气骤变，眨眼间静静水流就会波涛汹涌，拥有足以吞没一切的力量。拿水喻指普通民众，实在是贴切不过。政权像舟，统治者便是这驾舟的人。他们在风平浪静的水面上驶得久了，便会麻痹大意，日益骄横，恣意妄为，将承载他们的水流看成不会爆发的柔弱之物，永远只会平平静静地承受一切。直到有一天，统治者的行为让普通民众再也无法忍受，狂风夹着往日看起来柔弱不堪的水流形成可以摧毁一切的巨浪向他们扑来的时候，他们才会明白这弱水的力量。

所以不论到了什么时候，一切统治阶级都要以民众、民心为本，并时刻牢记政权之舟是靠水来承载航行的，水面越是平静，就越要努力掌握好政权之舟，要加倍珍惜这看似普通却又十分珍贵的平静之水。只有这样，政权之舟才能驶得更远。

25. 路遥知马力，日久见人心。

"路遥知马力，日久见人心"是一句几乎为所有中国人所熟知的话。它的意思是：路途遥远才能知道马的力气大小，日子长了才能看出人心的好坏。的确，看人不能只看他的外表、亲善的言辞等表面的、一时的表现。或许他会给你一点恩惠，让你毫无防备，最后才让你发现原来对你好，是因为有求于你；或者说在你遇到困难时，平时称兄道弟的人没有一个站出来拉你一把；你也或许被最亲近最信任的人戏弄。

但我觉得这毕竟只是一条经验，还不能算作真理，这样说也就意味着这句话多少存在一些不合理之处。从这句话中可看出人们似乎总在告诉自己，别人跟你套近乎，一定有所图谋，所以要小心防范，决不能掉进别人设下的陷阱。别人平时跟你的接触难道真是带有很强的功利性吗？在"路遥""日久"中，别人给你的恩惠真的很"小"吗？别人关键时候没有及时出现帮到你，就是无情无义、见死不救吗？不见得吧。

所以更值得我们重视的是，当"路遥知马力，日久见人心"变成一个民族的普遍信条的时候，我们的社会会不会变得很冷漠，从而缺少彼此间的信任呢？相互接触都有一种防范心理，不能付出真心或者把别人的真心付出视为愚蠢，认为这种人就该被捉弄。而这些都是与当前所倡导、建立的和谐社会格格不入的，所以我想现在应该是重新审视和诠释这句话意义的时候了。

26. 读一本好书，就如同和一个高尚的人在交谈。

或许你已扬起风帆却不知向何处驶去，或许你困于生活的泥沼无法抽身，或许你站在命运的十字路口难以抉择，又或许你迷失在欲望的丛林里彷徨无助，那么书籍便是你最好的帮手。在成长过程中我们都渴望有一位人生导师为我们授业解惑。书籍这位老师教授我们知识、道德、情怀和生活的技巧。读一本好书，就如同和一个高尚的人在交谈。

千百年来，无数名人志士把自己的情感与智慧灌注于书本之中，对于后人来说那是一笔巨大的财富。古人说："书中自有黄金屋，书中自有颜如玉。"这样的描述可不是夸张。当你看到古往今来这方面的例子就知道书的魅力了。

"凿壁偷光"讲的是古时候一个叫匡衡的人，因家境贫寒，买不起蜡烛，为了读书就把自家的墙凿了一个洞，借洞中透出来的邻居家的灯光读书。还有汉朝孙敬"头悬梁"的故事、车胤"囊萤映雪"的故事，这些足以说明书籍的魅力。著名的现代诗人冰心也曾经说过："读书好，好读书，读好书。"这句话至今仍被许多人当作座右铭。

书籍是人类的良师益友，一本好书足以点亮人生；书籍是人类进步的阶梯，帮助人们攀上知识的殿堂。读书是我们得以与千万位智者对话的唯一渠道。鸟欲高飞先振翅，人求上进多读书。前路漫漫，持书籍为灯，与伟人思想为伴，你将会走得更远。

27. 优秀是一种习惯。

"优秀是一种习惯"是亚里士多德说的一句话。我想这句话的原意应该是这样：让优秀成为一种习惯，就能使我们的优秀行为习以为常，甚而成为我们的第二天性，成为我们立身处世的风格和性格。

当优秀成为习惯，习惯的自然流露就是品质。优秀的行为只有形成习惯，那才是真正的优秀。而习惯的优秀与否决定于心灵的优秀与否。只有拥有优秀而卓越的心灵的人才会有优秀的习惯，进而形成优秀的品质。

当优秀成为一种习惯，自然而然也会外化而成为一个人的性格气质，于眉宇神情间不经意地流露出来，成为一种自信、一种从容、一种大度。当优秀成为一种习惯，机会才会青睐于这样有准备的人。因为优秀的习惯也是一种才华的积累、品质的量变。

量变久之则成质变。优秀会使人成为命运的垂青者，好运就会不请自来。只有当优秀成为一种习惯，优秀才真正成其为优秀，而不会有"此一时、彼一时"的摇摆性。我们要坚守内心的操守，成为一个真正优秀的人。

由此看来，优秀其实并不难，只是需要一种恒定的坚持，一种积极的态度，从而形成一种优秀的习惯。

28. 再长的路，一步步也能走完；再短的路，不迈开双脚也无法到达目的地。

人生最可悲的事莫过于只盯着远处虚无缥缈的空中楼阁，而从来不去实地做一些让自己更接近目标的工作，哪怕只是一点点的接近。或许看似遥远的楼阁其实伸手可及，可就是有人不愿迈开这第一步，而空耗一生。

理想的目标不是因为将来某一刻的努力而实现的，而是从决定去做的那一刻开始，持续累积而成的，准确地说那是一个过程。这个过程或许很长，也可能很短。但这并不是关键，关键就在于你是否愿意迈开步子朝前走，并且要坚信自己的目标一定能够实现。这样一来，再长的路，一步步也能走完，看起来遥不可及的目标也会在你眼前变得日渐清晰，实现它也就指日可待。换句话说，任何事业的质变都来自于量变的积累。与其在事前瞻前顾后，患得患失，终日幻想，不如多做些可行的准备工作，放手一搏。

历史上也不乏这样的人物和事件。明朝李时珍，历时30余载，走遍大江南北，并对以往书籍中所记之药材及其特性进行了详细的考证和补充完善，才有了为后世瞩目的医学巨著《本草纲目》。这30余年里他付出了多少艰辛和汗水恐怕没人清楚。但他正是这凭着30余年不曾停歇的脚步，在没有现代四通八达的道路和通信、交通工具的情况下，走完了在今天的人看来是多么不可思议的漫漫的考察著书之路。

这无疑给了今天的人们以宝贵的启示：既然有自己的理想和追求，那就应该朝着目标毫不犹豫地迈步出发，即使偶尔走了弯路，走错了方向，也无所谓。那也是一种体验，也是一种收获，只会让自己变得更加成熟，在接下来的道路上更加自信，离目标也会越来越近。只要你迈开了脚步，路其实并不远。

29. 生于忧患，死于安乐。

"生于忧患，死于安乐"是一条亘古不变的真理。它的意思是艰苦的生活环境能够磨炼人们的坚强意志，激励人们不断进取；安乐的生活条件容易腐蚀人，使人沉湎其中，走向颓废乃至灭亡。这是从古往今来无数的经验、教训中总结、提炼出来的警世良言。

历史上，许多名人都是在逆境中取得巨大成就的。周文王坐牢时写成了《周易》，孔子在仕途失意后创作了《春秋》，屈原被流放时创作了《离骚》，左丘明失明后著《国语》，韩非子因在秦国写《说难》，司马迁遭宫刑后写成《史记》。可见，磨难对于有志者来说是一笔宝贵的财富。

忧患并不可怕。"天将降大任于斯人也，必先苦其心志，劳其筋骨，饿其体肤，空乏其身，行拂乱其所为。所以动心忍性，增益其所不能。"也就是说一个要成就一番事业的人，就必然要在内心和身体两方面经受一番痛苦与曲折的磨炼，并以此来增长自己的才干。

可是，也有些人，当他们一旦功成名就时，早已忘记了曾经的磨难。比如历史上有许多大贪官也是从逆境中成长起来的。只是，当他们经过十年寒窗苦读金榜题名后，就"忘记"了曾经的磨难，只贪图享乐，最终沦为金钱的奴隶。有人说，富有的脑袋里再也装不下贫穷，曾经的窘迫成为他们不愿提起的秘密，他们之间谈论的话题只有金钱而已。

忧患意识可以使人自强不息，奋斗不已；安逸享受容易叫人满足现状，颓废丧志。正所谓：思所以危则安矣，思所以乱则治矣，思所以亡则存矣。所以，让我们时常记起这句话："生于忧患，死于安乐。"

30. 三人行，必有我师焉。择其善者而从之，其不善者而改之。

"三人行，必有我师焉"出自《论语·述而》。这句话其实包含了两方面的意思：一方面，择其善者而从之，看到别人长处就要积极学习，这是虚心好学的精神；另一方面，择其不善者而改之，发现别人的缺点就要引以为戒，反省自己，这是自觉修养的精神。这样，无论同行相处的人善与不善，都可以为师。这种精神和态度，是很值得我们学习的。

"三人行，必有我师焉。择其善者而从之，其不善者而改之"的态度和精神其实也包含着与人相处的一个重要原则：随时注意学习他人的长处，同时以他人的缺点为戒。在与人相处时要多看到别人的优点，与人为善，待人宽而责己严。这不仅是提高自身修养的最好途径，也是促进人际关系和谐的重要条件。

"三人行，必有我师焉。择其善者而从之，其不善者而改之。"这句话可以说是家喻户晓，但真正能够做到的人却寥寥无几。在当今这个复杂多变的社会中，很多情况下人们往往只看到自己的优点和他人的缺点，而发现不了自己的缺点和他人的优点。这样一来，我们不仅难以发现自身存在的不足，而且还会在与别人相处时产生不必要的摩擦与矛盾，到时恐怕在这个瞬息万变的社会里能否生存下去都成了问题，更谈不上提高自己各方面的修养了。

所以，现代的人们尤其是青年人应随时重温"三人行，必有我师焉。择其善者而从之，其不善者而改之"这句话，在认真领会它的深刻内涵的同时，将其自觉运用到自身的学习、生活及工作之中，这样将会对自己的人生产生积极的重大的影响。

31. 天下兴亡，匹夫有责。

"天下兴亡，匹夫有责"出自明末清初著名思想家顾炎武的《日知录·正始》，意思就是国家的兴盛与衰败，与每一个平民百姓都有着千丝万缕的关系。在今天，这句话就是告诉我们国家的兴衰与每一位公民息息相关，我们每个人都应该有社会责任感。

大多数人都只是社会中平凡的一员，做着平凡的工作，过着平凡的生活，有时候会觉得那些社会变动、国家大事与自身毫无干系。但实际上，国家的命运就是自身的命运，国家的兴盛与否掌握在我们每个人手里。在抗日战争中，四万万中华儿女，无论贫穷或富有，无论年幼或年长，无论乡村或城市，各阶层、各地区的人们都统一起来共赴国难，他们有钱出钱，有力出力，为抗日救国贡献出自己的力量，真正做到了国家利益高于一切，真正拿行动诠释了"天下兴亡，匹夫有责"的含义。

回到21世纪的中国。在党召开第十八次全国代表大会以来，习近平总书记提出了要实现中华民族伟大复兴的"中国梦"。"中国梦"不仅是国家的梦、民族的梦，更是每一个中华儿女的梦想。历史告诉我们，每个人的命运都与国家和民族的命运联系在一起。"中国梦"的最大特点就是把国家、民族和人民作为一个命运共同体，把国家利益、民族利益、个人利益紧紧联系在一起。"中国梦"的提出让每一个中华儿女再一次意识到"天下兴亡，匹夫有责"的重要性。不管你在社会中扮演什么角色，不管你有什么样的期望与梦想，不管你是渺小或伟大，都应明白：只有国家富强，人民才能幸福。

32. 失信就是失败。

诚信是中华民族的传统美德，一直延续到现代。在社会主义核心价值观的基本内容中就有"诚信"二字，可见中国人对于诚信的重视。周幽王为博美人一笑而"烽火戏诸侯"。五年后，敌国攻周，幽王烽火再燃而诸侯未到——谁也不愿再上第二次当了。结果，幽王被逼自刎，而褒姒也被俘虏。可见，失信于人，纵使是君王也难逃悲惨的下场。

诚信是人的立身之本。中国有古语：言必信，行必果。意思就是答应别人的事一定要做到。在日常生活中，故意拖欠债务、与人失约、考试作弊等行为屡见不鲜，可能有人觉得这都是小事，但若你总是欠钱不还，下次再遇危难没人会来救急；总是失约的人，朋友们自然心存芥蒂；考试作弊的学生一旦记过，将会在个人诚信档案里留下不光彩的一笔。在如今的数字化时代，你的一言一行，你所做过的好事坏事，都有可能被记录下来，成为别人评价你的依据，缺乏诚信的人会愈加寸步难行。

各行各业都要求讲诚信。如今频发的食品安全问题让每个人都深感忧虑。如劣质奶粉、地沟油、毒大米等，让公众对于这些息息相关的食品安全愈发怀疑。这些黑心的商家为一己私利，危害的却是整个社会的诚信体系。对于媒体行业来说，诚信更是安身立命的根本。近年来层出不穷的虚假新闻和总是反转的新闻报道让媒体的社会形象一落千丈，严重损害了新闻媒体的权威性。

可见，不管是对个人还是组织，甚至是对国家，诚信都是重中之重。以诚信为根基，整个社会的大厦才会更加稳固。

33. 千里之堤，溃于蚁穴。

中国古代有这样一个故事：临近黄河岸边有一个村庄，为了防止水患，农民们筑起了巍峨的长堤。一天，有位老农偶然发现蚂蚁窝一下子增加了许多。老农心想：这些蚂蚁窝究竟会不会影响长堤的安全呢？他要回村去报告，路上遇见了他的儿子。老农的儿子听后不以为然地说：那么坚固的长堤，还害怕几只小小蚂蚁吗？随即拉着老农一起下田了。当天晚上风雨交加，黄河水暴涨，咆哮的河水从蚂蚁窝始而渗透，继而喷射，终于冲开长堤，淹没了沿岸的大片村庄和田野。

人世间任何伟大的事业都是由很多小事或无数的小环节组合而成的。事情的成功也都是由小到大逐渐积累的，如果不注重小细节的积累，就不可能有大事业的成功。正如古语中所说的那样："不积跬步，无以至千里；不积小流，无以成江海。"

因此，人生中的一思一念也是非常重要的，一件微不足道的小事或许可以完全改变人的一生。日常生活中的点点滴滴，都会积少成多，积小成大。当一个人发现了自己的错误或过失时，就应该及时纠正和改过，以防"千里之堤，溃于蚁穴"这种悲剧再发生。

34. 英雄不以成败论。

论英雄，最重要的是看他成就了什么事。无论成功与否，只要他做的是一个英雄该做的事，他就无愧于英雄这个称号。英雄没有完成的事业，可有后来人完成。诸葛亮自古以谋略见长，六出祁山而没有成功；周瑜被诸葛亮三气而死；曹操火烧赤壁落荒而逃；关羽败走麦城。然而这些人哪一个不是当时叱咤风云的英雄人物？所以，我认为决不能简单地以成败论英雄，因为自古以来就没有常胜不败的将军。

同时，英雄也不一定就是叱咤风云、显赫一时的少数重要人物。"一将功成万骨枯"，为了成就少数英雄的一世英明，有多少默默无闻的将士付出了他们的汗水、青春、热血甚至生命。与上述的几位英雄相比，他们甚至连姓名都没有留下。我想这些普通将士凭其事迹亦足以被称为英雄。然而他们多少显得与成败无关，不论最后的结果是什么，他们都只是沙场上一粒微不足道的石子，活着的时候是平凡的、普通的、渺小的、不为人知的，即使死去也像沙粒被风吹向远方。他们的价值也许就在于用自己的生命点燃一支火把，照亮英雄前进的路。

所以成败不能成为判定英雄的标准。在一定程度上甚至可以说英雄与成败无关。英雄永远是令人敬仰、爱戴的。成功了，可以是英雄；失败了，同样可以是英雄。如果说一位成功的英雄给人的是更多的鼓舞与力量，那么失败的英雄除了悲壮还蕴含着令人不得不动容的潇洒。当潇洒随风而去，最后留给后人的便是那悲情英雄独具的庄严。

35. 道不同，不相为谋。

"道不同，不相为谋"这句话出自《论语》，意思是价值观不同的人，难以在一起谋事。古时候的达官显贵辩论于朝堂，针砭时弊，各抒己见，在遇见与自己观点相悖但同样立场强硬不肯让步的人时，往往会衣袖一甩，冷哼一声，说出一句"道不同，不相为谋"。民国时文人志士，心系家园国事，有志于为民族富强作贡献，但若遇与自己见解相悖的党派团体时，也会嗤之以鼻，说一句"道不同，不相为谋"。

"管宁割席"的故事诠释了这句话。东汉时，管宁与华歆二人为同窗好友。有一天，二人同在园中锄草，发现地里有块金子。管宁对金子视如瓦片，挥锄不止；华歆则拾起金子放在一旁。又一次，两人同席读书，达官显贵乘车路过。管宁不受干扰，读书如故；华歆却出门观看，羡慕不已。管宁见华歆与自己并非真正志同道合的朋友，便割席分坐，自此以后，再也不以华歆为友。

在现实生活中，我相信这句话也说出了很多人的心声。人生一大幸事就是能与志同道合的人相伴。但是不管在生活、学习，还是工作中，我们也经常会遇到与自己人生观、价值观相悖的人。你喜欢生活的平平淡淡，他却憧憬轰轰烈烈地过一生；你以获取新知识为乐，他却觉得学习苦不堪言；你在工作中兢兢业业，他却满不在乎地虚度时日。当然，更多时候我们也可能会与自己的伙伴、同事意见相左，互不相让。这时候我们常常也会感叹一句"道不同，不相为谋"。人各有志，难以勉强，寻找与自己志同道合的人才会过得更舒心惬意。

36. 知识就是力量。

英国著名哲学家培根说："知识就是力量。"这句话已被无数事实证明是正确的。自从地球上有了人类，知识便萌生在人类的智慧中。从茹毛饮血的远古时代到高度文明的当代，每一次社会的进步，无不显示出知识的巨大作用。知识的进步，推动了历史的发展，促进了人类文明的进步。

当前，世界上流传着这样一种说法：看一个国家、一个民族是否繁荣、富强，就看这个国家、这个民族的人民文化知识水平。我认为这种说法是有道理的。即使一个国家不够富裕，但只要它有智慧的人民，有重视知识的传统，那就可以断言这个国家是有前途的。而如果一个国家、一个民族很富裕，却供养着一群"不学无术"之徒，其结果必然是可悲的，这个国家、这个民族一定会渐渐地衰落下去。

历史上，唐朝之所以出现"开元盛世"的繁荣景象，除了皇帝的开明之外，最主要的原因是当时科学技术得以充分发展，国内人才济济，国力强盛。古时候，风雨雷电等自然现象都被视为神发怒而引起的。每逢大旱，老百姓就杀猪宰羊，用来祭祀，磕头求神。在今天看来，这些似乎太可笑了，然而这正是没有知识而导致的必然结果。现在我们有了科学知识，有了人工降雨的办法，即使遇上大旱，庄稼照样可以长得很好。人定胜天，就是因为人们有了知识。

由此可见，知识决定一个国家的繁荣，决定一个民族的发展，决定一个人的层次。知识给人以自信，给人以力量，给人以财富。

37. 青年时种下什么，老年时就收获什么。

中国有句谚语："种瓜得瓜，种豆得豆。"简单的一句话却蕴含着深刻的哲理。青年时期是人一生中最美好的时光。作家王小波的一段话令我一直印象深刻。他在书中写道："那一天我二十一岁……我觉得自己会永远生猛下去，什么也锤不了我。"是啊，年轻时的我们处在人生的黄金时代，总觉得有大把时光可以挥霍，可是时光匆匆而过，到了暮年，在失去了活力与时光之后，我们还会留下什么呢？

"少壮不努力，老大徒伤悲。"我们幼时就听到过这句话。纵观那些有所成就之人，哪一个不是在青年时期就奋发图强的呢？诸葛亮自幼喜爱读书，最后成为一位上知天文、下知地理的饱学之人；"头悬梁"的孙敬，靠着坚韧不拔的毅力成为一代儒学名家；毛泽东从青年时立志救国，于是努力学习，最终成为一代伟人。

"青年时种下什么，老年时就收获什么。"这句话不仅仅是在教育青年努力学习，更旨在说明因果关系之密切。你种下爱心，收获的是希望；种下辛劳，收获的是富足的生活；种下关怀，收获的是温暖；种下汗水，收获的是健康。而相反，倘若你种下贪婪，收获的就是悔恨。那些贪官污吏接受审判时痛哭流涕，纷纷表示悔不该接受诱惑。每每在电视上看到这样的画面，我都会为之感叹：或许在青年时期，他们风光无限，未能想到今日光景，他们种下罪恶的种子，收获的只能是恶果了。

少壮轻年月，迟暮惜光辉。年轻的我们要做的就是珍惜这黄金时期，种下希望的种子。时光一去不复返，愿我们在暮年回首这一生时能不觉得虚度。

38. 知足常乐。

看到"知足常乐"这个词，人们常常会联系到"安于现状、不思进取、故步自封"。有些人甚至把它们等同起来。其实不然，"安于现状、不思进取、故步自封"这些词强调的是满足于目前的状态，没有更高的追求。而"知足常乐"强调的是充分肯定目前的状态，从而始终保持愉快、平和的心态。当然，知足常乐还有一个前提也是至关重要的，那就是要客观地认识和准确地判断自己已经实现了目标和愿望。

如何对待你目前所拥有的，是现代社会人们需要认真思考的一个问题。欲望膨胀的现代社会，总让人们盯着远方，以致忽视眼前所拥有的东西。走路的人羡慕骑自行车的人，骑自行车的人羡慕骑电动车的人，骑电动车的人又羡慕开汽车的人，而开低档车的人羡慕开宝马、奔驰的人。其实走路有走路的快乐，开宝马的有开宝马的快乐，快乐的方式不同，但快乐的感觉是相同的。人如果只为满足欲望而活着，那么永远也满足不了。因为满足了一种欲望，又有百种欲望随之产生。它们不可能一一得到满足，那么就一定会使人常不乐或者乐不长。

知足，是一种明智的选择，是在对自己的能力作出正确估价后的判断，是对既得的人生结果的积极看待。既然已经达到了某个阶段的某个目标，实现了自己力所能及的价值，我们还有什么理由不快乐呢？我们要用"知足常乐"来警诫自己，对"名利"不要看得太重，不要搞那种不切实际的"攀比"，不要拟订那些违反自然规律的目标。我们也要以此规劝自己的亲朋好友，对某些事物的要求，要适可而止，不要过度。知足是一种智慧，常乐是一种境界。怀一颗知足感恩的心，我们才能享受到成功的乐趣。

39. 如何看待"求人不如求己"？

生活不可能是一帆风顺的，有小沟小坎，也会有大风大浪。当我们遇到困难时，希望得到别人的帮助是很自然的事。但是，千万不能忽略自己的能力与潜力，而一味地把希望寄托在别人身上。

有这样一则故事：有一个人在屋檐下躲雨，看见观音正撑伞走过。这人说："观音菩萨，普度一下众生吧，带我一段如何？"观音说："我在雨里，你在檐下，而檐下无雨，你不需要我度。"这人立刻跳出檐下，站在雨中说："现在我也在雨中了，该度我了吧？"观音说："你在雨中，我也在雨中，我不被淋，因为有伞；你被雨淋，因为无伞。所以不是我度自己，而是伞度我。你要想度，不必找我，请自找伞去！"说完便走了。第二天，这人遇到了难事，便去寺庙里求观音。走进庙里，才发现观音的像前也有一个人在拜，那个人长得和观音一模一样，丝毫不差。这人问："你是观音吗？"那人答道："我正是观音。"这人又问："那你为何还拜自己？"观音笑道："我也遇到了难事，但我知道，求人不如求己。"

人在社会里，在大多数情况下，还是应该抛弃幻想，求助自己。父母可以求助，但绝对不可以求助一生；朋友虽也可以求助，但绝对不可以求助一世。"有志者事竟成，破釜沉舟，百二秦关终属楚；苦心人，天不负，卧薪尝胆，三千越甲可吞吴。"这便是自我奋斗的力量。

早在多年以前，我国著名的教育家陶行知先生，写过一首很有名的《自立歌》："滴自己的血，流自己的汗，自己的事情自己干，靠天、靠地、靠祖上，不算是好汉！"这首诗不仅读来铿锵有力、朗朗上口，而且字字珠玑，闪耀着自信自强的光芒。做人当自强，遇事求自己，这是万世不灭的至理名言。

40. 团结就是力量。

有一首耳熟能详的歌曲叫作《众人划桨开大船》，里面有句歌词写道："一根筷子轻轻被折断，十根筷子牢牢抱成团。""团结就是力量"这句话自小到大伴随着我们成长，无数的事实也证明团结确实是成功的要素之一。

现代社会越来越崇尚追求个性，年轻一代中的集体意识正在削弱。我们承认，发扬个性固然重要，但是个性不等于在任何方面都特立独行。人自起源时便是群居动物，原始人必须相互协作才能使种族繁衍生息。现代社会也一样。我们在生活、学习和工作中都要与人打交道，特别在工作中，团队的作用不容小觑。众所周知的阿里巴巴创始人马云，也不是自己单打独斗取得成功的。马云最初创业时有一个团队，后来被人称之为马云的"十八罗汉"，正是这一群人的团结一致和努力奋斗，给年轻的阿里巴巴奠定了基础，才成就了现在的马云。马云在谈到团队精神时说过："统一的价值观、使命感和目标是团队成功的关键。"有个我们经常听到的谚语：一个和尚挑水喝，两个和尚抬水喝，三个和尚没水喝。这句话正讽刺了不懂得团结的人。试想，如果三个和尚能够放下自私自利之心，团结一致为集体的生活劳动，怎会没有水喝呢？

在充满竞争的社会里，每个人都如同在风浪里摇摆不定的小船，渺小脆弱又孤立无援。但若是团结起来共同前行，那么再大的风浪我们也无所畏惧。无论何时何地，团结永远是成功的关键因素。

41. 树挪死，人挪活。

"树挪死，人挪活"是劳动人民在生活中总结出来的经验。这句话的重点在后半句。它告诉人们一个简单却富有哲理的道理——变化是生命存在的常态。当生活、事业，甚至人生走到一个死胡同的时候，就是该改变的时候。改变往往会带来生机，带来希望。

但是时代发展到了今天，一些传统的处世哲学遭到了挑战，比如"树挪死，人挪活"。有了科技的支持，树挪未必就会"死"；在新的社会规则面前，人挪也未必就会"活"。问题就在这一个"挪"字上，怎么"挪"才是关键。

以就业为例。有人热衷于频繁跳槽，被称为跳蚤族。一份工作做不久，便以为自己什么都懂了，或者认为委屈了自己这块材料，或者因为工资待遇不理想，等等，便想换个位置。结果就是跳槽。跳来跳去，工作是换了不少，但他总是在试用期，总是拿低工资，还总是挑剔，总是在抱怨。我们且不说眼高手低、好高骛远这些过于主观的评价，我们只说人"挪"是否就一定能活的判断。显然，在没有充分规划、仔细设计自己的职业道路的前提下盲目跳槽，并不见得就能实现走上康庄大道的目标。

人才的自由流通是市场经济的优点之一。人才的盲目流通则不仅仅是人才本身，更是一种社会资源的浪费。我们当然希望树怎么挪都不会死，人越挪越有生机，但是我们还是要谨慎地对待"怎么挪"的问题，这是需要个人、企业和社会共同关注的问题。

42. 行成于思毁于随。

"业精于勤荒于嬉，行成于思毁于随。"这是唐宋八大家之一的韩愈关于为人和为学的至理名言。其中"行成于思毁于随"这句话的大意是：独立思考还是随波逐流，决定了个人品行的好与坏。

所谓的独立思考就是自己保持冷静，坚持自己的观点和态度，即使处在人云亦云的环境当中，理性的智慧也不会被玷污，处顺势不狂，处逆境不慌，沉着推理，理性思考。但是有时理性思考的结果往往与大众的观念背道而驰，甚至会受到大众的讥笑。在第一次工业革命期间，英国的史蒂芬孙用蒸汽机的原理发明了第一辆蒸汽火车。在此期间，他一直受到公众的嘲弄。人们认为一堆废铁是不会跑起来的，甚至有人还提出用马车和火车赛跑来羞辱他。经过几次惨痛的失败以后，史蒂芬孙仍然保持着一颗冷静的头脑，经过反复试验和检查，终于在一次公开的实验当中，他成功地使火车开动起来。他终于成功了。史蒂芬孙成功的原因是什么呢？是他始终保持着自己独立思考的精神和不为外界环境所左右的自信，以及不断钻研改进技术的韧劲。

没有自己的思考，随波逐流，作壁上观，最后只能抱着失败的心情草草收尾，此种例子不胜枚举。

芸芸众生中，大部分人都在人云亦云、随波逐流，能保持独立思考的人不多。希望我们从小就养成独立思考的习惯，让它在通向成功的途中助我们一臂之力。

43. 志不强者，智不达。

著名的"一万小时定律"认为：人们眼中的天才之所以卓越非凡，并非天资超人一等，而是付出了持续不断的努力；只要经过一万个小时的锤炼，任何人都能从平凡变成卓越。也就是说只要你专注于某一个领域超过一万个小时，那么你就能成为这个领域的精英。这个"定律"恰恰证明了"志不强者，智不达"的正确性。"志不强者，智不达"的意思就是志向不坚定的人，聪明才智就得不到充分的发挥。

在生活中常常会见到这样的人：他们刚开始做某件事情的时候兴趣盎然，充满热情，但是做了一段时间后便觉得索然无味，转身寻找另一种感兴趣的工作。还有一种人在学习或工作上一遇到困难便萌生退意，半途而废。这两种人付出了时间和精力，却一无所获，原因就是他们没有坚强的意志，纵使有聪明的脑袋、强健的体魄也无法成功。有张图片曾在网络上广为流传。图上有两个人去挖矿，一个人正奋力地挥着铁锹，另一个人灰心丧气地扛着铁锹往回走。殊不知，第二个人离宝藏只有一步之遥，只要他再多挖一下，就能看到了。这幅图片隐喻那些容易放弃的人，常常错过获得成功的机会。

《孟子》有句话说："天将降大任于斯人也，必先苦其心志，劳其筋骨，饿其体肤，空乏其身，增益其所不能。"凡是成大事者一定有坚强的意志作为自己的精神支柱。不论是革命先驱、民族英雄、文学泰斗，还是在平凡的岗位上默默奉献的劳动者，实现人生价值的关键都在于拥有远大的志向和坚强的毅力。让我们用"志不强者，智不达"共勉吧！

44. 吾爱吾师，吾更爱真理。

"吾爱吾师，吾更爱真理"是亚里士多德的一句名言，是我们学习一切知识和作一切学问应该持有的态度。首先，我们应当热爱自己的老师。他既是知识的传授者，也是我们言行的模范，甚至会是我们情感与思想的指导者。中国人对这点是很有体会的，所以有"一日为师，终身为父"的说法。父母是我们生命的赐予者，而老师则塑造我们的灵魂。从智慧被启迪开始，我们就以探求真理为目标。探求真理的道路正如生命的进程，总会有坎坷与荆棘。在这条道路上，有一个重要的人物一直在帮助我们，那就是我们的老师。然而，动力有时也会转化成为阻力。老师会传授给你他所知道的所有知识和通向成功的方法，但老师的想法绝非全部正确。当你发现的事实和老师的意见相左时，你不被老师理解甚至阻挠也会随之而来。你痛苦、彷徨，不知道何去何从。

两千多年前，亚里士多德解答了这个问题。他给出的答案是：吾爱吾师，吾更爱真理。在老师与真理产生冲突时，我们应选择后者，这样可能对前者会造成伤害。但不尽然。老师作为知识的传授者，在教育的过程中总要融入自己的理解，但老师的理解也要以真理为指导。所以，爱师与爱真理并不是矛盾的，凡为求得真理之行为都与老师的初衷相符合，即爱真理是真正爱老师。更爱真理的人，才是更懂得如何爱老师的人。

45. 狭路相逢勇者胜。

"狭路相逢勇者胜"中的"勇"，不同于"有勇无谋"中的"勇"。前者指在其他条件相当时，勇气发挥着决定性作用，比较的对象是发生冲突的对立面；后者则是相对于谋略而言。狭路相逢勇者胜也可以这样理解：当谋略相当的对手相遇，更勇敢的一方会获得胜利。

在这里，"勇"是敢于面对强大的敌人。有时，现实生活中，我们很难用道家的态度去解决问题，因为宽容与忍让并不能消除一切困境，更多时候我们需要跟他们面对面地较量一番，也就是所谓的狭路相逢。这时勇气就是第一位的了，因为你连面对强大敌人的勇气都没有，还未交手就落荒而逃，那只能是完全的失败。

事物因为比较而存在，因为斗争而发展。我们的对手可以是人、事、物，甚至是我们自己。勇气就贯穿在这些比较和发展的过程当中。当我们自惭形秽时，勇气帮助我们奋起直追；当我们在斗争失败时，勇气帮助我们重整鼓旗。

胜利也需要勇气。胜利是个特别的对手，因为它本身就是我们的目标。面对胜利，不能掉以轻心。戒骄戒躁是对许多胜利者的由衷建议，而毫不迟疑地赢取胜利，并勇于承担胜利带来的后果，也取决于我们是否有勇气。

总之，在不可避免的冲突中，只有充满勇气、敢于面对、敢于比较和斗争、敢于胜利的人才能获胜。总之，当与一切事物狭路相逢时，只有充满勇气的一方，才能取得最后的胜利。

46. 满瓶不响，半瓶晃荡。

民间有句俗语：一瓶不满，半瓶晃荡。它的意思是：瓶中装满水时，晃动它没有声音；只有装半瓶水时，一晃就响。这句俗语常用来比喻真正充实的人是谦虚寡言的，越是浅薄的人就越爱炫耀自己。

"满瓶不响"常常是人们所称赞的品格。当人刚接触一件事物、一门学科时，读几本书就可能就会觉得已经无所不知、无所不能了，但越深入地学习和了解它，越觉得自己的欠缺，从而对知识怀着谦虚敬畏之心，不会乱发评论。人懂得的知识越多，越能看到自己的渺小。我想这就是真正充实的人谦虚朴实的原因。

再说"半瓶晃荡"。不管在学习还是工作中最忌讳的就是"半瓶晃荡"。这种人通常没有什么真才实学，对所学的知识一知半解，也不求甚解，还得意扬扬，觉得自己已经满腹经纶，逢人便炫耀自己的能耐。事实上，一个人越炫耀什么，说明他越缺乏什么。"半瓶晃荡"的人不仅是缺乏充足的知识，而且是明明学问不够，还骄傲自满，不求上进。

我想真正"满瓶"的人应该是少之又少的，大多数人都只是"半瓶"。"半瓶"并不可耻，因为学习是一个不断攀登的过程，但是在"半瓶"时不可骄傲自大，不可炫耀。只有沉下心来，怀着谦虚好学的心态，不断丰富自己的知识和提高自己的能力，才能让自己成为"满瓶"的人。

47. 灵感不过是"顽强的劳动而获得的奖赏"。

灵感是艺术构思阶段最重要的思维方式之一，是艺术家在艺术的小溪中捡拾的美丽贝壳，是浩瀚天宇中划过的流星，是可遇而不可求又时时都想拥有的能力。灵感被艺术工作者奉为神圣的灵异之物，但是哲学的理性思维告诉我们灵感只不过是"顽强的劳动所获得的奖赏"。

灵感不神秘，最不开窍的脑子也会偶尔灵光乍现；灵感又比较乖张，任凭你张牙舞爪、拜佛祈祷也不会为之所动。灵感不在身外，但又常常需要你到自我之外去寻找。灵感就在内心，但你就是不知道怎么呼唤它才能听到……

所以听听那些时常和灵感为伴的艺术家的劝告吧，他们是灵感的挚友。灵感是创造性思维久久酝酿并接近成熟时，枝头结出的小果子；灵感是细心酿制的美酒即将开封时，散发出的淡淡的酒香；灵感是勤恳耕耘之后，站在田间地头擦拭汗水时，吹来的一阵爽心的凉风；灵感是被感动时，下意识揪心的痛。对于艺术家，灵感是长期积累、比较、分析，并刻苦地思索以致达到废寝忘食的程度之后，突然在无意识间获得的结果。

总之，灵感从不凭空产生，它总隐藏在某种体验之后。体验的过程越长久越痛苦，灵感来的越激烈越显著。

48. 把活着的每一天看作生命的最后一天。

海伦·凯勒的文章《假如给我三天光明》曾经感动过无数人。在她的想象世界里，我们看到了一个人对生活的渴望。那种发自内心的企盼和感恩的情怀，是普通人所不能体会的。健全的我们偶尔也会闭上眼睛把自己想象成盲人，却总是迫不及待地睁开眼睛，因为失去光明的想象有时候比黑暗更可怕。

有人说，想要知道一秒钟的价值，请去问问百米赛跑得亚军的选手；想要知道一分钟的价值去问问乘飞机误点的乘客；想要知道一小时的价值，请去问问约会迟到的情侣；想要知道一生的价值请去问问奄奄一息的病人。人生由一分一秒这样最小时间单位组成。我们常常感叹一天过得很快；我们总有这样或那样的事情等着明天再去做，好像我们有挥之不尽的日子一样。有人在街头展开过一次调查，问路人知不知道人的一生大概有多少天。很多人对这个问题感到茫然无措。他们给出了10万天、20万天甚至更离奇的答案。可见，人们对自己所拥有的最宝贵的财富是如此的茫然而又如此的乐观。其实仔细算一下，一个人健康地活到90岁，算下来也就只有32000多天的时间。如果排除懵懂的童年和昏沉的睡眠，我们有意识的"日子"也就1万多天。

所以在悲观消极者眼中，他们把每一天都看作是生命中的最后一天，这是及时行乐、得过且过的借口；在乐观积极者眼中，他们把每一天都当作生命中的最后一天，这是督促自己活出人生价值、实现人生目标的警语。世人常叹人生苦短，其不知如果每天都过得非常精彩，那生命就是一个个幸福美满的篇章；如果一天一场噩梦，那生命就是一部悲惨凄凉的短剧。所以把每一天都当作生命的最后一天并不难，关键要看怎么度过这一天。

49. 陆地上最宽阔的是海洋，比海洋更宽阔的是天空，比天空更宽阔的是人的胸怀。

法国19世纪的大文豪雨果曾经说过："世界上最宽阔的是海洋，比海洋更宽阔的是天空，比天空更宽阔的是人的胸怀。"人的胸怀之所以比大海、天空还要宽阔，是因为人懂得包容和宽恕。

心胸狭小的人多烦恼。别人如果不能公正地对待他，会使其烦恼；自己的机遇不如人，会使其烦恼。在生活中遇到些许不顺的事情，他便会叫苦连天，仿若安徒生童话中那个豌豆上的公主。一个人有了宽广的胸怀，他的生活中便多了一分理解，多了一分宽容，多了一分温和，多了宠辱不惊的气度。那些经常表现出咄咄逼人或尖酸刻薄的人，面对别人的成就不是赞赏而是诋毁。有胸怀者能荐贤，如春秋时齐国鲍叔牙力荐管仲，自己甘居其下；如塞内加尔第一任总统桑戈尔让位于迪乌夫，自己隐退。这样的胸怀，对国家的繁荣发展和长治久安都是十分有益的。

在我们平常的生活里，我们每个人都扮演着不同的角色，如孩子、长辈、同事、同学、朋友、爱人等，每个角色所在的圈子的氛围都需要我们精心地去经营，去呵护。然而，人与人之间或多或少地都会存在差异，我们用什么去维护每个和谐的角色圈呢？答案里一定包含这样一个词语——胸怀。在与父母出现代沟问题时，需要你的胸怀来理解父母；在与小辈出现矛盾时，需要你的胸怀来包容小辈；在与同事、同学、朋友出现摩擦时，需要你的胸怀去换位思考，谅解他人；在与爱人意见不同时，更需要你的胸怀来缓解气氛，努力去营造和谐美满的家庭氛围。

朋友们，让我们以宽广的胸怀去对待别人，那么我们的烦恼就会减少一半。同时我们也要以宽广的胸怀去对待自己，使自己保持平和的心态，那样我们的人生将更加精彩、更加灿烂！

50. 志当存高远。

回眸亘古至今的人类历史，成大事者无不志存高远。一统山河的秦始皇如果没有高远的志向，怎能有一统天下的气魄、一朝天子的豪迈？孙中山和他的追随者，如果没有高远的志向，怎能用一次次的革命来瓦解封建专制的统治？

博览烟波浩渺的人类画卷，创伟业者无不志存高远。移山开路的愚公如果没有高远的志向，怎能产生催人奋进的力量？伟人毛泽东如果没有高远的志向，怎么能有星火燎原的壮举和开启中国新篇章的震撼？

放眼华夏文明绚丽多彩的长河，历史的明镜早已照射出无数个志存高远者。有李白"铁杵磨针"终成"诗仙"的豪放，有屈原放逐荒野亦出《离骚》的潇洒，有越王勾践"卧薪尝胆，三千铁甲可吞吴"的感叹，有战国苏秦苦游书海、身挂六印统率千军的赞叹。这铁一般的事实都已无可辩驳地告诉了人们，唯有胸怀大志方可成就一番光照千古的伟业。

纵观古今，一览群雄，唯有志存高远方能成就一番大事业。但历史上天资聪颖、最终碌碌无为者也是不乏其例的。众所周知的方仲永，其少年才智是无与伦比的，才华横溢让人望尘莫及，但由于没有远大理想，安于现状，以致时光空逝，最终落得"泯然众人"的悲惨境地。

走出历史长河的书卷，在改革开放的今天，科学技术日新月异，生产力高速发展。在这知识大爆炸的信息社会，面对越来越激烈的生存竞争，我们每个青年学生都应志存高远，勇于开拓未来，在现代化建设的大潮中实现自我价值。

51. 先相信你自己，然后别人才会相信你。

自信是一种认识和态度。它不仅仅通过语言来展现，而且还通过神态、语气、姿势、仪态等，无声无息地、由里向外地散发着魅力。这种魅力的力量，不是外表的伪装，而是发自内心地对自己的信任以及对生活的信任。

自信的人首先忠诚于自己的信念。这种信念融入你的言行举止，让你举手投足都在辅助你的语言所表达的信息，因而让人们相信你的能力和人格。缺乏自信的人不易让人信任。没有一个人愿意让一个缺乏自信的人承担重任，因为他们给人一种扶不起的阿斗的印象，自己都不相信自己，还怎么让别人相信你呢？无数的案例证明自信能创造奇迹。在1960年尼克松和肯尼迪的电视辩论中，阴郁的尼克松没有展示出美国人渴望的总统的自信；毫无政绩的肯尼迪在最后与尼克松握手的一刻，自信地把尼克松的手压在自己的手掌下。肯尼迪的这种超级自信满足了美国选民对于总统的神话般力量的渴望。

自信是有感染力的。自信的气势，能让别人相信你能把任何事都变成现实。作为领导，只要展现坚定不移的态度，你的自信就能感染下属。他们会把希望寄托在你身上，团结在你的周围，因为你的自信和气势让他们相信"我能够为你们创造奇迹"。同样，领导和上司也相信那些有自信的人。只要你自己坚定不移地相信你提出的观点或目标，就会让上司相信你能够帮助他实现目标。

古希腊哲学家塞涅卡曾说过："不是因为这些事难以做到，我们才失去信心，是因为我们缺乏自信心才使这些事难以做到。"当别人不相信你的时候，要先问问自己："我相信自己吗？"

52. 苟利国家生死以，岂因祸福避趋之？

"苟利国家生死以，岂因祸福避趋之？"这句话出自清朝重臣林则徐的《赴戍登程口占示家人》。这句话的意思是：假如对国家有利，我可以把生命交付出来，难道可以因为有祸就逃避，有福就迎受吗？这句话蕴含着深深的爱国情怀。自古以来，为了国家利益舍去生命的人大有人在，如谭嗣同。

"戊戌六君子"之一的谭嗣同出生于官宦之家，自小生活环境优越，无忧无虑。1895年（光绪二十一年）4月17日，中日签订《马关条约》。时年30岁的谭嗣同在家乡满怀忧愤，努力提倡新学，呼号变法，并在家乡组织算学社，聚集同志讲求钻研。1898年，谭嗣同参加戊戌变法。变法失败后，在被捕之前，他有几次逃生的机会，但是他都放弃了。

有人劝他逃走时，他说："各国变法无不从流血而成，今日中国未闻有因变法而流血者，此国之所以不昌也。有之，请自嗣同始。"在国家生死存亡之际，他已经下定了死的决心，想以死来唤醒人们救国图存的意识。在狱中，他看淡生死，写出了"我自横刀向天笑，留去肝胆两昆仑"的悲壮诗句。9月28日，他和其他五君子一起被押赴刑场。行刑前，谭嗣同高声呼喊道："有心杀贼，无力回天，死得其所，快哉快哉！"大声呼罢，哈哈大笑。上万围观的人，无不潸然泪下。虽然戊戌变法最后失败了，但是他为国富民强甘愿献身的精神永远名留青史。

纵观中华五千年，正是有像谭嗣同、林则徐这样的英雄愿意为国家的利益放弃自己的生命，才使华夏文明的香火得以绵延至今。"苟利国家生死以，岂因祸福避趋之？"英雄们已以身作则，我们要做的就是以他们为榜样，把他们身上闪烁的爱国精神发扬光大，付诸实践。

53. 一分耕耘，一分收获。

春种秋收，一分耕耘，一分收获。这些都是大自然的规律，更是亘古不变的真理。随着时代的变迁，人类生活的的条件、环境与以前相比都有了很大的差别，但"一分耕耘，一分收获"中蕴含的道理依然适用于当下。

也许有人会说，辛勤耕耘，但到头来可能一无所获。我们又该怎样解释劳而无获这种情况呢？的确，这种情况时有发生。如，遇到天灾，付出的汗水付诸东流；没有预测市场行情，劳动成果无法转化成现实的报酬；努力学习，但因为心理素质不好，考试成绩不理想；踏实工作，因为能力欠佳而没有获得提升的机会；等等。但是仔细想想，之所以没有得到想要的结果，绝对不能否定劳动这个前提，不能认为上天对你不公，让你劳而无获，而是要认真思考在这个因果链条中，是不是有某个环节没有做好，某些细节没有考虑周全，才让你与收获擦肩而过。如果说天灾不可抗拒，那么事后还会有补救的措施，偶然的情况终究不能替代必然的规律；如果没有摸清市场行情，心理素质不好，职场表现欠佳，那些课一定得补上，因为它们都是这个时代从耕耘到收获的充分条件。

也许有人还会说，社会上不时会有不劳而获的情况发生，这又如何来解释呢？有捡了钱包据为己有的，有拿着假文凭招摇撞骗的，有仅靠关系升学晋职的。但是，请相信，生活是最好的试金石。这些人可能一时痛快，以为自己捡了大便宜，但是也许正是这个便宜，就是下次重重跌倒的源头。

收获的喜悦一定要经历耕耘阶段的酝酿，这种喜悦才会是由衷的、踏实的、令人羡慕的。

54. 智者千虑，必有一失；愚者千虑，必有一得。

古代的哲学家很善于利用精辟的语言来概括一切深奥的哲学道理。历史上流传下来的富含哲理的成语或习语很多，比如"智者千虑，必有一失；愚者千虑，必有一得"就揭示了事物的对立与统一的规律。今天，我们依然在讨论"智者"和"愚者"之间的关系。但是，关于"智者"和"愚者"，却很难下定义，原因是什么呢？那就是这两个概念是对立统一的，是可以相互转换的。"智者千虑，必有一失；愚者千虑，必有一得"说的就是"智者"也会愚，"愚者"也会智。

历史上"智者"变成"愚者"的例子不胜枚举。三国时期，曹操是一名杰出的军事家。他挟持汉献帝，征张鲁，伐袁绍，战吕布，占据半壁河山，然后顺江而下，气势极盛。一代枭雄马上就要破孙权，擒刘备，使统一大业指日可待。此时，刘孙两军联合起来，共同抗击曹军。他们先用反间计，又用苦肉计，再用连环计，使聪明一世的曹操也渐渐落入了布袋里，最后借着东风，用一把火把曹操烧得元气大伤、损兵折将，使曹操只得狼狈不堪地从华容道逃跑。可见，聪明的人由于受到太多的夸奖、太多的奉承，也会沉迷于自己昔日的辉煌。所以聪明人往往不能把握自己的命运，有时他们的智慧就像昙花一现，只存在很短的时间。而上帝所偏爱的往往是智力平平，甚至有些"愚"的人，这些"愚人"经过了几千万次的努力反而获得了成功。

在电影《阿甘正传》里，主人公阿甘在童年时期是个智力低下、腿脚不灵便的人。但是，他拥有坚强的意志，在妈妈的教导下，不仅完成了自己大学的学业，后来还成了很出色的运动员，参加了越南战争，成了一名英雄，最后还获得了财富。他确实成功了。他的成功是用无数次的失败和勤劳的汗水铸就的。

因此，没有绝对的"智"和"愚"："智"在一失的瞬间，就变成了"愚"；"愚"在一得的瞬间，也变成了"智"。我们所追求的不再是"智"和"愚"，而是真理以及对真理的探索。

55. 理想是人生的太阳。

对于自然界的万物来说，阳光给它们提供了能量，使它们得以维持生命。而对于人来说，理想就是人生的太阳。没有理想，人就没有努力的方向；没有方向，人就没有前进的动力。纵观人类历史，一个没有理想的国家将是一盘散沙，一个没有理想的民族将是毫无希望的民族，一个没有理想的社会注定是要走向衰败的。

公元前494年，越国被吴国打败。越王勾践无路可走，只能投降，到吴国伺候吴王。为了取得吴王的信任，勾践鞍前马后，甘愿当牛做马。但在这暗无天日的三年里，他没有忘记光复越国、打败吴国的理想。勾践被释放回国后，怕自己贪图享受忘记了理想，就在屋内挂了一颗苦胆，每天早上起来都要舔一下，以提醒自己不要忘记曾经的屈辱。经过十年的艰苦奋斗，越国终于兵精粮足，转弱为强。公元前471年，勾践亲自带兵攻打吴国。这时的吴国已经是强弩之末，根本抵挡不住越国军队的强势猛攻，最终被打败。这个故事让我们看到理想的力量有多么强大。当人坚定了理想，面对千山万水也能无所畏惧地走下去。

人生路漫长又崎岖，没有理想的指引，人就像行尸走肉，所以，理想是人生的太阳。它能在一个人处于低谷时给人力量和希望，也能在一个迷失方向时给人指明正确的道路。

56. 好奇心害死猫。

"好奇心害死猫"是西方的一句谚语。西方传说猫有九条命,怎么都不会死去,而最后猫恰恰死于自己的好奇心。当然,人们讲"好奇心害死猫"时,并不是真的讲好奇心把猫杀死了,而是说好奇心可能使猫丧命。

同所有谚语都是在告诫人们某种生活道理一样,"好奇心害死猫"其实是在告诫人们过度的好奇心可能会带来危险。但是,也和所有谚语都有它的局限性一样,"好奇心害死猫"也不例外。我们必须用发展的眼光来看问题。

举个例子,我们常常教育年轻人要有勇敢的性格和坚强的意志,要迎难而上,勇于挑战,同时也要告诉孩子要远离危险,学会自我保护。所有国家的教科书都同《圣经》一样告诉世人要善待他人,和谐共处,但同时也会教育他们"对朋友要像春天般的温暖,对敌人要像秋风扫落叶般冷酷"。人类的标准总是随着时间、地点、价值和关系的变化而变化。"好奇心害死猫"一方面告诉我们好奇心的可怕,另一方面又让我们知道"好奇心"这个使人类不断进步的催化剂不能少。这就如同刀越锋利越是把好刀,但同时它也就更危险一样。驾驭好奇心如同人类驾驭所有利弊兼具的事物一样,需要哲学家的智慧和决策者的判断力。但是有一点是可以肯定的,"好奇心"永远是人类内心无法驯服的怪兽。它可以让人类发明火药,并把它变成杀人工具;它可以制造出无穷无尽的能源,也可以使人类一夜之间自我毁灭。"好奇心害死猫"并不是要人们拒绝"好奇心",而是要时时提醒人们要正确运用人类的智慧。

57. 不想当将军的士兵不是好士兵。

"不想当将军的士兵不是好士兵"是拿破仑的豪言壮语,为后世追捧,成为激发人们立志、上进的一句至理名言。从拿破仑说话的动机来看,这句话没有错误。没有志向,没有目标的士兵可能是个合格的、勇敢的士兵。但在拿破仑眼中,他肯定不是能够承担大任、成为将才的士兵。但是,今天再看到这句话,难免觉得拿破仑的选材标准有点单一和武断了。

当年拿破仑的选材标准显然是站在一个元帅的视角出发的。姑且不说评价一个士兵的好与不好,军队自有其相应的条例、规范、标准,想不想成为将军只能是其中的一项指标。一个士兵想不想成为一个"好士兵"则应该视为最重要的标准。为什么总有一些人不能容忍那些不想当将军的士兵,甚至不能容忍那些不想当将军的"好士兵"呢?

人之于社会,均有自己的位置。我们应正确认识自己的位置,充分认知自身价值的重要性,脚踏实地干好自己的工作。上进心不可或缺,但切忌好高骛远,漂浮到半空中。虚无的目标不会给人实在的动力,只会让人沮丧和放弃。

不想当将军的士兵未必不是好士兵,想当将军而又不付诸行动的士兵肯定成不了好将军。做士兵就做好士兵,是农民就做好农民,做好本职工作是对自己能力的最好表达。金字塔不是一天盖成的,就算盖成之后也没有想象中的那么伟岸。但是没有第一块石料的铺就哪有塔尖的最后一块石料的位置。因此一切都是准备,一切都是积累。只有先成为"好士兵"才能有机会成为"好将军"。要相信这句话：是金子总会发光的。

58. 人无远虑，必有近忧。

"人无远虑，必有近忧"是孔子的名言，出自《论语·卫灵公》。这句话可以理解为人如果不考虑长远，那么忧患一定会在近期出现。其意是要人目光远大，考虑长远。

今日的忧愁是昨日所致。从时间的概念来看，远和近，过去、现在和将来是一个循环往复、从不中断的链条，远虑既可以是相对过去而言的今天，也可以是相对今天而言的将来。昨日的作为不够周全，才造成今日的苦果；而今天如果不考虑教训、经验和远谋，不强化自己对事物的认知，不提高决策判断力，那明天是否还会出现这样或那样的忧患呢？俗语说："不经一事，不长一智。"这是长者一生的经验、教训总结和至理名言。

反过来，我们也可以说："人无近忧，必有远虑。"如果连眼前的事物都没有办法处理好，日子过得越来越糊涂，那生活终将是一团乱。在现实生活中没有忧虑的人，并不一定快乐，因为他们总会想到遥不可及的未来。因此，现在和未来是必须要相互联系的。奋斗的曲线必须是专注且连续的，才能有好的人生旅程。反而是那些生活在困境中的人，总忙着应付眼前的一切，倒也容易"知足常乐"。拜伦说："忙碌，就没有时间流泪了。"不就是这个道理吗？我们唯有在困苦中磨炼自己，也才能获得突破困难后的快乐。

因此，"人无远虑，必有近忧"是值得我们仔细体会的一句话。

59. 墙内开花墙外香。

"墙内开花墙外香"，意思是墙里种的花在高墙之内平平无奇，不受欢迎，但花香传到墙外，却给人美好的感受，让人无限向往。它比喻人作出了成绩，内部不知道但外面的人先知道了。这句话的意思有点接近我们常说的"无心插柳柳成荫"。"墙内开花墙外香"暗含两种意思：一种是高兴，毕竟美名远扬是好事，值得骄傲；另一种是遗憾，为什么这花的香，没有被身边的人先感受到呢？那种"肥水流了外人田""近水楼台没得月"的悔恨感还是有一点儿的吧。

时至今日，我们多用这句话来比喻人才的外流。前几年是高层次人才出国热。他们抱怨国内科研环境不好，除了硬件的条件不如国外研究所，就是官僚浮夸的管理体制不利于人才的自由成长。我们精心培育出的"珍贵花朵"，就这样添香了别人的花园。近几年这种情况得以好转，越来越多的"海龟"回国创业。这和墙内环境的改变是分不开的。

另一方面，过去那种怕自家的花香了别家院的保守思想早已不复存在。反而能香飘墙外、名扬四海成了我们的追求。特别是在中国融入世界贸易组织这个大家庭以后，我们的企业、人才不单单要练好内功、服务群众，还要到国际市场上开疆扩土，把中国"香"远播出去，吸引来更多的"异域彩蝶"。

60. 锲而舍之，朽木不折；锲而不舍，金石可镂。

"锲而舍之，朽木不折；锲而不舍，金石可镂"出自《荀子·劝学》。《劝学》论述了荀子在学习方面的很多理论，对后世影响深远。这句话的意思是：如果不坚持，就连朽木也不会被折断；但若一直坚持不停地镂刻，就连金属、石头也会被刻穿。荀子用这句话是想说明学习是一个由少到多、日积月累的过程，高深渊博的学识都是一点一滴积累而成的。

我们都听说过"滴水穿石"的故事。脆弱又无力的水滴怎么可能把无比坚硬的石头滴穿呢？它靠的就是日复一日、年复一年的坚持。东汉末年，刘备三顾茅庐请诸葛亮出山辅佐，诸葛亮开始并不同意出山。但在刘备一次又一次的坚持到访令诸葛亮感动，使他最终答应了。唐僧取经，长路漫漫，凶险无数，也是靠着锲而不舍的精神才取得真经回到大唐的。还有"精卫填海""愚公移山""铁杵磨成针"等众多的故事，都诠释着锲而不舍精神的可贵。"不积跬步，无以至千里；不积小流，无以成江海。"千百年来，中华民族靠着锲而不舍、自强不息的精神不断发展壮大。不管过去还是现在，坚持一直是成功的第一要素。

成功源于坚持。河蚌忍受沙粒的磨砺，日复一日，终于孕育了绝美的珍珠；顽铁忍受了烈火的冶炼，终于炼成了锋利的宝剑。所有的豪言壮语都不堪一击，唯有坚持才是走向成功的基石。

61. 礼尚往来。

中国自古就是个礼仪之邦，讲究礼尚往来。礼尚往来的意思就是礼节上应该有来有往，就是朋友之间你对我好，我也对你好。现在也指以同样的态度、做法回应对方。比如，你送我礼物，我需要回送；你来拜访我，我改天会再去拜访你。这样，一来二去，人与人之间的关系日益融洽，人们在礼尚往来中增进了与朋友、亲人之间的感情。

礼尚往来形容的是人与人之间交往的一种良性互动，是人情味儿的体现，但是在现代，这种人情味却变了。生日寿辰、上学参军、子女婚嫁、乔迁新居、入党提干，都需要请客送礼，而人们送的礼也越来越贵重。以前人们有喜事，招呼亲朋好友坐一起，大家拎只鸡、带瓶酒，主人做一桌好菜，大家一起热闹热闹，庆贺庆贺，主人心里也十分开心。但现在，礼送得越来越多，人情味却越来越淡了，一二百元的礼金已经拿不出手了。别人送五百，我也不能少，不然好像显得太小气，会被别人看不起。也有的人为了撑场面、摆排场，咬着牙借钱也得随大礼，最后面子有了，却只有自己知道多苦不堪言。还有的领导官员，每逢大事小事就要请客吃饭，以此为借口收受礼金、变相贪污，心怀鬼胎之人也趁此机会巴结贿赂。礼在此时竟然成了犯罪的工具。

"礼轻情义重"为什么在现在就不合时宜了呢？当送的礼物已经超过了人们所能承受的范围、影响到日常生活时，人情就成为人们的负担，那么"礼尚往来"就失去了它本来的意义。

好在现在越来越多的人意识到这个问题。很多人又开始推崇"君子之交淡如水"式的交往理念，政府也着手对公职人员收受礼物的行为进行惩罚。我们有理由相信，在不久的将来,"朴实无华"的传统美德会重新回归社会。人们终将认识到,只有对自己和他人都无负担的"礼尚往来"才会发挥它真正的作用,增强彼此间的友谊。

62. 塞翁失马,焉知非福。

"祸兮福之所倚,福兮祸之所伏。"《老子》中的这句话描述了祸福之间的辩证关系。这句话告诉人们祸与福互相依存,可以相互转化。它比喻坏事可以引出好的结果,好事也可以引出坏的结果。佐证这句话的例子可谓不胜枚举。"塞翁失马,焉知非福"是最具代表性的一个典故和例子。

东汉班固的《通幽赋》中有这样一个故事。靠近边塞的地方,住着一位老翁。老翁精通术数,善于占卜过去和未来。有一次,老翁家的一匹马,无缘无故挣脱了缰绳,跑入胡人居住的地方去了。邻居知道了就来安慰他。他心中有数,平静地说:"这件事难道不是福吗?"几个月后,那匹丢失的马突然又跑回家来了,还领着一匹胡人的烈马一起回来。邻居们得知,又前来向他表示祝贺。老翁无动于衷,坦然道:"这样的事,难道不是祸吗?"老翁的儿子生性好武,喜欢骑马。有一天,他儿子骑着烈马到野外练习骑射。烈马脱缰,把他儿子重重地甩了个仰面朝天。儿子摔断了大腿,成了终身残疾。邻居们听说后,纷纷前来慰问。老翁不动声色,淡然道:"这件事难道不是福吗?"又过了一年,胡人侵犯边境。四乡八邻的精壮男子都被征召入伍,拿起武器去参战,死伤不计其数。靠近边塞的居民,十室九空。唯独老翁的儿子因跛脚残疾,没有去打仗,因而父子得以保全性命,安度残年余生。从这个故事中,我们明白这样一个道理:福可以转化为祸,祸也可变化成福,这种变化深不可测,谁也难以预料。

既然祸福难料,福祸可以转换,那么我们就有必要建立正确的祸福观了。在老子看来,"无为自化,清静自正""不与天下争而天下莫能与之争"就是最好的生活方式。福祸的产生既然是"道"的结果,我们凡人又何必自取烦恼呢?不如顺应天命,遵从大道。

"塞翁失马,焉知非福。"积极地看,它能让人以平和之心看待祸福,不以物喜,不以己悲,使心性自然而知足,从而达到常乐的效果。

消极地看,事情的好坏祸福,既不在人力所能为的范围,又何必积极处事,用心谋划呢?不如什么也不做,听天由命吧。

所以,在今天看这句话,我们要结合时代和自身需要,正确的运用古人的智慧。

63. 不以利害移操守。

人生在世,人格、操守不可或缺,离开了人格、操守,就不能撑起一个大写的"人"字。古希腊有一句谚语:"两腿直立的普通人,比屈膝下跪的名人高大。"《北齐书》中说:"大丈夫宁可玉碎,不为瓦全。"这些名言都说明了人格、操守之于人的重要性。翻阅史卷,曾经有多少仁人志士为保全人格、操守舍得抛弃一切,更莫说留恋生命之外的权力、财富、虚名与美色了。林则徐说:"观操守,在利害时。"这句话的确说到了要害上。在一般情况下保持人格、操守要相对容易一些,但在利害面前,即在个人利益攸关之际,要"富贵不淫，贫贱不移，威武不屈"就难多了。现实生活中，"公仆"被"糖衣炮弹"击中，打工妹被洋老板逼迫下跪，明星为多揽些不义之财而不惜偷税漏税，作家为赚钱给企业老板大吹大擂写传记，假洋鬼子和老外合谋骗国人，种种丧失人格、节操的行径数不胜数，都是明证。

那么，如何做到"不以利害移操守"呢？一是加强道德修养，提高思想境界，树立正确的人生观、世界观和价值观，苦练内功，自觉将个人欲望限制在党纪、政纪、法律限定的范围之内。二是时刻保持警惕，自查自纠，防微杜渐，经常注意为维护人格的尊严而自重，为保持人格的纯正而自省，为防止人格下滑而自警，为追求人格的升华而自励，提防一不小心、一时疏忽或一时糊涂而犯下错误，自辱人格，自毁操守。

"名节重泰山，利欲轻鸿毛。""但令名节不堕地，身外区区安用求。"古人如此看重人格与操守，何况我们这些生活在21世纪的现代人呢？"不以利害移操守"，应该成为一条做人的准则。让我们牢记于心，并践之于行。

64. 个人与集体。

看到"个人与集体"这个题目，我想起了这样两幅漫画。第一幅漫画上四只老母鸡围成一圈下蛋，它们屁股向内头朝外，一枚鸡蛋处在圆圈中央。这群老母鸡面对记者的采访纷纷表示："这是我们集体劳动的成果。"另一幅画面相同，只是每只鸡都在对着话筒叫嚷："蛋是我下的……蛋是我下的……"

下蛋是好事，完成了鸡的职责，本来不需要叫嚷，偶尔打几声鸣，通报一下就行了。但偏偏这群鸡却只下了这一个蛋，这样问题也就出来了。这是个功劳归属问题，还是一个集体主义观念问题？是道德问题，还是思想问题？在我看来，归根结底这是体制问题。

一枚蛋只能是一只鸡下的，这是常识。但可能在下蛋的过程中其他鸡陪这只鸡聊天、购物、逛街、休闲，给这只鸡下蛋营造了良好的氛围，不能不说它们也是有功劳的。等小鸡出生了，喊她们声大姑、二姨、三婶也就表示谢意了。如果硬要都去争这个"制造权"，可就有点违背常理，因此争功的行为有点哗众取宠、自取其辱。岂不知一个DNA鉴定就可将"李鬼"打出原形。所以奉劝那些想不劳而获的人，不如回家苦练内功。毕竟你也是"母鸡"，你也有生育的能力，何必丢这个人献这种眼呢？

再说另外一群母鸡们吧。首先它们迂腐可笑比之前者更令人发指。试问一群鸡要怎么才能生出一个蛋来呢？浮夸的集体主义不仅抹杀了个人的贡献，而且最重要的是扼杀了那只生蛋的鸡的积极性和荣誉感，特别是当其他鸡根本没有生育能力却又偏偏每次都要挂名、领衔、牵头的时候，那些高产的鸡简直成了别人"借鸡生蛋"的工具，可悲至极。更可怕的是这些下蛋的鸡也懂得了潜规则，玩起了"以蛋行贿"的把戏，为的是各取所需皆大欢喜，真到了有一天这个鸡窝也就失去了它存在的必要性了。因为殊不知山外有山、鸡外有鸡。

只有解决好制度问题，各就其职，各谋其政，才能把事业做大、做好。

65. 人非圣贤，孰能无过？

"人非圣贤，孰能无过？"这句话出自《左传》，意思就是每个人都不是圣人，怎么可能一点错误都不犯呢？人无完人，谁都会有疏忽的时候，有过错在所难免。在我们的生活中，常常有人用这句话安慰自己和别人，但殊不知这句话后面还有一句，叫"过而能改，善莫大焉"。我认为后面这句话才是精髓所在。

我们常常会在学习和工作中见到追求完美的人。他们做事精益求精，对自己要求近乎苛刻，不容许自己犯一点儿错误，这种人在学习和工作上往往出类拔萃。但是这种人也有缺点，一旦他们发现自己犯了错误便陷入深深的懊悔之中，无法轻易释怀，导致他们在自责中耽误了接下来的工作。"人非圣贤，孰能无过？"这句话正适用于过分追求完美的人。我们要学会原谅自己，当错误已经发生，伤害已经造成，要做的就是思考如何补救和从中汲取教训。放过自己，生活也许会更轻松。

但这句话也常常被有些人用作逃避责任的借口。记得在一次学校社团活动中，组织者给一个同学安排了摄影的工作，通知他提前一天把录制设备准备好。但到了真正拍摄的那天，漏洞百出，不是相机没电了，就是三脚架不能用，最后整个拍摄工作没法顺利进行，活动只得延迟。但是这位同学只是双手一摊，嬉皮笑脸地说了一句："人非圣贤，孰能无过？"然后在以后的工作中依然是我行我素。大家都明白人无完人的道理，可这并不能成为犯错之后毫无歉意、知错不改的借口。

原谅自己是为了不沉溺于过去的错误所造成的自责情绪中，但能从犯过的错误中吸取教训，下次避免犯同样的错误，才是最重要的。我们要学会的是"过而能改，善莫大焉"。

66. 慎独。

慎独是儒家的重要思想，也是儒家自我修养的重要手段。在古代的典籍中，人们一般把慎独理解为在独处无人注意时，自己的行为也要谨慎不苟。

慎独是一种人生境界，是一种修养，也是一种高尚的精神境界。柳下惠坐怀不乱，曾参守节辞赐，萧何慎独成大事。东汉杨震用"天知、地知、我知、子知。何谓无知"来拒礼，三国时刘备"勿以恶小而为之，勿以善小而不为"，范仲淹食粥心安，宋人袁采"处世当无愧于心"，北朝人李幼廉不为美色金钱所动，元代许衡不食无主之梨，清代林则徐"海纳百川，有容乃大；壁立千仞，无欲则刚"，叶存仁"不畏人知畏己知"，曾国藩"日课四条"：慎独、主敬、求仁、习劳。以上种种，无一不是慎独自律、道德完善的体现。

慎独的最高境界是孔子所说的"随心所欲"。这里的随心所欲不是我们日常所说的想干什么就干什么，而是指道德修养到一定程度后所达到的一种道德境界。只要我们从"慎独"开始，持之以恒，就能实现从道德修养的"必然王国"到"自由王国"的飞跃。

慎独虽然是古人提出来的，但并没有因时代的更迭变迁而失去现实意义。因为它是悬挂在人们心头的警钟，是阻止人们陷进深渊的一道屏障，是提升修养、走向完美的一座殿堂。

67. 书中自有黄金屋，书中自有颜如玉。

古代的士大夫阶层、贫民子弟，但凡求学进举的人可能心中都抱着这样一种理想，即"书中自有黄金屋，书中自有颜如玉"。读书求学为普通人改变命运提供了一条道路，这条道路看上去艰辛、坎坷，但由于最终的结果是皆大欢喜、苦尽甘来的，所以人们依旧趋之若鹜、前仆后继。

今人继承了古人的传统。比如，"生活的理想，是为了理想的生活"这句名言，把"黄金屋"和"颜如玉"都概括了进去，更为含蓄，也更富有哲理意味。

"知识改变命运"是央视一则广告的主题，他们让那些凭借知识改变命运的人现身说法，凸显知识之于人生的重要性。可见，从古至今"书中自有黄金屋，书中自有颜如玉"的说法一直被人们以各种方式传承下来，它的价值意义丝毫未变。

读书可以带来物质上的改变，可以让一无所有的人变得殷实和富有，可以让出身低微的人获得举世敬仰的成就。总而言之一句话：读书可以改变一个人的命运。但我们又不能仅仅停留在读书所改变的现实世界层面上。人除了有一个现实的世界还应该有一个诗意的世界、精神的世界，在这个世界中，读书带给我们的愉悦和满足要远远大于金光灿灿的财富和声色犬马的口腹之欲。读书可以净化灵魂，可以启迪智慧，可以传承文明，可以改变人的精神家园，让人从内在趋向于和谐完美。所以，今天我们看待读书的价值决不能仅仅停留在读书的功利主义上，更应该关注读书精神层面的内涵。

68. 天生我材必有用。

天生我材必有用。是李白《将进酒》中的一句。李白的这句豪言壮语，千百年来一直被人们津津乐道。从这句话中我们不但领略了李白的自信与洒脱、自释与胸怀，更看到了人生处世的一种智慧和精义，那就是人尽其才、物尽其用的重要性。

李白发出这句感叹的时候，也是其政治生涯处在低谷的时期。他一心想上报朝廷、下安黎民，施展一身雄伟抱负。但在那些所谓的政治家眼中李白只不过是一个供他们精神娱乐的文学青年而已。雄才伟略无用武之地，李白又不是灰心丧气、动辄气馁的人。一声"天生我材必有用"的感叹，尽显了英雄的气概和怀才不遇的悲凉。究其原因可能有二：一是统治阶级不善于发现人才，不能知人善任，发挥人才的最大价值。二是人才本身没能准确定位，把自己放在最适合自己的位置。

所以，今天我们再看待这句话的时候，除了看到他所传达的感性因素及自信的作用之外，也应该关注自身情况，不但要有"天生我材必有用"的信心，同时也应充分地思考天生我材应该怎么用的问题。将自信心转化为一种自信力，将价值论转化为价值实践。毕竟人生处世若白驹过隙。我们没有机会去感叹自己一生怀才不遇的遗憾，应该主动寻找能发挥自己才能的机会。

69. 君子喻于义，小人喻于利。

"君子喻于义，小人喻于利"出自《论语·里仁》，意思是君子看重的是道义，小人看重的是利益。

这句话中，"君子"所指的不是简单的好人，而"小人"也不是单纯的坏人。"君子"指的是国家的管理者。国家的管理者着眼于社会和国家的政策方针，而这些方针政策是一定不能偏离正义的方向的，这样才能使社会稳定，所以"君子"要"喻于义"。而"小人"一般是执行者，他们的工作涉及具体的事物，方方面面的关系和利益，必须锱铢必较，不能随便让步，否则国家的利益就会遭受损失，所以"小人"要"喻于利"。"君子喻于义，小人喻于利"是由于各自的社会角色而决定的各自社会责任，无关道德问题。

茅于轼说过，经济学里假定人人都是"小人"，但是"小人"并不是坏人，他们不会去损害别人的利益，他们只讲自利。从道德上讲，"小人"是中性的，既不会损人利己，也不会损己利人，是一批利己不损人的人。但在实际中，"小人"确实是一批很庸俗的人，眼睛里只有自己的利益，成天在算计如何做对自己有利的事，像一台没有感情的计算机。不过他们在追求自己利益的同时也尊重别人的利益，因为别人和自己一样，都在追求自己的利益。如果每个人在追求自己利益的时候损害别人，这个世界非乱套不可。所以，他们严格遵守不损人的规则。从这一点来讲，这些"小人"也是很可贵的。这个世界之所以混乱不堪，就因为有许多人在损人，而不是因为大家都在追求自己的利益。这一点必须严格加以区分。

现代社会，大部分人都恢复为讲利的"小人"，只有少数人在做"君子"想做的事。这样的社会好不好呢？各有各的看法吧。

70. 高处不胜寒。

一直以来我把"高处不胜寒"分成两层意思来理解。一层是当你取得一些成绩、鹤立鸡群时，就好像是位高权重的人没有知心的朋友，感觉被别人孤立了。简单地说就是，站在高高的地方承受不住那里的"风寒"。另一层指当你孤军奋战攀登上了理想的山峰时，就像是一个人在技艺、修为上所达到了极高的境界。境界越高，能够陪伴你的人就越少，你会感到孤独与"寒冷"。这些都是"高处不胜寒"的窘境。

人就是这样，在地面时都想上高山，好不容易上去了，却要忍受那么大的牺牲和痛苦。上帝总是公平的，赋予你快乐时不忘也给你一些痛苦。

这使我想到那些成功人士是怎样摆脱"高处不胜寒"的窘境的。类比许多成功人士后，我发现为了让更多的人拥有能攀登高峰和他们一起分享"无限风光在险峰"的乐趣的能力，他们会热衷于慈善事业，以便为更多的有志之士创造这样一个基础条件。当一批新人和他们并肩分享"高处"的乐趣时，他们就会少了"不胜寒"的窘境。如李开复先生在微软和谷歌及微软亚洲研究院都获得别人难以企及的成功之后转而倾其心血于中国青年的教育事业上来，开创了"创意工坊"，以把它打造成一个青年人成长的平台。

所以，"高处不胜寒"不应当是逃避的借口，而是应该是品尝"无限风光在险峰"的动力。

71. 谦虚使人进步，骄傲使人落后。

"谦虚使人进步，骄傲使人落后"是我们自幼背诵的名言。年少轻狂的我们也许觉得自己踌躇满志，无所不能，不知"谦虚"二字怎么写。但实际上，不论你有多大的成就，谦虚始终是指导人继续前进的灯塔。谦虚应该是一种美德。

古时候的名医扁鹊就是个十分谦虚的人。有一次，齐国的国君要封扁鹊为"天下第一神医"，扁鹊却坚辞不受，说自己并不是天下第一，自己的两个哥哥医术都比他高明。国王闻之稍感不解，问道："既然你的两个哥哥的医术都在你之上，为何此二人没有什么名声呢？"扁鹊答道："我二哥扁雁能够治大病于小恙，在那些重大疾病只出现微小症状之时，就能加以诊断并及时根治。所以他只是在家乡的村里小有名气，村里人知道有小毛病可以去找二哥。而大哥扁鸿的医术更加出神入化，能够防病于未然，只要看人一眼就可以判断出这个人可能得什么毛病，然后在其得病之前就及时治疗。所以只有家里人知道大哥的医术高明，连村里人都不知道大哥的水平。只有我扁鹊，既不能治大病于小恙，又不能防病于未然，等到我妙手回春时，病人已经病入膏肓了。所以我的两个没有名气的哥哥才是神医，而我只是名满天下的名医。"扁鹊都如此谦虚，更何况是我们。

常抱有一颗谦虚之心的人，不会因为自己的一点成就沾沾自喜；放低姿态的人更容易发现别人的优点和自己的不足，然后加以学习和改正，使自己不断进步。反观骄傲自满的人，在取得了一定成就之后停滞不前，满足于现状，不屑于反思和学习，最终导致落后于他人。

72. 是金子总会发光。

在日常生活和工作中，我们经常听到这样一句话："是金子总会发光的。"这是一句很有深意的话。金子就算藏在矿石内，没有被取出来而暂时没能发光，我们依旧可以想象得到，它是迟早会发光给人看到的。这不是它所在的位置所确定它发不发光的。所以我觉得一个人不管在什么位置，或所遇什么环境，只要他有金子般的品质，他还是会"发光"的。

我们都知道卧薪尝胆的故事。"尝胆"的越王勾践最终能够重整旗鼓，东山再起，正是因为他敢于面对恶劣的环境、残酷的现实。他觉得只有在那样的环境下才能让自己坚持不懈。又如我们比较熟悉的三国人物诸葛亮。我们知道诸葛亮的生活环境并不在繁华的大都市，他的很多知识是出于自学。不难想象，他那时的成才环境是绝对比不上今天的教学环境的。"好的环境是用来享受的，恶劣的环境才会有动力。"或许这是人类的一种惰性吧。我们都读过刘禹锡的"斯是陋室，惟吾德馨"吧？像他这样的人物都喜欢在陋室里过活，我们有什么理由埋怨我们所处的环境呢？试比较一下，如果把自己放在"卧薪尝胆"这一故事中的茅棚里，或者生长在诸葛亮的草庐里，我们是否会埋怨那样的环境呢？是否会同他们一样成为青史留名的人呢？鲁迅，伟大的无产阶级文学家、思想家、革命家，他的成才过程是在整个暴戾的乱世环境中上演的。他能有这样的作为，我们能说，在他那样的环境里不可以出人才吗？可我们还是见到鲁迅先生在"发光"。"是金子总要发光的"，不管是在乱世还是盛世，不管环境舒适还是恶劣，因为关键的因素是人，不是物。

73. 一切皆有可能。

李宁产品的广告词"一切皆有可能"说得好。

古人云:"千里之堤,溃于蚁穴。"这古训一点都不夸张。美国的航天飞机升空后爆炸,罪魁祸首居然是一枚螺丝钉。试问一枚螺丝钉对一架航天飞机来说算不算个"蚁穴"?

阿基米德曾经说过:"给我一个支点,我可以撬动整个地球。"这似乎是不可思议的事情,但阿基米德并不是真狂妄,更不是在胡言乱语,按照杠杆原理他可以做到这一点。

2004年,中国运动健儿刘翔在雅典奥运会上取得了令人振奋的成绩,追平了世界110米跨栏纪录。刘翔一下子被世界所关注,各种名誉接踵而来,媒体用"奇迹"形容刘翔的成功。请问何为奇迹?奇迹是靠实力得来的。夺冠应该早已在刘翔意料之中。他是用实力说话,并不是偶然碰运气创造了奇迹。

刘翔的成功是靠实力,但有些事情的发生却有许多的偶然因素。无穷的宇宙充满了奇迹,充满了偶然性。地质学家说地球至少发生过六次生物大规模的灭绝。生物灭绝的原因有种种假说:超新星爆炸、行星撞击、太阳耀斑爆、海平面变化、温度变化等,这些假说无一不充满偶然性。生命的形成同样充满偶然性。有人曾形象地比喻生命的最初诞生,说最初生命形成时就像一阵龙卷风把一堆零件组成一架战斗机一般,按常理这根本就是不可能的,可它却发生了。

大至茫茫宇宙,小至身边的生活琐事,都充满了偶然性。丘吉尔说:"一个人活得越长,他就认识到一切取决于机会,任何人哪怕只回顾一下十年的经历,他就会看到,某些毫不重要的小细节实际上都左右了他的全部命运和前程。"机会决定前程,试问机会又是不是偶然的呢?

我们不要惊讶所见到的一切,因为一切都在情理之中,一切皆有可能。

把那句经典的广告词"一切皆有可能"送给自己吧,为你所执着的事业而不懈奋斗吧。

74. 青出于蓝而胜于蓝。

"青出于蓝而胜于蓝"出自《荀子·劝学》。荀子用靛青比喻在学术上有所建树的后起之秀,而用蓝草比喻他们的老师或前辈。这句话不断激励着年轻人努力超越他们的前辈。"长江后浪推前浪",从古至今,无数积极进取的青年人在前人的基础上不断奋进,取得了一个又一个骄人的成绩。

对于前人的经验我们要吸取、借鉴,也要敢于指出其中的不足。广义相对论的发明者爱因斯坦早在求学时代就已攻读了牛顿的著作《经典力学》。他抱着怀疑的态度,为了科学的发展,为了对真理的探索,最终否定了牛顿的绝对时空观。但他也继承和发展了经典力学的优秀理论成果,提出了相对论。相对论的诞生真可谓"青出于蓝而胜于蓝"。爱因斯坦在人类不断探索的道路上,留下了闪光的足迹。他敢于怀疑,敢于探索,反对迷信,追求真理,谱写了科学界一曲婉转动听的乐章。

中国有俗话:"师父领进门,修行在个人。"意思就是说,在学习过程中,师父是把你带到这个领域的领路人,以后的发展和成就如何还要看自身的努力。在日新月异的今天,年轻人面临着更多的机会和更大的挑战。前人的知识未必全部正确，前人的经验未必适用于现在，青年人要敢于探索，敢于发现，敢于接受挑战，这样才能有进步。我们相信一代更比一代强，年轻人定会"青出于蓝而胜于蓝"。

第五节 文艺·体育

1. 钢琴家郎朗的全球开花，无疑是对中国人在某些领域弱势心态的一种提振。崛起进程中的中国，需要这样一些"中国名片"作为纽带与外部世界更密切地沟通与融合。请谈谈你认为最能代表中国形象、中国气质的一个人物。

在我心中最能代表中国形象、中国气质的是刘翔。在2004年雅典奥运会上他夺得了中国男选手在奥运会上的第一枚田径金牌，让世界看到了中国人在110米跨栏项目上的高超水平，看到了中国人顽强的拼搏精神。刘翔用不懈的努力打破了世界短跑百年不变的格局，向世界证明了中国日渐强大的国力和不屈不挠的意志。

如果说2004年雅典奥运会上刘翔带给我们的是喜悦，那么2012年伦敦奥运会上他带给我们的则是感动。北京时间2012年8月7日，伦敦奥运会田径比赛第五天。男子110米栏预赛第六小组中，刘翔在跨越第一个栏时就被绊倒，但他在右脚受伤的情况下依然坚持用单脚完成了比赛。

英雄失败了，但他依然是英雄。他不仅给自己和国人一个充满泪水与感动的交代，更向全世界展示了中华民族强大的意志和韧性。这场比赛刘翔没有输，他为中国赢得了掌声和荣耀。在奥运会田径赛场上的辉煌与坚持，使他成为不折不扣的"中国名片"。他将中国人的精神展示给了世界，也成为全中国人民的骄傲。

2. 谈谈你对体育赛事中所追求的"友谊第一，比赛第二"这种精神的看法。

《奥林匹克宪章》赋予奥林匹克精神的内容是"相互理解、友谊长久、团结一致、公平竞争"，也称现代奥林匹克精神。"友谊第一，比赛第二"被看作是奥运精神的中国版本。1971年在日本名古屋举行第31届世乒赛前，周恩来在人民大会堂接见乒乓球队员时正式提出"友谊第一，比赛第二"的指导方针。

有人说，"友谊第一，比赛第二"是中国传统文化中庸思想的产物，主张把交流情感、加强感情放到第一位，比赛输赢是次要的。而在美国，他们有一条关于运动的谚语："只有当一匹马想要赶上或超过其他马时，它才会跑得更快。"这条谚语告诉我们，美国人从小就是非常崇尚竞争的。从这两条关于运动的标语中，我们可看出中国人和美国人在竞争意识上的差异。

那么体育比赛中，友谊和成绩究竟哪一个应该放在第一位呢？

其实，比赛有输赢，就是要争第一的，否则比赛就成了形式和工具。比赛中的参与者也无法体验激烈对抗所带来的精神享受，观众也看不见比赛的激情和悬念。这样的比赛就不能再称之为比赛了。但是我们不应该忽略，体育带给我们的除了身心健康之外，还有我们在体育运动中所获得的快乐。因此，体育比赛本身就是所有热爱体育运动的人们在一起的狂欢。尽管体育比赛充满了竞争性，但是并不意味着不存在友谊。我们可以看到，雅典奥运会上，刘翔获得了冠军，但是周围其他运动员都友好地向他表达了祝贺。这就说明虽然比赛充满了激烈的竞争，但是友谊让体育比赛充满了人情味，让人们的心更加贴近。

所以，我们希望不仅仅友谊第一，比赛更应该第一。

3. 有人说奥运会是"没有硝烟的战争"。对此，你有什么看法？

有人把奥运会说成是"和平的战争"。既然是战争，那么就会有伤亡和胜负。但是，毕竟奥运会是全世界热爱体育运动的人们的一次大聚会，把它称之为"战争"似乎多了些残酷，少了些温情。我不赞成。

1988年汉城奥运会的主题歌《手拉手》是奥运会历史上最经典的会歌之一。就像歌词中唱道的"我们手拉手，穿越五大洲，我们能让这个世界变得更美好"那样，奥运会就像一个大家庭，让来自五湖四海的人们手拉手、心连心，在一起享受体育带来的欢乐。

战争是民族之间、国家之间矛盾最高的斗争表现，是解决纠纷最暴力的手段，通常也是最快捷、最有效果的办法。每当人们提到战争总会联想到血雨腥风、战火硝烟的厮杀场面。而我们在奥运会赛场上却处处看到闪烁着光芒的友谊：如果一个选手获得了冠军，其他选手会相继上前祝贺；如果有选手失利，对手会上前真诚安慰。不仅仅是运动员之间，观众也充满了温情。他们不但为取得冠军的选手报以热烈的掌声，对那些没有获得奖牌的选手，观众也会毫不吝啬地送上掌声。

然而"唯奖牌论"的抬头也是需要警惕的。说奥运会是"没有硝烟的战争"夸大了比赛的残酷性，却忽视了比赛温情的一面。

4. 谈谈你对体育明星代言广告的看法。

美国有位出版商，手头上积压了一批滞销书，情急之下想出了一个非常妙的主意：给总统送去一本样书，并三番五次地征求他的意见。总统当然很忙，根本就不愿与他多纠缠，便随便说了一句"这书不错"。于是，这位出版商打出了"总统喜爱的书"的广告。这些书自然很快就被一抢而空。不久，这位出版商又有书卖不出去，于是故伎重演。总统上了一回当，想奚落他，就说道："这本书糟透了。"出版商脑子一转，又打出"总统讨厌的书"的旗号，结果又有不少人出于好奇争相购买。第三次，出版商又将书送给总统，总统接受了前两次教训，没作任何答复。聪明的出版商却大做广告"现有令总统难以下结论的书，欲购从速"，书居然又被一抢而空。总统被搞得哭笑不得，而这位商人则大发其财，大出风头。

谈到名人效应，很多人都会列举出种种弊端。但在我看来，名人效应并不见得是件坏事，只要人们利用得好，它绝对是有百益的。现在有很多体育明星代言广告，并且大部分与体育有关，这些正是利用了体育明星在某一领域内的影响力，巧妙地为自己的品牌树立了形象。当然，我们并不否认，在各种名人效应的现象中，也有不少问题，例如言语不实、虚假广告等。但我深信，只要名人自珍自重，将其名声在正当的领域合理运用，再加上众人和媒体的监督，这些不好的现象一定会有所改观的。那些种种"借名"招摇的失实宣传或者不好的言行，会很容易诱发公众不信任心态，最终损害的还是名人自身。

一言以蔽之，名人效应是一种难得的财富和资本，我们应加以引导和利用，因为名人毕竟不多，名人效应本身无可厚非。

5. 足球与黑哨。

从出现第一个哨子到目前足球场上普遍采用音量较大的哨子，已经有100多年的历史了。英国有资料表明，裁判的哨子是在一个非常偶然的情况下产生的。1875年，在英国伦敦举行了一场足球比赛中，双方球员因为一个进球而发生争执，进而大打出手。一些观众也趁机涌入场内声援自己喜欢的球队。球场秩序大乱，比赛根本无法进行下去。担任这场比赛的裁判员碰巧是一个警察，他看到这种场面后，立即吹响了警笛。没想到无论现场观众还是球员，听到警笛后都纷纷冷静了下来，场上秩序随后就恢复了正常。此后哨子取代警笛就成了足球场上重要的执法工具。

有人经常用"足球是圆的"来说明足球比赛充满了偶然性和不确定因素，事实上足球真正的魅力也正在于比赛结果的难以预测以及激烈的对抗过程，因而足球成了世界第一运动。但是，近些年，足球场上却出现了一种新现象——黑哨。因为黑哨，实力不强的球队打败实力较强的球队屡见不鲜。足球经过百年的发展历程走到今天，高科技不断进入赛场的同时，却需要我们去留意赛场以外的似乎更为重要的事情，那就是裁判的哨子。如果在赛前不照顾好那个哨子，可能比赛的结果就会改变，就会自食苦果。试想，如果裁判们哪天不玩黑哨了，那么足球还会不会好看？正是由于某些黑哨的存在，使得有些球星趾高气扬的叫嚣：我可以左右比赛！正是某些黑哨的行为，使得原本纯净的足球圈变成了污浊的名利场。

足球带给人们的是欢乐，是激情。相信全世界热爱足球运动的人们都期待着"黑哨"的消失，期待着哨声不再是污浊的代名词，而是公正、庄严的符号！

6. 刘翔与中国体育。

2004年雅典奥运会上，110米跨栏项目冠军刘翔对着摄像机镜头说："谁说我们黄种人不可以进奥运会前八，我今天是奥运会冠军。"那一时刻，相信很多人都为之动容。

法国媒体称刘翔比炮弹跑得还快。他在奥运田径赛场上以无人可比的成绩，打破了中国人甚至黄种人在短距离田径项目上不如黑人和欧美人的神话。然而，高兴和骄傲之后，刘翔夺冠留给我们的却是深深的思考：为什么拥有世界上六分之一人口的泱泱大国，数十年来只出现了一个刘翔？既然刘翔的实力证明了这与人种无关，为什么我国在田径项目上一直落后于世界平均水平呢？

这就不得不说中国体育多年来的顽疾了。毛泽东说的"发展体育运动,增强人民体质"为的是通过加强体育运动,提高我国群众的身体素质。然而,我国现在的体育事业只是重视了"发展体育运动",却忽视了"增强人民体质",早就把"群众性"丢弃在一边了。这便是我国田径运动以至整个体育运动的症结所在。

　　"少年强则国强。"要想改变中国体育的顽疾,就不能不改变培养"刘翔"们的土壤,即要让青少年能够在学校的体育教育中脱颖而出,成为篮球场上的"刘翔"、足球场上的"刘翔"。遗憾的是,在忽视体育运动、缺少竞技氛围的学校,肥胖儿童日益增多,体质弱的"豆芽菜"数不胜数,高度近视、驼背司空见惯,一些学生没有学习热情,更没有运动激情。他们缺乏阳刚之气,缺乏正当、健康的课外兴趣,无所追求,一门心思钻进网吧寻求刺激而不能自拔。

　　因此,只有加大体育运动的普及力度,才能在青少年当中涌现出更多的"刘翔"。

7. 你怎样看中国足球?

　　中国足球在最近几年取得了长足的发展和进步。我们可以看到在世青赛上或本土联赛上成长起来的球员们不怕强队、敢于拼搏的作风,正是他们的这样一种作风让无数中国球迷看到了未来中国足球的希望。然而,这些优秀的青年队员一进入成年队似乎像换了一个人似的。尽管中国足球的世界杯梦想曾在2002年米卢教练的带领下得以实现。但是,即便抛开国家队在世界杯上惨淡的结果,中国足球,无论是国家队还是俱乐部,无论是联赛还是训练,都是一个"乱"字当头。

　　以浮躁和无序为主要症状的"杂乱综合征",几乎从来没有过痊愈的迹象。任何一项工作,如果缺乏计划、体系与制度的保障,总在论证不成熟的情况下就拍板,那想不"乱"也难。中国足球现在就是这样一种状态,缺乏理性,缺乏科学性。例如中国队所选的教练,从"豹子精神"的施拉普纳,到"宁肯站着死,也不跪着活"的戚务生,再到"态度决定一切"的神奇教练米卢,还有虎头蛇尾、没有留下什么名言的阿里汉,以及现在提倡"疯狗精神"的朱广沪。许多年来,中国更换了多名教练,却不成系统性,都没有使得中国队形成一种属于自己的风格,最终一事无成。中国足球依然在低水平的层次上徘徊。

　　中国足球"乱花迷眼",还有一个重要原因就是中国职业球员的思想与道德教育问题。虽然已经提了好几年,但还从来没有真正得到重视。如果中国足球永远以缺乏基本文化素质与职业修养的球员为主力军,那无论有怎样先进的理念和高水平的教练,都不可能创造高水平的联赛,也不可能从实质上提升中国足球的水平。

　　有人说中国球迷是世界上最苦闷的球迷。的确,中国球迷经历了多少让人心碎的夜晚,但是他们依然相信中国足球会有辉煌的未来。我同样对中国足球充满信心。

8. 对比伦敦奥运会开幕式和北京奥运会开幕式,你有什么感想?

　　北京奥运会开幕式恢宏盛大,一气呵成,向世界展示了中华文明历经五千年沉淀下来的韵味精髓,让人不由心生敬意。

伦敦奥运会开幕式诙谐幽默而又不失严肃,尤其工业革命那一幕演出立意高远,发人深省。闲适恬静的绿色田园瞬间消失,大地崩裂——人类历史上一个非凡的时代降临,英伦三岛投射出工业革命的第一束曙光。巨大的黑色烟囱破土而出,大地也被披上了黑色的外衣。工业革命大大提高了人类的生产力水平,却也带来了很多恶果,比如环境污染。伦敦奥运会开幕式在展现英国文明辉煌的同时,也没有回避那些历史上的败笔,并让世人反思:我们在享受科技革命成果的同时,该如何避免它给人类带来的灾难。伦敦奥运会开幕式更像是一部精华版英国文明史,更侧重于使人类反省自身的行为。

第32届夏季奥林匹克运动会将于2020年在日本东京举行。东京将成为继巴黎、伦敦、洛杉矶和雅典后的第五个至少两次举办夏季奥运会的城市。我们期待2020年东京奥运会开幕式不一样的精彩。

9. "经典"的意义何在?

没有经典的文明是没有灵魂的文明,没有经典的民族是没有希望的民族。经典是人类智慧的结晶,所诉说的是日常生活中最为常见的道理,而它的价值却是历久弥新的。从古至今,任何一种文明都以其自己创造的永恒不朽的经典作为这种文明的源头活水。中国自古流传的四书五经便是中国人安身立命的典籍,历来为各个时代的知识分子所必读,以此形成了整个中华文化的特色。当今世界能够幸存下来的民族,大多都能找到相当于经典意义的文化遗存,我想这就是经典的魅力。

在如今这样一个浮躁不安的时代里,经典的意义就在于能让因忙碌而迷失方向的现代人,尤其是年轻一代有一个精神的居所,在经典的指引下焕发出无限的活力。经典所承载的文明是中华民族长盛不衰、继往开来的根本。1988年,75位诺贝尔奖获得者在巴黎发表宣言,其中说道:"人类要在21世纪生存下去,必须回到2500年前,从孔子那里寻找智慧。"这个宣言意味着全人类都看到了中华文明的力量,并视之为人类的方向。当全人类都将接受2500年前孔子思想的时候,中华民族的子孙后代更应该接受经典的熏陶,做一个文明的中国人,建设一个具有文明意义的现代中国。这就是经典的意义。

10. 我喜欢的一种艺术形式。

文学是语言的艺术,诗歌更是如此。周国平曾说过这样一句话:"诗是语言的万花筒。"从某种意义上说,诗歌的确是一种文字游戏。我喜爱诗源于它朦胧的魅力、短小精悍的篇幅和对沉睡的感觉的唤醒。

我小时候不懂诗,却硬被妈妈逼着背唐诗。她没有把我培养成一个诗人,倒是潜在地激起我绘画的兴趣,因为那本唐诗书籍里每首诗都配有非常优美的图画。那种诗画结合的意境,让我即使不知道诗的具体内涵,却能从画面所营造的气氛略懂一二。诗歌的押韵倒是容易成诵,加之对画面的联想,也算是最早的情感陶冶。年龄再大点,再翻翻一些诗作,却是在闲来无事、心平气和的状态下。选择那些切合心境的诗来欣赏,别有一番韵味,方知诗之淡雅、意味深长,有点心旷神怡的感觉,无意中便记住了。而今读诗,除了语言的魅力和感觉的苏醒之外，更是对生活如梦的一种期待。荷尔德林的一句"人类诗意的栖居似乎启示一个生活艺术化的萌芽"，也暗示了诗歌这一艺术形式背后所潜藏的魅力。

诗歌贵在简练，字少意深。把那种无法理清的情绪、朦胧的感觉通过字词这一确定的语言形式加以传达，便是诗歌的特征。诗人用语言锁住企图逃逸的感觉，又在语言中寻找已经逃逸的感觉。它借助语言独特的意象，唤起另一个独特的情绪。

心灵所产生的作用却是真实的。现实生活捆绑了疲惫的心灵，人们却在诗歌当中找到了心灵的归宿。如果生活中没有了如梦似幻的诗歌，没有了诗意的人生态度，没有发现美的眼睛，世界或许就是黑白两色，那么人生该是多么的枯燥。

11. 引进好莱坞大片对我国电影市场有哪些影响？

近年来，大量好莱坞电影被引进，它们正在对国人的生活产生着深刻的影响。

一方面，它们开阔了国人的眼界，丰富了国人的精神文化生活。好莱坞电影产业的成功也为我国文化产业的发展提供了鲜活的事例。漫威、迪士尼动画等渐渐成为人们茶余饭后不错的谈资，给大家的生活带来了欢乐。毋庸置疑，好莱坞类型电影的创作方法，已经成为现代电影产业的成功典范。好莱坞技术主义创造的标准化产品的成功，无疑为我国文化艺术产业的发展提供了一套切实可行的方法，而这种方法正为我国萎靡不振的电影产业指出了成功的路径。

另一方面，外国电影文化产品如洪水决堤般滚滚而至，也对我国的电影文化产业造成了极大的冲击。目前，我国电影文化产业发展还不成熟。后殖民时期的文化侵略，不能不引起我们的关注和深层次的思考。

然而，我们也要看到中国电影人为国产电影的崛起作出的不懈努力。张艺谋、冯小刚、成龙等导演的贡献大家有口皆碑。中国传统文化博大精深，只要对传统文化中的精华加以发掘整理，进行创造性的诠释，就能超越传统，创作出合乎中国观众审美要求甚至走出国门的电影作品。

如何学习好莱坞电影先进的发展模式，有效地抵御文化侵蚀，弘扬我国悠久的民族文化，正是我们应思考的问题。既不夸大好莱坞电影对我国文化产业的冲击，也不低估可能带来的负面影响，把握机遇，从容应对，这才是正确的选择。

12. 谈谈你最喜欢的音乐曲目。

在贝多芬众多交响曲中，我尤其喜欢他的第六交响曲即《田园交响曲》。《田园交响曲》算是贝多芬作品中比较清新的一部。该作品的内容一波三折，给人无限美好的享受。相对于惊心动魄的《命运交响曲》，《田园交响曲》更多展现的是贝多芬热爱自然、浪漫、纯洁的一面。这是一部用文字难以描述的诗篇，又是一幅用眼睛看不见的图画。

贝多芬非常热爱大自然，大自然是他生活中的一个重要组成部分。1802~1808年间，耳疾严重的贝多芬常隐居于维也纳郊区。他有时躺在林中的草地上，有时漫步在淙淙的小溪旁，凝神思索万物生命的实质，细心洞察大自然的奥秘。从故乡莱茵河到维也纳郊外，贝多芬在大自然的怀抱中产生了创作的灵感,获得心灵的慰藉。《田园交响曲》就是通过对大自然和农村生活景象的描写,反映人的崇高精神世界以及自然生活的美好。陶渊明"暧暧远人村,依依墟里烟"里的和悦与"采菊东篱下,悠然见南山"间的恬淡,似乎是《田园交响曲》的诗歌表现形式;米勒油画中,"晚钟"的祥和与"拾穗者"的朴素,似乎又是《田园交响曲》的绘画表现形态。其实,在中国哲学中最玄妙、最难以理解的"天人合一"的意境中,只要闭上眼睛,静心定神地聆听贝多芬的《田园交响曲》,就会彻悟:世界上所有美好的事物都是共通的,《田园交响曲》同样也激发出了人类最珍贵的情感。贝多芬其他的交响作品狂暴、激烈,充斥了不可抑制的剧烈情感。唯这首返璞归真的《田园交响曲》,清新恬静,最深得我心。多年来,它美丽的乐章一直为我伴奏。即便现在,生活在喧嚣都市,身心疲累,只要一听《田园交响曲》,烦躁、郁闷的情绪便一扫而空,心境变得祥和、怡然。

13. 谈谈你最喜欢的一本书。

我最喜欢的一本书是19世纪英国作家夏洛蒂·勃朗特的处女作,同时也是其代表作的《简·爱》。这本书至今仍受到广大读者的欢迎。

女主人公简是一个追求平等与自主的知识女性。这本书以对一位"灰姑娘"式人物感人的奋斗史的刻画而取胜,是女性文学的代表作品。作者在写《简·爱》的时候,对她的两个妹妹说:"我要写一个女主角给你们看,她和我是同样的貌不惊人和身材矮小。然而,她却要和你们所写的任何一个女主角同样能引起读者的兴趣。"简在外表上是夏洛蒂·勃朗特的自画像,在精神上是夏洛蒂·勃朗特的理想。尤其是她对罗切斯特说的那句"我们穿过了死亡,站在上帝面前,我们的灵魂是平等的"曾震动多少以男性为中心而不自知的女性的爱情观。

《简·爱》是一本书卷气极浓的书。它写出了一个有执着生命力的、值得赞佩的女性形象。许久以来,我觉得没有另外一部作品比这本书更加完整、更加真实地诠释一个女性的心理状态和一个令男性惊讶的勇敢的灵魂。女性,除开男性的尊重外,我以为最为重要的是,应该走一条自重、自尊、自强、自立的路。要知道,只有女性自己才能拯救自己。简平凡的外表下面隐藏着不朽的灵魂。她不朽的灵魂在这个平庸的世界上显得异常珍贵,灼然夺目。她的不屈不挠、勇于抗争的精神给女性指明了一条道路,告诉天下所有的女性"切勿在沉默中沉沦"。

14. 谈谈你最欣赏的一位歌手。

我最欣赏的一位歌手是周杰伦。

有人经常用"让外国人听周杰伦的歌练听力"来嘲笑周杰伦唱歌吐字不清。这句嘲笑话虽然不失真,但难以掩盖周杰伦是开创了一个时代的伟大歌手的事实。

为了让外婆听清自己唱的是什么,周杰伦特意请费玉清合唱《千里之外》,再次向大家证明了自己演唱和创作实力,从而好评如潮。从2000年发行首张个人专辑《Jay》到

2016年发行第十四张专辑《周杰伦的床边故事》，周杰伦以几乎每年一张专辑的速度回馈歌迷。Hip-hop、R&B（英语 Rhythm and Blues 的简称）、古典音乐、中国风，渐渐成了周氏专辑的必备曲风。

除了唱歌，周杰伦的演艺事业也搞得风生水起。从2005年凭借《头文字D》获得台湾电影金马奖、香港电影金像奖最佳新人奖，到2007年自编自导的文艺片《不能说的秘密》获得台湾电影金马奖年度台湾杰出电影奖，再到2011年主演好莱坞电影《青蜂侠》、2013年自编自导的被选为纽约电影节闭幕片的爱情片《天台爱情》，周杰伦一直在路上。

最近，周杰伦的身影忙碌在《最强大脑》和《中国好声音》的舞台上。他在寻找着华语世界最强大的智慧体和最动听的声音。

除此以外，周杰伦还积极参与公益事业。汶川地震、玉树地震有他的捐款，捐建希望小学有他的身影。这样一位有才华、有社会责任心的歌手、演员、导演，有谁会不喜欢呢？

15. 谈谈你最难忘的一张照片。

在江苏淮安周恩来纪念馆主馆的陈列大厅里，有一张周恩来的巨幅照片，这张照片每天都能吸引众多的参观者拍照留念。照片上的周恩来微侧身躯，面容刚毅，双眉微蹙，眉峰间凝聚着无穷的魄力、意志和信心。

这张照片就是意大利摄影师焦尔乔·洛迪拍摄的关于周恩来晚年形象的一张风靡世界的摄影作品《沉思中的周恩来》。

这张照片首先刊登在意大利《时代》周刊上，并占了中心页整整两页篇幅。照片的艺术感染力和政治效果，很快为人们所关注。1974年，该照片荣获美国最有名的新闻照片奖——美国密苏里大学新闻学院颁发的"认识世界奖"。

当时洛迪一共拍摄了两张《沉思中的周恩来》。拍第一张时，周总理的视线有些偏向下方。洛迪先生认为自己拍得还不够好，于是请求再拍一张。周总理欣然同意。这次周总理目光移向了远方，洛迪抓住了这千载难逢的时机，拍下了这具有历史意义的瞬间。洛迪先生拍完这两张照片后，立即就把整卷胶卷取下来并将这个胶卷寸步不离地带在身边，直到12天后回到意大利时才进入暗房亲手冲印出来，使这一珍贵的经典力作终于问世。这两张照片放在一起，便将周总理鞠躬尽瘁的一生显现无遗：他俯首，看身边，看人民，看我们，目光温暖而亲切；他抬头，看远方，看历史，看世界，目光冷峻而深邃。邓颖超评价说："这是周总理生前拍的姿势和神情最好的照片之一。"

这张照片逼真地刻画出了一位杰出政治家的形象，用光、构图都有独到之处，巧妙地表现了人物的内在性格。伟大的周总理在那一刻表现出来的忧国忧民的忧郁气质，让所有见到过这张照片的人们感叹不已，毕生难忘。

这张照片就是我最难忘的一张照片。

16. 谈谈你最喜欢的一位画家。

齐白石大师是我最喜欢的画家。

在近代的中国画坛，齐白石是继吴昌硕之后的又一传统派大师。他诗、书、画、印俱全，是一位具有全面修养的画家。同时，农民出身又赋予他的作品以质朴、纯真的情感。无论从名称，还是事实上，他都可以称得上是一位典型的"人民画家"。

"虾"是齐白石最著名，也是人们最熟悉的绘画题材。虾图也很能体现齐白石的画风。我最喜欢齐白石的"虾"图。画面上数只虾有机排列，造成了强烈的运动节奏，虽无水，却使画面上产生"虾游水动"的神奇效果。虾身体的墨色浓淡有致，既显出了虾在水中的透明感，又显示出虾壳的坚硬感。粗细、浓淡、软硬不同的寥寥数根线条和勾画出活蹦乱跳的虾，达到了"妙在似与不似之间"的境界。

齐白石的作品雅俗共赏，主要是由于他对题材的选择有自己独特的见解。他把客观景物的描写与自己劳动者出身的情感结合起来，把旧文人笔下常有的伤感、消极的艺术情调，变成了健康爽朗、生机盎然的情调。农民出身的感情、高雅文人的修养和传统的笔墨技巧，造就了大师齐白石。他继承了传统文人画而又抛弃了僵化的程式，继承了传统民间美术的优点而又抛弃了民间美术中那些民俗的因素。和一般表现超脱、自适，以笔墨情趣取胜的传统文人画相比，他的作品刚健、清新、明朗，可谓达到了中国现代花鸟画的最高峰。

17. 谈谈冯小刚导演的贺岁影片。

21世纪初的中国电影正面临着前所未有的困境。一方面，中国电影缺乏高质量影片和有票房号召力的影片；另一方面，随着我国加入世界贸易组织，以好莱坞为首的电影强势文化开始猛烈地冲击中国的电影市场，把中国电影被推向了全球化竞争的大舞台。在中国电影市场依然面临着整体低迷的情况下，导演冯小刚却凭借着几部贺岁影片一直占据国内电影票房的前列，取得高额的票房收入，这一现象的确值得深思。

我以为这种现象有着社会、文化、经济等诸多方面的深层次原因。冯小刚的"贺岁片"是伴随着中国电影市场化进程的不断深入而走进了人们的视野的，是艺术与市场经济结合的产物。它追求时效性，制作周期短，结构较紧凑，选材大都通俗易懂，并且喜剧风格也迎合了观众的心理。这种情况一方面反映了中国对西方发达国家文化生产模式的吸收和采纳，同时也反映出我国电影文化产业在市场经济体制商业大潮影响下的探索与改革；另一方面，冯氏贺岁片的高票房也从侧面透视出我国大众审美世俗化的发展趋向：人们在高度紧张的社会生活中，希望欣赏到更多的轻松、活泼、愉快的艺术作品；娱乐性、游戏性成为艺术消费的重要因素。冯小刚的成功经验告诉我们，必须在改变了的市场经济环境下及时地调整自己的角色定位，改变自己的策略，了解市场，把握观众心理，主动开拓市场，严格按照市场规律运作，制订相对完善的市场整合和营销方案，只有这样才能实现电影的商业成功。

第六节 校园一瞥

1. 你怎样看待中国目前的高考制度?

尽管国家一直在提倡素质教育,许多学校也从各方面着手学生的素质教育,但不可否认我国目前的教育机制基本上还是应试教育。应试教育最典型特点是以考试成绩来衡量学生的能力。我国目前的高考仍负载着为上一级学校选拔学生的任务。

为了在高考阵地上打胜仗,很多高中把题海战术作为应对高考的最基本的招数。在高中的三年时间里,老师为了提高升学率会布置很多作业,学生为了考上好大学会拼命地做题。这种应试机制的弊端主要表现在以下几个方面:

首先,应试高考机制决定了高中阶段不管怎样提倡素质教育都将流于形式。

其次,学生在做作业过程中,虽然能够学到很多知识,但大多是理论性的知识。而这种理论化的书本知识需要经过一定的实践才能被学生真正掌握。目前的应试机制剥夺了大多数学生的实践时间,致使理论与实践脱节。

但是,高考这种选拔机制并非没有优点。高考其实是承袭了自隋朝开始的科举制度。很多人一直在说高考需要改革,不能仅仅看分数,还需要看一个人的综合素质。在隋朝之前,人才的选拔主要采取的是举荐的方式,但事实证明那样的做法弊病太多。高考对于大多数人还是很公平的,因为不论你出身如何都可以参与,并且现在一些大学实行自主招生,这一定程度上弥补了高考的缺陷。

所以,我还是非常赞同中国目前的高考制度的。

2. 谈谈你对应试教育和素质教育的看法。

近几年来,全国各地的中小学校都在进行教学改革,提倡并发展素质教育。那么,到底什么是应试教育?什么是素质教育?

在应试教育教学中,老师教学和学生学习的最终目的都是为了应付考试,为了取得更高的分数。大部分老师为考试而教学,在讲台上拼命地把书本上的知识"填鸭"式地灌输给学生们。学生们为考试而学习,"分分分,学生的命根"是学生的至理名言。

素质,狭义上是指身体和心理的素养和质量。广义的素质,还包括学生的知识、能力、社交、思想道德等方面的素养。素质教育中,老师和学生重视培养学生各个方面的素质,争取让学生德智体美劳全面发展。

我国目前实行的是应试教育。在长期的应试教育氛围中,教师和家长因片面追求学生的考试成绩而忽视了学生其他方面的发展，使得学生不能得到全面发展。高分学生不一定就是高能力人才，目前高分低能的学生不在少数。所以，教育改革势在必行。

但是，应试教育中传授的很多知识是非常重要的，我们不能一概否定应试教育，如果没有应试教育，怎么知道学生掌握知识的能力呢？所以，我们应该一分为二地看待应试教育。应试教育在以往几十年中为国家培养了很多优秀人才，这是不可否认的事实。但是，对于新时代的我们来说，学生不但要有丰富的文化知识，还要有与之相联系的实践能力；不但要成绩好，而且要德、智、体全面发展。我们应该将几个方面有机结合起来，因为学生期待素质教育，社会的发展更需要高素质的人才。

3. 近年来，出国留学呈现低龄化趋势，一些高中生甚至初中生被父母送往国外读书。谈谈你对我国目前出现的中学生出国热这一现象的看法。

人们有钱了才会在教育上投资更大。中学生出国读书热现象恰恰表明我国国民生活水平在不断提高。但不可否认不少家长是出于对国内教育的失望，才选择让孩子出国读书的。

中学生出国读书有利也有弊。"利"主要表现在以下几点。

第一，国外的语言环境对学生外语水平的提高有很大的促进作用；第二，国外有不同于国内的教育方式，有更多优质的教育资源，有更自由宽松的教育环境，可以让走出国门的孩子获得更自由的成长；第三，出门在外，孩子必须学会独立面对生活中的种种困难，所以出国读书可以培养孩子独立和勇敢的品质。

但是，中学生出国学习也有不少让人担忧的地方。首先，大部分中学生都是在未成年时走出国门，在出国前过着衣食无忧的生活，到了国外他们真的可以照顾好自己吗？其次，孩子在国外很少有接受本国传统文化教育的机会，国外的科学技术固然发达，教育资源固然丰厚，但如果不懂得本国传统文化，也是很可悲的事。第三，中学生年龄小，自制和自控能力差，容易受到不良事物的影响，没有父母的监督教育，在国外精彩的世界里，能否坚守自我、拒绝不良诱惑尚是一个问题。

"可怜天下父母心"，父母都想让孩子接受更好的教育，但是也要考虑孩子是否适合在中学阶段出国读书，而不是盲目地相信国外教育资源更好，就把孩子送到国外读书。

4. 近年来，部分考生在普通高校全国统一招生考试报名前办理非正常户口迁移手续，利用省际录取分数线差异在分数线较低的省份获取报考资格，以求获得较多的录取机会，这就是所谓的"高考移民"。"移民"考生绝大多数未在户口迁入地实际居住和接受高中教育。请你谈一谈社会上流行的"高考移民"现象。

由于我国各省份在经济发展程度上的差别，以及各省份人口基数的大小不同和教育资源分配不均衡等原因，导致了各地教育质量参差不齐。虽然有越来越多的省份参与全国统一命题考试，但高校在各省、直辖市、自治区录取分数线却不同。同样的分数在甲地名落孙山，在乙地有可能考取全国重点大学。因此，一些经济条件好而又处在人口大省的家长就想方设法把孩子的户口在高考前转移到那些大学录取分数线低的省份。

可以肯定的是，"高考移民"是一种违法的投机行为，违反了国家的户籍管理制度，破坏国家对教育资源的配置，也是一种不诚信的行为。这种"移民"方式对备考的学生来说，也会影响其考前的复习和准备。各地政府有必要对"高考移民"制定出相应的处罚措施，尽早宣传和清查，以免影响学生的高考录取。

"高考移民"破坏了原有的高考环境。我们也应考虑下"移民"参加高考背后的问题，这就涉及了高考公平问题。希望不久的将来，高考对于不同省份的学生一视同仁，或者出现一个更公平的衡量尺标，让学生平等地接受高等教育。

5. "陪读"，世界上任何字典都无法查阅到的新鲜名词，近几年在中国报纸、电台、杂志、期刊等上面大量出现。一些初高中学生的家长在学校附近租房陪孩子读书的现象越来越普遍。一些重点中学甚至部分小学周边的出租性房屋，出现供不应求的状况。不仅如此，大学生父母陪读现象近几年也呈增长势头。请针对目前出现的家长陪读现象谈谈你的想法。

古代帝王的儿子读书有"伴读"。现在孩子上学有父母专程陪同，称"陪读"。

看到"陪读"二字，我立马想到了一句话：温室里的花朵经不起风雨。当然，对陪读也不能一概而论。实际上，陪读有利也有弊。

对学生来说，有家长照顾自己的饮食起居，不必再为生活琐事花费太多时间，可以挤出更多的时间有精力去学习。对于自制力差的学生，家长的监督可以使他们少受一些不良影响。当学生在生活和学习上遇到困难时，家长的及时鼓励和帮助对学生的成长是一种良好的催化剂。

但是陪读也有很多弊端。首先，陪读势必会占用一些家长的时间。家长可能需要放弃原来的工作，专职照顾学生，这对经济条件好的家庭尚可接受，但对于普通家庭而言，可能会加重家庭经济负担。其次，学生应该学会照顾自己，而不能做个只会学习的书呆子。或许有的学生说课业负担过重，但是即使是这样，也应该学会合理分配时间，学会管理自己的时间和生活。还有，学生自知家长陪读的代价很大，放弃了工作，付出了时间和精力，如果自己成绩不理想，与家长不陪读的情况下相比，或许心理压力会更大。

陪读现象的出现，隐约折射出现代家长对教育的重视以及对孩子的过度爱护，这种情况是好还是坏，尚需因人因事而论。

6. 如何看待学生中存在的"高分低能"现象？

造成"高分低能"现象的原因有很多，但最重要的原因是对分数的过分看重。各级各类学校，为了自身的生存和发展，片面追求升学率。为了考上大学，家长反复叮咛，老师"苦口婆心"，学生从早到晚做着一套套高难度的训练题。这些加重了学生的心理负担，剥夺了学生发挥特长的机会和了解社会的时间。家长、老师认为孩子只要考试成绩好，就是给他们争光，往往忽视了对孩子综合素质，尤其是心理素质的培养。于是，抑郁、自私、悲观等不健康的心理现象在学生中普遍出现，"高分低能"的学生也比比皆是。

面对这样的现实，我们确实需要静下心来好好反思一下教育制度。中国教育不能太功利化。父母思考的应该是如何让孩子的一生幸福而有意义，师长关注的应该是如何让自己的学生对知识产生兴趣和热爱，能够自主地学习。中国的教育不能仅仅以培养大批持有各种文凭的学生为目的，而更应该培养学生的自主学习能力，使他们成为"一专多能"的复合型人才。

我认为，如果家长和老师能真正重视并实践素质教育而不是流于形式，"高分低能"这一现象就会越来越少。

7. 许多学校组织学生签名，承诺诚信考试，你怎样看待这样的现象？

承诺诚信考试的意义在于对要参加考试的学生起到提醒作用。部分学生出于某种目的，有作弊的念头，然而在这里签下名字，就意味着承诺和自我监督。对学生进行"诚信"教育，其意义不仅在于让学生"诚信"应考，还有更深远的社会意义，即促使学生成长为一名诚实守信的公民。

然而在我看来，学生签名，承诺诚信考试却有不少令人担忧的地方。

首先，有不少学生虽然签了名，但在内心里并未认识到这一活动的重要性，这一举动在某种程度上可能是流于形式的。另外，学生签名承诺诚信考试后能否在考试中履行承诺还是未知数。因为对于自律性不强的人而言，有时候利益会战胜道德。最后，谈论考试诚信，不能仅就考试本身而言。讲诚信，应有一个大视角，应该从建设诚信社会的高度，标本兼治。在社会上的诸多人群中，相比较而言，中学生是一个纯洁的群体。社会要求学生讲诚信，社会上的成年人应给年轻人做出榜样，做诚信的公民，以此在社会上形成良好的诚信氛围，创建诚信的社会。

杜绝考试作弊仅靠自律是不够的。因此，国家现在将考试作弊案纳入刑法，这对诚信考试将起到监督和保驾护航的作用。

8. 请谈谈你对科技进步与社会发展两者关系的看法。

当今时代，科学技术迅猛发展，科技进步与社会发展的关系越来越密切。

科技进步对社会发展的积极影响是显而易见的。首先，科技进步为我们的生活提供了极大的便利。21世纪，科技飞速发展，使得手机、电脑进入寻常百姓家，成为我们生活的必需品。想象一下，如果没有手机，我们如何随时随地与亲朋好友保持联系；如果没有网络，我们又如何随时得知世界各个角落的新闻动态；如果没有高清晰的电视技术，我们又如何享受绚丽多彩的春晚直播。此外，载人航天技术的成功、SARS病毒的控制、农业的高产等，都有力地说明了科技对人类各个领域发展的巨大推动作用。

很多事物有利也有弊，科技也一样。科技发展方便了人们的生活，也带来了一些问题。工厂释放出过量的二氧化碳，导致了全球气候变暖；两极冰川开始融化，海平面正在逐渐上升；世界上存在的核弹足以毁灭地球上的生物若干次，对世界和平构成了很大威胁；网络改变了人们原生态的生活方式，导致人与人面对面的交流变少了，取而代之的是更多的网上互动；科技产品占据了人们很多时间，现实中人与人的关系变得冷漠。此外，据说现代人生育率的降低与人们饮食中的各种添加剂以及生活环境变差有关。

因此，科技进步与社会发展的关系需要辩证看待，既不要盲目乐观也不要盲目悲观。总体来说，科技进步对我们社会的发展还是起了极大的促进作用。我们应努力消除不利影响，促进社会更好的发展。

9. 学习之余，很多家长都会送孩子去上各种各样的培训班，你对此有什么看法？

为了不让孩子输在起跑线上，很多家长让孩子在学习之余参加各种各样的培训班。这种做法无非是想要达到三个目标中的一个或几个：一是培养孩子兴趣爱好，比如，上书法班、国画班、乐器班、舞蹈班等；二是锻炼身体，如跆拳道班、羽毛球班等；三是通过参加培训班让孩子多接触同龄人，学会交流与沟通。

但是，家长纷纷让孩子上培训班暴露的问题也同样令人担忧。

首先，现在各种培训班的质量参差不齐。孩子犹如一张白纸，如果一开始没有给予正确的引导，很容易误入歧途。

其次，家长对孩子上培训班的目的过于功利。很多家长过于看重孩子背会了多少诗，学会了几支曲子等，如果孩子没达到，就会不满，甚至迁怒于孩子。其实对于孩子来说，最重要的是通过参加培训班开阔眼界，感受不一样的意境。培训班学到的东西在潜移默化地影响着他们。

此外，更重要的是，玩儿是孩子的天性，孩子在自由自在玩儿的过程中，也可以寻找到兴趣、爱好。如首创进化论的著名科学家达尔文的科学创造精神就是从小时候喜欢玩儿昆虫、观察动植物变化开始的。因此要注重挖掘培养孩子自身的兴趣，而不是强行让他们学习不感兴趣的东西。

鉴于以上种种，家长送孩子上培训班要慎重选择。

10. 考试是选拔人才的标准途径吗？

中国历来都有考试的传统，考试在发掘人才方面发挥着重要的作用。首先，考试的针对性、客观性和高效性决定了考试是发掘人才的重要手段。考试的针对性使发掘者有目的地发掘该领域需要的人才。全世界有60亿人口，如何能从芸芸众生中找到符号要求的人才呢？考试这种方式最为实用，避免了"大海捞针"的盲目性；考试的客观性能使他们公正地选拔人才，避免了任人唯亲和主观臆断；考试的高效性能使他们较为集中、有效地寻找到所渴求的人才，避免了人才资源的浪费。从事实上来看，千百年来考试为国家选拔了大量人才，也从实践上证明了考试对人才选拔的有效性。

然而，考试也有弊端。每个人都有自己的特色，把原本具有不同特长的人放在同一尺度下衡量，显然就不可能把各具特色的人都选拔出来，最终选拔的只能是将考卷上成绩比较好的学生选拔出来，而那些对考卷不是很感兴趣的人，可能就无法被选拔出来。另外，考试本身具有片面性、表面性，大多数考试只是对考生所掌握的知识点的测试，对考生品德和实践能力无法涉及或涉及很少，大量高分低能、有才无德的人被选拔出来就是考试弊端的明证。

因此，要看到考试在选拔人才中起的重要作用——怀有成才愿望的人努力适应和利用这一途径，使自己脱颖而出。同时，在考试中屡屡碰壁的人不要把考试当作唯一途径，可以用其他方式展现自己。不通过考试而成才的例子很多，中国古代思想家孔子、东晋书法家王羲之、世界首富比尔·盖茨，都是在实践中成才的。

所以我认为，考试是选拔人才的重要途径而非标准途径，更非唯一途径。

11. 请你谈谈成才与逆境的关系。

"逆境出人才"并不是真理。身处逆境，不同的人会有不同的态度。

逆境下的弱者会灰心丧气，一味逃避，甚至被不利的条件所击垮，从此一蹶不振。而不屈者则绝不退缩，将不利条件看成一种磨炼，不屈不挠，勇往直前。在逆境中，只有强者、不屈者才能冲破重重阻力，走上成才之路。

身处逆境要想成才需有一定的条件。

首先，要具有顽强的毅力。毅力是指在艰苦的磨炼中形成的一种战胜自我、不屈不挠的精神，是个体在逆境下成才的关键。例如《史记》的作者司马迁在遭受耻辱的宫刑后，用非同寻常的毅力完成史学巨著。而与此相反，不少在逆境中的人虽一时受外界刺激立下宏伟志愿，却终因没有顽强的毅力半途而废，这样的例子比比皆是。

其次，应具有独立自主的精神。如果缺乏自主精神，不相信自己的力量，一心依赖环境和他人，就不可能有什么成才可言。美国钢铁大王卡耐基是个典型的白手起家的成功人士，他说："我觉得一个人若想真正成功，最好是让他生长在贫贱的环境中。因为逆境可以塑造一个完美的人，可以使人相信依靠自己的力量取得成功。"这段话充分说明了逆境中独立自主精神的重要性。

因此，我们对待逆境应采取积极的态度，应该把逆境看成是一次考验自己的机会。有时，正是逆境给人提供了发展的机会，激发了人的斗志，从而使人走上成功的道路。

12. 你心目中的大学生活。

上大学是我少年时的憧憬和如今的追求。在我的心目中，大学是成就光荣与梦想的地方。但是，我想在不同的大学生活氛围里，会有不同的感受与收获。我理想的大学生活应该具有这样的感受：初入校园时的意气风发、寄身校园时的畅快充实、离别校园时的依依不舍。

首先，我觉得大学应该是一座学术的殿堂。那里学者如云，有着浓厚的学术氛围和最新的学术思想。在这座殿堂里，没有世俗高低贵贱的等级和尊卑，有的只是平等的交流和不同观点的碰撞和融合，教授与普通的学生可以促膝交谈，学者们都非常平易近人。

其次，我觉得大学还应该是一方安静且干净的乐土。它宁静而安详，不为当今社会的物欲横流所困扰，也不为某些世俗的沉渣恶习所污染。它是那么与众不同、出类拔萃。在大学的校园里，没有自私虚伪、尔虞我诈，同学们和睦相处，真诚地为丰富知识和提高思想认识拼搏奋斗。

大学生活更应该是一个多元思想碰撞的人生舞台。在这个舞台上，每一个人都扮演着特殊的角色，有着不可取代的位置。所以，我认为，大学里学生会等各种各样的社团组织能为学生提供锻炼才能的平台。在那里每个学生都可以发挥特长，也可以学到实用的人际交往技巧。

这就是我的大学畅想曲，节奏鲜明，悦耳动听。我希望通过自己的努力实现大学梦，走进在梦里出现过无数次的象牙塔。

13. 谈谈"课桌文化"。

文化之大，包罗万象。如今，"美食文化""旅游文化"等层出不穷，不登大雅之堂的"课桌文化"也有盛行之势。

课桌文化，确切地说，应该称之为课桌文字文化，属于以书写形式流传的一种特殊的校园民俗文化。课桌文化的内容非常丰富，大致有如下四种类型：与考试相关的一类，与爱情相关的一类，对人生意义探索和追求的一类，愤世嫉俗、消极、迷茫甚至颓废的一类。

有人认为，课桌文化是学生生活的一面镜子，是学生心理的传真机，从中可以看到同学的喜怒哀乐，可窥见当地的民俗风情。然而，课桌文化是一种本不应有、却又一时难以消除的客观存在，基本上属于校园文化中非主流、非规范性的一种负面文化，往往具有一定的消极作用。首先，它存在的形式就是错误的，是以损坏公物为代价的。其次，它更多包含的是一些消极的情怀。

课桌文化的产生原因很复杂，既有社会因素，也有学生个人因素。要想克服或抵制这种负面的课桌文化，消除它的负面影响，必须从多方面着手。除加强正面宣传引导与管理之外，创建和发展既健康向上又丰富多彩且真正使广大学生乐于参与的、甘于投入的、真正以广大学生为主体的校园文化是最关键的。

14. 感受高三。

高三是中学阶段的最后一年，也是向高考冲刺的一年。这一年，学生学习负担重，精神压力大，生活节奏快，是前两年无法相比的。

每个年级都有故事，高三自然也不例外，只是高三的故事都充满了苦涩的味道。

高三的故事是没有双休日的故事。周一到周五从早到晚课程表上都排得满满的。周六也上课，只是换了一下形式，名曰"补课"。唯一的星期日又被打了五折。有同学说："我最喜欢上课，因为上课后可以休息；我也讨厌休息，因为休息后又要上课。"

高三的故事是没有家务活可干的故事。当我心血来潮，提出要干家务时，妈妈说我用功复习就是做家务最好的方式了。

高三的故事是桌面上有一大堆参考书的故事。参考书的来源你不必关心，选书是老师的事，预定书是学校的事，书钱是家长的事。至于学生的事——请坐，请做。

所以高三的生活可以被称之为"酷刑"，不仅是生理上的，更是心理上的。不经历过高考的人是无法想象的。

然而，回首经历过的高三，发现自己长大了很多，也成熟了很多。我们在浩如烟海的复习资料中积累了知识，充实了自我；我们在数不清的考试中屡败屡战，磨炼了意志；我们在家长希望的压力下感受到责任，学会了担当。总之，在高三，我们收获了很多。

"不经历风雨，怎么见彩虹？没有人能随随便便成功！"是的，我们都应该感谢这样一段特殊的日子，感谢高三，因为我们痛并快乐着。

15. 请谈谈你对"高考后消费热"的看法。

短途旅行、大摆"谢师宴"、美容院里的"七十二变"……随着生活水平的提高，每年高考结束后的一段日子，考生家长们都会想尽办法"犒劳"孩子，从物质奖励到精神享受，由此引发的"高考后消费热"迅速升温。

许多教育界人士认为，"高考后消费热"的出现和升温，一定程度上是广大市民过度关注高考造成的。金榜题名一直都是我国广大学生和家长梦寐以求的事情。于是，金榜题名后的奖励成为大家展示自己孩子水平的一种途径，正是这种"严重关注"成就了不健康的"高考后消费热"。另外，高考后的物质奖励已不仅是给孩子的"一颗糖"，更是为自己"充面子"，归根结底就是家长之间的"攀比风"在作祟。于是，高考后的奖励又成为家长之间比拼财富的一种方式。

过分的奖励对孩子的成长很不利。一些不合理的物质奖励往往容易引起学生的功利心理，诱导不健康的消费观念，因为高考不是结束，只是又一个开始。学生进大学前就如此挥霍，离开家后肯定会更加没法约束自己。

"后高考经济"火热的背后实际上是教育思维的"偏航"和对物欲诱惑的迷茫，其降温有赖于人们对教育理念、成才方式、人生目标的理性回归。

对此，众多教育专家指出，要斩断"攀比风"，一方面教育部门要培养学生的理性消费观念；另一方面有关部门还应当加大节约理念的宣传力度，让学生家长以身作则。

16. 谈谈你印象最深的一位老师。

看到这个题目，一个老师的身影就会浮现在我眼前。她就是我初中时的地理老师——倪老师。从幼儿园到小学，教过我的老师很多，倪老师最让我难忘。她头发乌黑油亮，圆圆的脸庞，月牙般的眉毛下一双炯炯有神的眼睛闪闪发亮，高高的鼻梁下上翘的嘴角总是微笑着。

倪老师上课与众不同。在所有任课老师当中，倪老师是最受欢迎的。她给我们上课没有师生界限。几个调皮的男生到了她的课上更是如鸟投林，如鱼得水，越发得意。她讲课声情并茂，妙趣横生，一堂课下来，无人不精神抖擞、意气风发。提出一个问题时，她让同学回答，都要带上一个修饰语："我的课代表""我的小助手"，好像交情很"铁"似的。如果那位同学回答得特精彩，教地理的她便会来一句英文"Sit down, please. Very good!"，引得我们哈哈大笑。讲课时，她喜欢用一些有趣的手势和生动的比喻帮助我们理解课文。比如有一次讲到地球的形状时，她说："你们记住，地球的形状就像你们平时爱吃的橄榄，不过，它是一个变形的橄榄，一头大，一头小。"说着，她用两只手在身体前比画出一个非常大的橄榄形的"地球"，那副模样真有趣！在笑声中我们轻轻松松地记住了她讲授的知识。

期中考试前，由于学习紧张，老师们忙着给我们讲解各种试题，脸整天绷得紧紧的，除了倦意，很难找到笑意。但倪老师例外，她态度总是那么和蔼，微笑永远挂在脸上，让我们倍感温暖。即使我们偶尔犯了错误，也从不对我们发火，更不会向家长告状，只会轻轻地教导我们。

正是因为倪老师，即使她不再教我们了，我一直对地理课有着浓厚的兴趣。也正因为倪老师，我的初中生活才那么令人怀念。感谢倪老师！

17. 你认为什么样的老师是好老师？

在我的心目中，好老师应该带有微笑，就像是在向你微笑的星星。现在很多老师的脸都很严肃，好似干涸已久的土地，难得见到滋润的表情。所以，许多同学都对老师产生了一种恐惧，老师问问题时也张口结舌，束手无策。如果老师能以微笑面对学生，会给胆小的同学一种鼓励，使他们不再胆怯，敢于在众人面前展示自我。

我心目中的好老师是一个知识渊博的老师。我们从他那儿可以汲取丰富的知识，了解精彩纷呈的世界。在他的带领下，我们畅游在知识的海洋中，看到美丽的风景。

我心目中的好老师应当对学生一视同仁。他们把学生尤其把后进生当作朋友，深知优秀生是祖国的未来，后进生也是民族的明天。他们每每面对较多的"学困生"，从不"头疼"，从不挖苦歧视他们，而是凭借自己的耐心、宽容去理解他们，鼓励他们作出每一个细小的改进。

我认为老师要有一定的人格魅力。老师是教给我们知识的，一个品德败坏的老师又如何让自己桃李满天下呢？

我还认为一个好老师要有幽默的语言。假如我们的每一位老师都在上课时说一些幽默诙谐的话来使课堂氛围变得活跃那该多好！这样，我们就能在轻松快乐中学习，学习效率也会增加。

我心目中的好老师优点太多太多，也许你会说：你的要求太高，谁也做不到。那我告诉你：只要有一颗金子般的心，那他就是我的好老师。

18. 论"学"与"玩"的关系。

家长最爱对孩子说的一句话是："你就知道玩儿，不知道学习。"许多家长把孩子玩儿看成是一种"错误"。这是社会压力造成的，因为现在许多地方招聘人才，头一条要求准是文凭。家长们认准了一条：拿文凭就得好好念书，就得拼时间和拼精力。玩儿自然是拿文凭的大敌了。

我们支持孩子好好学习，拿文凭，因为这是社会发展对人素质的需要。但是，我认为还应正确看待玩儿和学习的关系。

玩儿对学习有促进作用。人不是机器，脑子也有一定的弹性限度。研究表明，人如果能够劳逸结合，科学用脑，其学习效率与时间成正比；如果脑子超常运动，疲劳过度，学习效率与时间成反比。此外，有时玩儿也是学习。和别人玩儿的时候，可以学习如何与人相处，学习如何与人竞争或合作等，可以促进身心健康发展。许多玩儿的活动有助于培养孩子的兴趣、爱好，发展孩子的特长。

玩儿应该有节制。首先，自己订个玩儿与学的计划，不能因为玩儿而影响了学习，要分清楚孰轻孰重。另外，玩儿的内容要健康向上，比如，搞科学小发明、小制作，还可以搞调查、养殖等，而不是疯狂打电子游戏或沉溺于网吧。这样，把玩儿与学在更高的层次上结合起来，非常有利于孩子的健康成长。

综上所述，科学地安排学与玩儿，对孩子的学习和成长更有利。

19. 谈谈你对学生干部的理解。

学生干部是一个特殊的群体，是老师与学生之间沟通的桥梁。做学生干部的得与失，人们看法不一。在我看来，做学生干部有利于个人素质的全面提高。

首先，做学生干部能锻炼口才，提高表达能力。不管你口才如何，但是做了干部，老师逼着你去讲，哪怕只是宣布一个通知，你事先也得考虑考虑，打打腹稿。久而久之，面对的人再多你也不会怯场，而且说话会越来越有条理性。

其次，做学生干部可以培养自己的组织能力和与人相处的能力。大家都知道，许多事情都不是一个人能干成的，需要将大家组织起来一起干。在组织的过程中，你要很好地与人相处，不能总闹情绪、闹矛盾，而是要调动大家的积极性，一起把工作做好。

再次，做学生干部可以促使对自己的要求更严格。如果自身的缺点太多，别的同学就不会信服你。

当然，要做一个被老师、同学从心底认同的好干部，还要克服目前一些学生干部身上存在的不良倾向。

一方面，不但要搞轰轰烈烈的"大"活动，更要脚踏实地、默默无闻为同学做实事。如果不做实事，广大同学就对你不满了。另一方面，不要只与老师搞好关系，而与同学有隔阂，更不要误把老师对你的信任，当作可以对同学指手画脚、颐指气使的权利。这不仅有损老师的声誉，而且败坏学生干部在广大同学心目中的良好形象。最后，千万不能因为学生工作放松自己的学习，学习成绩不好的干部在同学心目中是缺乏威信的。

20. 近年来报考艺术类专业的考生人数剧增，谈谈你的认识。

近年来，艺术类专业考生人数剧增。每年春节过后，各艺术类院校便开始在全国各地设点招生。其场面之大，人数之众，令经历过多年艺术类专业招生的老师瞠目。

造成艺术类专业报考热的原因是什么呢？

首先，艺术类院校的门槛较低，对文化课分数的要求不高，报考艺术专业已成为一部分学生上大学的捷径。

其次，高校艺术类专业扩招为更多的学生报考艺术类专业提供了可能。近年来，社会对艺术类人才的需求量逐年加大，如室内外环境设计、城市规划、建筑设计等都需要专门艺术类人才。因此，各地的综合性大学、理工大学，甚至一些学校的二级学院和独立学院也办起了艺术设计专业。

然而，艺术类专业报考热带来的问题也令人担忧。一方面，艺术类专业的考生专业素质良莠不齐，不少考生不是因为喜欢艺术类专业，而是看中了它的低门槛。这样的考生没有艺术天分，不热爱艺术，就算通过专业课考试进入高校艺术类专业学习，也不会取得很大成就，甚至导致考生和家长10多年的巨大投入付之东流。

另一方面，开设艺术类专业的学校越来越多，但高校师资力量有限，必然使原来小范围的艺术专业教育采取"粗放型"的授课方式，使教学质量大打折扣，从而带来学生素质的下降和他们的就业困难。从一些报道了解到，不少艺术类学生毕业后或找不到工作，或被迫转行。

因此，国家有关部门对艺术类专业报考热要客观看待，采取有力措施，努力消除它带来的消极影响。另外，那些把报考艺术类院校当作一条捷径的考生不要盲目报考，一定三思而后行。

21. 近年来，报考艺术类专业的中学生日趋增多。但是，有些艺术类专业考生缺乏系统的专业学习，甚至有些考生从未经过专业的训练，只是在临考前几个月"快速充电"。你如何看待这种考前"临时抱佛脚"的做法？

动听的音乐、逼真的绘画、让人感动的朗诵等艺术作品和艺术行为能够陶冶人的情操，净化人们的心灵。近年来，随着我国物质生活的提高，人们更加追求文化生活的满足。学习艺术、欣赏艺术是人们满足精神文化生活的主要途径。为此，一些爱好艺术的中学生在报考大学的时候选择了艺术专业，并立志将来成为一名艺术工作者。但是，我们也看到，其中一些同学在填报高考志愿的时候，头脑不够冷静，存在侥幸心理。他们不是真心喜欢艺术而报考艺术类专业，而是看中了艺术类专业文化课录取分数线低，想通过这种途径进入高等学府。因此，也就出现了有些同学在高考前几个月随便找个专业老师辅导一番，或者盲目地报一些所谓的"艺术辅导班"培训一番的现象，这些同学在以前的学习中从未进行过系统的艺术专业技能学习。

我认为，这种考前"临时抱佛脚"的做法实在不可取。其一，虽然艺术类专业文化课录取分数线相对较低，但是艺术类专业考试也需要同时过线才有可能被录取。很难想象高考前的临时突击能够通过专业课考试。其二，一般采取"快速充电"做法的同学目的并不单纯，他们并不是真正喜欢艺术而去报考此类专业的，这样就算侥幸踏进了大学校门也可能因为缺乏学习的动力和后劲而懈怠，耽误自己的前程。其三，"临时抱佛脚"的做法反映了一些考生的浮躁心态。人立于世，需脚踏实地，方可做出大事业来。因此，我们的老师和家长要引导好我们的中学生，克服这种浮躁心态，切莫为了进入高校而存在侥幸心理。踏踏实实，一步一个脚印地打好坚实基础，才能在高考中取得胜利。

22."时尚"一词成了现在年轻人的流行语，喜欢时尚、追求时尚成了年轻人的时尚。谈谈你对"时尚"的看法。

"时尚"有着强烈的时间性。每个时代，每个历史时期，都有不同的时尚。喜欢时尚、追求时尚是人们普遍的心理状态，尤其年轻人更是喜欢新鲜事物。人们喜欢时尚，也正是因为时尚往往和新事物联系在一起，代表着希望，是新生活的风向标。热爱时尚的人同样也是热爱生活的人。不过在现实生活中，我们看到有些人错把"与众不同"当时尚，认为只要跟别人不一样就是新鲜，就是时尚。有些中学生，甚至盲目地模仿某些明星，把头发染成花花绿绿的颜色，在校园里穿"奇装异服"，行为举止极其怪异，认为自己是"时尚"一族。其实这种"时尚一族"是错误地理解了时尚，没有领悟到时尚的真正含义。"时尚"绝不是一小部分人的"个人爱好"，它应该有广泛的群众基础。时尚的事物一定是美的，是会被大多数人接受的。当然我们不否认，时尚刚出现的时候往往是被一小部分"时尚人士"引领的。时尚也是有阶段性的，过了一个阶段，时尚可能就过时了。历史上不同的时代和阶段会有不同的时尚。我想我们的媒体和社会应该帮助年轻人树立良好的"时尚观"，培养他们积极健康的时尚心理。这样，我们的生活才会因为时尚而更加美好。

23."情人节""圣诞节"这些西方文化中的节日流入中国后很受年轻人喜欢。你如何看待"洋节"？

不同的民族都有自己的节日，节日代表着各民族的文化。现在的世界是一个开放的世界，各民族之间的交流逐渐增多，有些外族的节日经过传播也被本民族接受和喜欢。"情人节""圣诞节"是西方的一些节日，代表着西方的文化。当我们提到"圣诞节"就会想到圣诞老人、圣诞树，还有圣诞礼物，这些节日文化已经被我们许多中国的朋友喜欢。最近几年，"过洋节"似乎也成了一种时尚。不过我们逐渐发现，当洋节盛行的时候，自己本民族的一些传统节日却在逐渐地被大家淡忘。于是就有了北京大学、清华大学等高校的博士生联合发表倡议书，号召大家谨慎对待"洋节"。

文化是一个民族的灵魂和希望，承载了本民族的共同心理和精神信仰。传承文化，发展文化，繁荣文化需要每一代人的不懈努力。节日是我们传统文化的良好载体。吸取外族文化的养分，是文化交流和发展本民族文化的需要。但是，如果对外族文化，不经过任何选择，全盘接受，盲目地崇拜"洋节"，甚至因为过"洋节"而淡忘了自己本民族的节日那将是很可怕的事情。热爱中华文化，传承中华文化是每个炎黄子孙的责任。我们的媒体、社会和教育部门应该注意对本民族传统文化的宣传。中华民族历史悠久，文化底蕴深厚。我们的节日有着深厚的文化内涵，不仅被本民族喜欢也会受到外民族朋友的喜欢。在进行文化交流时，也要注意不仅要"接受"，同时也要"给予"。这是文化交流的需要，也是对本民族文化保护的需要。

24. 很多人崇尚名牌产品，认为品牌就是产品质量的保证。你的看法是什么？

市场经济条件下，很多企业非常注意提升自己的品牌价值。在我们的日常生活中也充斥着各种各样的品牌，令人眼花缭乱。人们在购物的时候，受品牌的影响还是非常大的，人们更愿意购买那些知名品牌的商品。品牌在某种意义上就成了质量的保证，间接或直接地影响着人们的消费行为。"海尔"是我国电冰箱行业的一个著名品牌。"海尔"品牌价值是由青岛海尔集团员工靠不懈的努力，用过硬的质量和良好的信誉，一步步打造出来的。正所谓："冰冻三尺，非一日之寒。"品牌一旦形成，就会具有非常大的价值潜力，对企业、消费者都是一件好事。但任何事物都有其发展的规律。如果一个知名品牌在形成之后，不注意后期的维护，或者陶醉于一时的成功当中，就很容易出现"昙花一现"的情况。在我们现实生活中就存在着许多往日的知名品牌因缺乏后续动力，而最终被市场淘汰的案例。所以，品牌也需要维护和进步。市场经济条件下，竞争非常激烈，稍有不慎就会被别人超越。企业管理者要有对消费者认真负责的态度。品牌的认可，某种意义上是消费者给企业的一种荣誉，企业要用更大的努力回报消费者，只有这样品牌的价值潜力才会不断增大。

25. 谈谈你对微博的认识。

微博在我国出现的时间不长，但却风靡一时，并有愈演愈烈之势。从人们的日常话语角度出发，究其原因有二：

第一，微博可以更好地促进信息的交流和传播。微博最大特点在于其普遍性和透明化，这也是微博最大的优势。在微博上，普通人可以拥有很多"粉丝"。"粉丝"不在多，有品位则名；关注不在众，有高度则灵。在那里，你可以将生活中的点点滴滴都记录下来，随时记录思想的小碎片与心路历程，与千千万万的博友分享自己身边的新鲜事，与众多博友为不平之事而呼喊。在那里，你可以通过信息的迅速传播，拆穿谎言，还原真相，感受社会冷暖，品尝人生百味，体验人间善恶。

第二，微博可以让忙碌的人们得到短暂的放松。那里有广泛的资讯，有最新的新闻，有最流行的时尚潮流资讯，有搞笑的图片、视频，有最新发布的商品等，可以增加人们的信息量，拓宽视野，让人们在这里找到有趣的东西，得到放松。它还可以让人们在那里接受各种教育和熏陶，丰富知识，增加涵养。

26. 如何看待"名人出书热"？

一些演艺明星和主持人，在取得一定成就，成为家喻户晓的"名人"后，就把自己的演艺经历和人生感悟写成了一本书，并出版发行。"名人出书"一时间似乎成了社会时尚。从《日子》《痛并快乐着》到《像男人一样去战斗》等，名人的新书不断出现。不可否认，这些名人所写的书，的确有一些真知灼见，给读者以人生启迪；有一些人生的悲欢离合，让读者了解了名人的一些不为人知的故事。但同时，我们也发现一些名人打着"出书"的名义来炒作自己，在书中过分暴露自己的私生活。更有一些人利用销售这些粗制滥造的书来赚钱。还有一些人出名后为了标榜自己的"文化内涵",找枪手代自己写书,甚至出现自己"写"的书自己却从未读过的事情。这些行为反映出了现代社会中,部分人的浮躁心理。人们在面对"名"和"利"的诱惑时,有时会缺乏冷静的思考。能够出名是人民大众对"名人"某方面的认可,是一种至高无上的荣誉。但是,如果名人利用荣誉去牟不义之财,最终只能被大家唾弃。真正的金子终会发光,并且光芒会持久恒远,而流星的光芒只能是一瞬间的。作为名人要正确对待"出书"这件事,要出对大众有益的书,这样人们才会欢迎。若是把"出书"当幌子来炒作,也许"名人"用不了多久会恢复成"人名"。

27. 有人把用通俗易懂的方式解读后的一些经典文化定义为"快餐文化"。你如何看待"快餐文化"?

当今社会,时间即财富,人们的生活节奏加快了,中外"快餐"应运而生。与之相伴相生的,有各种"快餐文化"出现了:欣赏电视剧《红楼梦》,代替了对原著的阅读;大部分的中外名著,缩写本就在身边;《二十四史》可以直接看现代汉语版本,不必再费神阅读文言文原版;学习古典诗词,只熟读"名句";了解历史,只需看影视剧的戏说演绎;等等。

"快餐文化"是现代社会快节奏生活下的产品。现代人生活紧张,既要工作又要学习,总是为生活东奔西跑,想要挤出时间来品味名著,谈何容易?于是,大家为了方便,就利用电视剧、电影、戏剧来了解名著文化。但往往他们看到的只是表面的东西,了解不深入,印象自然不深刻,对自身修养的提高和帮助当然也不会特别大。电影、电视剧是人们了解文化的快捷途径,但其实质作用不大。对于文化、历史特别感兴趣的人,往往觉得只从电视上看是不够的。他们为了读原著,不但为寻书而穿街走巷,而且还花较多的钱去买书,花很多时间读书,从而丰富自己的内涵。因此,"快餐文化"不能使读者充分满足,这是由它本身的缺陷造成的。对于某些人来说,"快餐文化"给他们带来了方便,带来了娱乐,也给他们省下了许多时间可以去干别的事情。因此,这一部分人会对"快餐文化"表示赞成,希望让它成为自己获取文化知识的一个重要途径。其实"快餐文化"也是一种"文化选择",而是不是一种"文化主流",是不是顺着时代潮流走,还要看看人民大众对它的看法,能否使它有益于大多数人。

28. 谈谈你对"流行"的看法。

从原始社会到现代社会,人们的思想随着社会的变化也在进行着错综复杂的转变。新思想与新事物不断涌入,迫使我们向着更多的方向发散思维。于是,在我们的思想中便出现了追赶潮流的动向,"流行"便应运而生。那么,我们应该怎样理解"流行"呢?"韩流"滚滚涌向中国,使一大批中国人,特别是在校学生为之痴迷。一时间,大街小巷宽衣肥裤、五彩发丝的形象成了一些人的向往。可以说,"韩流"在他们中间"流行"起来了。但是,这种流行真的能长久吗?另外,当今社会上,傍"大款"、包"二奶"的"热浪"蜂拥而起,难道这也是一种正常的"流行"吗?那么,什么才是真正应当有的"流行"呢?仔细想一想，我们每天学习的公式、定理不是一种实实在在的流行吗？我们的前辈学习了它们，我们也正在学习着它们，将来我们的后辈也会继续学习它们，它们不愧为恒久不变的流行。追赶这种流行的人必将有所作为。

俗话说：萝卜青菜，各有所爱。我们要选择自己喜欢的流行事物，不能逼迫自己去接受不喜欢的东西，也不能像赫尔岑一样，指责别人的追求。这样生活才会丰富多彩，社会才能全面发展。"流行"并不是简单的一个词语，需要我们在生活中寻找它的真谛。

29. 你有"偶像"吗？谈谈你对"偶像的力量"的理解。

每个人的心目中都有自己的偶像，偶像对一个人有非常大的影响力。偶像的言行举止会影响到你的言行举止，你的处世方式也会因他而不知不觉地改变。一个人从小到大了解的名人非常多，如政治家毛泽东、拿破仑、富兰克林·罗斯福，科学家爱因斯坦、牛顿、李政道，艺术家达·芬奇、罗丹、徐悲鸿，儒家学派创始人孔子，诗人苏轼……这一串串为世人所景仰的名字，在各个领域改变着世界，在世界的历史中留下了不可磨灭的贡献。

但当今社会绝大多数人心目中的偶像已经被一夜成名的明星所代替。最夸张的莫过于《大宅门》里的那个情节：当台上的戏子出场时，台下的女人疯了似的，哭着往台上掷银子，在得知不能同偶像双飞双宿之后，甘愿与照片成婚，守着照片过了一辈子。对于外人来说，这是极端；而对于她们来说，是无怨无悔，是最高境界。其实正如杨德昌在《麻将》中所提到的那样，人在很多时候都不知道自己应该去干些什么，所以这个时代需要偶像，需要一种值得追随的力量。但是，应该怎样正确对待偶像的力量，是一个非常重要的问题。他是一个载着你的船的舵手，可以让你一帆风顺，可以让船毁人亡，可以让你步履平顺，但也可以使你坠入深渊。偶像的真正力量在于鼓励我们前进，我想应该是这样。

30. 高中生摆谢师宴，对此谈谈你的看法。

"十年寒窗苦读，一朝金榜题名"是被中国古人称之为"人生四大喜事"之一的一大幸事。金榜题名标志着一名学生从此以后进入了一个崭新的人生阶段。它不仅是对学生本人努力的肯定，也是对学生家长和老师辛苦劳动的肯定。因此，在这种情况下，一些家境好的学生家长为了表示对老师工作的肯定和感谢，会请老师一起吃个饭，或者到老师家里去看望老师以示感谢。这些行为都反映着人们对教师劳动成果的尊重和重视。毕竟，没有老师的辛勤培育，仅靠学生自学是很难成才的。所以，当一小部分条件好的家庭举行"谢师宴"这样的活动时，得到了其他一些人的认同和鼓励。此后，很多人相继模仿，"谢师宴"逐渐形成了一股风气。

我国自古以来就是一个尊师重教的国家，人们对教师的尊重已经成了我国的一种传统文化流传到了今天。所以，我们首先应该弄清"谢师宴"出现的原因，并给"谢师宴"以必要的理解。

"谢师宴"原本应该属于学生及其家长的自愿行为，主要目的还是为了表示对老师的感谢。但是一些相互攀比的现象出现后，"谢师宴"变了味。好像考上了大学就必须摆"谢师宴",否则便会遭到其他人的嘲笑和冷对。在这种情况下,"谢师宴"开始渐渐地蜕变成为一种形式,甚至成了某些爱慕虚荣的人炫耀摆阔的手段,这样的"谢师宴"就违背了初衷。这也是为什么人们又会对这种所谓的"谢师宴"提出强烈反对的重要原因吧。

那么,如何对待"谢师宴"呢?首先,我想应该明确举办"谢师宴"的初衷和目的是为了表达对老师的感谢。其次,要达到谢师的目的,是不是一定要用吃饭的形式呢?显然不是。如果实在觉得还是吃饭最能表达谢意,沟通感情,那就一定要把握好"度",千万不能为了攀比,铺张浪费,滋生了腐败。

31. 谈家庭教育与学校教育。

家庭教育与学校教育有着很大的不同。学校教育的侧重点在于政治教育、社会道德教育和文化科学知识教育及其他能力的教育。家庭教育是指家庭中的父母及其成年人对未成年孩子进行的教育。

家庭教育是一切教育的基础。人们常说:家庭是孩子的第一所学校,父母是孩子的第一任老师。这两个"第一"有力地说明了家庭教育的重要性。

孩子出生以后,给孩子最早影响的是父母,是父母用深挚的爱对孩子进行最早的生活和智慧的启蒙。在一个书卷气很浓的家庭中,孩子从小就可以以书为友;在一个夫妻不和、"战争"四起的家庭中,孩子从小就可能与小伙伴不和;在一个沉迷于看电视、打麻将的家庭中,孩子也很难从小追求上进、积极进取。所以说孩子入园、入学乃至走上社会,都明显地带有不同家庭教育的痕迹。从这个角度讲,孩子长大后成为什么样的人,家庭,特别是父母对孩子起着最初的"塑型"作用。家庭教育为学校教育打下了基础。如果家庭教育水平高,孩子从小在体能、智力、品德、行为等方面发展就好,那么教师在进行素质教育时就能得到事半功倍的效果。否则,教师就要投入更大的力量予以补偿和矫正,而且效果往往不理想。

家庭教育可以对学校的素质教育起到补充作用。学校从功能来说,是专门培养人的场所,对青少年的全面发展起着主导作用。但是任何教育形式都不是万能的,都有其局限性,学校教育也不例外。

家庭教育是学校教育、社会教育的起点与基础,是塑造人们灵魂的第一环节。只有把家庭教育、学校教育和社会教育密切结合起来,相互促进,教育才能达到事半功倍的效果。

32. 目前,网络上流行"恶搞",如恶搞图片、恶搞视频等。你对"恶搞"怎么看?

"恶搞"是互联网时代产生的一种讽刺文化。我觉得"恶搞"很像成人玩的一种恶作剧。我们还是孩童的时候,如果对某些事情或者某个人不满就会有针对性地来个"恶作剧"。现在,某些成年人看了自己不喜欢的电影,就在网络上用恶作剧的形式来讽刺一下。其实这种现象也无可厚非,成年人有时候也有一颗童心。

但是,当"恶搞"成为一种文化,并且越来越流行的时候,我们就应该想想这个成年人的游戏,是否也需要遵守一些游戏规则了。没有规矩,不成方圆。我们看到,一些"恶搞"

的作品制作水平不高，并且格调低下，在互联网上广泛传播，严重侵犯了网民的利益。还有一些人不顾事实，通过"恶搞"的形式，宣泄个人情绪，对"恶搞"对象的名誉造成了极大的伤害。更让人难以接受的是有一些人在"做游戏"的时候玩过了头，竟然把大家已经认定的"红色经典电影"中的英雄人物当作"恶搞"的对象。我想这是对老艺术家，也是对历史，对英雄们的极不尊重。"恶搞"作为成年人玩的一种"恶作剧"，满足了人们游戏的天性，丰富了网络文化，为人们的生活带来乐趣。但是，做任何事情都要讲求规则，"恶搞"作品也应该以尊重他人为前提，增强艺术含量，保证格调高雅，弘扬积极向上的精神内涵。国家有关部门也应该制定和出台相关法律来规范互联网上的"恶搞"行为，引导其走上一条健康之路。

33. 手臂上戴着"五道杠"的少先队武汉市总队副队长黄艺博一夜红遍网络。又因其父称他"两岁看《新闻联播》，七岁看《人民日报》《参考消息》"，更是惹来众多非议。他曾获得湖北省"十佳少先队员"、湖北"首届美德少年"等荣誉。他热心公益，热爱家乡。2016年6月，黄艺博通过武汉大学马克思主义学院自主招生。"五道杠"少年的再次出镜引起喧哗一片。请谈谈你对"五道杠"少年的看法。

在某个评价体系里，黄艺博是光芒四射的，而他的光芒却让很多人感到不适。如果换个评价体系，他的正能量爆满就会变成"官味十足"。

鲁迅曾批评《三国演义》道："欲显刘备之长厚而似伪，状诸葛之多智而近妖。""少年天才"或"道德完人"给人的印象与此类似。

黄艺博表现出与同龄孩子极不相称的早熟。当别的孩子在看动画片、童话故事时，他在关心、思考国家大事；当别的孩子开始叛逆时，他已经醉心于公益事业；当别的孩子只想考个好学校时，他正思考"中华民族之复兴，续写汉唐之盛世"。

人们之所以有不适感，是因为黄艺博的早熟让人看起来不自然。本应该是童真的年龄，却做着过于早熟的事情，这不能不让人怀疑其父母对其过早的人生规划，有炮制"政治神童"之嫌。

如今，已经成年的黄艺博，无论以前的成长之路有过多少家庭干涉的痕迹，以后都要对自己的选择负责了。

黄艺博势必作为名人继续受到关注，被公众议论。现在论断"五道杠"少年还为时过早，毕竟他的人生之路还很长，是褒或贬都不妨留几分余地。无论如何，作为一个刚成年的青年，我们都希望他拥有正能量，生活更精彩。

34. 校园本是宁静之所，但是近年来，中学校园暴力事件频繁发生。请就"校园暴力"谈谈你的想法。

校园暴力事件频发，主要原因在于一些青少年自律性差、法律意识淡薄。青少年的身心正处于发育阶段，世界观、人生观、价值观尚未形成，很容易受到不良因素的影响。

暴力事件的原因在很大程度上是教育问题。青少年的教育不仅是指学校教育，还包括家庭教育、社会教育、自我教育。

目前,"以成绩论英雄"的教育模式在学校教育中仍然显著存在,而应试教育中那些成绩不理想的学生往往被忽视甚至被歧视,这可能会导致他们人格发育的不健全。家庭教育对于一个人的成长是极其重要的。在民主和谐的家庭氛围中成长起来的孩子,性格中一般也会充满正能量。社会环境也在潜移默化地影响着青少年的成长。当前,一些中小学周围开设有网吧、游戏厅、歌舞厅等不宜青少年进入的场所,有些相关人员无视有关规定向未成年开放,严重破坏了教育环境。目前,网络上的不良信息对自控能力和辨别能力不强的青少年影响也很大。当然外在诱因再多,还需要通过内因起作用。青少年的自控、自律能力差和法律意识淡薄是校园暴力事件中不可不考虑的因素。

所以,治理校园暴力,还校园一个安静和谐的环境,必须从学校教育、家庭教育、社会教育以及学生的自我教育四个方面做工作。如,学校多开展法制教育活动,多开设心理健康教育,注重学生的素质教育;父母多与孩子沟通,为孩子创建温馨和谐的家庭氛围;社会人员多一些社会责任。最重要的是学生自己要明辨是非,懂得哪些事情可以做,哪些事情应当禁止。

35. 近期,网络上曝光了多起幼儿园教师伤害儿童事件,请你就校园虐童案件频发谈谈自己的看法。

家长送孩子去幼儿园是希望孩子得到良好的呵护和适宜的启蒙教育。网络曝光的多起"校园虐童"案件无疑会增加家长的心理负担。校园虐童案件频发凸显了两个问题:第一,部分教师师德有待提高;第二,少儿权益应该得到合理有效的保障。

学高为师,德高为范。在此案件中,虐童的教师显然已经违背了作为教师最基本的职业道德。这提醒我们,在教师的师范教育中,应该重视教师的内在品质教育;在教师招聘中,不仅要重视教师的学历和外在表现,也要关注职业素养。

在虐童事件发生后,有些地方对涉事教师行政拘留,停职处理,对幼儿园和教育部门相关负责人员也作出了处理,责令幼儿园进行整改,这种做法会对之后可能发生的类似事件起到震慑作用。

然而,仅靠师德建设和事件发生后的行政处理,并不能完全遏制虐童事件的发生。这背后隐藏着校园的规范化管理问题。校园治理不仅仅要"人治",还要"法治",而现行法律、法规有待完善和落实。在我国的幼儿教育尚未纳入义务教育的情况下,由于公办幼儿园数量不足,一部分人看到投资幼儿教育的商机,便大兴私立幼儿园的建设。然而私立幼儿园的教师配备、幼儿园的管理是否规范化,这是一个事关少儿权益是否可以得到有效保障的关键。

要避免类似事件再发生,政府应从两方面入手进行治理:一方面加大公办幼儿园建设力度,另一方面加大对私立幼儿园的管理力度。

36. 前几年，网上热炒北京大学毕业生陆步轩做屠夫、陈生卖猪肉。最近，网上又爆出一些高学历人才放弃稳定的工作投身传统餐饮行业：薪酬优厚的IT人卖起肉夹馍；自号"西少爷"，社会学专业毕业生辞职做起"青年菜君"；法学硕士离开高档写字楼转而卖米粉。有人说这是人才浪费，你怎么看？

首先，我不认为这是人才浪费。"三百六十行，行行出状元。"我们的生活是多姿多彩的，社会需要多元化的人才，工作没有高低贵贱之分。只要合理合法，凭借自己辛勤努力去工作的人，我们都应当对他们给以尊重的态度。

其次，我们不能以学历"论英雄"。不能因为一个人学历高，我们就高看一眼。事实上，学历低者，并不低人一等。有的人在学校获得知识，增长才干；有的人在实践中磨炼自己，获得能力。我们潜意识中认为高学历人才，特别是名校毕业生应当做一些高端的事情，比如做科学家、经济学家、哲学家、企业家等；认为网上曝出的他们正在做的工作不上学的人也可以做，是上学无用。每个人都有选择自己生活方式的权利。他们的选择，我们可以感到奇怪，但也不至于说是人才浪费。

再次，他们在学业上可以获得好成绩，相信他们在普通的工作中也可以获得成功。北大学子把猪肉卖出了"北大水平"，创立"天地壹号"和"壹号土猪"的品牌；"西少爷肉夹馍"将自己定位于一家互联网公司，会不断更新自己的"产品"；"青年菜君"立志要做上班族的帮厨助手；"伏牛堂米粉"也不是普通的路边米粉店，老板还做其他文化衍生品。可见，这些高学历人才的工作方式仍然是不同于一般人的。

随着生活水平的提高，人们会更注重精神享受。比如吃饭，以前要求吃饱，现在是要吃好，不仅要吃好，如果能吃出新意、品位就更好了。这些高学历人才正是看到了这些变化，将传统的服务业进行了创新。

所以，我不认为这是人才浪费。

37. 河北衡水中学是河北省首批示范性高中，中国十大名牌中学。学校实行"无死角管理"。从早上5：30到晚上10：10，时间安排具体到分钟；成绩、德行、卫生全部纳入"量化管理"，包括"男女频繁交往"、发呆、吃零食等都在扣分范围内。2013年学校有104人考入清华、北大，被指为超级高考工厂：流水线从每天清晨5：30开始运作，到每晚10：10关机停止，期间每分钟都被精准管理。拿着衡水中学作息时间表，看不到留给学生自由支配的时间。请你就衡水中学模式谈一下自己的想法。

针对这一现象，我想谈论三个问题。

第一，目前，我国选拔人才的重要途径仍然是应试教育，仍然是要通过高考这个全国性的重大考试。专家对衡水中学的管理模式不赞同，认为严重扼杀了学生的天性。尽管衡水中学的军事化、标准化管理为一些专家所诟病，但是它仍是河北乃至全国的学生向往的地方，因为升学率高。每个人都想进入更好的大学，接受更优质的大学教育。通过标准化、高强度的训练实现这个目标未尝不可。当前，除了高考这种方法，也暂时找不到更好地选拔人才的办法。历史上曾出现过人才举荐制度，但是以失败告终。衡水中学的现状与专家以及很多人向往的轻松一点的、更人性化的教育模式是矛盾的。往深处想，这其实是应试教育与素质教育之间的矛盾问题，不仅是衡水中学一个学校的问题，而是全国大多数中学的问题，只是衡水中学表现得更突出而已。

第二，衡水中学最惹人争议的恐怕是它精细化的时间管理。这种管理模式对于处在青少年阶段的学生来说是利还是弊呢？中学生的自觉性不高，自律自控能力不强，时间管理不明确的现象很普遍。青少年时代，不能很好地珍惜、利用时间而导致学业荒废的人太多了。青少年时期是学习科学文化知识的大好时光，精细的时间管理可以培养学生的时间观念和自控能力，使同学们学会科学合理地分配和利用时间，这一习惯将使学生终身受益。

第三，衡水中学的学生学习生活状态到底如何？精确到分钟的时间表，让专家们及大众认为学生生活节奏快，学习负担重，精神紧张，疲于奔命，惶惶不可终日。这是人们想象的衡水中学的学生状态。事实到底如何呢？衡水中学的学生最有发言权。

38. 谈一本你喜欢的或者对你影响比较大的书籍。

至今，对我影响最大的一本书是《平凡的世界》。

这是一部小说，是著名作家路遥写的。小说描写了改革开放前后几年西北黄土高原农村的生活变迁，全景式地展现了中国当代城乡的社会生活。小说在近10年的背景下，通过复杂的矛盾纠葛，生动地刻画了生存在黄土高原上普通人的普通生活。

这部小说中，给我印象最深的人物是孙少平。他是一个出生在贫困农村的青年。尽管家里吃饱饭都成了问题，但还是供他读完了高中。他在十分艰难的环境下坚持读书学习，一身正气。贫困的生活并没有磨掉他的志气。他高中毕业后先后做过教师、揽工汉、煤矿工人。他对新生活的向往以及为此作出的每一点努力都十分催人振奋，发人深省。他通过努力最终收获了美好的爱情和人们的尊敬。

孙少平的哥哥孙少安也是个传奇人物。相比孙少平对命运的反抗，孙少安更务实一些，但这不意味着孙少安是个安于现状的人。因为家庭的贫困，尽管成绩很好，但孙少安小学毕业就辍学回家务农，帮助父亲支撑起一个大家庭。他头脑灵活，敢于尝试新事物，勤劳质朴。在家庭联产承包责任制实行之后，他养鱼，办砖厂，有钱了还不忘回馈社会——捐资助学。生活中一次又一次的磨难没有打垮他。困难来了，他都积极乐观应对。他的品行代表了中国民营企业家的良好形象。

《平凡的世界》中，还有很多经典的人物：阳光开朗的田晓霞、与孙少安青梅竹马的田润叶、一心为公的田福军、热情勤劳的贺秀莲等。这是一群平凡的人物，他们都在自己平凡的生活中奉献着青春。这些人物给我的最大启示是：无论在什么处境下，都要积极向上，保持一颗积极进取的心。

39. 信仰是什么？谈谈你的想法。

通俗地说，信仰是指对某人或某种主张、主义、宗教极度相信和尊敬，拿来作为自己行动的榜样或指南。基督教人士信仰耶稣，伊斯兰教教徒信仰穆罕默德，佛教的人信仰释迦牟尼，共产党员信仰共产主义。无论是教徒还是党派人士，他们都有一个共同的特点，即这个组织或团体乃至个人有他们信仰的东西，这种东西让他们内心向往且追随。他们的处事做人或许因此而打上了烙印。

信仰会因不同的文化背景而表现不同，也会随着时间的变化而发生变化。中国和美国两个国家，因文化背景和社会制度不同，表现出来的信仰也不同。美国人崇尚个人成就和自由，中国更推崇集体力量和中庸之道。春秋战国时期，百家争鸣，各种思潮蜂拥而至，那时期不同人的信仰就不同：孔子及其追随者信仰儒家学说，老庄及其后人信仰道家学说，韩非子信仰法家学说，等等。我国目前大力宣传的社会主义核心价值观，即：富强、民主、文明、和谐、自由、平等、公正、法治、爱国、敬业、诚信、友善，分别从国家层面、社会层面、个人层面阐释了中国人的精神信仰。

信仰归根结底是人们对真善美的追求。对于我们即将考大学的高中生来说，信仰就是自信、乐观，是努力去实现自己的大学梦的信念和行动。

40. 你喜欢学英语吗？请谈谈你对中国学生长期学习英语这种现象的认识。

我喜欢学习英语。最初，我觉得这门语言难学，但想到它的重要作用，就慢慢地喜欢并用心学习了。

中国曾在很长一段时间里都是世界上的强国，只是在清朝闭关锁国的政策下才慢慢落后了。而那时，逐渐强盛起来的西方国家用坚船利炮打开了中国的大门，使中国人受尽了西方的欺辱。在意识到落后的情况下，中华民族的仁人志士开始向西方学习。英语从那时便成为学习西方文化、技术、制度的重要工具。

在21世纪的互联网时代，加强东西方经济、文化、技术等领域的交流合作有利于彼此的社会进步。学好英语，我们可以更好更快地从世界各地学习先进的科技和管理经验，更好地与别国交流，更多地参与国际事务，从而获得更多对中国发展有利的机遇，更好地发展中国。

自古以来，大到国家，小到个人，以及各行各业，都有弱者向强者学习的传统。我们在学习英语的同时，也发现对汉语的学习在世界上也很流行，孔子学院日渐增多。中国也在向世界输送自己的文化，这就是国家强盛的表现。

当然，我们在学习英语等外来文化的同时，应注意取其精华，去其糟粕。我们期待有一天，汉语可以成为世界通用语言。

41. 请你就微博、微信、QQ、人人网等社交软件的使用谈一下自己的看法。

互联网的迅速发展为我们带来了很大的便利。我们可以在网上查找资料、购物，也可以在网上进行社交活动。微博、微信、QQ等社交软件便是我们经常使用的。

我们使用社交软件，可以联系到多年未见的朋友，使朋友圈变得更大。如果朋友不"在线"，可以留言，这比书信更迅速便捷。可以说社交软件为人们的交往打破了时空障碍。

但是网络是把双刃剑，有利也有弊。

在享受网络社交带给我们便利的同时，我们也发现这种新兴事物在悄悄改变着我们的生活。从前，路途遥远，我们靠信件、电报传递信息，人们还要等待。如今在信息时代，人们之间的交流是即时的，人们再也找不到收发信件时那种温馨、期盼的感觉了。很多人在微信、微博等平台时不时发布一些信息，人们更多地从这些渠道获取碎片化信息。另外，不少人在这些社交软件上花费时间过长，读书变得少了。零碎的信息、即时的信息对人们思想的带来了十分不利的影响。社交软件上大量的信息扑面而来会造成人心浮躁。另外，一些不法分子利用社交软件进行诈骗，会造成网络的不和谐，增加了社会的不稳定性。

总之，很多事物都有两面性。我们要辩证看待，取其精华，去其糟粕。

42. 随着手机的逐渐普及，手机的某些弊病开始暴露，一些中学明令禁止学生携带手机。请就某些中学禁止带手机这种现象谈谈你的看法。

我认为中学生携带手机弊大于利，所以十分理解学校的这种规定。

手机本是个即时通信工具，中学生携带手机的初衷可能是方便和家人联系。

在校携带手机的中学生除了用手机打电话，有些还会发短信、玩游戏、上网。青少年时期，部分学生的自律性还不高，很难经受住手机游戏等娱乐软件的诱惑。如果睡前玩游戏或上网，第二天上课就缺乏精力。青少年时代是学习的大好时机，如果浪费了太多的时间在手机上，而耽误了学业，实在得不偿失。

另外，中学生在学校期间携带手机毕竟不是常态。在学生心理尚未成熟的情况下，学生之间会因手机形成攀比心理，这也不利于学生的成长。

"少壮不努力，老大徒伤悲。"中学时代正是青少年发奋图强、学习知识的时期。学生应该自觉抵制各种诱惑，专注于读书、学习。在合适的时间做合适的事情，才是最好的成长方式。

43. 谈谈你对中学生谈恋爱的看法。

目前中学生恋爱呈现低龄化状态。高中、初中，甚至小学校园谈恋爱的学生明显多于前几年。我将这种现象的原因归结为以下两点。第一，现在人们的生活水平普遍提高，学生的饮食丰富，营养充足，使青少年生理成熟期提前。生理发育期的提前，和中学生恋爱率的提高有很大的关系。第二，随着信息化时代的到来，青少年接触到的信息普遍增多，从电视、网络等传播媒体上获得更多的成人化信息，这些成人的信息对他们的心理变化也会有影响。可见，信息的大爆炸也是中学生恋爱率升高的一个原因。

我认为中学生谈恋爱有利也有弊，但弊端更大。

利的一面。谈恋爱的双方可以在学习上相互鼓励，为考上好的大学共同努力。另外，谈恋爱也可以促进两人人际交往水平的提高。

中学生谈恋爱的弊端更多。由于中学生处在身心发展不平衡的阶段，生理上虽然发育成熟了，但是心理上尚未成熟。这样的情况下，他们很难处理好感情问题。第一，中学生谈恋爱很可能影响学习。很多中学生处理不好恋爱与学习的关系，致使学习成绩下降。然而，中学阶段是学习的最好阶段，如果因为恋爱而影响学业，就得不偿失了。第二，中学生的心理尚未成熟，他们对爱情中的责任感、将来的家庭观念意识还很淡薄。从实际上看，中学生谈恋爱最后真正走到一起的人很少，往往造成"老死不相往来"的局面。

中学生谈恋爱数量的增加已成事实，学校的教育方式也应该发生一些变化。在应试教育制度下，各个学校的管理都很严格，不少学校明确规定学生不准谈恋爱，甚至有的学校将男女生分开上课，分开吃饭。难道这样就可以阻止学生谈恋爱了吗？我认为"堵"不如"疏"。受封建传统思想的影响，家庭和学校对于性教育缺乏。我认为应该加大青春期生理、心理健康教育的力度，加强引导，把学生的思想引导到学习上去，也许这样就能减少早恋现象。

44. 自2015年11月1日起，新修订的《中华人民共和国刑法》正式实施，考试作弊被纳入刑法处罚范围。请就考试作弊纳入刑法，谈谈你的看法。

在报名参加高考前，每位同学都会被要求签署诚信承诺书，承诺考试不作弊、不协助他人作弊。诚信考试，本是一件理所应当的事，但是有个别人不自觉，妄图通过作弊取得好成绩，甚至还有专门替考的"组织"，这是一种影响极其恶劣的现象。首先，考试作弊是对自己学识和道德的践踏，对自己成长的不负责任。其次，考试作弊意味着对其他参与考试者的不公平。另外，考试作弊也会对社会风气造成不良影响。

无论是学生还是已经工作的人，考试作弊都是一种不讲诚信的行为。作为学生，考试作弊是违反校规校纪的。如今，考试作弊被纳入刑法，这更能体现国家对于考试公平的重视。人无信不立，国无信不强。考试作弊纳入刑法处罚范围对于引领社会公正、公平、健康的发展具有重要作用。

签署诚信考试承诺书，提倡诚信考试，靠的是人格自律。如今，考试作弊被纳入刑法处理，则是用法律来限制这种社会不良现象，可见国家的法律制度更健全了，这也体现了我国在向依法治国的道路上又迈进了一步。

45. 谈谈你对高中文理分科的看法。

高中文理分科是从1977年恢复高考开始的，至今正好实行了40年。对于文理分科，有些人支持，有些人反对。

支持文理分科的人认为，把每门课程都兼顾到，而且学得很好，只有少数学生可以做到。文理分科可以让学生提前选择自己擅长的学科，"术业有专攻"；对于偏科的学生来说，选择自己擅长的学科，可以减轻学业负担，将精力放在高考要考的科目上，更有可能在自己感兴趣的方面作出一番成就。

反对者认为，文理分科使得学生的知识不够全面。有些文科生科学思维和科学精神显得匮乏。而有些理科生学了理科之后，就不再学政治、历史、地理，不阅读文学经典了，这使得不少理科生缺乏人文精神、文化底蕴。

事物都有两面性。就我个人来看，我支持高中文理分科。我更喜欢数学、物理和生物，所以选择了理科。但是我也喜欢读书，尤其历史类书籍，只是会把更多的时间和精力放在理科的学习上，把理科学习得更精深一点罢了。

46. 教育部官方网站宣布《关于继续实施"985工程"建设项目的意见》《"985工程"建设管理办法》《"211工程"建设实施管理办法》等一批规范性文件失效。"985工程"和"211工程"将统一纳入世界一流大学和一流学科建设。因此，网络上疯传国内要取消"985"和"211"高校，教育部出面对此进行了否认。但关于"985""211"的争议，早已有之。请你就此事件谈谈自己的看法。

"985""211"高校是中国优秀高校的代表，确切地说，是中国官方圈定的优秀高校代表。相比于普通高校，它们意味着极大的政策红利和经费倾斜；对于学生，意味着考上了名校；对于一些企业，"985"高校和"211"高校的毕业生是他们的首选。正是因为事关重大，所以当网传"985""211"高校可能被取消时，不同处境的人有不同的心态。

无论是"985""211"，还是"双一流"，我认为都是国家在资金和政策上扶持一部分高校优先发展的策略，如同当年刚刚改革开放时优先发展东部沿海地区一样。这种做法对于一个国家的高等教育发展而言，无疑是好的。可以看到，这些名校为国家培养了大量优秀人才，在科研方面也作出了很大贡献。但是，这样将大学区分为三六九等，并给予不公平的待遇，也有损教育公平，并且给予重点建设的大学更多的政策和资金支持对于大学之间就无法形成更公平的竞争。从这方面来说，将高校人为划分等级的做法对高等教育的长期发展是不利的。

无论"985""211"是否取消，它们多年来积淀下来的文化厚度是不会突然就消失的。我们每个即将考大学的学生都想进入更优质的大学，因为那里有大师，有更优秀的学生，有良好的学术氛围。"985""211"高校是我们的梦想，但是不意味着普通大学就没有可取之处。但人往高处走，所以无论"985""211"是否被取消，我们学生的目标不会变，那就是考更优秀的大学！

47. 近年来网络学习蔚然成风，如慕课网、新东方英语、无忧英语网等，大家都可以在网上购买视频，进行学习。请就网络学习谈谈你的看法。

在科学技术日新月异的今天，网络悄然进入寻常百姓家。网络学习也成为人们获取知识的重要渠道。作为一个新生事物，网络学习有其优缺点。

网络学习的优点有哪些呢？第一，网络学习提供了广阔的教育资源，开阔了学习者的眼界。网络是个浩瀚的知识海洋，为我们提供一个学习的平台。我们可以接触到现实生活中难以见到的教育名师、业界大家，听他们讲课可以拓宽我们的眼界，提高我们的水平。第二，在网络上可以随时随地学习，时间、地点上比较灵活，这就打破了传统学习中的时间、地点限制。网络学习者可能有自己的工作或者事情要做。对于那些空余时间不多，但又想充电的人来说，网络课堂的灵活性可以解决这个问题。学习者可以用晚上或星期天、节假日适宜的时间进行学习。第三，网络学习充分照顾到了学习者的差异性。网络学习让每个学习者按照自己的步调进行学习，明白的地方可以直接跳过，不明白的可以多听几遍，这样考虑到了学习者的个别差异，更具人性化。

但是网络学习也有缺点。由于学习者是面对着电脑学习，所以很难像现实课堂中与老师进行即时互动沟通。缺少沟通与反馈的课堂，学习效果会差一点。另外，人都有惰性，网络学习是一种自主学习，能否自觉地坚持去学习，主动克服学习中的困难，这直接关系到学习的效果好坏。

在互联网功能日益多样化的今天，网络学习也成为教育的潮流和趋势。但是面对网络学习，我们也要有清晰理性的认识，要扬长避短，更好地发挥网络这个学习工具，让它为我所用。

48. 武汉7对父母放弃了城市的优质教育资源，在乡下找了一所废弃的小学，自己教孩子诵经读典、练习书法。7对家长坦言，此举实属无奈，只因对现行的教育体制失去信心，不得已只好去摸索一条能够保护孩子们天性的教育之路了。据悉，这种现象并非武汉有，上海、北京等地都有。他们放弃了传统的学校教育，有的把孩子送进"国学堂"或"武术学校"，有的干脆把孩子置于家中自己教育。请谈谈你对这种现象的看法。

我不赞成放弃传统教育而在家自己教育孩子的做法。

虽然学校教育有很多不好的地方，比如被长期诟病的"应试教育"，再比如一些家长认为的教师素质不够高，学校的题海战术压制了孩子的天性，等等。但是学校教育也有很多优势。首先，学校教育与家庭教育、社会教育等其他形式的教育最大的不同在于，它是一种系统性很强的教育。学校教给学生的知识是人类多年积累下来的间接经验的精华。这些知识经过了很多年的检验，是根据青少年身心可接受程度来授予学生的，所以无论是教育方法还是传授的知识或是学校的教育模式都是成熟的。而这些放弃传统教育转而自己教育孩子的家长，他们使用的教材是否符合学生的心理发展特征还不得而知。他们中的很多人交给孩子的知识是零散的，不成系统的或者知识面较单一的。如果孩子将来再次踏入学校教育，是否可以与学校教育对接呢？这也是一个问题。

其次，针对有些家长说的学校的题海战术纯粹是浪费时间，我认为题海战术不是表面上重复性地做题，而是针对某个知识点进行不同形式的思考，这有助于培养学生的深度思考能力。

再次，有些家长让孩子退学在家自己教育，是因为孩子在学校受了委屈。我认为这种原因更不能成为让孩子退学的理由。我们都是社会的一员，无论是在学校还是将来走入社会，我们都不能保证自己一帆风顺。现在孩子受委屈了，你可以在家里保护他，但是家长可以保护孩子一辈子吗？我认为孩子受委屈是一种正常现象，孩子必须学会怎样面对这个真实的世界，因为社会不是世外桃源。学校教育正是一个社会化的过程。我们要在其中学会怎样与这个社会中的人和事和谐相处。

最后，从学生自身来说，他们在学校可以接触到很多同学。社会生活是多元化的，学生们学习的知识也应该是广泛的。学生在学校不仅仅是学习知识，同时也要学习人际交往，学习竞争与合作，学习助人为乐等良好的道德行为。如果为了保护孩子的天性，就把他们置于类似"桃花源"的地方，无异于将他们与社会隔绝。这样下去将来他们是否可以正常融入社会，都是个未知数。

学校教育毕竟是被检验了多年的教育模式，并且也在随着时代的变化而不断地改进着。我认为那些让孩子放弃了传统学校教育的家长，是在拿自己的孩子做一场教育实验。但是，我们也不能不反思，这些家长其实是在用无声的语言向现行教育制度说"不"。学校教育也有很多弊端，需要全社会共同努力去改善。

49. 我们从3岁进幼儿园，幼儿园学习结束后是九年义务教育、三年高中学习，接着我们还要到大学学习，有的同学还要进一步深造。这样算下来一个人在学校读书就有二十年左右。你认为上这么多年学，有用吗？

一棵小树，如果长了两年被砍掉，只能做干柴；如果长了十年，就可以做栋梁了；如果这棵树长了几十年甚至几百年，那么人们会敬仰它，它就成了人们的精神寄托。树的成长如此，人的成长亦如此。

一个人不上学，他可以种地生活；如果他初中毕业，就可以到工厂做普通工人了；如果高中毕业，那么他可以做一些小生意，养家糊口；如果他大学毕业，他就可以做一份靠脑力劳动的工作生活；如果他博士研究生毕业，或许国家某些政策的制定他曾经参与过。所以说，读书时间的长短和质量影响着一个人的眼界和世界观。我们之所以在学校读那么多年的书，是因为读书给了我们更多的选择。通过上学、读书，我们知道了外边还有更大更精彩的世界。有一句话说得好：生活不只有眼前的苟且，还有诗和远方。这就是多年上学读书给我们的最大财富。我们可以寻着自己的梦想，一步步地走向更理想的生活。

50. 随着网络的迅速发展，出现了一个新词——"网红"，即网络红人。如"芙蓉姐姐""凤姐"等。你有喜欢的"网红"吗？请就"网红"谈谈你的看法。

"网红"是互联网发展到一定阶段的产物。当网络深深地渗透到我们的生活中时，我们才会关注这些借助网络而突然"红"起来的人物。早年的"网红"往往凭借文字立足，如安妮宝贝。有些"网红"是在不经意间，因为某个不寻常的举动而被人拍照发至网上成为"网红"的。还有的是靠搞怪作秀成名。当然，也有些是通过包装公司的助推而走红。

"网红"多是不走寻常路的人。他们身上的某些特点被网络无限放大，与网民的审美、审丑、娱乐、刺激、偷窥、臆想等心理契合，被网络世界追捧，使他们成为"网红"。所以，"网红"不是自发产生的，而是在网络环境下，网络红人、网络推手、媒体以及网络看客的相互作用下产生的。"网红"的产生，体现了网络文化发展的多样性。

被称为"2016年第一网红"的"papi酱"，是我喜欢的一名"网红"。她自称是"一位集美貌与才华于一身的女子"。她在网络上上传原创短视频，对日常生活进行毒蛇吐槽。她幽默的风格赢得了不少网友的追捧。

铁打的网络，流水的"网红"。前些年的"网红"渐渐淡出人们的视野，新的"网红"相继登场。"网红"们"红"了之后干什么呢？成为投资者，或与商家联合进行商业活动或者其他的社会活动。他们利用"网红"的名气，进行营销活动，获取经济效益。对"网红"来说，或许最大的愿望就是名利双收。

对"网红"来说，作为名人，也起着引领社会风尚的作用，所以我们希望无论怎样成名的"网红"，都不要忘了自己的社会责任，要给社会传播正能量。

51. 在有些高中，学校将同一个年级的班级分为两类：一类被称为"快班"，一类被称为"慢班"。"快班"和"慢班"是根据学生的考试成绩而分的，成绩在年级某个名次之前的学生，可以进入"快班"，其他的学生进入"慢班"。"快班"学生由教学名师教授，而"慢班"学生由普通教师教授。你怎样看待这种现象？

我反对这种带有歧视性的分班行为。

学校这样做，主要是为了提高学校的升学率，当然也有如"为成绩好的学生提供良好的学习环境""让优者更优，后进生进步"等理由。

但是这种分班行为非常影响学生和老师的情绪。

首先，人为地将班级依据成绩划分开来，会让那部分没有进入"快班"的学生产生自卑心理。他们很多人会因此而觉得己不如人，变得自暴自弃，自尊心深受打击。他们的负面情绪也会蔓延到其他方面，如认为自己不仅仅学习成绩差，任何方面都差。这种自我否定心态或许会影响学生很多年甚至一生。而对于进入了"快班"的学生来说，大部分学生还是会继续努力的，但也有部分学生会产生骄傲自满心理。所以，分"快慢班"对学生的成长是不利的。

其次，分"快慢班"后，学校根据老师的教课水平分配任课教师，对任课教师也是一种赤裸裸的等级分类。被分配到"慢班"的教师或许会产生和进入"慢班"学生同样的心理。

再次，由于讲课进度不同，做的习题也不同，学校分"快慢班"，对于教师集体备课也不太方便。

虽然，一些学校分"快慢班"也有他们合理的理由，但是我认为这对学生和老师都是不公平的，更是不人道的。

第七节　地球家园

1. 2016年6月23日15时前后，江苏省盐城市阜宁、射阳等地遭龙卷风、冰雹袭击，造成98人遇难，约846人受伤，留给了我们深刻的启示。请就此事件谈谈你的看法。

虽然我国的经济得到了长足的发展，城市变大了，但是在自然灾害面前，我们的城市和人民仍显得十分脆弱：龙卷风席卷之处砖瓦房遭粉碎性破坏，汽车被卷走，厂房被夷为平地，学校教学楼垮塌，部分地区的电力和通信中断。

灾难不只是让我们直观地体验了生命的无常，更让我们看到了党和政府以及全社会的大爱：龙卷风过后半小时，地方干部悉数走出家门组织群众自救、互救；省消防总队展开彻夜搜救，现场救出被压、被埋群众66名；数千名解放军官兵抵达灾区协助灾后重建；省市医学专家和医疗团队连夜赶赴阜宁、射阳等地就地救治伤员；交通、通信、消防、卫生、民政、电力等部门全力投入抢险救灾工作。

抢险救灾中，各基层党组织和党员冲在第一线。我们还看到，在灾难发生时，幼儿园老师为保护孩子，拿自己当"盾牌"，把小孩压在身底下；早餐店老板给灾民送来了300份早饭；大学校园里，莘莘学子点上蜡烛为灾区祈福；医院里，献血者在雨中排成长队等待献血；大街上，随处是忙碌的志愿者。在全省各地，从党员干部到普通百姓，他们纷纷参加官方或民间的捐赠活动。所有的这些充分展示了"风雨无情人有情，大灾面前有大爱"的人间情怀。

但是，面对这次历史罕见的极端恶劣天气，我们人类也应该反思一下自己的行为。这又何尝不是大自然对人类的警示呢？我们应该从自身做起，保护大自然，保卫我们赖以生存的家园，为中国的蓝天白云重现贡献自己的力量。

2. 中学生应该为环境保护事业做些什么？

"两个黄鹂鸣翠柳，一行白鹭上青天。"这是唐代诗人杜甫对当时自然美景的描写。曾经，我们拥有多么纯净的河水，美丽的鸟儿在湛蓝的天空中放声歌唱。而如今，一片片森林倒下，一片片绿地消失了，一排排冰冷又高耸的建筑物突兀而起，一个个湖泊干涸了。取而代之的是一座座喷着黑烟的烟囱，灌入耳膜的满是金属机器沙哑的嘶吼，鸟儿的鸣叫再也听不见了。城市的每一个角落，堆积了财富，也堆满了冰冷的机械。

每年地球的绿色植被覆盖率都在迅速下降，野生动物的种类都在不断地减少。人类理所当然地遭到了大自然惩罚，洪水、飓风、沙尘、"非典"、禽流感纷纷向人类发起攻击。

人类终于尝到自己酿就的恶果，终于意识到了环保的重要性。

保护环境是每一个人都应当自觉负起的责任。作为一名中学生，我们可以从身边的点滴小事做起。我们要有科学的环保意识，明白什么样的行为对环境的保护有利，什么样的行为是对环境的破坏；我们应该多阅读环境保护方面的书籍，使我们的头脑中有清晰的环保理念，以便用正确的环保思想指导自己；我们更要把从书中得到的环保知识落实到实践当中：杜绝纸张的浪费，随手关紧水龙头，少用塑料袋和一次性筷子，爱护动物等；自觉宣传推广环保事业，当看到破坏环境的行为时积极主动地去制止。

顾炎武曾经说过："天下兴亡，匹夫有责。"保护环境与维护生态平衡的历史重任要落到我们这一代人的肩上。让我们都来关爱自然，热爱地球吧，手挽手、肩并肩、心连心地铸起一道绿色环保的大堤，保护资源，保护环境，保护地球，保护我们美好的家园！

3. 我喜欢的季节或天气。

一年有春夏秋冬四季，有人喜欢含苞欲放的春天，有人喜欢热情四溢的夏天，有人喜欢绵绵细雨的秋天，有人喜欢银装素裹的冬天。我最喜欢的季节是秋季和冬季。

告别了夏的烈日炎炎，迎来了云淡天高、金风送爽的美好时节——秋季。此时，万物逐渐褪去绿的衣服，换上了金黄色的装束，大地也成了一片金黄色。秋天的雨并不算大，淅淅沥沥地下着。缕缕清风带着绵绵细雨来到这个世界，仿佛向万物唱起了平和的催眠曲。秋风轻轻扫过地上散落的枯黄叶子。有人说这样的景象太过伤感，给人一种悲凉的落寞。但在我看来，纷纷散落的叶子正是秋季飞舞的彩蝶。

秋天也是大丰收的季节。田野里一派繁忙的景象。人们挥舞镰刀收获着一年的喜悦。果园里，枝头上累累的硕果弥漫着清香，丰收的果实和人们的笑脸又融到了一起。秋天让人充实，让人快乐。

我也喜欢冬的素雅。有人说冬天冷得会冻伤人的心灵，有人说冬天静得压抑人的心情，还有人说冬天冷得遏制了生命的激情。其实，冬天并非冷酷无情，冬天也有冬天的情趣。冬天虽然冷，但却不乏热情。雪地里奔跑的孩童不是也充满着快乐吗？冬天虽然静，却不沉默，冰场上沸腾的人群融化着枝头的寒冰。

秋天和冬天，都是那么美，那么静，它们无时无刻不在向我们倾诉着自己对生命的理解。所以，我喜欢秋天的美和冬天的美。

4. 我向往的地方。

我讨厌喧嚣的闹市，向往宁静的大山；我讨厌工厂冒出来的浓烟，向往山清水秀的庄园；我讨厌冬天的寒冷，向往四季如春的温暖；我讨厌虚伪，向往充满真诚的灵魂。我向往的地方应该有葱郁的树木，可以让我在下面休憩、乘凉；有清澈的溪流，能看到鱼儿快乐地追逐、躲藏；有盛开的鲜花，惹得蜜蜂、蝴蝶来往奔忙；有各种小鸟，能听到它们欢乐的歌声。我向往的地方有清新的空气和温暖的四季；我向往的地方，人们都坦诚相待，没有凶恶，只有善良。

云南丽江就是这样一个好地方。丽江的水很清秀，一如玉龙雪山那般圣洁。一方水土养育一方人。好水造就了丽江这样一个人杰地灵的好地方。如此清秀的水养育了如此灵秀的丽江人。桥是丽江的骨骼。在丽江，桥就跟柴米油盐一样让人离不开。丽江的桥是那么古朴，不加任何修饰。桥就是桥，但却比那些经过豪华装饰的桥来得更加自然，更加具有亲和力和生命力。丽江淳朴的民风是我向往它的另一个主要原因。那里的人们勤劳、善良，日出而作，日落而息，怡然自乐，过着与世无争的生活。那里的生活是慢节奏的，没有城市的声色犬马、灯红酒绿，少了一份喧嚣，多了一份恬静、祥和。那里的人们走路不疾不缓，不像都市男女那样行色匆匆、形神疲惫。我喜欢独自漫步在山间小路上，看着清澈的溪水快乐地流淌。我喜欢早晨，走在挂满露珠的草地上。我喜欢晚上，坐在门口的青石上，数那满天的繁星。我喜欢大自然的静谧，它可以让我展开想象的翅膀，飞向四面八方。丽江，是我梦中的"香格里拉"，是我向往的地方。

5. 家乡中最让我骄傲的地方。

家乡有很多值得我骄傲的地方，尤其是大海。每当有人问我老家在哪里，我总会说，我的家乡在最靠海的地方。

小时候很喜欢去海边，没有理由，只是喜欢。大海会让你整个人变得非常清澈，会洗去你的烦恼，冲走你的忧郁，包容你的一切。大海用浪花组成音符为你奏上一曲海之歌。当你坐在沙滩上感受着轻柔的海风，哼着最喜爱的歌曲，睁开双眼你会看到世界就在你的眼中。每天清晨，从海平面上跃起的太阳就像一个新生婴儿被大海拥抱着，慢慢地向上爬。那时的一切是如此平静，如此安详。中午时分，海浪在快乐地唱歌，人们在愉快地拍打着浪花。各种各样的色彩在蔚蓝的大海的陪衬下显得更加五彩缤纷。海滩上嬉戏的人群，笑声是他们唯一的对话。夕阳西下，大海送走了一天的喧闹，只留下了红铜色的海面。海滩上点起了篝火，海浪声舒缓地应和着人们内心的起伏，人们静静地坐在开阔的沙滩上目送夕阳离去。

蔚蓝的大海，一眼望去，宽广无边，好像一位博爱的老人。蔚蓝的颜色就像是一块硕大的蓝宝石，高贵、典雅，甚是养眼。将赤裸的双足轻轻地踩在被太阳照得温热的金色发光的海滩上面，顿时一阵暖流涌上心头。不经意地抬起双手去抚摸岸边那五彩斑斓的珊瑚礁石，感受到的是它的轻滑。轻柔的海风吹过，扑在面颊上让人觉得是那么舒适，那么惬意。心情放松下来，你的整个身心都融入这蔚蓝色的海洋，仿佛投入这位情人的怀抱。

那浩瀚无垠的海洋时刻浮现在我眼前。倾听着那碧波荡漾的细语，我自豪我是海的儿子。

6. 环保主要是观念问题还是技术问题？

我认为环保主要是观念问题而不是技术问题。

第一，在人类历史的发展进程中，"人定胜天"的观念已经占据人类思维相当长的时期。莎士比亚说人类是"万物之灵长，天地之精华"。长期以来，人类认为自己是地球的主宰，要改造和征服大自然。于是，人类疯狂地掠夺自然界赋予的资源。直到20世纪，人类才意识到，人类与其他物种一样，都只是地球上的生命，这才开始着手保护环境。

第二，经济发展观不科学，许多地方的经济增长是以环境的破坏为代价换来的。人类经过数百年对自然资源的疯狂掠夺，积累了大量的财富。但是，有些地方依然贫穷。因此，为了改善自己的生活条件，这些贫穷的人们依然以牺牲环境为代价，换取自身经济的发展。

第三，环保观念淡薄，环境保护措施落实不到位。例如，许多人对没有拧紧的水龙头视而不见，认为自己节约这一点与别人浪费的相比，简直是九牛之一毛，干脆也就熟视无睹，任其挥霍。

科学技术发展到今天，对于环保技术而言基本上不存在太大的困难。为了保护青藏铁路沿线的生态环境，建设者们在施工前、施工中、施工后都采取了一系列有效措施，连生活垃圾都实行集中回收、分类处理，生活、生产污水须经处理后排放，含油废水须经处理后再利用，等等，硬是把青藏铁路建设成了一条世界铁路建设史上具有时代意义的生态绿色通道。

因此，环保是观念问题而非技术问题。

7. 旅游开发与环境保护。

出门旅游已经成为许多人节假日的选择。旅游业已成为拉动我国经济增长的重要产业，有些地方甚至将旅游业作为当地的支柱产业。因此，许多地方都大力开发旅游资源，积极发展旅游业，以振兴地方经济。有些专家提出，在我国西部大开发的战略中，应以旅游开发为先导。

我们在看到旅游开发在经济发展中的重要作用的同时，也要看到旅游开发中，存在着急功近利的倾向，使得一些旅游资源已面临严峻的难以可持续性发展的问题。许多景点在开发一段时间后，已变得面目全非，大大失去了原有的吸引力。自然风景已经过早地衰败了。

有这样一篇报道：彝族"火把节"原本只是小规模、分散地在彝族山寨中举行，其火把用带刺的灌木制作。"火把节"成为著名旅游品牌后，凡有彝族聚居的县、市争相举办盛大的"火把节"，而且火把越做越大。有个县一次火把晚会，全城变成火的世界，大街上的"火龙"长达千米。与以往不同的是火把改用松木干制成。一位旁观的老人说："火把闪闪，山上树倒。"过度的砍伐使得当地的环境受到了严重的破坏。

环境是旅游业发展的前提基础，旅游业离开了优美的环境便没了载体。旅游开发与环境保护利用相一致，二者应该相辅相成。在加大环境保护法规执行力度的同时，政府更要对游客进行自然资源和环境保护方面的宣传教育，并规范游客在旅游中的行为，使其与资源、环境相协调，以有利于环境优化和生物多样性的发展和文化保护。所以，我们在发展旅游业时，要立足长远，克服短期行为，在环境承载力的范围内健康发展，努力使旅游业成为真正的"无烟工业"。

8. 如何看待国人出境旅游中的不文明行为？

随着出境游的火爆，中国游客在给各目的地国带来巨大利益的同时，也因某些人的某些不当行为，受到了国内外舆论的诸多非议与批评。诚然，对于这些行为应当批评教育，引起国人的警醒、重视和反思。但是，也不应将这种行为扩大化、绝对化，甚至将这种行为归结成为国民的劣根性。

首先，出现不文明行为的只是出境国人中的个别现象，而非普遍现象。由于我国经济迅速发展，出境人数陡增，在庞大的出境游客中，掺杂一些素质不高的人也在所难免，虽值得警惕，但也不要无限放大，把个别人或一部分人的行为当作全部中国人的行为。

其次，有些不文明行为实际上是文化差异造成的，是入乡没随俗的结果。文明与不文明要看以何种文明为标准。在一些国家和地区被视作文明的现象，在另一些国家和地区可能就会被看作是不文明的行为。如，国外街头随处可见的裸体雕塑、法国公共场所一对对忘我热吻的恋人，这些在当地都是再自然不过的事情。可在我国，它就会被视作不文明的现象。

最后，我们也必须承认，在出境游的国人中也的确有一些人素质不高的游客，他们的不文明行为理当受到谴责和批评。

总之，我们应当对国人出境游中的不文明行为进行理性的分析，找出原因，提出有针对性的改善措施。与其一味地谴责、批评，还不如加强出境前的培训和指导，让游客在出境前就很好地了解目的地国的风俗习惯，教会游客如何尊重自己、尊重他人，如何"入乡随俗"，从而减少或杜绝不文明行为的发生，为自己和国人赢得更多尊重。

9. 请你谈谈转基因食品的利与弊。

有人说"21世纪是生物技术的世纪"。利用现代分子生物技术，将某些生物的基因转移到其他物种中去，改造生物的遗传物质，使其在性状、营养品质、消费品质等方面向人们所需要的目标转变，这便是转基因技术的含义。转基因生物直接食用，或者作为加工原料生产的食品，统称为"转基因食品"。转基因食品如今已经在世界上多个国家成了环境和健康的中心议题。并且，它还在迅速分裂着大众的思想。赞同它的人认为科技的进步能大大提高我们的生活水平，而畏惧它的人则认为科学的实践已经走得"太快"了。

例如，番茄是一种营养丰富、经济价值很高的蔬菜，但它不耐贮藏。为了解决番茄这类果实的贮藏问题，有报道称，美国、中国等国家的多位科学家经过努力，近年来已经培育出了转基因的番茄新品种。这种番茄抗衰老、抗软化、耐贮藏、能长途运输，可减少加工生产及运输中的浪费。转基因农作物能获得一些格外的属性，比如抗虫、增产、增加蛋白质含量、增加糖含量等。那么转基因食品以这些农作物作为原料，就可以增加供应量、强化营养、降低成本等。

然而转基因食品是利用新技术创造的产品，也是一种新生事物。人们自然要问，食用转基因食品安全吗？前几年曾经报道世界著名的雀巢奶粉含有转基因成分，引起了人们极大恐慌。转基因食品的弊端就是存在一些不可预知的风险，如外来基因在食物链的传递，破坏大自然的生态平衡等等。

转基因食品是新的科技产物，尽管现在还存在这样或那样的问题，但随着科技的发展，它会愈来愈完善。我们相信，只要按照一定的规定去做，我国生物技术的发展会是健康的有序的，我们的生活也会因生物技术带来的转基因食品而变得更加丰富多彩。

10. 人是大自然的保护者还是破坏者？

英国历史学家汤因比说过："宇宙全体，还有其中万物都有尊严性。大地、空气、水、岩石、泉、河流、海，这一切都有尊严性。如果人类侵犯了其尊严性，也就等于侵犯了人类自己的尊严性。"地球是迄今为止所知的星球中，唯一能维持生命进化、适合人类生存的星体。但是人类越来越频繁多样的活动已经完全改变了我们赖以生存的家园。人们常说人类文明的进步史就是一部征服自然的历史。人类在征服自然的过程中重开发轻保护，重建设轻维护，对自然资源进行掠夺式、粗放型开发利用。长江、黄河等大江大河源头恶化加速，沿江沿河重要湖泊、湿地日趋萎缩；草原超载放牧、过度开垦，林地被乱砍滥伐，植被遭破坏，水土流失加剧；矿产资源乱采滥挖；珍稀野生动植物栖息地面积减少、环境恶化，珍贵野生动植物数量锐减，生物资源总量下降；海洋污染日益严重，海洋渔业资源逐渐衰退，珊瑚礁、红树林遭到破坏，海岸侵蚀问题突出。这些都是人类的不当开发造成的恶果。所有的一切似乎在告诉人们一个不争的事实：人类是自然的破坏者。

人类区别于动物的本质特征是制造和使用工具，有目的地改造自然界。在人类产生和发展的过程中，环境发生了翻天覆地的变化。保护环境和人类自身的发展是统一的。为了生存所进行的资源及能源的开发和利用是完全必要的，但是所有开发和利用都应当从整个自然界，尤其是地球环境的生态系统，即所谓生物圈的平衡状况加以全面地和科学地考虑，然后再在保护自然环境、维持生态多样性的基础上进行开发，达到人和自然之间的协调。因此，人类不应该是环境的破坏者，但更应该是环境的保护者。

11. 如何看待市民养狗？

在许多城市，每当夜色降临、晚风习习的时候，我们可以看到许多人领着自己的宠物狗在街上散步。这也成了城市里一道别致的风景。

不过，随着宠物狗数量的增多，出现的问题也越来越多。在报纸、广播、电视等媒体中，我们经常能够听到或看到宠物狗给城市环境带来影响：狗在小区绿地里随地大小便，人一不小心就踩到了狗屎上；同乘电梯，狗在这里嗅嗅，那里闻闻，甚至舔人的脚丫子，让人提心吊胆；夜半时分，一声犬吠把人从美梦中惊醒，心火直往上蹿，更何况还有病人、小孩需要安静；恶狗伤人的事件时有发生。似乎所有的宠物狗在一夜之间都从"人类最忠实的朋友"变成了城市新的污染源。

要文明养狗其实很简单。比如，按规定办理相关喂养宠物狗的证件，给狗上一个户口；定期注射疫苗，防止得狂犬病；等等。这也是我国很多地区通行的做法。在上海长宁区，市民在文明养狗问题上起到了榜样作用。首先，他们成立了宠物俱乐部，评选"乖乖狗""聪明狗",调动养狗人文明养狗的积极性;其次,他们制订出明确的约束养狗者的条款。报纸上还举例说,一个带狗的居民看到电梯里有人,她宁可等着,直到没人时她才抱着狗上电梯;遛狗时她把绳子拉得很紧,到无人时才把绳子放松一些。有一些养大狗的居民,遛狗时都自觉给狗戴上了口罩,防止狗咬伤行人或者别的狗。养狗人的文明礼貌和规范守法,得到了非养狗居民的理解,有效缓解了社区邻里之间的矛盾,使养狗户与邻居们做到了和谐相处。由此我们看出,要治理狗患,完善法规、加强管理只是其中的一个措施,关键还是要让养狗人真正建立起文明养狗的好习惯,这也是现代人养狗应有的一个基本素质。

12. 谈谈你喜爱的一种动物。

麻雀是一种极其普通的小鸟。它头圆,尾短,翅膀较短,身材弱小。从表面上看,麻雀的确没有太突出、太引人注目的地方。论长相,它小而无奇,平平淡淡;论颜色,它土里土气,毫无艳丽之处;论嗓音,它叽叽喳喳,一点也不优雅悦耳;论力气,它属于弱小的,在鸟的家族中,只能算小字辈;论勇猛,它与鹰类等猛禽不能相提并论;论气质,它没有丹顶鹤那样珍贵,也不像孔雀那样绚丽多彩。而在百鸟中我唯独喜欢这极其朴素的麻雀。

尽管麻雀是那样不起眼,但这并不能妨碍它成为鸟类乃至动物界的"精神之王"。人类自从成为地球的主宰者以来,几乎驯服或制服了所有的动物。老虎被称为百兽之王,却被关进笼子里驯化成"演员";大象身材庞大,力大无比,人却可以坐在它宽大的背上发号施令;鹰,桀骜不驯,但还是老老实实地被关进笼子中;天鹅美丽无比,高雅尊贵,但最终还是逃脱不了被驯服的命运。人类驯服不了的动物只有少数几种。能用"宁死不屈"四个字形容的动物,在动物界只有麻雀。它成为人类很少驯服不了的动物之一。当一只麻雀被人类捕捉后,它就开始绝食。也就是说,它在失去自由之时,就毫不犹豫地选择自杀的方式来抗争。在麻雀的思维逻辑中,要么获得自由,要么去死。麻雀是真正为自由而不怕死的动物。它们是那样的义无反顾,绝对不会中途变卦、半途而废。貌不惊人的麻雀却有着这种刚烈的意志,让我不由得肃然起敬。因此,我热爱极其普通却又异常高贵的麻雀。

13. 谈谈你喜爱的一种植物。

荷花是圣洁美丽的象征。它出自淤泥而洁白无瑕,洒满清香又天然独秀,极玲珑又纯洁谦虚,亭亭玉立,惹人喜爱。

池塘里,一片片荷叶挨挤在一起,像一个个碧绿的圆盘。"出淤泥而不染"的荷花零星般地散在圆盘之中,如亭亭玉立的少女,清纯脱俗,气质高雅。荷花有的还是花骨朵儿,上尖角,下成圆形,白中泛着粉红,极娇嫩;有的已全部展开,美丽庄重,在风中抖动,好像如花似玉的少女在翩翩起舞,真是别具风韵。荷花的花柄上长着许多小刺,偶尔碰到会有些疼,真可谓是"只可远观而不可亵玩焉"。微风吹拂,远远望去,满塘荷花犹如千万张粉红的笑脸在绿的海洋中摇头晃脑。

再细看,荷花千姿百态,洁白无瑕,像水晶一样纯洁。有的才只有一个青里泛白的花苞,娇羞欲语,含苞欲放;有的只开了一半,一些花瓣散下去,另一些簇拥在花蕊旁,犹如一位衣衫未整的美人。那些全开了的，像一个个穿着洁白素净衣服的姑娘在翩翩起舞。荷花散发出清新淡雅的芬芳，引来花蝶飞舞，嬉戏其间，令人赏心悦目。而那调皮的蜻蜓，挥舞着翅膀，从一朵花上飞到另一朵花上，与荷花快乐地嬉戏着。我陶醉了，觉得眼前的荷花是一位位风姿绰约的仙子在翩翩起舞。

荷花不仅美丽，而且很有用处。它的叶子能泡茶、治病，莲藕能吃，莲子则是夏天清凉解暑的最佳食品。总之，它全身都是宝。荷花不像牡丹那样雍容华贵，不像梅花那样迎寒吐芳，也不像兰花那样小巧清秀。然而，它默默无闻地为酷暑散发着阵阵芬芳，送去丝丝清凉。啊！我爱荷花，爱它那亭亭玉立的姿态，更爱它那"出淤泥而不染，濯清涟而不妖"的气节。

14. 人与自然。

从古至今，人与自然的关系经历了三个时期：在原始社会，人依附于自然，处于"天人合一"的原始和谐状态；在掠夺阶段，主导人们的是"人定胜天"的思想，对人与自然的初级关系给予了否定；现在，我们追求"人天和谐"的境界，就是要否定"人定胜天"的思想。它不同于"天人合一"，它是在人类反思资源过度利用、生态破坏造成恶果之后思想上的一次升华，是人类在更高层次上同自然和谐相处的体现。

地球曾经是一个美丽的星球，蕴藏着各类丰富的资源，为我们提供了良好的生存环境。我们应该合理利用资源，把地球打扮得更加美丽。可是，人类在提高自身生活水平和科技水平的同时，不顾一切地破坏地球，使地球遍体鳞伤。大量的森林被砍伐，大量的河水被污染，大量的野生动物被捕杀。头顶的天空不再那么蓝了，脚下也不再是一方净土了。于是，人们不得不植树造林、保护动物了。人们在沙漠附近种植了防护林，防止沙尘暴。有一则新闻上说，一位老爷爷在他们附近的荒山上植树。树苗小的时候，他每天都来看一回，浇浇水或除除草，现在树苗长大了，他还要去其他地方种树。他说，他老了还有他儿子，他儿子老了还有他儿子的儿子。老人种树也有大半辈子了，仍乐此不疲。一位老人都能如此，我们为什么不能？这则新闻报道后，更多的人开始植树；很多调皮的小朋友不再掏鸟窝了，而是在家长的陪同下筑鸟巢。这些事现在已经屡见不鲜了。

我相信这样下去，地球母亲定能恢复原先的美貌，人与自然会真正地和谐相处，人们的生活会更加美好。最后，让我们记住一句话：善待地球，科学发展，构建和谐社会。

15. 智能机器人会威胁人类生存吗？

1978年9月6日，日本广岛一家工厂的切割机器人，突然间将一名值班工人当成钢板切成肉片。这一惨案成为世界上第一宗机器人杀人事件。而在此前此后的许多年间，以好莱坞为代表的影视界不断在其作品中勾画机器人摆脱人类控制进而对人类构成巨大威胁的恐怖画面。

一直到今天，各国对机器人仍是既怀期盼，又感恐惧。从现有的研究成果来看，机器人要超越人类还有很长的路要走，机器人威胁人类现在还不可能。

现有机器人的智能主要来自微小的芯片所具有的巨大计算能力。人类把知识以数据形式存储在机器人内部，机器人利用传感器和各种计算方法获取外部环境、内部姿态等信息，通过一定的决策控制规则，驱动自身的执行器来完成各种动作。这种计算智能虽然能较好地处理事务性和计算性的工作，但不能处理未知情况，难以适应快速变化的环境，无法进行创造性的工作。现在，能够完成复杂任务的机器人，智力还不如3岁的小孩。由于现有的机器人主要由既定的程序来控制，所以其对人类的危害很有限。

但是，对机器人的疑虑也并非杞人忧天。现在，科学家正尝试让机器人在不断遇到问题、解决问题的学习过程中积累经验，形成自己的智能。或许新一代的机器人将是一种生物、电子、机械的综合体，具备繁殖、自我修复和创造能力，能灵活运用各种资源，具有坚强的结构和强大的动力。

具有了智慧和情感的机器人会甘于服从人类的驱使吗？一旦它们有了选择的权利，就有可能违抗人类的指令。机器人的反抗也许会带给人类巨大的威胁。同时，由于机器人的力量非常强大，设计上的一个小疏漏就有可能造成大麻烦。通过极其复杂的工程制造出的机器人或许会由于一个不经意的计算错误迷失"本性"，酿成大祸，威胁人类。

16. 网络使地球变小了。

世界已经进入了网络时代。一个本来虚拟的空间，正逐渐成为一个越来越现实的社交舞台，真实地影响着越来越多的现代人的生活。有人这样形容当下的世界：地球正在逐渐变成一个小小的村落，身处世界各地、远隔千山万水的人可以轻易地面对面交流。而推进这一变革的恰恰是网络。纷繁复杂的网络世界，让人们迅速知道各种信息，知晓天下大事；让人们相互了解；让人们可以不出门就能购物，完成无中间环节的电子商务；可以让人们只需轻轻点击鼠标，便可随时收发信件。

谷歌搜索引擎创造出了一个平台，可以从任何一个角落传送智慧产品、智慧资本。网络改变了每个人的交往方式和活动形态，生活中大家是陌生人，却通过网络成了熟人。"网上社交"正成为都市人的第三种人际圈，时刻影响着都市人的生活。

传统意义的人际关系，是基于地域、亲缘、社会组织的，是针对特定群体的封闭圈子。网络出现后，论坛、聊天室等使人际关系变得不可预知，它们成了针对不特定群体的完全开放的圈子。而在互联网的信息走向海量后，在完全开放的圈子中寻找特定群体变得困难。于是，一个既基于地域、组织，又基于兴趣、需求的真实化、半开放圈子成为人们的首选。

网络不再是个别人的个性生活，而是新时代连接地球村的一种大众化的工具。地球不再是一个圆形的球体，正像托马斯·弗里德曼说的"地球是平的"。

第八节　影视与广告

1. 长沙警方在追缉周克华的过程中，通过调阅上网记录发现周克华从来不登录任何社交网站，上网的时候，他只看电影、军事新闻，以及枪支的图片。其中《沉默的羔羊》和《汉尼拔》，他就看了不下10遍。专案组警员卫华说："有很多暴力电影，我都看不下去。"请就电影中的暴力镜头谈谈你的看法。

为了达到画面佳、效果好、票房高等目的，众多电影加入了枪击、刀砍等血腥暴力镜头。这些镜头看起来很刺激，很容易吸引注意力，激发观众的激情，给人一种痛快淋漓的感觉。但电影的受众千千万，每个人的心态各不相同，因此观看电影后内心的想法也因人而异。绝大部分人看过了、痛快过了就忘记了，可不乏小部分的人对这些镜头有着深刻的记忆，甚至走火入魔不能自拔，将电影中的场面在现实中重现，以致酿成悲剧。

大量心理学研究表明，观看暴力画面会使人具有更多的暴力倾向。一部分专家认为电影中的暴力场景与犯罪行为有直接联系：2007年弗吉尼亚理工大学射杀32人的枪手赵承熙，经调查发现其热衷于韩国暴力犯罪电影，并且在其留下的视频中有大量模仿电影场景的片段；电影《尖声惊叫》也被认为是比利时一宗杀人案件的导火索；1993年震惊英国的儿童犯罪案中，凶手往被害儿童身上泼洒蓝色油漆正是模仿惊悚电影《鬼娃回魂3》中的情节；导演斯坦利·库伯里克1971年拍摄的影片《发条橙》也被归为多起谋杀暴力事件的元凶。

因此，业界在电影中对暴力镜头的使用要三思，要酌情，要尽量避免以暴力镜头赢取票房收入。虽然禁止电影中的暴力镜头并不能真正杜绝暴力事件的发生，但电影从业者要加强自省与自律，尤其不应为了追求视觉刺激和票房收入而滥用暴力镜头。"血洗影院"的惨案告诉人们，真实生活中的血腥镜头与大银幕的距离并不遥远。

2. 评价一档电视娱乐节目。

在当下的娱乐节目中，我经常看的是《艺术人生》。因为这个节目有深度，有内涵，有人文关怀，所以吸引了我的目光。

作为央视的节目，《艺术人生》弘扬一种健康向上的价值观，发挥了央视作为国家电视台的影响，使它本身也获得了极高的收视率。

《艺术人生》在嘉宾选择上倾向于有知识背景的明星，像陈凯歌、英达、郑钧等明星，这也是该节目吸引我们和引起极大反响的原因之一。在他们的身上可以看到传统和现代对接的烙印。

《艺术人生》的节目内容是要弘扬明星们"真善美"的一面，使得我们在巨大的社会经济变迁面前，仍然坚守"真善美"的信仰。该节目介绍了明星人物的普通生活，显示了渺小的个人在大时代中的起伏跌宕和在不能掌握的"命运"中的沉浮，让普通人去感悟在现实生活中如何面对命运的挑战。谈理想主义的陈凯歌、不惧伤痛的张柏芝，以及黄宗英和观众的谢幕告别、曾志伟和好友的真诚对话，都让人们感受到世界的温暖。

《艺术人生》传达了社会的良知，传播了智慧的思想，传播了人性的"真善美"和面对困难的勇气，这就是《艺术人生》的魅力。

3. 谈谈电视节目的媚俗化倾向。

我觉得电视节目的媚俗化倾向是正常的，在一定范围内也是被允许的。但是，我们绝不倡导电视节目的媚俗化。

如果电视节目想要提高收视率的话，它的第一要务就是吸引观众的眼球，满足观众的某种心理需求，博得观众的欢心。为此，我认为，电视节目的媚俗化倾向是可以理解的，也是被允许的。《爸爸去哪儿》之所以成功，就是在一定程度上，满足了普通观众对于明星亲子关系探求的欲望。社会需要有严肃性的新闻，同时也需要娱乐性的节目。市井新闻、明星绯闻，可以让我们在繁忙的工作学习中缓解自身的压力，调节自己的心情。我们又何苦在享受它的同时大肆批判它呢？毕竟，娱乐节目本身就是要给我们带来快乐的。

但是，电视节目的媚俗化必须要有一个度，绝不能超出这个范围。很多电视节目为了追求收视率，弱化了社会伦理道德。如，选秀节目嘉宾言行举止失态，偏门话题不断；情感类节目窥探情感隐私；游戏娱乐节目拿嘉宾开涮……这样的节目最初会吸引观众的注意力，也可以让观众感受到快乐。然而，久而久之，当人们熟悉了节目的模式，就会对节目产生厌倦。甚至在一些节目中我们会看到色情暴力的镜头。这些对社会产生了一定的负面影响。

所以，我认为电视节目的媚俗化倾向是可以理解的，也是被允许的，但是我们绝不倡导电视节目的媚俗化。

4. 电视广告的可信度。

近几年来互联网广告逐渐增加。但是，就目前来说，电视仍然是人们了解新产品的最重要的信息渠道。在我们的日常生活中，正常的电视广告是十分必要的。但是，就眼下电视广告而言，恐怕负面效应远远大于正面效应。

首先，我对广告的合法性、可靠性、可信赖度存在质疑。一些电视台为了经济利益，对广告没有进行必要的审查或是审查不严，导致一些假冒伪劣商品堂而皇之地上电视做广告，诱骗消费者。另外，有一些产品虽不是假冒伪劣产品，但在广告中有严重的言过其实的虚假宣传，误导消费者，造成消费者的重大损失。

其次，广告量和广告时间冗长。一期节目中间插播好几次广告，每次时间又很长，把一个完整的节目切割得凌乱不堪,这一点我想几乎所有的人都感受深刻。在这些广告中,大部分广告创意又俗不可耐,还反复播放好几次,令人心生厌恶。如金嗓子喉宝的广告词:"金嗓子喉宝,入口见效。"平心而论,这条广告还不算是创意最坏、制作最粗糙的,但可怕的是十年不变,一个男人的大嗓门一遍遍地重复,让人没法不烦。

最后,我们在一天紧张的工作之余,看电视本就是休闲消遣和娱乐放松的方式。但是每天傍晚在电视机旁不得不接受突然插入的广告。如果是策划出色的广告,也算生活里一种美的享受,观众乐于接受而且会产生积极的效果;如果反之,就是大煞风景,非但没给人美感,反而使人反感。

如今,电视节目已成了社会生活中不可分离的一部分。观众都想从电视节目中获得美和享受。所以,我希望电视广告能在给我们提供合法、可靠、可信赖的广告的同时,也要讲究点"美学"技巧,要给观众一些喜闻乐见的感受才是。

5. 你怎样看待虚假新闻?

真实性是新闻的生命线。坚持新闻的真实性,是对新闻工作者和新闻媒体最基本、最重要的要求。对于普通大众来说,他们主要是通过新闻来了解社会的。出现在新闻媒体上的虚假新闻,会对受众进行错误的引导,影响他们对于真实社会的认知。对于新闻界本身来说,虚假新闻扼杀了新闻的生命力,是行业致命的毒瘤。

2015年,一篇《利辛女子为救女童被狗咬成重伤》的新闻报道牵动着无数人的心。很多爱心人士向这位不幸的女子伸出了援助之手。然而,这仅仅是一场骗局,系当事人编造的谎言以骗取捐款,却被相关媒体不加考证轻易就当猛料爆出以吸引眼球。这件事深深地伤害了大众的感情。以后再看到相似的报道,人们还会轻易捐款吗?还敢捐款吗?一则来自美国华文媒体世界新闻网的消息《中国游客因"不文明记录"被美遣返十年签证作废》传遍网络,引起国内外媒体疯狂转载。其后,这则新闻被证明是假的。但是,这则虚假新闻已经再次抹黑了中国游客的形象,在国内外产生了不好的影响……虚假新闻严重伤害了大众的情感,传达虚假的社会现实,已经成为社会的一大公害。

尽管虚假新闻只是个别现象,但是它却给社会带来了恶劣的影响。我们已经到了必须采取有效措施整治虚假新闻的时候了。一方面,加强新闻媒介内部的管理,严肃查处虚假新闻和报道虚假新闻的记者。另一方面,社会各界也要加强对新闻界,特别是新闻从业人员的监督,及时揭露虚假新闻的骗局,营造新闻宣传报道工作的良好的社会环境。

6. 你喜欢《感动中国》这档节目吗?说说你的理由。

我喜欢《感动中国》这档节目。"感动你我,感动中国……"一年一度感动中国的人物都是实实在在地生活在我们身边的人。他们的故事感动着你我,感动着中国。

这些人当中有创办"宝贝回家寻子网",帮助一千多个家庭团聚的张宝艳、秦艳友夫妇;有利用休息时间,来到全国各地做演讲,筹集了善款,让1.8万贫困学子圆了大学梦的"莫爸爸";有赡养好多个不是自己亲生父母的孤寡老人的农民妇女……

中央电视台的《感动中国》节目，把生活中普通人平凡却又高尚的事迹传遍世间，让我们在如今这个金钱为上、人性淡漠的社会中，看到了普通人体现出的人性真善美的一面。同时，它也在提醒我们不能用冷漠来掩饰我们内心的美和善——在别人遭遇危难的时候一定要伸出援助之手。《感动中国》中的普通英雄，没有大名气和大背景，来自平民百姓，什么阶层的人都有，然而他们唤醒了我们内心深处的美和善，提醒着生长于一个礼仪之邦的我们，真善美的品德不能丢。

只要生活有爱就有希望。我们的生活还将继续。在我们身边还有许许多多这样或那样感动你我的事情，它们都在鼓励我们在生活中奋力前进。

7. 假如我是春晚导演。

中国人已经习惯把春节联欢晚会当成春节不可或缺的一道"菜"，都感觉过春节如果不看春晚就好像过年不吃饺子一样别扭。随着社会的发展和科技的进步，春节联欢晚会在科技的运用上，在员工素质和节目艺术水平上，都有了很大的进步。然而，对于经过半年辛苦筹备谋划而端上中央电视台春节晚会的文化大餐，还是离观众的期望很远，并且每年晚会结束听到的都是一片骂声。

假如我是春晚的导演，我会采取多种措施把春晚办好。首先，我会利用中央电视台提供的得天独厚的资源和人才优势，引入竞争机制来遴选节目以及演员，使策划的节目更有新意，同时避免官僚倾向。其次，我会从观众的感受和节目的艺术效果出发，让在广大群众生活中具备顽强、鲜活艺术生命力的好演员、好作品有机会进入春晚，特别是像陈佩斯、朱时茂等老百姓喜欢的小品演员能平等地参与到春晚的节目遴选中来。再次，我会推出一些能给观众留下亮点或者震撼力的作品以及新演员来提高晚会的魅力。最后，春晚主持人要从全国各地方台甚至公开竞争诞生的优秀者中择优选用。

在推陈出新、继往开来的基础上，我一定能将中国人的这道"文化大餐"办得更加温馨、喜庆和祥和！

8. 谈谈你最喜欢的一句影视流行语。

"人不能因为害怕失去，就不去拥有。死，只是一个结果，怎么活着才是最重要的。"这是《滚蛋吧！肿瘤君》里的一句经典台词。它告诉我们要用微笑面对生活。《滚蛋吧！肿瘤君》是漫画家熊顿所创作的漫画作品，也是熊顿人生中最后一部作品。2011年，熊顿被确诊患有"非霍奇金淋巴瘤"。自此，她开始了与肿瘤斗争的漫长过程。患病期间，熊顿笑对病魔。身为漫画家的她，坚持使用明丽的色彩、生动的笔触，以及不怕爆丑、极为"自嘲"的方式，将自己真实的抗癌经历通过诙谐可爱的漫画表现出来。她乐观幽默地与病魔抗争的积极向上的精神吸引并感动了众多网友。熊顿曾说："生活再不济，也还是美好的。"哪怕生活遭到厄运，身为癌症患者的她也总是笑对生活。

一位身患癌症的病人能够用微笑来面对生活，为什么我们不能呢？有人说，活着就是幸福，就是胜利，就是一切。可我不这么认为。如果人在生活中连起码的微笑和快乐也没有，那他会幸福吗？如果我们用微笑面对生活，生活也会用微笑面对我们。

微笑像阳光，温暖着大地；微笑像雨露，滋润着大地。微笑拥有和爱心一样的魔力，可以使饥寒交迫的人感到人间的温暖，可以使走入绝境的人重新看到生活的希望，可以使孤苦无依的人获得心灵的慰藉，还可以使心灵枯萎的人感到情感的滋润。

幸福的诠释是微笑，快乐的意义是微笑，温暖的真谛是微笑。阳光雨露、鸟语花香，对于每个人都公平给予；欢乐喜悦、烦恼忧伤，却属于个人所有。生命的意义不在于长度，而在于质量。生命总是美丽的，所以说快乐、幸福是人生的真谛！

这就是"人不能因为害怕失去，就不去拥有。死，只是一个结果，怎么活着才是最重要的"这句影响流行语给我的启示，我爱这句流行语。

9. 谈谈你最喜欢的一部影视作品。

《疯狂动物城》是我目前最喜欢的一部电影。

故事的情节很简单。兔子朱迪从小就梦想能成为动物城市的警察。尽管身边的所有人都觉得兔子不可能当上警察，但它还是通过自己的努力，跻身到了全是大块头组成的动物城警察局，成了第一个兔子警官。为了证明自己的实力，它决心侦破一桩神秘案件。在追寻真相的路上，朱迪迫使在动物城里以坑蒙拐骗为生的狐狸尼克帮助自己，却发现这桩案件背后隐藏着一个意欲颠覆动物城的巨大阴谋。它们不得不联手合作，尝试去揭开隐藏在这巨大阴谋后的真相。

这部电影，栩栩如生的动物形象、充满欢笑的冒险历程、完美的视听盛宴，瞬间抓住了我的注意力。但是，如果仅仅是这样，它只能算是一部成功的动画电影。事实上，这部影片直接瞄准种族多元和种族偏见的议题，抓住了种族多元化的本质。《疯狂动物城》围绕着"偏见"和存在于食肉动物与食草动物体内几千年固有的DNA属性，展示了一幅广阔的、跟人类现实社会对应的画面，用动画的形式探究了种族歧视、人种优劣和基因决定论等一直难以解决的人类命题。主人公兔子打破了大众对于"兔子可爱"的类型化，而狐狸打破了对于"狐狸狡猾"的普遍化概论。而兔子和狐狸之间的浪漫关系，凸显了排除种族偏见之后人与人之间的距离更近了这一事实。

这部作品让小孩子看到了动物们的可爱，让青少年明白了追梦需要永不停歇的斗志，让成年人对种族融合、文化多元作出深刻的反思。总之，《疯狂动物城》是我最喜欢的一部影视作品。

10. 2012年夏天，浙江卫视的选秀类节目《中国好声音》火遍了大江南北。该节目以其新颖的选拔方式，获得了普遍的好评。在全民追捧该节目的同时，《中国好声音》的晋级赛和决赛也爆出了一些负面声音：明星绯闻、签约黑幕、网络炒作，以及过度的商业包装让观众们厌烦不已。紧随其后，青海卫视的《花儿朵朵》、辽宁卫视的《激情唱响》、江西卫视的《中国红歌会》等纷纷上马，电视台间竞争的消极影响暴露无遗，更加重了广大观众本已产生的审美疲劳。
请就当下的电视选秀类节目《中国好声音》谈谈你的看法。

就在国内选秀节目大有没落之势的时候，《中国好声音》却取得了极大的成功，真可谓是震撼了整个电视界。它成了2012年夏天最热门的娱乐话题，同时吸引着社会名流和普通老百姓的眼球。它赚取了大把的票子，广告费一路飙升。更难得的是，它还获得了广电总局的肯定，被表扬为"关照现实和注重品质"。

《中国好声音》的独特在哪里？最明显、最直观的一点，就是那四把旋转的椅子。这四把椅子一转，让长相、身材、年龄等常常能左右选秀结果的因素或影响力尽可能地降低，让励志的效果尽可能地加大；这四把椅子一转，让大牌导师们不再高高在上，而是和选手们拉近了距离。同时，当多个椅子转过来时，导师们就处在被动地位，大牌们互相争抢选手也使得节目的戏剧性大大提高。

在"限娱令"的政策背景和《中国好声音》的榜样作用下，中国内地电视台势必会迎来新一轮的海外节目模式购买热潮，新一轮热潮中诞生的节目势必也会得到不同的市场反应。但是，这样一来的客观结果就是进一步推动了中国电视业的国际化：将其置于一个新的、更开阔、更高级的平台上，使其接触全新的节目理念、制作模式和营销手段，从而促使其自身的大跨步发展。我想这样对加强我国电视业的发展具有更深远的意义。

11.《千手观音》为什么能够成为观众最喜爱的春晚节目？谈谈你的看法。

我觉得《千手观音》之所以能够成为观众最喜爱的春晚节目，是因为该节目除了奇幻的舞台效果外，还有21名聋哑演员的高难度的协作表演。这些聋哑人"听"不到音乐，只能靠在舞台两个角落打手语的老师来协调。她们不知经过了多少次的努力才排练出如此精彩的节目。她们生活在无声的世界里，却能以巨大的凝聚力，用有声的音乐去触动每个人的心，用她们的肢体语言去释放她们自己的灵魂。或许这就是一个舞者的最高境界吧！

《千手观音》的舞蹈者们整齐地排列着。她们的舞蹈是那样整齐有力、温柔优美。她们那灵活的双臂、纤长的手指乃至熟练的动作，把《千手观音》表现得美轮美奂，令在场的每一个人都惊叹不已。她们平时所付出的艰辛和汗水终于换来了成功的喜悦。观众不仅喜欢舞蹈本身，也钦佩舞者的精神，这种精神正是我们这一代人应努力学习的奉献精神、吃苦耐劳的精神和创新精神。

《千手观音》带给我的感动是：这些演员们虽然身有残疾，但是人残志不残，努力地实现了自己的梦想。这种精神是非常值得我们学习的。她们是残疾人，我们是健康的人，我们应该能和她们做得一样好。她们生活在暗淡的无声世界里，而我们生活在五彩缤纷的喧闹世界里。我们听得见各种声音,她们却什么也听不见。我们是跨世纪的新一代,我们是快快乐乐的健全人。我们要学习她们的精神和气质,做什么事要持之以恒,用心去做,刻苦钻研。

这个节目告诉我们:只要怀着感恩的心情去对待生活,生活就一定是幸福的。

12. 请谈谈你对"收视率是万恶之源"这句话的看法。

我不同意"收视率是万恶之源"这一观点。但是,我觉得如果片面追求收视率就会造成不好的后果。

近年来,电视节目越做越多,越做越火,丰富了荧屏,给老百姓带来了许多欢乐。不能否认好节目是有高收视率的,一概否定收视率也是不恰当的。但由于过分追求收视率,一些节目因"品味不高、内容低俗"受到了观众越来越多的批评。

我认为,好的收视率并不一定代表好的质量。最近这几年,为了抢夺收视率,各家卫视台纷纷举办各种明星真人秀节目。《奔跑吧兄弟》《极限挑战》《明星大侦探》《花样男团》等节目向我们扑面袭来。但是,这些明星真人秀类型的节目质量真的高吗?《我去上学了》除了能看到明星上课搞怪卖萌、违反纪律,我们能学到什么呢?相反,像《中国成语大会》一类的栏目,收视率不高,但知识性强,给人以启迪和熏陶。从这一点我们可以说片面追求收视率,就是"万恶之源"。

另外,收视率低并不一定意味着节目质量不好。收视率只代表着看或者不看,不意味着好看或者不好看。而且,收视率的决定因素有很多,如播出档期、播出地区等。有些电视节目在不同的地区收视率会有很大的差别。有些电视剧在央视播放没有好的收视率,但在地方台播出收视率反而会有上升。

所以,衡量一个节目或者电视剧的好坏,不能用收视率作为唯一标准,还应该引入满意度这一指标。切忌为了吸引观众眼球而片面追求收视率。

13. 谈谈你对民生新闻的看法。

"民生"是一个带有人文关怀的词语。我觉得"民生"就是"人民的生计"。民生新闻就是关注人民生计、关心市民生活的新闻。它关注的是普通老百姓的生存状态与生存空间,关注的是群众的冷暖痛痒、喜怒哀乐。这是非常好的新闻节目。

各大电视台都开播了民生新闻。比如,《南京零距离》的口号是"就在你身边","百姓无小事,民生大参考"是河南电视台《民生大参考》的口号,《焦点访谈》将推出一个新栏目《百姓心声》。这些节目都是要让新闻服务生活的。它们的新闻题材来自于百姓生活,通过热线电话、网站征集报料等方式从百姓身边获取有价值的新闻事件,把老百姓的所想所求通过大众媒体来传达。民生新闻关注老百姓的生活琐事,如房屋渗水、看病就医、买菜购物、就业上学、物价上涨、好人好事、服务态度、消费意识等,的确为百姓的生活提供了参照标准和行动坐标。在民生新闻中,主持人和记者都用平视、平和的态度,用充满幽默、服务型的语言,以讲故事、聊天的口吻和方式向观众展示新闻事件,极富生活气息和人情味。如同和家里人或是街坊邻居唠家常一样，民生节目让普通老百姓做新闻主角或是参与评说新闻的主角，在镜头面前畅所欲言；或者通过现场热线、手机短信、网站以及DV记录等多种参与方式，将受众的声音直接引到节目中来，让百姓听百姓自己的声音。

民生新闻以老百姓的视角、老百姓的话语、民本的新闻价值取向来关注民生，来反映老百姓的心声，真正做到了服务于民，是为老百姓代言的平台，给老百姓的生活带来了便利。

14. 就央视的广告口号"相信品牌的力量"，谈谈你的看法。

品牌是企业的无形资产，我们要相信品牌的力量。没有自身的品牌，我们永远只能做廉价的代加工工作，付出大量的劳动获取微薄的收入。拥有一个好的品牌，并且能够继续保证产品质量，可以提升产品的认知率，打造品牌影响力，培养忠诚客户。

"怕上火喝王老吉。"对于中国的老百姓来说，"王老吉"在顾客心中已形成了清晰的认知，成了凉茶的代名词。拥有这样的品牌，就像拥有一口永不枯竭的油井，能源源不断地创造出财富。为什么可口可乐一直被评为世界第一品牌？因为可口可乐主导了可乐品类，成为可乐品类的代名词。只要人类对可乐这个品类的兴趣不灭，可口可乐品牌就可以生生不息。2009年被商务部否决的可口可乐对汇源的收购案也证实了这一点：可口可乐公司之所以愿意花近180亿港元巨资收购营业额远不及这个数字的汇源，就是因为汇源在中国代表了果汁品类，成为果汁的代名词。

品牌，也可以为延长生产线、扩大生产领域打下基础。品牌是拥有强大力量的。为了维护好自身的品牌，我们更要加强对于产品质量的把关，做好产品的售后服务。如果放松监管，一个品牌的覆灭也是很容易的。

"酒香不怕巷子深"的时代早已过去，如今的竞争更加激烈。我们不仅要保证产品的质量过硬，还要加大宣传，扩大产品的影响力，使其与其他同类产品区分开，我想这也就是品牌为什么越来越重要的原因。

15. 默多克曾说，报纸广告的收入就像一条"金河"。但就2005年互联网已经成为分类广告主要载体一事发表看法时，他改变了自己的看法："我认识的30岁以下的人中，没有一个看报纸上的分类广告。"谈谈你对广告的理解。

近些年来，"广告"一词成为我们茶余饭后的谈资。它充斥于世界的每一个角落，牢牢印在我们的心中。为什么广告具有如此大的魅力，能够走入我们的生活？报纸上、电视上、广播里、网络中、大街上、商场里，广告让你无处可逃。出现如此多的广告都是基于一个共识：广告能说服消费者购买广告上的商品。广告业主相信这一点，广告公司相信这一点，零售商也相信这一点。广告的说服作用似乎是不容置疑的。广告的载体众多，诸如电视、报纸、宣传单、海报、因特网等。另外，广告给厂家带来的是不可忽视的利润，它创造了令人无法想象的价值。广告已成为现代生活中的一味调味剂。随着社会的发展，广告的形式向多样化发展，呈现出缤纷多彩的形式种类。

随着国际互联网的出现及其日渐普及，网络广告与报纸、电视的广告开始相抗衡。网络广告的占有量将超过报纸广告、电视广告。网络广告在形态、形式上的突破，已经让报纸和电视媒体广告感到了不安和压力。

　　市场调查报告表明，网络广告对普通消费者们的影响力正在加强，报纸和电视广告的影响力出现了逐步降低的趋势。

　　这是因为网络广告的传播冲破了时间和空间的限制。它通过国际互联网把广告信息24小时不间断地传播到世界各地。只要具备上网条件，任何人在任何地点都可以阅读。这种广告以图、文、声、像的形式传送多感官的信息，让顾客如身临其境般感受商品或服务，并能在网上预订、交易与结算，更大地增强了网络广告的实效。例如，当你想购买一辆汽车或一套住房时，你不仅可以从显示屏上看到汽车与住房的外观和内部结构的图片与文字介绍，还可以通过网络对你所不明白的地方进行询问。这些都是电视、报纸广告所不具备的。

16. 众多的电视选秀节目让"一夜成名"成为可能，针对这种现象谈谈你的看法。

　　电视是影响最大的公众传媒之一。现在，电视上到处都是各种各样的选秀活动，每天孩子们一起谈论最多的就是这些节目。有不少孩子希望长大了能像节目中的人一样，通过选秀一夜成名。难道年轻人只有成了明星才有明天吗？年轻人就只能靠机遇、包装加炒作来实现自己的"梦想"吗？我想这类节目对青少年的成长是十分不利的。

　　生活的真理是：期望值越高，失望越大。每个人都想成为"李宇春""周笔畅"，是不现实的。有她们那样的条件、机遇和天赋的人毕竟太少了。怎么可能都像她们那样呢？在现实生活中，"一夜成名"的明星梦毕竟鲜有实现的可能，更多的孩子需要接受完整的教育，为自己的未来打好坚实的基础，在成长中找到自己真正的梦想以及实现梦想的途径。

　　当然，梦想着自己能够成功，能够在有限的生命里大放光彩，这是人的天性，本来就无可厚非。如果天天只想着"一夜成名"或不劳而获，对于孩子本身来说，也是一种伤害，也是一种悲哀。

　　一些青少年做着通过电视选秀节目来一夜成名的"明星梦"，他们的"明星梦"反映了他们社会价值取向的失衡。当明星就会产生极大的示范和鼓励作用，使得青少年的自我欲望"成倍增长"。其实，"明星梦"对普通人而言，更多只是一种精神"安慰"，存在着很大的自我虚构成分。此外，在媒体宣传的作用下，明星表面的光环和辉煌掩盖了背后的艰辛和努力过程。因而很多人觉得做明星容易一夜成名、回报大于付出……

　　青少年千万不要明星梦没做成，反而把学业给荒废了，把黄金时代也浪费了，甚至误了终生。所以，我们应该从"明星梦"中走出来，树立正确的人生观和成才观。因为成功的未来不是"梦"，而是脚踏实地的努力和一点一滴的付出。

17. 最近，《新白娘子传奇》《情深深雨蒙蒙》等多部经典电视剧被曝出将要进行翻拍。请就翻拍经典影视剧谈谈你的看法。

《新白娘子传奇》《情深深雨蒙蒙》等经典电视剧，如今仍然拥有大批的观众。我觉得经典翻拍在任何时候都是有其必要性的。因为当年的版本必然会受到技术、篇幅等一些条件的限制，重拍可以弥补这些遗憾。最关键的一点是，翻拍经典可以，但一定要比原来的拍得好。如果没有这个把握，就不要拍了。

可以肯定的是，今天比起20世纪90年代，不仅摄制装备和技术水平有了质的飞跃，人们的审美观念也发生了很大变化，摄制经费也是当年无法可比，我们应该有超越旧版的信心。

而重拍后的结果能不能达到观众的满意，这是一个值得我们深思的问题。经典重拍，难度很大，风险也很大，最终能否赢得广大观众的认同，取得令人刮目的成绩，这才是经典影片重拍者必须思考的问题。

总之，翻拍以后可以使经典著作焕发出新的生命力，使其更新、更美、更有品位、更有意蕴。有信心做到这一点，就可以拍。说不定，再过20年，它们也能成为众人心中经久不衰的经典影视剧。

18. 某电视广告语说，减肥是一种生活态度。你怎么看？

我们减肥是为了健康，为了美丽，为了快乐，为了更好地生活。所以，我们把减肥当成一种生活习惯，一种生活态度。"减肥是一种生活态度。"这句话凤凰卫视的陈鲁豫小姐曾说过。陈鲁豫说她在上大学时很胖，有50多千克。后来失恋了，整天茶不思、饭不想，早饭就喝一袋牛奶，晚饭也最多吃一个苹果。每天都趴在床上看书，化悲愤为力量，专心用功读书。在这样的情况下，两个月下来她的体重一下子少了10千克。自从去凤凰卫视以后就再也没胖过，她说减肥其实是一种生活态度。我想她的话应该是想告诉人们必须要有自控能力。

减肥属于以减少人体过度的脂肪、体重为目的的行为方式。适度减重可降低患肥胖病的风险，也可以提高有肥胖并发症患者的健康水平。减肥需要过人的毅力和耐力来实现。就如同生活中，每个人都会给自己定一个目标，然后朝这个目标努力。要达到这个目标，急于求成是行不通的，只有踏踏实实，一步一个脚印，才能迈向成功。减肥亦是这样。俗话说，一口吃不成胖子。反之，一天也不可能变成一个瘦子。一个月减十几千克那只是一个美丽的神话。适当的运动加上合理的饮食，才是成功减肥的秘诀。瘦，从来不是人们公认的美的唯一标准，减肥的初衷应该是为了健康，它本身并不该包含任何伤害。减肥，并不是一味地去注重减重的结果，更重要的在于减重的过程。只有健康科学的减肥，才能让你体验到减肥的美妙之处，才能以更好的心态去面对学习、工作和生活。

减肥，应该是一种追求健康的方式，是一种自信美丽的处世态度。以健康的心态面对减肥，我们的人生会更加美丽！

19. 你对方言类电视节目有什么看法？

目前，各级广播电视台或视频网站兴起了一种以地方语言为特色的方言类节目。从现有的状况看，这类节目收视率高，并且还有广阔的发展空间。方言类节目指各地媒体以所在地区为目标市场，以区域性观众为主要定位，以地方语言为表达形式推出的一些节目。较有代表性的方言节目有《阿六头说新闻》（杭州西湖明珠电视台）、《拉呱》（山东电视台齐鲁频道）、《听我韶韶》（南京电视台）、《越策越开心》（湖南经视）等。

这些节目在当地播出时都创下极高的收视率，在观众中有很好的口碑，这当然与节目中那口纯正、亲切的方言有关。但同时，这类节目也有它自己的劣势，那就是不利于外地电视观众对节目的收看或收听。所以，对于方言节目要充分认识它的优劣，扬长避短，要把握好"度"，合理安排节目的时间和长度。

方言轻松搞笑、生动通俗，还有深厚的历史文化积淀。方言节目能得到观众的喜爱，充分体现了他们对区域文化的认同。这种认同感超越年龄、性别，具有普遍性，是一种对本土文化和方言的弘扬。在我们这样一个地域广阔的国家，方言的存在是客观现实，是中华民族文化的组成部分。只要把握好普通话与方言的分寸，方言就不会威胁到普通话的推广。

20. 你怎么看待易中天的《品三国》？

从收视率和广大观众的表现来看，《百家讲坛》里易中天的《品三国》满足了年轻人在娱乐中增长知识的需求，因此受到了大家的喜爱，并产生了良好的社会效果。那么，这其中的原因是什么呢？

长期以来，历史和政治结合得非常紧密，历史人物的面目常常被固定化，缺失了人性的多面性。在易中天的《品三国》里，历史人物往往显得多元而丰富：刘备未必真是忠厚长者，曹操也不再只是白脸奸臣，等等。人是个多面体，人性也应该是丰富多样的。易中天评析的历史人物有血肉，有感情，有矛盾，这样的人物才有真实感。另外，易中天能把要讲的内容说得通俗易懂、雅俗共赏。《百家讲坛》不是正统的学术节目，它是一档知识大众化的推广节目。易中天讲《品三国》时向评书等通俗节目借鉴表现技巧，在讲述中设置悬念，讲究故事性，注重历史故事的细节内容，很能抓住观众的心。易中天讲述三国时常常饱含深情。如讲到周瑜时，前面就插了一段苏轼的《赤壁怀古》。在讲述的词语选择上，他注意吸纳当下现实生活中鲜活的词语。如，讲到"空城计"时他说诸葛亮正在城楼上唱卡拉OK，把诸葛亮隐居地说成是建设的社会主义新农村等。这些新鲜词语本身来源于人们的日常生活，因而能够使节目贴近人们的实际，为人们所喜爱。

既有充满人性化的内容，又有大众所喜闻乐见的表现形式，这是观众之所以对易中天主讲的《品三国》非常喜欢的原因。易中天的《品三国》既为央视《百家讲坛》节目赢得了较高收视率，也为他的著作《品三国》赢得了火爆的售书场面。

21. 如何看待"父母是孩子最好的老师"这句广告词？

看到这个题目，我想起了央视一则令人感触颇深的公益广告：一个年幼的孩子看到母亲为奶奶洗脚，连忙端来一盆热水，一路跑来，嘴里还说着："妈妈，洗脚。"画面中，年轻的母亲欣慰的面庞上满是笑意，但眼眶里已微现湿意。相信大多数人直到现在还记得广告中那句最震撼人心的广告语——"其实父母是孩子最好的老师"！

为什么这么说呢？我觉得家庭氛围和父母的言行都直接影响着孩子的身心健康，尤其是对孩子个性、品质的形成影响巨大。如果孩子在幼儿期不能与父母形成亲密的关系，那么长大后就很难与他人建立起融洽的关系。民主、和谐的家庭氛围有助于孩子养成团结友爱、积极向上的良好品质。相反，家庭不和睦，整日为一些鸡毛蒜皮的小事争吵不停，就会导致孩子性情暴躁、胆怯、自私、没有安全感等。父母的一言一行深深地影响着孩子的人生观和世界观。

有这样一个故事：有一位身体不好的父亲以卖烤红薯为生，而他的孩子知道自己的父亲身体不好，常常在放学之后，接下父亲的活。一位作家买了这家的红薯，觉得这个孩子很孝顺、聪颖，想赠书给他，却不料，孩子给出的答案是，他每天都能读一遍这个世界上最好的书，那就是他体弱的父亲亲笔写的、歪歪扭扭的几个字——烤红薯，还有父亲每天为了全家人的生计而坚持的举动。

是啊，最好的教材，其实就是父母写出来的，虽然简单明了，却也是最震撼人心的。世界上最美的书是孩子的父母写就的，最好的语言是孩子的父母传递的，最好的行为举止也是父母传递的。

22. 你认为成功的影视作品是否应该拍续集？

我觉得成功的影视作品应该拍续集。

所谓成功的影视作品当然指的是以良好的社会效益为基础，遵循艺术规律和经济规律而拍摄出来的作品。续集指的就是在原作的基础上创作的剧集，通常与原作在人物、情节、特定时空等要素上具有一定的关联性。

为成功的影视作品拍续集，是观众和导演的共同要求。因为，对于观众来说，拍续集符合观众的心理需求。惯性心理使得观众倾向于欣赏自己所熟悉的艺术世界和表现方法，好奇心则使观众渴望了解人物、情节的后续发展。正因为如此，人们才会看完了正集之后，还想看相应的续集。另外，对作为影视作品的导演来说，拍续集有助于实现经济和社会双重效益。因为成功的影视作品具有名片效应，可以获取良好的预期收益。拍续集可以使所树立起来的典型形象和道德意识进一步深入人心，从而更好地发挥社会教化功能。比如，《教父》拍了三部才淋漓尽致地显示了大丈夫能屈能伸的本色，《超人》从第一部拍到第四部才显出英雄本色。

所以说成功的影视作品应该拍续集。

23. 如何看待假日电视节目？

每当到了"五一""十一"等假期的时候，很多青少年朋友都喜欢待在家里欣赏精彩的节目。在假日里，各种电视节目更是精彩纷呈。观看电视节目可以大饱眼福，可以丰富文化生活，但可能对身心健康带来不利。所以说，过节虽好，可别让假日电视节目伤了身。

假期的电视节目丰富多彩，非常吸引人，但青少年朋友长时间看电视，会明显影响视力，还会导致血液流通不畅，引起小腿水肿、麻木等。还有不少青少年朋友看电视时因姿势不当，如歪头、斜倚、侧卧等，使得颈部长期处于过伸或过屈状态，导致颈部软组织劳损。如果有些青少年过分沉迷于电视，常为剧中情节或剧中人物的命运而担忧、惋惜、悲愤，在假期结束后仍然不能自拔，以致出现失落感，对眼前的工作、学习和日常生活提不起兴趣。这样长时间地看电视节目，节假日过去后，不少人会患上"节假日电视节目综合征"。他们虽从家里回到了学校，但仍整天沉浸在节假日期间吸引人的节目中，这就影响到日常学习和生活。

所以，我想提醒各位青少年朋友，对待假日电视节目要慎重。我们的时间很珍贵，在节假日期间看电视时间不要太长，同时姿势要正确。在节目内容选择上，要挑一些对自己有益的内容看。

24. 谈谈你对明星代言虚假广告，误导消费者的看法。

从食品、家庭清洁用品到汽车、楼盘，几乎各类商品的商家都在邀请明星做广告。明星作为公众人物，代言某一产品，消费者就不自觉地把对明星的仰慕转移到商品上。面对相似商品，消费者们更信赖明星代言的产品。但是，明星代言电视虚假广告，误导消费者的事件却屡屡发生：姚明代言的汤臣倍健胶囊涉嫌虚假宣传，韩国艺人李敏镐代言的爱尚土豆羰基价超标等。

那么，是什么驱使明星给那些有虚假广告的产品做品牌代言呢？我觉得主要是高昂的广告费收入。俗话说："有钱能使鬼推磨。"少则数十万元，多则数百万元的广告费收入，使得一些明星往往还不了解自己所代言产品的时候，就已经接受代言，向消费者推荐该产品了。甚至有的明星故意编造虚假事例，欺骗消费者。

明星误导消费者的情况，无异于杀鸡取卵。明星之所以成为明星，在于观众对他的认同。如果明星不珍惜社会给予的荣誉和公众给予的信任，不承担起自己的公众义务和社会责任，一味充当虚假广告的"帮凶"，不但会误导消费者，而且会给自己带来不必要的麻烦，损害自己的公众形象。

2015年，新《广告法》正式实施。今后，只要明星代言的是虚假广告，将负有连带责任。同时，新《广告法》还规定未满10岁的明星不得做广告"代言"。与此同时，广大消费者也要积极维护自身的权利，做好监督工作。我相信，随着法律制度的不断健全，明星代言虚假广告，误导消费者的情况会不断减少。

25. 有一名记者在一个非洲小孩即将被鹰吃掉的一瞬间抓拍到了那一幕。请你谈谈在危难时刻是工作重要还是救人重要。

这些年,媒体竞争日趋激烈。为了吸引观众的眼球,许多新闻照片是越拍越出格:有人自杀,全程拍摄;疯子裸奔,重点处理;街头械斗,现场直播;灾难惨重,断臂残腿,照拍不误;车祸现场,鲜血淋漓,该拍的照片一张不少。照片尺度大得惊人,媒体极尽渲染炒作,自以为能最大限度地刺激读者感官,实际上让读者看了"心中很不是滋味"。那么,在灾难现场,记者是拍照要紧,还是救人要紧呢?

我觉得新闻图片不能只考虑图片的视觉冲击力,只考虑真实,还要考虑"善"和"美",因为真善美是一个统一体,不应该为了追求新闻的"真"就放弃做人的良善之心。

作为一名摄影记者,拍摄别人处于危险境地的照片时,应该本能地问一问,自己是否尽到了作为社会成员的救助责任,然后才是如何履行自己作为记者的职责。以灾难或事故中的受害者作为拍摄对象的照片,有较大的新闻价值。令人眼睛过瘾的"精彩"瞬间可以给人一丝身处事外的快意,令人怜悯的情景可以传达悲惨的信息。这些都具有新闻价值,都可以被媒体用来提高发行量或收视率。可这样一味追求新闻价值,是对无辜受害者的冷漠无情。

所以,在职业与道德面前,记者应当救人第一,拍照第二。媒体是要想方设法吸引读者的眼球,但绝不能忘了人性关怀。媒体应懂得尊重和珍惜生命,自觉地传播真善美,鞭挞假恶丑。

26. 春节联欢晚会有没有必要办下去?

我觉得春节联欢晚会有必要办下去。春节是中国人最为重视的传统节日。在除夕之夜,全家人围在电视机前,和和美美地欣赏一台高质量的春晚,那样的幸福是用再多的金钱也无法买来的。

从1983年央视举办第一届春节晚会开始,春晚已经度过33个年头了。对于老一辈人来说,春晚是他们无法忘怀的团圆记忆;对于新时代的我们来说,春晚是伴随着我们成长的。春晚有着太多的第一次,有着太多我们无法忘记的回忆,带给数亿人、几代人无数的欢乐。

每年除夕夜,我们家都围坐在一起,吃着团圆饭,看着春晚,热热闹闹地过着年。看春晚,似乎已经成了中国大多数家庭的特有节目。可以说,央视春节晚会经过30多年的发展已成为我们除夕必不可少的一部分。

诚然,每年春节联欢晚会过后,社会上总是有很多批评春晚的言论。但是,对于大多数批评者来说,他们真的希望取消春晚吗?不是的。春晚之所以备受争议,其根本原因不是在于春晚应不应该存在,而是在于春晚是否符合民众的期待,是否能为民众在除夕之夜的幸福感加分。春晚就像是除夕的一道菜,有人爱,有人不爱,众口难调,但是如果不办了,一定有很多人遗憾。

社会在不断发展,春晚的质量也应该不断地创新,增加节目的种类,改变节目的形式,切实满足广大观众的心理需求。我们要做的不是停办春晚,而是办老百姓更期待的春晚。

27. 你认为娱乐节目应该是单纯的娱乐还是应该有内涵？

我认为娱乐节目还是应该有些内涵的，虽然娱乐节目的目的就是为了使人获得快乐，但是单纯的娱乐未免有些低俗了。

一组莫名其妙的问题，两个颠三倒四的主持人，几个七拼八凑的嘉宾，满座憨头憨脑的观众，这便是现在很多人对娱乐节目的印象。自娱乐节目开播以来便不停地被人声讨，而娱乐节目也同样在观众们的一片叫骂声中"壮大"起来。于是，在电视栏目界中出现了一个奇异现象：越是低俗的节目越是受人"欢迎"。但我认为这种欢迎并非观众们发自内心的认同，多半是满足观众的猎奇心理罢了，长此以往，将会导致观众的厌烦。

如果娱乐节目单单注重"娱乐"二字而不顾及社会责任与内涵，那只能是昙花一现。娱乐节目只有承担起自己的社会责任，兼顾娱乐与内涵，才是长久之计。像《中国成语大会》《中国汉字听写大会》等文艺节目，将娱乐与知识相结合，收视率并不低；《爸爸去哪儿》在具有浓厚的趣味性的同时，还使人们反思新时代的亲子关系；《非凡搭档》告诉我们坚持的作用以及朋友互相鼓励的重要性……

王刚曾这样评价娱乐节目："一个节目应该有自己起码的道德底线，这个底线就是不能拿伦理来开玩笑，不能过多地挖掘所谓的隐私。"娱乐节目也是节目，也承担着传播先进文化的责任，我们不能再脱离内涵而只关注"娱乐"二字了。

28. 现在娱乐节目的同质化现象非常严重，你是怎么看这一现象的？

对于"90后""00后"来说，观看娱乐节目已经是他们日常生活必不可少的一部分了。它们能够带来快乐，能够缓解平时工作和学习带来的压力。可是，当我们打开电视或电脑的时候，相似的娱乐节目向我们扑面袭来，我们就很难坚持看下去了。娱乐节目的同质化现象从现实来看，确实已经非常严重了。

《爸爸去哪儿》火了之后，亲子综艺类真人秀节目仅在2014年就在至少24家省级卫视开播。《我是歌手》火了之后，《蒙面歌王》《偶滴歌神啊》《歌手是谁》等一个接一个类似的节目出现，仅在2016年的第一季度，就有17档类型相似的音乐类节目播出。《花样姐姐》与《花儿与少年2》、《爸爸回来了2》与《爸爸去哪儿3》同时播出，竞争收视率……

节目内容的同质化更是严重，甚至在节目中要完成的任务也是相似的。《偶像来了》和《极限挑战》都有用人力拉飞机的环节，《真心英雄》和《奔跑吧兄弟3》都设置了"黑天使"和"白天使"的角色，《了不起的挑战》和《西游奇遇记》都要系着绳索从高空往下捡东西，等等。

我们往往会在不同的频道看到极其相似的节目，看到相似的游戏环节，甚至相同的嘉宾。大量相同的综艺节目，往往会导致观众的审美疲劳，使他们不愿意再看此类节目。与此同时，同质化现象会造成电视节目资源的极大浪费。与其花费那么多的人力、物力在同一类型节目上，还不如找出自己的优势资源，进行创新，形成属于自己独特的风格，吸引观众的注意力。

一味地模仿他人，不思创新，只能让自己走入死胡同。

29. 谈谈你最欣赏的一则广告。

　　我最欣赏的一则广告是关于别克君威轿车的广告。
　　在暴风恣意张扬的冰川雪原上，一辆别克君威轿车冲破雪幕，驾驭风龙，由远驶来。这就是05系君威新车型电视广告"风雪篇"开始的场景。在传承别克君威一贯"大气沉稳"风格的同时，这则广告融入更多"动"的元素，为"心致、行随、动静合一"的品牌精髓作了更好的诠释。
　　三月的新疆赛里木湖，冰层未开，气候无常。由韩国大牌国际导演执导的君威电视广告选择这里作为外景地，令摄制组人员率先感受了05系君威新车型"经过全新底盘调教，同步提升操控性和舒适性"的特点，在疾风骤雪中体验到君威的卓越动力以及车内的宁静与温暖。作为别克品牌的重要一员，君威不断提升自我标杆，推陈出新，在激烈的市场竞争环境中从容接受风雪洗礼。"车行疾如风，车中稳如钟。"君威"动静合一"的特质，在本片中表现得淋漓尽致，动静中所蕴含的能量与自信更是不言而喻。
　　整个广告片在大气、优雅中融合了动感，又不乏浪漫的想象。它那份自信和沉稳，足以令坚冰消融、风暴退却，即使是雪花也为君威的气度深深折服。它们舞过车头，又沿车身好奇地向后飞去，从微微打开的车窗空隙轻盈飘入车厢。原来车内别有一番宁静的新天地。淡淡的阳光投射在宽阔的后座，暖色的内部装饰格外雅致。任窗外疾风骤雪，车内一如既往的静谧、祥和。雪花轻舞飞扬，当它还沉醉在车内的安逸世界时，镜头已切换到车外，经过风雪洗礼的别克君威，越发气宇轩昂。
　　这则广告给我了美的享受，使我因为这则广告而爱上这款车。

30. 谈谈最让你感动的一部电影。

　　《忠犬八公的故事》是最让我感动的一部电影。对于八公来说，它的一生有多长呢？9年。对于一个人来说可能，9年只是人生的一部分，但是对一条狗来说，9年几乎意味着生命的全部。八公用一生来陪伴，守候永远不归的主人。
　　电影以一位老人和爱犬的生活点滴为主线，没什么惊心动魄的感人故事，却很真实。一位大学教授帕克收养了迷路的小狗，给它起名叫"八公"。他们一起做游戏，一起洗澡，一起看球赛……八公在帕克的呵护下慢慢长大。帕克上班时，八公会一直把他送到车站；下班时，八公会早早趴在车站等候。八公的忠诚让小镇的人家对它更加疼爱。然而，不幸的事情发生了，帕克在上课的时候，突发心脏病，永远地离开了。此后的每一天，八公都像个战士一样坚守在它以前等待帕克的地方。它每天怀着希望，最终是一次又一次的失望。日复一日，年复一年，从青年到老年，从步子稳健到步履蹒跚，八公静静地等待着帕克的归来。9年后，八公在一个风雪交加的傍晚，慢慢地倒在了它等待帕克的那个站台上……
　　看完这部电影，我的心情久久不能平静。一只狗的感情，历经了那么多的年月，始终未曾改变。原来，有些情感，是不会被人遗忘的，是会一代代延续下去的。这种感情，我们称之为爱。

31. 谈谈你对我国综艺节目大量引进国外版权的看法。

近几年来，购买国外电视综艺节目版权已经是我国电视荧屏上拼抢收视率的一大法宝。毫无疑问，经过国外原制作单位的检验，版权引进的电视综艺节目风险小，甚至自带一定的观众基础。引进韩国版权的《爸爸去哪儿》《我是歌手》《奔跑吧兄弟》，获得了极高的收视率，在社会上拥有极大的话题度。也正因如此，综艺节目版权引进的势头呈现一派良好态势。

然而，不是所有版权引进的节目都能获得成功，水土不服的事件时有发生。同样引进韩国版权的《真正男子汉》收视率和话题度却远远低于预期水平，因为它忽视了很重要的一点，韩国有服兵役制度，原版节目中播出的军旅生活和训练项目对于韩国普通大众来说是感同身受的。然而，当这种节目模式移植到了中国，就很难让中国观众买账了。只有将引进的版权与国内的实际情况相结合，立足于版权本土化，才会拥有制胜的可能。与此同时，我们也可以根据中国本身的历史文化，创造出属于我们自己的原创综艺节目。《中国成语大会》《中国汉字听写大会》等就是本土原创综艺的典型代表。第一届《中国汉字听写大会》总决赛全国收视率甚至超越《中国好声音》，位列第一。我们要拥有创新意识，不断充实自己，完善自己，打造属于我们自己的综艺节目。

对于综艺节目的版权引进，我们要结合本土的实际情况，取其精华，弃其糟粕，并不断进行创新，创造出属于我们自己的综艺节目类型。

第九节 播音与主持

1. 谈谈你从事播音主持工作的优势与不足。

播音主持这个行业一直是我非常向往的行业。我觉得从事这方面的工作可以让我认识更多的人,接触更多的新鲜事物。并且播音主持工作是一个传播信息的过程,可以传递给大家最新的信息。我觉得这是一件非常有意义和快乐的事情,所以我选择了播音主持专业。

对于现在的我来说,从事播音主持最大的优势是我对这个工作的无比热爱。我觉得做任何事情,兴趣都是最大的动力。莎士比亚说:"学问必须合乎自己的兴趣,方才可以得益。"所以有了兴趣就可能排除一切困难去学习,去实现目标。我从事播音主持工作还有一个优势,就是我在学校里主持过多场文体活动,可以说是得到了很多的锻炼机会,从语言组织能力到现场的反应和控制能力都有一定的实战经验。所以我很有信心来报考这个专业。但是毕竟还没有系统地学过专业的知识,因此还有很多不足。我认为不足的地方主要有这几个方面:一方面,知识储备的欠缺。一个出色的主持人必须有深厚的文学功底和文学修养,可以做到引经据典,侃侃而谈。我必须在以后的学习中不断补充这方面的知识,汲取各方面的知识营养,扩大知识层面。另一方面就是专业知识的不系统。虽然有一些初步的实践经验,但是专业知识都是零散的、琐碎的。所以,我希望我能够考取这个专业,然后建立起完整的专业知识框架。

总的来说,我非常热爱播音主持专业。我会努力学习以弥补我的不足,争取考上这个专业,做一名出色的主持人。

2. 如何理解播音员和主持人的"个性"?

播音员、主持人的个性特点是十分重要的,可以说它直接决定节目的风格。首先来说播音员的个性。播音员的重要作用是传播信息。在信息传播过程中,播音员首先要遵循信息传播规律,尊重新闻事实,在这个基础上还要做到有个性。比如说央视国际频道的新闻主播徐俐就突破了传统的播音风格,她语速快,声音饱满而又干净利索。再来说主持人的个性。主持人的个性较之播音员应更加鲜明,因为主持人的发挥空间更大。主持人的风格源于主持人既有的性格特征。不同的节目主持人都应将自己的气质特点贯穿和融入节目中,使节目具有主持人的气质特点。这样,就会使节目体现出别样的特色。

主持人个性对于一档栏目来说是灵魂。就众多谈话节目来说,如果节目类型相同,只要主持人个性不同就能形成不同风格的节目。王志的《面对面》因为尖锐犀利而闻名,鲁豫的《鲁豫有约》因为亲切有趣而吸引人，朱军的《艺术人生》因为温情深刻而动人。所以，我们可以说主持人的个性直接决定着节目的取向。

总而言之，主持人的个性是个人的综合素质和人格的体现与浓缩，它与节目的质量与活力息息相关。因此，我觉得一个好的节目主持人在打牢自己专业基础的同时，也应该注意个人气质与个性的塑造，这对主持人把握不同类型的节目都将起到重要作用。

3. 你认为成功的主持人最大的魅力是什么？

我觉得成功的主持人最大的魅力在于其鲜明的个性和超强的语言应用能力。对于节目来说，主持人往往是节目的灵魂。可以说节目的好看与否很大程度上取决于主持人，往往是因为主持人的走红使节目变得家喻户晓。有的名牌栏目就因为换了不合适的主持人而使栏目走向了死亡。所以，优秀的主持人对于一栏目来说，地位是举足轻重的。

在众多的成功主持人中，我们也不难看出他们各自的魅力表现。这种魅力可以归结为鲜明的个性和超强的语言运用能力。崔永元是我们都非常熟悉的主持人，他可以说是我国脱口秀的先行者，开创了我国谈话节目的新形式。他鲜明的个性是《实话实说》的灵魂，超强的语言组织能力是《实话实说》的魅力所在。与其他同类型的节目相比，我们因为喜欢崔永元机智的冷幽默，所以喜欢《实话实说》。主持人的鲜明个性就是节目的个性，语言应用能力就是主持人个性展现的最直接方式。可以说语言是一个主持人的生命。一个成功的主持人可以根据节目的需要，通过不同的语言方式来吸引观众。再比如，王志《面对面》成功的原因，首先就是王志赋予《面对面》的个性——犀利尖锐；其次是王志语言的应用打破了平常谈话节目的特点，用进攻性的语言方式，让人觉得畅快淋漓。

所以，我觉得一个成功的主持人的最大的魅力就在于他鲜明的个性和超强的语言应用能力。

4. 谈话类节目主持人必须具备的素质是什么？你最喜欢的谈话类主持人是谁？说说你的理由。

谈话类节目是非常受观众欢迎的一种节目形式。它通过主持人、嘉宾、受众的共同参与和直接对话，对社会生活或人生体验的某一话题展开讨论或辩论，达到增进参与者之间交流和理解的目的。在这样的节目中，主持人的素质、内涵直接决定着节目的成败。

我觉得谈话类节目主持人必备的素质是具有深厚的新闻知识功底、扎实的文学基础、极强的语言思辨能力、自如驾驭节目现场的能力以及丰富的人生阅历。中央电视台的《实话实说》、上海人民广播电台的《市民与社会》、浙江经济广播电台的《今夜有约》等谈话节目一经出现就以切中时弊、态度鲜明、真实可信、感情真挚赢得了广大受众的心。

我最喜欢的谈话类节目主持人是央视二套《对话》栏目的主持人陈伟鸿。《对话》栏目是一档高层访谈栏目，面对的嘉宾都是社会精英、商界名流。作为这栏节目的主持人可以说是有相当大的压力和难度的。陈伟鸿谦逊而机智，敏锐而不露锋芒，他的主持让我们看到了自信和坦然。他较高的学历和丰富的工作经验，为他在节目主持中表现出来的个性特点奠定了基础。在节目中,我们可以看到他是一个有智慧的人,对节目有超强的控制能力,同时又极具亲和力。看他的节目是一种享受,是一种收获。

5. 娱乐节目主持人需要有娱乐底线吗?

随着社会经济的发展,电视的娱乐功能越来越显著。看电视成了人们休闲娱乐的重要方式,娱乐节目主持人因之也日渐受人喜爱。从港台到大陆,很多电视频道主打娱乐牌,都取得了非常好的收视效果。在娱乐现象一片热闹繁华的下面,我们要冷静地思考娱乐节目主持人需不需要有娱乐底线问题。

虽然现在各种媒体在迅速发展,人们的言论更加自由,思想更加解放,但是我认为娱乐节目主持人仍然是需要坚守底线的。娱乐节目主持人带给观众快乐的同时,让观众在繁重的压力中感到轻松,所以非常受欢迎。但是,我们不能忽略娱乐节目主持人在带给大家快乐的同时,要考虑到不同的观众群会从节目中汲取不同的东西。港台地区的娱乐节目尺度相对要大一些,这是与历史背景、社会形态息息相关的。但是他们仍然有他们的底线,因为电视是一种大众传媒,要受到政府等各个方面的影响。对于内地来说,娱乐节目主持人更加需要娱乐底线,因为电视、报纸等媒体可以说是党和国家的喉舌,无论什么娱乐节目首先要考虑的就是符合大众利益、不违背国家规定。

总体来说,我觉得任何国家地区的娱乐节目主持人都是需要娱乐底线的,因为主持人的载体——电视媒体要受到很多方面的制约。

6. 现在很多演员、歌手开始转行做主持人,对此你有什么看法?

随着电视传媒的发展,主持人行业也越来越火热。从选秀节目到各种大赛,成千上万的人走进了主持人的行列,有很多当红的演员和歌手也转行做主持人,比如林依轮、戴军、孙国庆等。

我觉得歌手、演员做主持人有十分有利的地方。对于电视节目来说,利用较有名气的演员、歌手做主持人省去了很多宣传的环节,直接达到了观众关注名人的效果。另外,对于很多歌手和演员来说,做主持人也是一个很好的出路。现在的主持人一般都要才艺双全,而不是简单的普通话标准、反应快。这些歌手、演员一般都具备这样的素质,他们可以搞活节目。我们看过戴军的节目就会发现他的主持能力要比他的唱歌能力强很多,所以对于他们来说做主持人更适合他们的发展。

但是从另一个角度来看,现在的节目,形式多种多样,对节目主持人的要求也越来越高。也有一些电视节目只是单纯地利用演员、歌手的名气来吸引人气,而不考虑是否适合节目的风格,这样就会让观众觉得节目制作粗糙。这样的节目效果也有损这些歌手、演员的形象。比如说林依轮去央视主持烹饪节目,就会让人觉得很别扭,觉得一定是他歌唱得不好才改行的,并且对他的厨艺也不会有太多的认可。

我觉得,歌手、演员转行做主持人还是有很大的优势的,但一定要选择适合自己的节目。

7. 主持人的"文化底蕴、专业水平、人格魅力"三者之间的关系是怎样的？谈谈你的看法。

因为主持人是一个节目的灵魂，对节目要有总体的控制和把握，所以主持人需要全面综合的素质。一个优秀的主持人必须要有个性鲜明、内涵丰富、专业能力过硬的素质。所以，文化底蕴、专业水平、个人魅力对于一个主持人来说是相辅相成的，缺一不可的。

首先，我觉得主持人的人格魅力是最重要的。因为有个性的人总是容易被人记住的。主持人面对激烈的竞争，要想被观众记住，就要有鲜明的个性和人格魅力。央视二套《对话》节目的主持人陈伟鸿，在文化底蕴和专业水平上可能不及有些主持人，但是他的温文尔雅、谦逊机智、敏锐亲和的人格魅力是很多主持人没有的。其次，我觉得主持人的文化底蕴也很重要。主持人文化底蕴的深厚可以让我们在观看节目的同时学到很多知识。排在最后的，我认为是专业水平。可以说专业水平是主持人必备的。节目类型不同，对主持人专业水平的要求不同。娱乐类节目需要主持人多才多艺，谈话类节目需要主持人语言标准规范、反应迅速，体育类节目需要主持人对体育项目了如指掌。

所以我觉得，有专业水平可以当上主持人，加上深厚的文化底蕴就可以成为优秀的主持人，而再加上人格魅力就是一个非常成功的主持人了。

8. 你认为内地主持人与港台主持人有哪些不同？

港台地区的电视节目要比内地发展快很多。但是随着内地经济的发展，电视业也在快速发展。因为时代背景、意识形态等各个方面因素的不同，无论是电视节目形式还是主持人方面，内地和港台都有很大的不同。

就娱乐节目主持人来说，内地主持人和港台主持人最大的区别就是尺度大小不同。港台地区因为社会意识形态的原因，尺度更大一些，娱乐程度更深一些。内地最知名的娱乐节目可以说是湖南卫视的《快乐大本营》，主持人从何炅、李湘到现在的谢娜他们都是非常优秀的娱乐节目主持人。他们通过机智的语言、夸张的表演来让观众开心快乐。再看港台地区的娱乐节目，比如说《我猜我猜我猜猜猜》，这档节目也很受内地观众欢迎。主持人的尺度很大，不用顾虑太多的东西，他们在表演夸张的同时会涉及一些个人隐私和内地主持人不被允许提及的问题。所以对于内地很多观众来说，港台娱乐节目有一定的新鲜感和吸引力。

就新闻节目主持人来说，港台地区的新闻类主节目持人风格是轻松随意。他们可以把新闻报道成故事，以"说新闻"的形式，增加了新闻的趣味性。内地的新闻节目主持人风格是严谨周密，有严格的吐字归音的要求，有标准的播报方式。

总体来说，因为发展时间的不同和社会背景的不同，内地主持人和港台主持人从风格到规范标准方面都有很多的不同。

9. 报考专业时，爱好与就业前景哪个更重要？

我记得爱因斯坦曾经说过："我认为，对一切来说，兴趣是最好的教师，它远远超过责任感。"所以我觉得在报考专业的时候，爱好比就业前景重要。

国外有句谚语："高兴学来的东西永远不会忘。"从上学到现在，老师一直告诉我们要积极培养自己的兴趣爱好，这样才能学得更好。对于我们来说，就业前景也十分重要，因为竞争越来越激烈，很多行业都是人才饱和，尤其是主持人，更是人才济济。但是，我觉得不能因为这样的困难就放弃自己的爱好，何况做自己不喜欢的事，是很难做好的。人的一生只有一次，如果在这有限的生命中不能学习自己喜欢的专业，不能从事自己热爱的工作将是一件非常遗憾的事情。

赵琳，央视二套《生活》节目的主持人。后来，她毅然辞职当了演员。她说虽然在《生活》做主持人是万人瞩目，更是无数人羡慕的对象，但是对她来说没有太多的诱惑。她说做主持人她可以做得很好，但是自己并不开心，所以最后选择放弃，现在做演员虽然没有大红大紫，但是她过得很开心，生活得很有滋味。

从她的身上，我明白了爱好才是做事情最大的动力和源泉，尤其是在学习上。因为学习的过程本身就是一个艰苦的过程。只有认清自己的兴趣爱好，把爱好当成动力，我们才可以排除万难，实现梦想。因此在报考专业时，我觉得爱好更重要。

10. 怎么看待网络直播？

近几年互联网行业发展迅速，随之出现的网络直播也越来越受到更多人的关注。目前，中国在线直播平台数量接近200家，其中网络直播的市场规模约为90亿，网络直播平台用户数量已经达到2亿。除了斗鱼、虎牙、映客、花椒这样的原生直播应用外，秒拍、美拍等各种视频社区也纷纷开设直播版块。直播媒介多样，直播的内容也是五花八门。随手打开一款软件，游戏直播、教学直播、户外直播、唱歌直播……如今是一个全民直播、人人当主播的自媒体时代。

直播的火热似乎给了我们自由与解放。任何人都可以直播，任何类型的内容都可以直播，直播仿佛形成了一种全民的狂欢，无所不有，无所不为。鲍德里亚的《交流的迷狂》中用迷狂、眩晕来概括网络交往的特征。直播现在就处于一种互联网交往的迷狂中，肤浅的、漂浮的、神经质的信息畅通无阻。人们深深地卷入网络世界所产生的感知与交往的迷狂，理性的原则与分析面临着挑战。我们应该警惕把所有的功能都废止在交流的维度，所有的事件、空间、记忆都废止为信息的单一维度，这不是解放和自由，反而是丧失了自我和自由。

11. 你认为播音员与主持人之间的区别是什么？

现在，有些人认为播音员只是照着别人写好的稿子念，照本宣科；主持人可以说自己的话，想怎么说就怎么说。他们认为主持人比播音员高一层次。这种误解的产生，充分说明这些人对播音员和主持人的工作情况不够了解。

从严格意义上讲,播音和主持是两个不同的概念。播音实际上反映的是一种专业的性质,可以简单理解为你是用声音去播送内容,所以叫播音;而主持是指一个人在一个事件中所处的位置,并不是对其专业性质的描述。因此主持人可以是播音员、记者、演员,也可以是专家、学者。它没有很严格、具体、统一的专业要求,而更强调个人魅力的彰显、学识、机智的充分发挥。所以严格地说,播音和主持从名称上没有什么太多的一致性。但是人们平时就这么用了,就把这当成了广播电视中使用语言的两个工作岗位。实际上,从播音理论来讲,照着人家的念是最难的,说自己的话是容易的。从专业技术的角度讲,播音对播音员语言的技术含量要求比较高,主持则对主持人的个性化魅力要求比较高。内容决定形式。有什么样的内容就要求有什么样的形式。

所以,播音员、主持人无所谓高低,只是内容与表达方式的不同而已。传统上讲,播音是一种再创造,它是把文字的东西变成声音的东西,这就牵涉到一个"怎么变,怎样变得好"的问题。播音是把他人的语言变成自己的语言。这是一个创造的过程,要求很高,因为要不折不扣地忠实于原作,所以这种文字到语言的转换,创作空间很窄。相比较而言,同样的内容,主持人可以选择很多种说法,可以选择一种自己比较习惯的、比较适合的方法。对主持人来说,创造的空间相对较大。他们可以通过语言、手势、表情、交流等多种方式进行创作。

12. 你如何看待黄健翔从央视辞职这件事?

2006年的世界杯给我们留下深刻印象的,除了精彩的赛事,我认为应该是央视体育频道主持人黄建翔声嘶力竭的呼喊式解说,以及世界杯比赛结束,黄建翔就从央视的辞职。后两件事在互联网上引起了很多的讨论,因为黄建翔是很多观众喜欢的足球比赛解说员,却在中央电视台辞职,令很多人不理解。

黄健翔在签约凤凰卫视后,接受采访时谈了他从央视辞职的真正原因:他不适应央视的体制。黄建翔是很有个性的体育节目主持人。他的解说,准确到位又妙语连珠,让人在看比赛的时候看得明明白白,听得津津有味,但是他又是一个特立独行的人,不喜欢被束缚,所以他自己也说他在央视是一个不怎么受欢迎的人。领导不喜欢,同事也不怎么接受。2006年世界杯解说风波只是他辞职的一个导火线,他很早就萌生去意了。

我比较理解他的做法。央视的那种体制在一定程度上限制了主持人自身的发展,这与央视的定位有关。因为央视是党和政府的喉舌,所以传递的信息必须谨慎、周密,这与港台的电视比就少了许多自由发挥的空间。而主持人一旦没有展示自己个性的空间时必然会想其他的出路。央视的王牌主持人李咏就说在央视工作是"带着镣铐跳舞",在严格的制度下寻找自己的发展空间。

因此,黄建翔离开央视,我觉得,从深层次上讲是体制与个人发展之间的冲突造成的。如何让整体和个性达到和谐的状态呢?我想也只有随着社会的发展,制度更加宽松和完善,才能够给有才能的主持人更大的发展空间。

13. 很多央视节目主持人辞职去了凤凰卫视，请分析一下其中的原因。

很多央视主持人跳槽到了凤凰卫视，我觉得从根源上讲是央视的性质和定位造成的。央视是我们的国家电视台，是党和政府的喉舌，所以央视在制度规定等方面就有了很多束缚。这些规定是必不可少的，但是它限制了主持人发展的空间。很多有才能的主持人难以发挥才能，所以选择离去。而凤凰卫视是香港的一家电视台，是相对自由的，没有繁文缛节的规定，只要你有才能你就上，这对于有才能的人有相当大的吸引力。

举例来说，在央视工作，主持人的普通话必须要过国家语委颁发的一级甲等证书。这样的规定对于像阿丘等独具个性的主持人来说就是一道障碍。但是在凤凰卫视就没有这样硬性的规定。凤凰卫视更注重主持人个性的发挥和节目的风格，相对不那么看重发音等技术上的要求。并且，在央视，主持人不可以接受任何形式的广告代言，但这一点在凤凰卫视就可以。凤凰卫视认为这是对主持人的另一种宣传方式，主持人的高知名度必然会带动节目的发展。

另一方面，因为央视的性质决定了它不能出现像《李敖有话说》这样的节目。央视作为国家电视台在言论方面一定要起到重要作用，因此一些个性鲜明的主持人在央视是很难生存的。从娱乐性来说，央视的"娱乐底线"很严格，真正的娱乐节目主持人在凤凰卫视更能如鱼得水。

我觉得这是很多央视节目主持人辞职去凤凰卫视的主要原因。

14. 你如何看待主持人这一职业？

主持人这个职业是我非常向往的一个职业。我觉得主持人是一个传播者，无论什么类型的节目，都要主持人通过自己的方式把信息传播给大众，这是一件非常有意义的事情。主持人这个职业最吸引人的地方就是，它能给主持人自身一个自我展示的平台：主持人可以通过主持节目来展现自己的个性、才艺、思想等。我觉得参与制作一档节目，从采访到编辑播出，再把信息传递给大众，把观点和大众分享，是一件非常有意思的事情。

具体地看现在我国主持人行业的发展，我们不难看出，主持人过热现象已经让这个职业变得非同寻常。过多的选秀节目和主持人大赛，让人们把主持人看作是一夜成名的职业。然而，事实决非如此。我觉得主持人不但要有很强的专业水平还要有很高的道德修养，因为主持人是信息的传播者，必须有很强的责任感和专业能力才可以完成这一使命。很多人认为主持人这个职业就是动动嘴皮子，然后名利双收，我觉得这种看法是非常不正确的。优秀的主持人需要深厚的文学修养、专业水平。做主持人是强度非常大的脑力劳动，并且主持人承受的压力也是非同一般得大。一档节目要做到最好，就要淋漓尽致地展现自己的所有本领，很多时候一场节目下来主持人都有被掏空的感觉。著名节目主持人崔永元、白岩松都有失眠症，我认为都是工作压力太大造成的。

还是用崔永元的话来说吧。他说做主持人是"痛并快乐着"，我认同他的观点。

15. 做一名主持人必须说普通话吗？

普通话过关是对主持人的基本要求。央视要求主持人必须拿到国家语委颁发的一级甲等证书，这就说明对主持人的普通话要求是非常严格的。推广普通话主要是为了便于人们更好地沟通，做到语言规范，在电视节目中，更有利与大众的交流。不过我认为，现在的电视节目形式多种多样，在某些特色节目中不用普通话可能会达到更好的效果。

我们最为熟知的不说普通话的节目主持人就是刘仪伟。他说的也不完全是方言，应该说是不标准的普通话。但这并不影响他与观众的交流，尤其是在央视的那档烹饪节目，他不标准的普通话不但没有形成于观众沟通的障碍，反而让人觉得更有亲切感，像一个邻居在介绍做菜的方法，这应该说是一个比较成功的案例。

电视节目主持人最重要的就是在节目中表现个性，同时让节目也充满个性。所以在节目中方言的运用也是必要的，尤其是娱乐节目。湖南卫视的《快乐大本营》是内地非常火爆的娱乐节目。这是一档全国播出的节目，有时候主持人用湖南方言，有时候用四川方言，没有影响交流，反而达到了非常好的娱乐效果。

我们国家的语言种类众多，可以说是我们的一种财富。在不影响交流的情况下，针对特色节目适当地运用多种丰富的语言可以达到意想不到的效果。

16. 主持人应不应该具备表演能力？

一个优秀的主持人要具备的素质是多方面的，我觉得主持人应该具备表演能力。主持人在节目中的重要作用就是控制节目的节奏，调动节目的气氛，把握节目的主导方向。所以，表演能力对于主持人来说是非常重要的。

表演能力对娱乐节目主持人来说，是不可或缺的。港台地区的娱乐节目之所以比内地繁荣，我觉得很重要的一个原因就是主持人出色的表演能力，因为这样的主持人才能融入节目，渲染整个节目的氛围。在《康熙来了》中，小S就经常主动和嘉宾一起表演，这样让嘉宾有种亲切感，达到了节目要求的效果。在谈话节目中，主持人也需要一定的表演能力。在与嘉宾谈话的同时，主持人在某些时候必须要有一定的表演功底才能调动被采访者的情绪，让他积极参与到节目中来。

现在，随着电视传媒业的发展，节目的种类越来越多，不同类型的节目对主持人的要求也越来越全面，尤其是娱乐类的节目要求主持人能歌善舞，才貌双全。比如说谢娜，现在可以说是娱乐节目主持人中最火的一位。看她的节目我们就能发现，她的语言表达能力并不是特别强，但是她最大的特点就是善于表演，善于调动现场的气氛。

因此，我觉得主持人应该具备一定的表演能力，因为这样主持人自身才可以真正地融入节目，营造节目需要的气氛。这样的主持人才是优秀的主持人，才可以达到节目的要求。

17. 你认为对于一个主持人来说最重要的素质是什么。

主持人作为一个节目的掌控者，必须具备多方面的素质，这样他才可以调控好节目与观众的关系。我觉得对一个主持人来说最重要的素质是人格魅力。当一个节目散发着主持人个性光芒的时候,这个节目就会让观众觉得是有灵魂的。

很多受欢迎的节目都是因为节目主持人具有吸引力。港台地区的娱乐节目比较发达,在内地也非常受欢迎,主要就是因为港台地区的不同节目都有不同风格。把节目主持人自己的个性融入节目中,容易被人记住,也让人感到亲切自然。

凤凰卫视就经常根据主持人的个性来量身打造一档节目。比如,《李敖有话说》就完全是根据李敖独特的个性而开设的节目,这个节目也是非常受观众欢迎的。在内地,我们最有名的谈话节目《实话实说》就因为主持人的更换而收视率一路下滑,我觉得主要的原因就是观众对主持人个性的已经认可,不容易改变。崔永元个性鲜明、机智幽默,可以说是中国脱口秀节目的鼻祖。正是因为他把自己的个性赋予了节目,节目才变得好看。后来,《实话实说》节目主持人换成了和晶。和晶确实是一个很有水平的主持人,但是她接手后,《实话实说》的收视情况不尽如人意,因为观众对崔永元的个性已经认可,觉得《实话实说》应该是崔永元那样的。所以我觉得个性魅力对一个主持人来说最重要,它可以成为一个节目的符号。

18. 谈一谈网络综艺节目对传统综艺节目的影响。

近几年网络综艺节目越发火爆,甚至一些传统电视台的综艺节目主持人都慢慢加入到网络综艺节目当中,比如汪涵加入《火星情报局》并担任"局长"。从现阶段来看,网络综艺节目似乎有着更强的生命力,原因在于:相较于传统综艺节目,网络综艺的版权费用更低、观众点击量更高、广告收益也更高。拿《火星情报局》为例,每一期的播出都有很明显的广告植入痕迹,这些在传统综艺节目里是不允许的。另一方面,就制作环节来说,早期的网络综艺节目制作简单,成本很低,一般通过搞笑的片段来表现。它们先通过节目积累观众群,随后再慢慢提高节目制作效果,在这个基础上吸引到更多的受众。相对来讲,传统综艺节目就不会有这种循序渐进的过程,一旦节目的收视率不高马上就被下架。最后,网络综艺节目的盈利方式多样,一档节目可以衍生出很多的副产品。例如,优酷自制的《男神女神》衍生出手游、动漫以及互动直播等产品,可以称得上自制综艺节目衍生品中打磨较好的网络综艺节目。由此可见,网络综艺节目并不只能简单地"复制"电视台的相关节目。未来,为了能够实现网络综艺节目到电视综艺节目的有效切换,就需要从观众群体角度和整个节目剪辑的节奏等各方面重新审视网络综艺节目在电视台上"水土不服"的症状。未来,双方不是谁来代替谁的关系,而更多的是互补互利的关系。

19. 假如你是一名播音员,当你拿到一份明知道是假新闻的稿件时,你会如何处理?

近年来,受众对大众媒介公信力的质疑,很大程度上来自于假新闻的泛滥。目前,假新闻的传播范围越来越广,涉及媒体越来越多,在整个中国媒体界,呈显著上升的趋势。甚至有受众认为:"这年头,流言飞遍天下,基本属实,很少掺假,越看越像新闻;而新闻一屁两谎,隐瞒真相,胡吹乱侃,越看越像流言。"这种"流言越来越真,新闻越来越假"

的认识未免有些极端,但假新闻对媒介公信力以及对社会环境的创伤,已经到了不可不治的地步。

社会上存在着大量的新闻素材,媒体对这些素材有一个取舍的过程。在这个过程中,传媒组织形成了一道"关口",而作为把关人的个人或集体在新闻选择时,首先要遵循的是新闻真实性原则。这就需要把关人严格要求自己,时刻坚持新闻真实性原则不放松,防止新闻媒体成为某个人或某些人的御用工具。从一则新闻的采访到公开传播,每一个环节的传媒人员都应该成为把关人,做到多问几个为什么。

所以说,作为一名合格的播音员,也应充分意识到自己作为一个"把关人"的角色。当面对假新闻时,应立即查证事实,将实际情况反映给上级领导,坚决杜绝假新闻从自己的口中流入社会,扰乱社会秩序。如果不能及时找出事实证据,也应该向领导提出自己的疑问,请上级部门对此给予重视,对内容进行复核。这不仅是对自己负责,也是对工作负责,更重要的是对社会负责。

20. 播音员和主持人有哪些共同之处?

广播电视节目播音员和主持人由于在同一战线工作,又都是使用声音语言和电子传媒传递信息,因而他们在很多地方是有很大的相同性,但二者还是有一些不同的地方。播音员的历史比较久远,比较传统,有自己的规律,有一个比较完备的体系,但也有自身的一些局限性。播音实际上反映的是一种专业的性质:可以简单理解为是用声音去播送内容,所以叫播音。主持人发展历史相对比较短一些,但发展速度很快,很符合节目类型多样性的发展趋势。

我想重点谈一谈播音员和主持人在语言使用上的共同之处。优秀的广播电视节目语言大多具备开门见山、简洁明快、质朴自然、平易亲切等特点。无论广播节目播音员、主持人,还是电视节目播音员、主持人,他们的语言使用都必须符合广播电视节目线性传播和稍纵即逝的特点,因而必须用语明白清楚、通俗易懂,使受众一听就知道是怎么回事。在遣词造句上,最好采用常用词,使用较短的句子,尽量避开生僻艰涩的词语和缀词过多的长句。

老舍先生对语言的通俗易懂有独特的见解,他认为越通俗、越亲切就越有劲。他说:"世界上最好的文字,就是最亲切的文字。所谓亲切,就是普通话,大家这么说,我也这么说,不是用了一大车大家不了解的词汇。"我觉得用人民群众口头上常用的语言进行广播电视的语言传播,这样亲切易懂,在思想感情上可以实现同受众最好的沟通。

21. 谈谈《Running Man》与《奔跑吧兄弟》的区别。

众所周知,韩国的综艺节目是世界上做得比较好的。虽然《奔跑吧兄弟》的版权是从韩国买来在中国拍摄、制作、播出的,但是节目效果完全不一样。

首先,做节目的宗旨不同。两者虽然属于同样的综艺类节目,但我们能明显看出来《跑男》(即《奔跑吧兄弟》,以下简称《跑男》)只是一个竞技类的户外运动真人秀,重点在于做游戏,获得胜利,展现每个明星解决问题的能力。《Running Man》中游戏和任务永远是次要的，他们注重的是搞笑能力，故意卖丑、装傻等，这才是《Running Man》的重点，胜利与否没人关心，每次被淘汰后在监狱的人才是一大看点。

其次，角色定位的差别。《Running Man》的角色定位是在做节目过程中慢慢摸索出来，逐渐被观众接受的；《跑男》则是生搬硬套，观众没有适应的过程。

最后，广告代言差别明显。相较于《Running Man》，《跑男》里广告的植入非常明显，从开场白到节目里的用品，再到屏幕四周的商标无疑会显得综艺节目的商业化十分严重。反观《Running Man》，连入镜头的商品都会打上马赛克。成员们身上穿的衣服的商标都会用胶布贴起来，节目是不允许把商标暴露在镜头里的。所以说，在我看来一档成功的综艺节目还是应该在节目内容上下功夫。虽然最终的目的都是盈利，但是只有收视率高了，观众基础雄厚了，才能让节目走得更好、更远。

22. 你怎么看《挑战主持人》这档节目？

自从《挑战主持人》打造出了尉迟琳嘉之后，我一直在关注这个节目，想看看他们究竟会为追梦的年轻人搭起一个怎样的舞台。前段时间的娱乐节目主持人选拔赛实让《挑战主持人》这个节目再度火爆。如今，《挑战主持人》又全新改版，希望与全国各高校合作，通过以院校参与的形式，力图为当今中国大学生提供一个展现自己智慧与风采的舞台。这一系列的策划活动是要为中国主持界注入新鲜的血液、增添新的力量。我认为这是件好事。

《挑战主持人》每期都会围绕一些话题来设置题目。为了使节目保持鲜活度和拓展选题空间，栏目组还广泛征求观众和网友的意见。参与节目并不一定非要成为一名选手，通过讨论参与节目互动这本身也是一种参与。

但是，我们说比赛的过程是短暂的，比赛是经过设计的，是有策划的。比如来自北京大学的李思思，无论从外形还是气质，各方面都符合一个古典美女的标准。加上她又特别擅长古诗词，在比赛中她的特长被无限放大。

张蕾在《挑战主持人》中脱颖而出。她说她一直很喜欢蝴蝶，不仅仅因为蝴蝶有翩翩的舞姿、华丽的外貌，更多的是感叹它由蛹化蝶的成长过程。而参加比赛对她来说就好像蝴蝶成长的过程。虽然要经过艰苦的培训和意志的磨炼，但终有一天她也会破茧而出，给世界一抹惊艳。最终，她真的破茧而出，成了比赛的佼佼者，圆了自己的主持人梦想。

我相信，通过比赛他们学会了执着，增添了勇气，懂得了拼搏，体验了快乐。

23. 怎么看待明星举办豪华婚礼？

知名演员黄晓明和杨颖（Angelababy）日前在上海展览中心举行盛大的童话般的婚礼，受到了广大亲友、粉丝和观众的祝福，同时也招致一些人的批评质疑，被认为"太过高调""花费奢靡""给媒体办的婚礼"。

影视界、娱乐界的名人的婚恋，一向是普通大众关注最多、"消费"量最大的新闻。此次黄晓明和杨颖的婚礼，更是以其宏大的场面和童话般的梦幻风格引来万众瞩目。明星的婚恋故事和举办的婚礼，其实与他们演绎的故事和人物一样，一旦从幕后走上前台，就成了他们的作品，在公共舆论空间中供人欣赏和评说。

据报道，黄晓明婚礼上的喜饼并非由知名品牌高价赞助，而是采购自南京一家员工多为残障人士的工厂。婚礼选择以这种方式，呼吁公众更多关注残障人士的生产生活。婚礼邀请5名听障儿童参加并一起演唱歌曲，黄晓明宣布为杨颖成立慈善基金，以现场嘉宾的名义赞助527名困难儿童。童话婚礼现场的野兽派树木、鲜花均可回收利用，活动结束后全部捐助给上海慈善福利机构。整场婚礼"植入"鲜明的慈善、环保元素，传统气氛中体现了十足的现代意识，也充满了温暖、积极的正能量。

鲁迅说过，一部《红楼梦》，"经学家看见《易》，道学家看见淫，才子看见缠绵，革命家看见排满，流言家看见宫闱秘事"。媒体舆论关注明星的婚礼，自然可以有不同的角度和出发点，但不能单单缺少发掘和弘扬正能量的视角。我们只要有更多的正能量视角，就能在明星婚礼上看到更多的正能量价值。如果一味聚焦并"想象"明星婚礼有多么奢靡、浪费，却对其中真实存在的正面价值因素视而不见，岂不是一种更大的浪费？

24. 你怎么看电梯安全事故问题？

截至2014年底的数据显示，我国已成为电梯保有量第一大国，达360万台。更为严重的是，随着使用时间的增加，大量的老旧电梯已处于高危期，若不能实现集中性更换，那么安全事故将会出现井喷式增长。

目前，国家规定电梯的定期检验周期为1年。但由于电梯保有量较大，检验人员相对匮乏，检验人员责任心不强，一些物业为了节省费用让一些电梯超期服役等原因，使电梯检验更多流于形式，安全隐患未能得到及时排除。

从总体上看，时下电梯安全隐患呈现出多元化、全面化，从质量到安装，再到保养和使用，可以说是问题多多。在生产环节，大量的不合格电梯公然流入市场；在安装环节，由于技术人员缺乏，责任没有落实到位，使得电梯出现了不少责任事故；在使用和保养环节，处于经费考虑，使得大量的电梯没有做到定期保养和维护，成为风险极高的"病电梯"。

有足够的重视才有足够的安全，提高重视程度离不开制度的保障。这就需要建立从生产到安装，再到使用和保养的一系列的责任体系，就需要有从生产企业、使用单位到行政管理机构多位一体的监管体系，尤其是要企业和使用单位作为第一责任人的责任落到实处。

当然，来自社会的监督也不可或缺。要充分发挥行业协会和社会参与的作用，实现全社会共治共管。而最重要的是，应加大对使用、管理和监督部门的责任追究，进行责任倒逼，让电梯的管理、维护、保养和使用责任落到实处，消除安全隐患。如此，电梯事故高发现象才会真正得到遏制。

25. 如何看待高考状元"游街"？

每一年的高考都被各大媒体普遍关注，高考状元也似乎逐渐成为每年六七月份的"明星"。最近几年更是出现了高考状元"游街"的场景。"春风得意马蹄疾,一日看尽长安花。"在古代,考取状元那是国家大事,也意味着此人踏进了"国家栋梁"的门槛,而全国也只有一人,所以那个时候的"状元游街",给人的感觉是"光宗耀祖"。不过如今,基本上遍地是状元,省有省状元、市有市状元、县有县状元、区有区状元……当"状元"一多,贬值自在情理之中。再出来个什么"游街"活动,那感觉就完全变了。若再笼罩在"商业炒作"的阴云下,就更让人感觉不是滋味了。

虽然教育部门已经下达了禁止这些行为的规定,然而相比起无关痛痒的规定,现实的各种利好则是很多参与者无法舍弃的。对学校而言,放出自己学校有状元的消息,基本上就不用担心来年没有生源;对于教育部门来说,透露出当地出了状元,也不愁自己没有教育政绩;而对一些企业或景区而言,就不愁没有旅游收入。例如,此次的皇城相府,就用状元来炒作。当"高考状元"与"高考经济"变成一种孪生关系时,简单的禁令是不可能有任何成效的,因为简单禁令难敌现实的诱惑。

一个众所周知的常识是:教育的目的,从来都不是给人提供炒作的对象,也不是制造"分数的囚徒"。而当前的现实,却步入了这些沉疴。在此,我们不得不提出这样的疑问:状元"游街"游街的幸福,要以多少考生的不幸为代价?这就是说,状元"游街"不过是唱给教育改革的一出戏。那让教育回归理性,去除不必要的功利化,让素质教育成为一种现实,让分数崇拜走进历史,这些是真正需要的东西。

26. 如何看待手机打车软件的盛行?

不管家里有车没车,出门前打开手机叫车软件,叫辆专车,是时下不少市民的普遍选择。一些私家车主也看到了其中的商机,积极投身于这个风生水起的新兴行业之中。但由于互联网专车的发展,与现行法律法规出现了冲突,有关专车是否应该合法化的争论一直存在。

专车,一方面是受老百姓欢迎,高峰时常常供不应求;另一方面是冲击了传统的出租车市场。此外,专车还面临合法性不足的窘境。所以,专车的"放"与"禁"便成了两难的抉择。专车这个新生事物到底该如何管理,之前各地有不同程度的探索。但在"私家车是否可以接入专车平台"这一关键问题上,并没有结论。"政府管平台,平台管车辆",此次上海交通委将车辆和司机的资格审查下放给专车平台,允许符合经营车条件的私家车加入专车平台,赋予专车更多创新空间,这样无疑是监管理念的重要转变,为各地的后续探索作出了示范。

不过,有人可能会质疑:专车一旦合法化,出租车该怎么办?全国数百万出租车司机的饭碗,谁来保证?这样的担心不无道理。但从现实来看,至少在北上广等一线城市,老百姓"打的"需求还远远得不到满足。出租车生意下滑,有专车兴起、分享部分市场的原因,但更多的还是自身服务质量不够好,无法让乘客保持消费黏性造成的。因此,即便没有专车的冲击,传统出租车行业也已进入"不可逆转的改革前夜"。"转正"后的专车,搅动着这个乘客少有话语权的交通出行市场。这对出租车来说是一种提醒。互联网时代,更需关注乘客的出行体验,用优质服务赢得乘客口碑。

27. 如何看待"青岛天价大虾"是面"示丑镜"？

首先，"青岛天价大虾"事件涉事大排档多次被游客举报"宰客"，只是最近这次因被媒体报道之后才得到了"9万元罚款"的重罚。这说明，该大排档宰客绝非偶然。同时，有来自宁夏银川游客爆料，他遭遇了强制消费，店家称重前直接把螃蟹腿都拔掉了，称了就必须买，吃过后结账两个人花了近三千。这说明，宰客现象并非孤例。大虾和帝王蟹，像镜子一样照出了商家的坏心眼。青岛天价大虾宰客现象和旅游城市形象格格不入。

其次，事发时，游客发现被宰后选择报警，但到场民警却称事情管不了，这属于价格纠纷，他们没有执法权，并建议打工商部门电话，然后便走了。这样的处理太草率，民警不该以"没执法权"为由就听之任之。针对宰客行为，有律师就一针见血地指出，宰客涉嫌侵犯了顾客的人身及财产权利，理应进入法律规制的范畴。无论在主观方面还是客观方面，它均符合敲诈勒索的构成条件。因而，民警的处理显得过于仓促和敷衍，这也和城市应该有的"安全保障"并不相配。本来，消费者如果遇到菜品价格有问题，既可向物价部门投诉，也可以第一时间报警，由公安部门介入处理，并积极收集相关证据。

2012年有网友在三亚一海鲜排档被宰将近4000元，引起热议。得知情况后，三亚市物价局对这个海鲜城处以50万元罚款。三亚和青岛都是著名的旅游城市，相同的是发生了宰客事件后，两地工商部门都进行了处理。不同的是，三亚市委、市政府还举行了媒体见面会，市委书记也公开对游客反映的海鲜排档、出租车及个别景区"宰客"现象向大家表示歉意。相比之下，青岛的反应慢了一些。我们也期待着在"示丑镜"的反射下，当地能坚决对宰客行为实行"零容忍"，迅速找到"已经不见了"的宰客老板，让他付出代价，并以此为契机，作好市场监管，给游客以信心，别让一盘大虾毁了"青岛旅游"声誉。

28. 如何看待《南京大屠杀档案》申遗成功？

首先，《南京大屠杀档案》申遗成功，是对侵华日军南京大屠杀暴行史实的历史固化。众所周知，对于南京大屠杀的历史认识，由于战后政治因素的影响及日本右翼的刻意掩盖、歪曲、挑衅，在日本竟然还存在着种种所谓的"疑问"，以致影响到对侵华日军制造的这场史所罕见的反人类暴行的历史罪行认定。这次申遗，通过对有关南京大屠杀来自受害者、加害者及第三方目击者的完整证据链档案的系统整理申报，使这段人类悲惨记忆得到认识上的固化，使日本朝野右翼歪曲历史真相、掩盖历史罪恶的本质暴露于世界，加强了中国及世界人民维护二战史实、珍惜世界和平的力量。

第二，申遗成功将"南京大屠杀"的历史从中国记忆上升为世界记忆。过去在全世界范围内，特别是在西方国家，舆论宣传二战法西斯暴行，以讲纳粹屠杀犹太人为主，对日本战争罪恶的揭露远远不够，而回忆探讨南京大屠杀的历史则以中国人为主，日本右翼反对论甚嚣尘上，呈现出正义宣传力量不足的现象。现在有关档案成功列入世界遗产名录，使南京大屠杀的历史从全体中国人的记忆上升为全世界人民包括日本人民的共同记忆，形成了对于"二战"中人类"三大惨案"的共同认知，具有重大的历史价值与深远意义。

第三，申遗成功是对日本右翼企图掩盖、抵赖、否定南京大屠杀历史的有力回击。在美国出于其全球战略的有意纵容庇护下，日本发动二战及其战争暴行的罪恶没有得到彻底清算，造成战后70年来日本右翼一直试图否定侵略、篡改历史，为其复活军国主义开道。而否定南京大屠杀就是其突出的表演。此次南京大屠杀历史档案申遗成功前后，日本政府气急败坏的反应言行充分证明了这一点。无论日本右翼如何处心积虑地编造南京大屠杀"十八大疑问"或是其他种种谬论，申遗成功就是对他们最强有力的批驳与反击！

29. 朱军主持的《星光大道》与毕福剑主持的《星光大道》有何差别？

众所周知，朱军替代毕福剑主持《星光大道》。那么朱军主持的这档节目跟之前毕福剑主持的有哪些不同的地方呢？在我看来主要有以下两个方面的不同点。

首先，这两位主持人的主持风格不同。朱军由于常年主持《艺术人生》，给人一种成熟稳重的感觉；毕福剑此前就一直主持着这档节目，他的主持风格是随着《星光大道》的成长慢慢养成的。都说《星光大道》是百姓的舞台，观众们要的是那种能够很容易和他们自己打成一片的主持人，这样他们才可以更好地融入节目当中，带来更好的收视效果。

其次，在主持人的临场发挥来看，朱军跟毕福剑相比少了一些"自黑"的元素。在之前的节目中我们经常能够看到毕福剑喜欢模仿一些表演，虽然模仿得非常不好，但能够非常有效地逗乐观众，这也许是他特有的一种主持手段。

总之，看惯了毕福剑主持的《星光大道》，面对朱军，观众或多或少都会有些不适应。但是，我认为随着时间的推移，再加上朱军这么多年的主持经验，一定会让观众喜欢上朱军式的《星光大道》。

30. 谈谈《奔跑吧兄弟》与《快乐大本营》的区别。

《奔跑吧兄弟》与《快乐大本营》虽然同样属于综艺类节目，但是两者之间还是有着很多区别的。

首先，节目的内容不同。《快乐大本营》更多的是主持人在室内与嘉宾形成互动，包括聊天、做游戏等；而《奔跑吧兄弟》则是更加倾向于在户外，以一个个任务的形式推动节目往下运行。在每一期的主题中，《快乐大本营》的主题更鲜明，比如说是哪部电影即将上映，请来这部电影的演员以及导演来做一期这样的节目完成前期的宣传工作。《奔跑吧兄弟》更多的则是每一期单纯围绕着任务展开，没有什么特定的主题。

其次，嘉宾的要求不同。《快乐大本营》每一期都一定要有嘉宾的参与才可以完成录制，《奔跑吧兄弟》的主持人经常是不需要嘉宾就可以录完一期。由此可见，《奔跑吧兄弟》对嘉宾的需求程度远远少于《快乐大本营》。

总之，《奔跑吧兄弟》与《快乐大本营》代表着综艺类节目中的两种不同的类型。它们的出现可以更好地满足观众闲暇时间娱乐放松的需要，两种都是我国综艺类节目中必不可少的一种形式。

31. 你认为播音主持需要理论支撑吗？为什么？

我认为播音主持需要理论支撑。很多人认为播音主持是一个口耳相传的一种技巧。但在我看来任何技巧都不是单独地靠口耳相传或者实践传播下去的。一项技艺之所以能成为技艺，一定有它的理论知识在里面。

在学习播音主持的过程中，单纯地教怎么发音而没有一个标准的话是很难让初学者理解的。比如，一个音是怎么发出来的，气流要经过哪些器官，舌头要放在哪里才能让自己的发音更好听，这些都是前辈们总结出来的经验。在播读稿件的时候，要怎么运用好自己的气息，怎么读才能调动起自己的感情等，这些都是播音主持的理论基础。而恰恰这些东西是无法单纯用面授讲明白的，都是要自己慢慢琢磨的，学习者学习时间久了才可以形成自己的理解方式。如果只是通过口耳相传这种形式难免会出现"盲人摸象"的情况，都认为自己的对的。

在学习播音主持的过程中，一定要重视理论知识的学习。因为它会让你少走很多的弯路，能够教会你如何更好地发出自己最好听的声音，如何更好地表达出你想表达的情感。

32. 如何理解"有稿播音锦上添花，无稿播音出口成章"这句话的内涵？

"看稿播音锦上贴花，无稿播音出口成章。"学习过播音主持的人想必对这句话不陌生，这句话说的是我们备稿的目标。当看到电视上的主持人能够出口成章、口若悬河的时候我们都很羡慕，其实这些都是主持人勤劳备稿的结果。没有人能够清晰且有条理地分析突发的事件。之所以像我们看到的那样是因为主持人有长年累月的积累作铺垫。

新闻节目主持人可以算得上有稿播音，他们在节目开始之前一遍又一遍地熟读稿件，为的就是能够把信息最完整、最流畅地播报给大家；娱乐节目主持人大多是属于无稿播音，他们在上节目之前都要把节目里面可能涉及的东西反复地阅读，为的就是能够在与嘉宾聊天或者谈到某一个话题时能够做到不冷场，时时刻刻都可以接上嘉宾说的话，让节目按照正常的流程向下进行。

在这其中，我看到的是播音员、主持人的勤奋与刻苦。人们都说主持人是一个杂家，面对任何信息的时候都能做到有话可说。这些与主持人自己长年累月的积累是分不开的。我认为要备的稿件不仅仅是在节目播出之前主持人手中拿的稿件，更多的应该是他们在平时积累下的东西。这是对工作的热爱，也是对自己的严格要求。

33. 如何看待撒贝宁进军综艺节目？你认为主持人要适合一个节目还是要适应不同节目的要求？

每一个人的兴趣、特长都不是只有一个，主持人也是如此。我们最初看到撒贝宁主持节目是在《今日说法》，但是我们也从很多的访谈节目中了解到生活中的他并不像《今日说法》里面那样不苟言笑，相反还有些综艺范儿。这几年他不断尝试新的综艺类节目，也受到了很多观众的喜爱。

专心做好一档节目这种专注的精神固然值得称赞，但是如果有特定的节目暂时无法找到合适的主持人的话，又不得不让节目顺利播出，主持人还是应该有所担当，主动地加入到其他节目的主持环节中去。

在我看来一个好的主持人是能够把相关或相似的节目主持得同样受欢迎的，只要是他适合节目。一档节目最重要的是传递信息给观众，所以说只要能够有利于节目的发展，在条件允许的情况下主持人是可以加入到不同的节目当中的。这也要求主持人平时要多多积累知识，因为只有这样才可以在机会到来时把握住机会。

34. 怎么看待方言类节目？

现如今的方言类节目大都是一些新闻播报类节目。这类节目猛然看上去显得很低级，但是它也有存在的价值。我们即使在看到主持人吐字发音不够规范，记者采访不够专业的时候也不能否定这类节目的存在意义。

此类节目大都出现在各地方台，节目的内容大都是说些家长里短，或者是离该地居民生活很接近的话题，用方言的形式播报新闻，让当地人民觉得非常亲切。相比专业的新闻播报，这也算是最近几年的一种形式创新。观众看多了标准的新闻节目，对突然出现的这种更贴近人们生活的新闻形式就会有一种新鲜的感觉。此外，这种节目的出现对传统的正规新闻播报也有借鉴作用。此前新闻播报中的"播音腔"十分明显，让人听上去感觉不是很舒服。在借鉴了这一方面的经验后，我们也看到了现在央视的新闻节目也都逐渐采用了"说新闻"的播报方式，显得越来越人性化。

35. 怎么看待朱军离开《星光大道》？

平心而论，朱军主持的《星光大道》并无太大不妥。某种程度上，他那集淳朴与戏谑、夸张与冷幽默为一体的主持风格，与《星光大道》节目有着隐性的契合。经常看《星光大道》的观众会知道，这档节目的娱乐性，来自于选手各种各样的才艺展示。其实早在"网红"这个词走红之前，《星光大道》的选手就已经在走"网红"路线了。而朱军主持节目的调动性很强，恰与选手的"网红"风格有互补成分。

其实，就算当时接任主持人的不是朱军，换作别的主持人，也一样能够使《星光大道》保持观众群不丢失，收视率不下降。这是因为，《星光大道》能这么多年持续播下来，已经不能简单用一档综艺节目来形容，它已经是四五线城市以及乡村的文化载体，成为广大群众对娱乐以及娱乐人物的一种认知与审美。地方上的娱乐能手以及小有名气的明星，无不以登陆《星光大道》为荣。《星光大道》也一直以输出地方卫视以及有线电视台综艺节目的嘉宾为价值所在。

像朱军这样带有鲜明符号化的资深主持人，在进入其他节目时，都会随之带来强烈的"朱军效应"。朱军离开《星光大道》后，不论朱军去哪，我们相信他都会做得更加出色，因为荧屏依然需要朱军。

36. 请以"感动"为题，模拟主持一期节目。

冷暖人生，共同感悟。观众朋友，大家好！欢迎收看本期《生活大视野》。在我们的生活中，每天都会被或大或小、或多或少的感动充斥着。那感动究竟是什么？它是对生命之美的关注，是对灵魂之美的悸动，是对刹那间永恒的希冀。正因为我们有了感动，我们才有了更多对世界的热爱，对朋友的珍惜，对亲人的关心，才使我们自己的灵魂变得更加透明和纯洁，更加洁净和清澈。

前段时间，我看了一本书，想在节目中把这本书推荐给大家。这本书叫《感动人一生的100个亲情故事》。亲情是人世间最牢固、最深厚的爱，它构筑了人类社会爱的基石。亲情，是塑造优秀人格的人生教科书，是激发力量的精神源泉，是滋养心灵的情感雨露，对人的一生有重大影响。这本书按照情感最动人、文字最优美、故事最精彩、思想最深刻四个标准，从中外名篇中精选了100个关于亲情的故事，让读者来感悟亲情、体味亲情、思考亲情、分享亲情。观众朋友们，在您一天工作学习结束了以后，泡上一杯清茶，细细品味那一篇篇感人肺腑的亲情故事，舒缓一下自己疲惫的心情，那该是一件多么愉快的事情啊！

有时候，感动我们的仿佛什么也不是，即使是，也仅仅是事物的某一微小部分而已。这个世界上的一朵花、一株小草，甚至一抹微尘，都那么骄傲地拥有着令人感动的特质。我们可以看到，在每次美的升华中，都有感动的血液在心中汩汩流淌。常常有一些无法言说的情怀感动着你我。朋友们，其实感动真的就在我们的身边。让我们用一双发现感动的眼睛去发现美、发现关爱。今天的节目就到这儿了，我们下期再会！

37. 如果让你主持一档你不喜欢的节目，你会怎么办？

就这个题目来说，我觉得对于主持人而言，不要轻言自己是"喜欢"还是"不喜欢"。因为主持人属于新闻工作者，绝不能根据自己的喜好而选择节目，更不可把"不喜欢"的情绪带入节目当中。当然，如果所主持的节目类型和本人的性格比较吻合，那是最好不过了。

说到这里，我想说一说主持人应具备的基本素质。我觉得心态是很重要的一个方面。有一个故事，讲的是两个秀才一起去赶考，路上见到了出殡队伍中一口黑乎乎的棺材。其中一个秀才觉得赶考碰到棺材倒霉，心情一落千丈，结果考场中文思枯竭，名落孙山。另一秀才却认为棺材是有"官"有"财"，于是便抱着必胜的心态走进考场，结果文如泉涌，一举考中。故事中的迷信色彩暂且不论，但心态在其中所起的作用不容置疑。一位伟人说："要么你去驾驭生命，要么是生命驾驭你。你的心态决定谁是坐骑，谁是骑师。"这话说的就是心态可以影响一个人的行动和思想。那么作为主持人，在接受节目之前应该及时调整好心态，让自己融入节目当中，真正发自内心地喜欢这档节目，发自内心地愿意从事这项工作。

在电视传媒事业突飞猛进的今天，电视节目的"主持人化"，成了各电视台竞相采取的手段和追求的目标。目前，大多数电视台除了新闻节目外，几乎所有栏目都采取了主持人的形式。这就使得观众在欣赏到各具特色的节目的同时，也欣赏到了各具特色的节目主持人。正是如此，主持人才更应该融入节目，让节目因主持人而增光添彩。

38. 你认为体育解说员应具备哪些素质？

作为一名体育解说员首要的素质是真正热爱他要解说的那项体育运动。例如，一名篮球赛事解说员应该喜欢打篮球，只有这样他才会主动关注赛事，才能在解说的过程当中聊到一些赛场上看不到的东西。解说的内容在于，一方面要解释赛场上观众关心的内容，另一方面要解说观众看不到的东西。

其次，在解说的过程当中要始终站在一个中立的角度。现实中，有个别篮球或足球的赛事解说员，在解说的过程当中不自然地表达出自己喜欢的球队的偏爱，这在观众看来都是非常不妥当的。在解说的过程中始终站在一个中立的角度也是体育解说员应该有的职业道德。

最后，要有专业的知识。比如说对比赛中的规则、场地的大小、场上的运动员都要有充分的了解。这样在解说的过程中才能更加准确地表达自己的意见，让观众的注意力始终集中在比赛上。

39. 如果让你采访联合国秘书长，你会如何提问？

2001年联合国安理会15个理事国以鼓掌的方式一致通过决定，向联大推荐潘基文担任下任联合国秘书长。潘基文在此前四轮意向性投票中均以较大优势保持领先。在安理会第四轮意向性投票中，他赢得了包括5个常任理事国在内的14个安理会理事国的支持。随后，潘基文的6名竞争对手纷纷宣布退出联合国秘书长竞选。那么，联合国秘书长是根据什么产生的？潘基文为什么能够力拔头筹？他的当选能为世界带来什么样的机遇？今天让我们来采访现任联合国秘书长潘基文先生。

您好，秘书长先生。非常感谢您在百忙之中接受我们的采访。在不久前的选举当中，您以绝对优势当选联合国秘书长。您能给大家介绍一下当选历程吗？

用英国《泰晤士报》的话说，您在竞选过程中得到了韩国政府不遗余力的支持。在您当选之后，有什么要对贵国政府和人民说的吗？

联合国秘书长既是外交官又是代言人，既是公务员又是首席执行官，您对您将来的工作有什么打算？

联合国改革，是涉及全世界各国利益的巨大变革，这也是您到任以后所要面临的一大难题，对此您有什么想法？

全球反恐问题，是世界各国关注的问题之一，也是多数国家存在分歧的问题之一。俄罗斯总统普京就曾严厉指出美国对于反恐的双重标准问题。您对此有何看法？

感谢您接受我们的采访。

40. 假如你是一名出镜记者，正处在"9.11"事件现场，你会如何报道该事件？

各位观众，现在是当地时间9月11日上午10时，我现在是在距离纽约世贸大楼不足一公里处做现场报道。

就在一个小时以前，一架美国航空公司的波音飞机撞向了世贸中心的北楼，燃起了大火。在9点03分，正当消防队员在大楼里疏散人员时，第二架飞机撞向了世贸中心的南楼，并燃起了大火。纽约消防局立刻派遣了大批消防队员和各种消防车辆赶到现场，进行了灭火和救援工作。到处是浓烟，人们非常恐慌、混乱，消防队员正帮助人们从楼道往外疏散。然而不幸的是，正当人们在浓烟中寻找着逃生机会的时候，整个大楼发生了坍塌，两座直耸入云的双子塔，顷刻间夷为平地，附近的其他楼也被震塌。

现在场面很狼藉，天空被浓烟遮盖，空气中充满了燃油的味道。大楼附近的救援人员和消防车都被埋在了废墟里，而大楼里的救援人员和公众更不知去向。目前，更大规模的救援行动正在进行。伤亡人数和造成的损失还不得而知，灾难的原因还在进一步调查当中。

我们将在第一时间报道事态的进展情况。

41. 有这样一种说法："最危险的地方找不到中国记者的身影。"你如何看待这种说法？

"如果你拍出的照片不够好，那说明你离炮火还不够近。"著名战地摄影记者罗伯特·卡帕的这句话，激励着无数敬业的记者义无反顾地追寻新闻的终极规律：真实性与时效性。但是，这也无可避免地使记者成为一种危险的职业——离炮火越近，也就离危险、死神越近。卡帕本人生命的终结，就是因为他在战地采访时踩响了地雷。

有人统计过死于战争和黑帮的西方记者人数，远远超过同类中国记者。20年前越南战争中，记者殉职人数为63人。而短短两年半的伊拉克战争中，截至上月，记者殉职人数已经达到66人。据统计，2004年全球记者殉职人数为53人，2014年已达138人。众所周知，这些数据中，中国记者微乎其微。但是如果因此而责备中国记者，则是极不公平的。毕竟不能以死亡人数的多少来衡量记者的工作成果。

其实大家不难看到，在历次战争的炮火当中，从来都不缺少中国记者的身影。北约攻打南联盟的战争中，我驻南使馆遭到轰炸，邵云环、许杏虎、朱颖三位记者同时遇难。从早前的海湾战争、科索沃战争，到近年来的阿富汗战争、伊拉克战争，中国记者都在第一时间发回了珍贵的新闻报道。在中国，记者仅次于警察和矿工，被列为第三大危险职业。可见，中国记者并不惧怕危险，危险的地方也不缺少中国记者。

42. 假如你是《艺术人生》的主持人，你的嘉宾是朱军，你会如何作开场介绍？

观众朋友，大家好！欢迎收看本期《艺术人生》。"用艺术点亮生命，用情感温暖人心，我时刻准备着。"说这句话的人想必大家都不陌生。在电视业竞争激烈的今天，做一档叫座的节目不容易，做一档业内人士纷纷首肯的节目或许更难，而要一档节目叫座又叫好，还要保持旺盛的生命力，更是难上加难。可是，他和他的团队显然把节目做成了。

我先来卖个关子，让我们一起来欣赏一下今天这位嘉宾的影像资料。我个人十分喜欢这个设计，它并不长，但很能打动人。浑厚而悠远的音乐中，一滴水飞溅而下。用文字描述这样一句话大概也就够了。可它所隐含的意思大概就是指做人，或许就是一滴水，既要溅出自己的浪花，又要汇入潺潺江河。能在一个50分钟浓缩人生精华的访谈节目中，与各个艺术界顶级高手过招，在主持人的位置上，如果没有积酿深厚的人生艺术和静水深流的底气，仅凭主持技巧，显然是把持不住的。不仅令嘉宾们深受感染，令艺术家们纷纷敞开心扉，每每动容情不自禁，而且因为他与艺术家至诚而从容的对话，让人们重新认识了这位主持人另外的一面，他主持的节目都是无可挑剔的。在某种意义上，访谈类节目主持人的深度决定了节目的深度。大伙似乎早已猜到了他是谁了，让我们掌声有请朱军！

43. 怎么看待中国电视节目同质化问题？

受商业文化浪潮的巨大冲击，中国电视传媒产业出现了迅猛发展的势头。同时，伴随着铺天盖地的各式节目而来的却是另一个问题——电视节目同质化的现象也越来越明显。所谓电视节目的同质化，是指在经济全球化的背景下，世界范围的电视节目出现的某种程度的"互文本"现象。形象地说，就是所谓的"克隆"；通俗地说，就是"扒过来"。电视娱乐节目是电视文化的四大功能之一。通过收看电视娱乐节目获得休息和消遣，是人民群众非常普遍的一种生活方式，再加上娱乐节目创新难、跟风易。因而，在电视传播领域中，娱乐节目同质化现象尤为突出。

在我看来，这些同质化节目的出现恰恰能够满足当下电视台盈利的方式。模仿一档节目的风险远远要小于创新一档节目。因为之前有成功的范例，即使这些模仿的节目不会获得很多盈利，但起码不会亏本。

另一个原因是这些模仿后的节目容易被观众接受。观众本来熟悉或偏好某些类型，当一个相似类型的节目出现，尤其是经过媒介的宣传以后，这种"似曾相识"的亲近感更容易激发出"观看期待"。而在观看的过程中，这种"似曾相识"又引导观众按照既定规则而不是别的方式去理解节目。也就是说，同质化后的所谓"新"节目实际上在播出前就已经根植于观众心里，观众依靠以前熟悉的节目为"复制品"定制了一个既定框架。而由于对"原品"的喜好，即使面对"复制品"，也不会产生反感，甚至爱屋及乌给予同样的喜爱。除此之外，观众对新鲜的电视节目，都抱以最大的关注甚至参与热情，比如打热线电话、发短信。实际上，这是下行市场反过来影响上行生产的一种客观表现。观众对同质化制品的支持也在一定程度上促进了同质化现象的风行。或许我们可以说，是观众自己创造并维护了一个同质化的电视节目市场。

最后，模仿是创新的基础。电视是高度"类型化"的媒介，模仿是必然的，也是必要的。电视节目的创新必然建立在已有类型的基础上，"超类型"的节目并不存在，即使有，也无法为大众所接受。"模仿""克隆"是创新的基础。在我国，电视节目制作并不完全成熟的条件下，电视节目的创作者怀着"摸着石头过河"的心态，参照同行的做法，必然呈现一个摸索、模仿的阶段，这种情况无可厚非。学习本来就是一代代传承已有的知识，在此基础上寻找突破的过程。在模仿中学习进步，不断突破模仿，达到创新，这才应该是制作"同质节目"的根本目的。而决定模仿效果好坏的关键在于,模仿者模仿技巧的高低和对被模仿对象价值的真实认识的多寡。只有为了进步而进行的"同质"才是真正意义上的为观众制作的节目。

44. 访谈类节目主持人如何定位自己在节目中的身份?

按照中国传媒大学吴郁教授的观点,电视访谈类节目是指"由主持人邀集有关人士及受众,围绕公众普遍关注的重要问题,在轻松和谐、平等民主的氛围中展开讨论的群言式言论节目"。因此,访谈类节目是建立在主持人对访谈对象本体开掘基础之上而成的谈话体节目。

黄健翔离开中央电视台以后,加盟凤凰卫视主持《天天运动会》,他在《天天运动会》上倾注了很大心血。在此之前,黄健翔虽然是一位比较具有权威性的足球解说员,但《天天运动会》是一档涉及所有体育项目的访谈类节目。它要求主持人不仅要专而且要全,这对黄健翔来说就是一个全新的考验。

《东方夜谭》的主持人刘仪伟在谈到访谈节目主持人的定位时说:"做访谈节目时,尊重自己,尊重别人,是非常重要的。"杨澜在谈到《杨澜访谈录》的心得时说:"看一名主持人是否优秀,仅仅看他有没有学识是远远不够的,关键是要看他在访谈节目中的采访视角,观察的角度。"在《鲁豫有约》节目中,鲁豫就是一个真诚地倾听着,她在只是引导嘉宾"说出你的故事"。

虽然在访谈节目中,主持人的身份有一个基本的原则要去遵循。但是,在具体的节目中还是应该有所区分。有的节目要求主持人参与讨论,主持人和嘉宾有所争论也很正常。而有的节目则要求主持人做一名完全的倾听者,言语不必很多,但要对嘉宾有所引导。

45. 你认为是主持人成就了节目,还是节目成就了主持人?

我觉得主持人和节目的关系应该是相辅相成、相得益彰的。在电视传媒事业突飞猛进的今天,电视节目的"主持人化",成了各电视台竞相采取的手段和追求的目标。目前,大多数电视台除了新闻节目外,几乎所有栏目都采取了主持人的形式。这就使得观众在欣赏到各具特色的节目的同时,也欣赏到了各具特色的节目主持人。电视节目主持人是沟通节目与观众的中介,它缩短了观众与传播者的心理距离。主持人只有了解节目,正确分析自己才会与节目相融合。一个优秀的节目主持人在主持节目中透露出来的人格魅力、学识修养,可以给节目增光添彩,成为节目的标志,使许多观众因为喜欢这位主持人而更喜欢他主持的节目。主持人在主持节目时,一方面要演绎节目的创意,另一方面又要调动观众的兴趣。只有这样,主持人才会使电视节目成为一个既具个性又相互补充完善的统一体。

从《挑战主持人》的节目中,走出了尉迟琳嘉,走出了张蕾、李思思。可以说,是节目成就了这样一批立志成为主持人的年轻人。相反,在主持《杨澜访谈录》之前,杨澜的名字早已经在她主持《正大综艺》时家喻户晓了。出国深造归来后,杨澜又接任了《杨澜访谈录》的主持人。从严格意义上说,是杨澜成就了《杨澜访谈录》。可是,我觉得,无论是《挑战主持人》还是《杨澜访谈录》，这些栏目的成功同样离不开这些主持人的魅力展现，离不开主持人的素质表现。所以，节目成就主持人的同时，主持人也在成就着节目。

46. 谈话节目的灵魂是什么？

在我看来，谈话类节目能否取得成功、获得好评、得到观众认可，一个很重要的因素即是否有好的主持人。如今，在五彩斑斓的荧屏上，俊男美女几乎是主持人阵营中的主力。固然，俊男美女是易吸引观众的眼球，但缺乏独立的思考和思想，仅靠包装和老天给的一张脸，在这个呼吁个性化、期待独特语言风格的电视圈内肯定是站不住脚的。白岩松说过："也许好的电视节目要落足于人群中最喧闹的时候，在人们喜怒哀乐的感情上做文章。"作为一个谈话节目主持人，如果你不能从这种喧闹中抽身，敏锐地思考，冷静地判断，果断地作出决定，将注定是平庸的。

谈话类节目主持人除了对谈话范围的控制、主题方向的把握、谈话氛围的营造之外，还包括对交流程度深浅和双方情绪的掌控，以及对话节奏的快慢等其他重要因素的关注。作为一个谈话类节目主持人，首先，必须让对方接受你。在平日里，每个人都与各种不同的人接触交流。谈话前，双方间肯定会估量一番——两人到底能不能谈。俗话说："话不投机半句多。"而在这特殊的位置上，起码的职业道德与敬业精神是不允许主持人这样做的，不仅得谈，而且得谈好。谈话前的相互了解，最初接触的简短交流等，都会成为他是否在感情上接受你的重要因素。但要想让对方从心里接受你对谈话的控制，主持人的自我控制能力尤为重要。在对待被采访者的态度上要不屈从，不俯就。对待自己方面，在张扬自己和隐藏自己这两者之间要找到最佳定位点。这样的话，在谈话类节目中才能更好地与嘉宾交流，更好地引领节目的进程。

47. 作为一名主持人，节目开播前稿子丢了，该怎么办？

主持人是节目的灵魂。在电视事业突飞猛进的今天，电视节目的"主持人化"，成了各电视台竞相采取的手段和追求的目标。目前，大多数电视台除了新闻节目外，几乎所有栏目都采取了主持人的形式。这就使得观众在欣赏各具特色的节目的同时，也欣赏了各具特色的节目主持人。同样，节目主持人在展示其形象的同时，也向观众展示了其自身具备的素质。稿子是主持人手中的"武器"。节目开播前，由于某种原因，节目所需的稿子找不到了，这时主持人千万不可慌了神。

我们说在节目准备过程中，一名合格的主持人是要做许多和节目相关的案头工作的。这些案头工作就是所谓的"备稿"。"备稿"有"广义备稿"和"狭义备稿"之分。广义备稿为播音创作提供了坚实的基础和广阔的天地。狭义备稿体现着广义备稿的成果，也为广义备稿提供了新的认识和体验。在节目开播之前，如果稿子丢了，主持人依旧要静下心来组织节目内容，尽量回忆，争取很好地将节目串联起来。

我一再强调稿子丢了千万不要慌，那时有一个沉着冷静的心态尤为重要。另外，还有一点也是十分重要的，那就是现场处理突发事件的应急能力。一位伟人说过："要么你去驭驾生命，要么是生命驾驭你。你的心态决定谁是坐骑，谁是骑师。"这话说的就是心态可以影响一个人的行动和思想。我们可能无法左右突发性事件的发生，但作为主持人我们至少可以调整自己的心态。

总之，作为一名主持人，平时就要多读书积累，以积极的心态应对工作中有可能出现的一切困难。这样即使开播前稿子丢了，你一样可以游刃有余地完成任务。

48. 你认为主持人崔永元为受到观众喜爱的原因是什么。

崔永元的人品即使在璀璨的央视群星中也是很夺目的。和许多人一样，我也十分敬重他，十分喜欢他的节目，无论过去的《实话实说》，还是现在的《电影传奇》《小崔说事》。这不仅仅是由于他别具一格、机智诙谐的语言风格，也不仅仅由于他的平民意识和亲和力，更重要的是他语言以外的、深层次的、能发人深省的对现实灵魂的叩问。我想这就是他那么受观众喜爱的原因吧。

崔永元颇有大侠之风。他睿智，有很强的社会责任感。甚至我觉得他的语言更有诗情画意。他那一双小小的眼睛、明亮的目光和他那"招牌式的笑容"显然在告诉我们：他的思想更深邃，更沉稳。还记得那年春节联欢晚会上的一个小品《昨天·今天·明天》，这个小品让人们再一次对崔永元刮目相看。它让全国亿万观众看到了崔永元朴实的外表和内心深处的一身正气，感受到了他对祖国、人民真诚的爱。

崔永元是一位敢说真话的主持人。他说过"收视率"是万恶之源。电视台往往把收视率当成命根子，来考查作为节目好坏和主持人水平的高低，一些主持人为个人利益极力迎合低俗之风。正是崔永元的率直，为他赢得了越来越多的观众缘。敬一丹在点评年轻主持人时曾公开表示过，最喜欢崔永元的主持风格。可见，无论做学问还是做人，崔永远几乎都得到了业内业外的认可。

49. 主持人白岩松说他"渴望年老"，你怎样理解白岩松说的这句话？

年老是一种自然变化，没有谁愿意用青春去换取年老。有人渴望年老，因为年老以后就没有官场上煞费苦心的煎熬，没有商场上为计较一分一毫而绞尽脑汁的苦恼。节目主持人白岩松有句经典名言——"渴望年老"。我真的很佩服他的勇气。当然，他渴望的不是用年老去交换青春，不是满脸纵横的沟壑。他渴望的是白发下那深厚的阅历和丰富的人生经验，渴望的是年老的平静与宽容，是那份回顾往事时的淡定和平和。能够对过去生命中所有的痛苦、挣扎、困惑以笑了之，变老又算得了什么？而这些也是我所渴望的，但我还是不敢开口说那四个字。当白岩松说出"渴望年老"那四个字时，很多人说白岩松"站着说话不腰疼"。现在的我说起来应该"更不腰疼"，可我确实缺少那分勇气。

潜意识里大多数人都是怕老的，或多或少都希望自己是永远长不大的孩子。而这种"惧怕年老"对于年轻人来说更多的是心理上而不是身体上的。怕老的实质其实就是想逃避，逃避压力，逃避责任，逃避肩上的一切担子。

白岩松的那一句话，尽管只有四个字，却让我明白没有人愿意永远做一个只活在自己快乐天堂的无知孩童。渴望年老，其实就是渴望充实，渴望真正的成熟。

50. 如果让你采访温家宝总理，你会如何提问？

温总理，感谢您在百忙之中接受我的采访。

我想问一个关于中国经济发展情况的问题。中国经济目前的势头是非常强劲的，但也有一些经济学家担心未来会有一些波动，那么您认为中国经济能不能实现软着陆？您是否还会信守自己的承诺，即人民币汇率"不再有出其不意"的举动？

我们知道中国需要进行资本市场的改革，特别是金融市场的改革。我们知道要在中国实现可持续经济增长，需要一个能正常运作的资本市场，这个市场能够配置相关的资本。这个资本市场应该是透明的，并且是有效的，和周边海外的资本市场相比是有竞争力的。中国在这方面已经作出了很多努力，您认为中国还需要作出怎样的努力让中国资本市场更有竞争力？

在您的政府工作报告中，教育是一个亮点，尤其义务教育。你提出了从今年起实行"两免一补"的政策，但我们也看到要在中国这样一个有着十三亿人口的大国，实行真正意义上的义务教育，是非常困难的。请问温总理，中国政府对教育下这么大的决心，是基于什么考虑？如何确保这个目标的实现？

尽管中国领导人多次表示中国坚持走和平发展的道路，但是国际上还有人认为中国的发展是种威胁，也有人认为中国在国际体系中承担的义务有限，没有发挥应有的作用。您认为如何才能让人相信中国是一个负责任的国际社会成员？

再次感谢您接受我们的采访。

51. 谈谈你对"播音腔"的看法。

播音腔，顾名思义，我想应该就是指播音时所使用的腔调。任何有声语言艺术最终都要通过一种符合本类艺术特色的语言表现形式作为载体，将艺术工作者的感受、设计、创作表达出来。和其他艺术门类的语言一样，播音作为一门语言艺术，也有着自己特有的语言表达形式，我觉得这就是播音腔。

张颂老师在《"播音腔"简论》中指出，播音腔实质上应体现播音语言的特点，那就是规范性、庄重性、鼓动性、时代感、分寸感、亲切感。这个特点是新中国播音风格"爱憎分明、刚柔相济、亲切朴实、严谨生动"在语言上的共性要求和努力方向。由于"播音腔"是播音员在广播电视节目中，将文字语言变为有声语言的过程中所使用的一种特有的语言表现形式，因而它不同于随意性强的生活语言。它要受稿件内容、形式、文字风格的制约，它还特别不允许艺术的夸张；它要在新闻真实性的前提下，将所要表达的内容准确、生动、形象地表达出来；它要在有限的时空里传达出更多的信息；它要求"字正腔圆，呼吸无声，格式正确，轻重恰当，逻辑严密，不涩不粘，语势平稳，不浓不淡"。

从《县委书记的好榜样——焦裕禄》到使人们思想感情产生强烈震动的《雷锋式的好干部——朱伯儒》，从《百年恩来》到《共和国外交风云》，这些对整个民族产生巨大影响的播音作品已成为或将成为彪炳史册的作品。它们记录着播音艺术的发展，体现着播音艺术的魅力，展现着播音艺术的辉煌。从中我们不难品味到"播音腔"在探索规范、继承发扬、改革创新过程中发生的变化，体验到了播音艺术再创作的本质。

52. 有人说央视《新闻联播》播音员在播音时，过于死板，不够活泼。你怎么看这种说法？

《新闻联播》作为国内最具权威、收视率最高的名牌栏目，在我国政治、经济、文化生活中起着极为重要的作用，成为人民群众了解国家大事的重要渠道，既是全国人民关注的焦点，也是国际社会了解中国改革开放的重要窗口之一。从某种意义上说，《新闻联播》的播音员具有国家新闻发言人的性质，代表着国家的整体形象。

但不可否认的是，一些播音员随着时间的推移，确实在年龄结构、知识结构、新闻素质上存在着这样或那样的问题，这些问题体现在屏幕上就是播音风格日益陈旧、沉闷，从个别人脸上丝毫看不到新闻固有的新鲜感与快节奏，而让观众感到的是主持人面容疲惫、表情单一、眼神呆滞、缺乏朝气和活力。

另外，随着时代对传媒的要求，一些重大突发事件经常会采取直播的方式报道。本来在这些节目中最应发挥播音员的综合能力，但几乎每次重大事件的直播，观众都很难看到《新闻联播》的现有的这几位国内最具影响力的播音员的身影。反而近些年来，央视一些年轻播音员在节目中表现得更加出色，他们的播音风格更加清新、自然，更加符合观众现在的审美趋向与信息要求。

所以说，对于《新闻联播》的主持人来说，他们需要以新闻背景为基调，及时调整气氛和情绪，给观众起伏感，摆脱乏味的流水式播音。这样才能更好地吸引观众，使新闻达到最好的接收效果，使《新闻联播》的播音水平真正达到全国的最高水平。

53. 做主持人是文科生好，还是理科生好？

文科生总是衣帽亮丽、神采奕奕，不论男生女生，多数显得时尚有朝气。理科生大多蓬头垢面、朴素有加，也许是天天埋头实验室难有空闲时间照顾一下外表造成的。文科生遭遇理科生的时候是否真的像歌里唱的那样："你的柔情我永远不懂……"在大家的脑海中，似乎文、理科天生水火不容。现实生活中，文科生与理科生确实有很大不同：在兴趣上有所差异，在思维模式上也不相同。文科生浪漫，理科生严谨，两者似乎就是水火不容。

对于主持人这个角色来说，文科生和理科生各有各的优势，并无好坏之分。文科生思维活跃，具有一定的创造力，更容易活跃现场气氛。理科生思维缜密、考虑周全、沉着冷静，更利于对现场整体的把控。能否胜任主持人工作，其决定因素就在于如何将各自的优势与主持人所需的特点和潜质进行有机结合，并有针对性地进行拓展。

一位优秀的主持人，不是文理科的出身所能决定的。他不仅要具有文科生丰富的文艺素养和优雅气质，还要具备理科生细致的做事态度和严谨的逻辑思维。能够将二者有机结合，灵活运用，这才是主持人所需要的，也是我们应当为之努力的方向。

54. 你怎样看待搭档主持之间的配合？

作为搭档主持，协调性是最重要的。几个主持人共同完成好主持节目的任务，既要绿叶扶红花，也要红花配绿叶。因此，节目质量的优劣，主持人相互配合的作用至关重要。

搭档主持的时候一定要"台下磨合，台上应变"。在一次晚会上，电脑突然出了故障，晚会事先准备的宣传片未能按时播放，两位主持人急中生智，在瞬间说出了以下一段对话。女主持人："摄像机怎么突然对准了大屏幕了呢？"男主持用调侃的语气说："还不是观众看你的样子太难看了，摄像师不忍心对着一直拍嘛！"女主持马上接上去说："不是吧！我自己认为长得还能说过去啊，真的对不起观众了吗？那我岂不是面临着下岗了？"而后两人对视一笑，那主持说："跟你开个小玩笑，不要当真，好，请继续欣赏……"这样的应变很自然地就把场上的尴尬局面化解掉了。

赵忠祥老师和杨澜曾经主持过《正大综艺》节目。他们俩的巧妙配合把栏目推向了品牌的高潮。其间，赵老师将戏剧对白中的"热接"与"冷接"交替运用的技巧移植到双人主持节目的对话中，不仅避免了"抢话头"的情况，也调控了节目的节奏，使之动静相宜，这一点很值得我们借鉴。

主持人之间的协调与配合，一般分有稿和无稿两种形式。但无论是哪种形式，我认为都需要精心准备，更需要对原稿进行二度创作，这样才能使台上的表现和节目播出效果达到尽善尽美。

55. 你认为做一名合格的主持人应具备哪些素质？

节目主持人，从节目的采编、制作到播出，既是播出者，又是制作者和组织者。主持人是节目的灵魂。勤奋有为的主持人，会以主持人的自身素质来提高节目在受众心目中的地位。那么一名合格的主持人应该具有哪些素质呢？

节目主持人要有高度的社会责任感和良好的政治素质。比如，《焦点访谈》的节目主持人每天都能收到全国各地观众的来信，就是因为该节目更多地关注了老百姓的生活。观众将该节目的主持人视为"最后求助的法官"。这也从侧面说明了一个节目及其主持人能否深受观众的欢迎，在很大程度上取决于主持人能否以其自身高度的社会责任感和政治思想水准为观众服务。政治素质是前提，是根基，是一切工作的保证。

主持人还应该有良好的精神面貌。主持人的良好形象往往通过人格、修养、风度、气质等状态反映出来。良好的精神面貌包括对生活和观众的热爱，以及对事业的执着追求。只有热爱生活，热爱观众，主持人才能在屏幕上袒露真诚，也只有这样才能换来观众对主持人的喜爱。而对事业的执着追求，更能树立主持人的威信和富于魅力的形象。

当然，主持人的业务水平也是非常重要的。首先，主持人要有深厚的知识底蕴。"腹有诗书气自华"，宋代词人苏轼的这一名句，完全适用于今天的节目主持人。其次，主持人应具备良好的语言表达能力，要把话说好、说通、说顺、说巧、说妙。另外，主持人应具备一定的临场应变和即兴发挥能力。当前大多电视节目的录制都是一气呵成，还有相当一部分节目是以直播形式播出的。因此，主持人不仅要避免自己言语表达上的不当，更要做到处变不惊。要思维活跃，培养自己快速反应能力。只有这样，主持人主持起节目来才能从容镇定、挥洒自如。

56. 你如何理解主持人的亲和力？

我认为主持人是媒体的形象代言人。电视节目主持人的"美"应该由"外在美"和"内在美"两个部分构成。"外在美"指主持人的外在形象和行为举止等，可以被观众直观地感受到；"内在美"指主持人内在的修养、才华和气质等，难以让观众直观地感受到。

记得曾经有过这样一个调查报告。当问及大学生欣赏某些主持人的原因时，他们的答案中有4个要素超过50%，而排在第一位的就是"亲和力"。亲和力是节目主持人内在美的外在表现。它表现为待人真诚、热情、亲切、平民化，主要体现为能与观众形成良好的互动关系。在亲和力方面表现比较突出并受到观众普遍认可的当属中央电视台原《实话实说》节目的主持人崔永元。崔永元貌不惊人，却在璀璨的央视群星中脱颖而出，这不仅在于其机智诙谐的语言风格和敢说实话，更在于其平民意识和亲和力。他希望谈话中与嘉宾关系平等，并常常走下台与观众面对面地交流。观众信任他、认可他，主动打电话提供话题，毛遂自荐参加节目，"掏心窝子"地和崔永元谈话，亲切地称呼他为"邻居大妈的孩子"。

凤凰卫视的陈鲁豫清新自然的主持风格，也体现出了很好的亲和力。她在主持节目的过程中，非常懂得倾听。她总是注视着对方，眼神温和而自然，表情随着谈话的内容而变化，或是欣赏、同情，或是困惑、陶醉，有时甚至脉脉含情。陈鲁豫的亲切随和，为嘉宾和观众营造了一个轻松、自然的谈话氛围。

我相信有亲和力的主持人才能赋予其所在栏目持久的生命力。

57. 你认为主持人的外在形象重要吗？

可能你也曾经遇到或者熟识这样一群人：他们貌不惊人，但他们举手投足间都能吸引你的目光；他们谈吐间透出一种光芒，把你欣赏的目光牢牢锁定在他们身上，甚至在某个适当的场合，都会让你不自觉地模仿。人的外在形象很大程度上反映了其自身的性格以及心智。对于主持人来讲，观众出于审美需要，一般期待看到形象大方、端庄的主持人。然而无数个实例证明，外形的好坏对于主持人来说，影响并不是决定性的。比如说崔永元、张越在外形上都是极其普通的人，然而他们的魅力和风度却深深地吸引了观众。

我觉得一个好的主持人，绝对是以他的气质魅力取胜的。外在的形象是容易变化的。在主持人这个行业里，不乏青春靓丽、相貌不凡的人，但是只靠这些吸引眼球，只能是昙花一现，会很快被下一批青春靓丽者淹没。而且我个人认为，只靠相貌出众的主持人会把自己置身于很窄的领域。

所以，主持人只有通过内在的修为提升个人魅力，以便能更好地适应各种节目类型的需要，把握节目主旨和方向。毕竟，主持人要明白自己的本职是"主持"，是为节目服务，而不是想方设法让观众把注意力集中在外形上，给观众喧宾夺主的印象。

58. 新闻类节目主持人与晚会类节目主持人有什么区别？你觉得自己更适合主持哪一类节目？

新闻类节目主持人和晚会类节目主持人之间的区别是非常明显的。由于节目的内容不同，两类主持人的形象定位、表达方式等方面都有所区别。

作为一名新闻类节目主持人，应该拥有良好的政治素养、丰厚的知识储备、丰富的生活阅历，能够发现、捕捉热点、焦点、敏感点，同时，不断深化自己的认识，从纷繁复杂的事务中迅速准确地找出关键所在，并就此作更深、更广的联想，进而向观众阐发你的观点。新闻类节目主持人一般要有正直、端庄的形象，给人可信、公正、权威的感觉。在语言表达方面，新闻类主持人吐字清晰、字正腔圆、语言严谨客观。晚会类节目主持人，应具有良好的现场驾驭能力和组织能力、良好的语言组织表达能力和较强的表达欲望，甚至在主持过程中还可以适当加入表演成分。晚会主持人富于激情，在形象、语言各方面要充分展示个性魅力。

我认为自己比较适合做新闻类节目主持人。首先，我认为自己外在形象比较端庄大方，而且性格比较沉稳、理性。并且做一名新闻主持人一直是我的一个梦想。我能够把新闻第一时间传达给观众，能够正确处理各种突发性的新闻事件，这对于我而言虽说是一种挑战，但也是一种追求。当然，我也清楚做一名优秀的节目主持人并非是一件容易的事情，需要博览群书，需要有丰富的知识，需要有缜密的思维和严谨的处事风格。而且我知道像克朗凯特等世界著名的新闻节目主持人都是在新闻第一线摸爬滚打了几十年才获得成功的。我会向着自己的目标努力。

59. 你认为智慧型的女主持人和美女型的主持人的不同表现在哪里？

在当今的电视荧屏上不乏美女型的节目主持人。然而，如果仅凭外貌青春亮丽，就从事播音主持工作的话，那么这类主持人的人气往往会昙花一现，被人们称为花瓶类型主持人。花瓶类主持人给人的感觉往往是文化底蕴不足、人生体验和社会阅历不够丰富。在主持过程中，这类主持人用语一般比较单一、贫乏，思辨能力和现场的组织、驾驭能力较差。而我们一提到智慧型女主持人首先想到的是非常知性，有良好的文化素养和审美品位，智慧而优雅。

当然，智慧型女主持人和美女型主持人并不是完全对立的。在我们的电视界活跃着许多既美丽又智慧的主持人，比如说杨澜。她不仅思维敏捷，有着很强的现场驾驭能力，而且形象也很好，大方而又美丽。杨澜之所以成功是因为她懂得要想成为一名优秀的节目主持人，靠得绝不仅是外表，而是丰富的内涵和阅历。于是，当她主持了多年的《正大综艺》，正处于事业高峰期的时候，却选择了出国留学。也正因为她及时地给自己充电，才迎来了事业的更高峰，长期活跃于电视荧幕上。懂得不断充实自己的还有另一位集美貌与智慧于一身的主持人，她叫董卿，现在正在上海某高校读研究生。

60. 年龄是否会成为主持人的障碍？你如何看待这个问题？

我认为年龄不会成为主持人的障碍。有些人可能认为播音员、主持人是一个属于年轻人的职业，年龄大了，就不再适合做主持人了。因为他们觉得现在的观众喜欢的大多是新奇刺激的东西，而不是听一位老者喋喋不休地给大家讲述人生哲学。的确，作为一名年轻人，我也有过这种想法：看着满屏眼花缭乱的新鲜面孔，谁还有心思去听"老年人心理讲座"呢？

可是仔细想想，难道年龄大了，就真的不能再主持节目了吗？难道观众就不需要这样的主持人了吗？其实不然。前一段时间炒得沸沸扬扬的"邢质斌下课事件"，相信大家都有所耳闻。许多人认为邢质斌年龄那么大了，却依然主持《新闻联播》这一代表国家形象的节目实在不合时宜。不久，央视确实请了几位年轻主持代班，可是效果又如何呢？态度不够威严，表现不出大国风范。《新闻联播》代表的是中国这个泱泱大国的气势，所以要求主持人也要有公正、威严的气质。在这一点上，邢质斌作得非常到位。

我们这一代人，是听着赵忠祥的声音长大的。他主持的《动物世界》现在还是我最喜欢的电视节目。他在央视工作了几十年，深受电视机前广大观众的喜爱。人们不会因为他的年龄而觉得他不适合从事现在的工作。主持人的主持技巧和经验是随着时间的推移慢慢积累的，相信现在的年轻主持人很难做到老一辈工作者的处变不惊的神态。

每一个年龄层的观众都需要适合他们的节目和主持人，像适合新新人类那种类型的节目就不适合老年人去主持，就像白发苍苍的老人不适合去主持儿童节目一样。

综上所述，我认为年龄并不会成为主持人的障碍。

61. 你认为科班（专业）出身的主持人的优势在哪里？

目前活跃在广播电视行业的播音员、主持人，绝大多数都是科班出身的。我认为科班出身的主持人在工作中具有以下几种优势：

首先，科班出身的节目主持人在业务上经过系统的训练，拥有比较扎实的基本功。经过四年大学的专业学习，这些主持人已经掌握了播音发声、播音创作基础、即兴口语表达等知识。在专业老师的悉心教导下，很多人都刻苦地进行发声、表达方面的训练。科班出身的主持人大部分在语音面貌、声音造型、语言表达方面能力比较过硬。

其次，科班出身的主持人知识面较宽，理论素养教好。一些人认为学习播音主持艺术，就是练练嗓子，动动嘴皮子，这是非常片面地看法。播音与主持艺术专业虽然创办较晚，但它是一门科学、独立、复杂的学科。播音与主持专业的学生还要学习新闻学、语言学、心理学、社会学等方面的知识。而且在学习的过程中，学校非常重视培养他们树立正确的世界观、人生观和价值观，培养他们良好的思想品德和高度的社会责任感，培养他们作为广播电视新闻工作者所应具备的基本政治思想素质和职业道德素质，使他们德、智、体、美全面发展。

另外，科班出身的主持人，往往在大学阶段就已经开始了专业实践。因此，他们的工作经验和处理突发问题的能力就相对强一些。

62. 你认为做一名新闻工作者应具备哪些基本素质和修养?

我认为作为一名新闻工作者应该具备以下几种基本的素质和修养:

一要政治敏锐。在改革开放大潮中,新闻工作者站在浪尖上,接触各式各样的人或事,容易受五彩世界的影响。为此,作为新闻工作者,应保持清醒的头脑,眼观六路,耳听八方,认真学习党的路线、方针、政策,吃透上级文件精神,领会各级领导意图,看清当前形势,敏锐地洞察分析政局,找出反映本质的东西。同时,要解放思想,更新观念。要在瞬间即变的形势下,正确善待新生事物。要用高度的政治觉悟和鲜明的政治观点去观察、分析、研究和反映问题。要注重宏观性,站高望远,抓大顾小,见微知著,揭示事物本质,创作出具有时代精神的优秀作品。

二要敬业爱业。新闻工作是一项十分艰苦且具冒险性的工作。作为新闻工作者,排除打击报复等风险外,要尽心尽力尽责搞好新闻事业,必须要有范长江那样的爱岗敬业精神。

三要廉洁奉公。新闻工作者要安于清贫,甘于清贫,不计个人得失,摆正个人与国家、集体位置,摆正社会效益和经济效益位置。俗话说:拿了人家的手软,吃了人家的嘴软。新闻工作者不能贪小便宜,每位新闻工作者一定要抛开私心杂念,讲奉献,讲节俭,讲艰苦奋斗,讲献身精神。

最后,我想说的一点是作为新闻工作者一定要做到实事求是。我国新闻受"大跃进""文化大革命"的影响,假新闻时有发生。时至今日,新闻失实现象仍然存在,以致部分读者、听众对新闻持有"半信半疑"的想法。为此,确保新闻真实,维护新闻生命,迫在眉睫。新闻的本源是事实,有事实才有新闻,新闻记者必须对报道的新闻全部事实负责,以事实为依据,一就是一,二就是二,必须真实准确地反映事物本来面目,不违背良心乱写,要敢说实话、真话。

63. 如果本次播音主持专业考试你失利了,你该如何面对?

如果这次播音与主持专业考试失利了,我想我会坦然地去面对,因为我是怀着对播音主持专业的热爱一路走来的。今天能够站在考场上,面对考官,面对摄像机来展现自己,我觉得自己已经迈出了人生中的重要一步,从某种意义上说这已经是一种成功和进步了。

每个人的一生都会面临无数次考试,而且一定是有成功有失败。有的时候你的付出和收获并不是完全成正比。就像今天的专业考试一样,我想绝大多数同学都是准备得非常充分的。然而,毕竟这是一次选拔性质的考试,有人被淘汰在所难免。于是,肯定有一部分同学会失败。如果我今天在考试中失利了,我会理性地去面对这一事实。因为在这场公平较量的考试中,我已经调整好了自己的心态,发挥出了自己应有的水平。如果失利了只能说明我在播音主持专业上还是有所欠缺,与考官的要求还存在一定的距离。通过这次考试,我想我也会很好地查漏补缺,重新评价自己的专业水平,争取更大的进步。

当然,我还笃信这样一句话:"机遇只偏爱那些有准备的人。"我相信自己对播音主持专业的执着追求与辛勤付出是一定会有所回报的。一次失败并不能代表什么,它不能打破我的梦想,只会激励我更加勇往直前。居里夫人、爱迪生等许多的科学家不也是在一次次的失败后，获得成功的吗？我相信我一定会拥有一个属于自己的舞台。

64. 你怎么看待野外生存类节目？

最早听说的一部野外生存类纪录片应该是《幸存者》。该节目拍摄了一群人在野外的生存情况，以比赛的形式获得生存所需要的用品，每隔一段时间以投票的方式淘汰一名选手。随后《荒野求生》的出现再一次引起了大家的普遍关注。近两年我国也模仿拍摄了一些类似的纪录片，例如《跟着贝尔去冒险》。这个节目中几名中国娱乐圈明星跟着外国人贝尔一起到丛林里面开始野外生存的冒险活动。

在我看来，现在这类节目已经慢慢地由纪录片转变为一场"秀"，很多的噱头都是单纯地为了吸引观众。首先在嘉宾的选择上，节目组为了增加收视率一定要选择当下比较火的演员、歌手等。他们利用了观众想了解自己的偶像进入到丛林中怎么生存的心理，巧妙地提高了收视率。其次，节目的真实程度已经变得不被观众所相信。最初的野外生存是纪录片的形式播出的，而现在的拍摄过程都有很多的工作人员跟随，而且演员的经纪人也一定要时时刻刻跟着演员，生怕出一点意外。这些因素就导致了拍摄出来的效果不够真实。

所以，一档真正意义上的野外生存类节目并不是简单的模仿，它需要参与者有足够的勇气。最初这类节目之所以受到观众的喜爱，并不是因为明星光环，而是因为它的真实。所以在模仿的同时不要忘记它最初的样子。

65. 谈谈你的主持人梦想。

一位哲人说：当你紧握双手，里面什么也没有；当你打开双手，世界就在你手中。生活本来就这么简单，而生命中不可或缺的也许就是那一个小小的梦想或者希望。

我热爱播音与主持专业已经很长时间了，而且为了能够实现梦想也付出了许多努力。这颗梦想的种子，还是在我上小学的时候种下的。说到这里我还要特别感谢我的小学语文老师——张老师。她非常热爱并且擅长朗诵。在张老师的熏陶和指导下，我也渐渐地喜欢上了朗诵，并从中感受到了语言艺术表达的魅力。从小学到中学，我参加了许多次的朗诵比赛和演讲比赛，也取得了一定的成绩，积累了一定的经验。由于自己在语言表达方面显示出了一定的天赋，我还获得了许多次主持学校文艺活动的机会。从那时起我开始注意模仿和学习电视上那些主持人的说话方式、表情、动作等，而且我也开始梦想将来能够从事主持人这个职业。

上了高中以后，我知道许多大学都开设了播音与主持专业，于是，我感到自己的学习目标更明确了。我决定报考这一专业。我开始利用课余时间一方面阅读相关的专业书籍，一方面开始跟随相关的老师进行较为系统的学习。在学习的过程中，我虽然遭遇了许多的困难和失败，但是我的梦想从未动摇，依然坚定。

我之所以选择播音与主持的这一专业，绝不是为了当明星或者是挣大钱，而是出于对它的真心热爱。我相信"有志者事竟成"，相信我的梦想也一定会实现的。

66. 曹爱文被评为"中国最美丽的女记者"。你认为她最大的魅力是什么？

曹爱文，一个普普通通的记者名字，仿佛一夜之间出现在各大新闻网页和论坛的显要位置。2006年7月10日下午，郑州市花园口附近一名13岁女孩不慎落入黄河，河南电视台都市频道记者曹爱文及同事闻讯前来采访。当少女被救上岸并被村民用土法施救无效时，出生于医生家庭的曹爱文当即拨打120咨询人工呼吸方法，然后不顾女孩嘴角淌出的白沫和饭渣，俯下身子为少女做人工呼吸。此举感动了在场的每一个人，也正因此她被人们称为"中国最美丽的女记者"。

我认为曹爱文在紧要关头挺身而出的举动，体现了一个新闻工作者良好的职业道德、职业素质和高度的社会责任感，非常值得人们学习。如果将来我能够从事新闻媒体工作的话，也希望能够像曹爱文一样做一个有正义感、爱心和责任感的记者。曹爱文被誉为"中国最美丽的女记者"，我认为是因为她的"心灵美"。曹爱文曾经自己坦言：优秀的新闻记者应该是踏实工作、有爱心、有正义感、有上进心的人。我想正是她用这样的标准来要求自己，才让我们看到了那最感人的、美丽的一幕。

网络、电视等媒体的快速传播使曹爱文的感人事迹在社会上产生了很大的反响。很多人都为之感动。但是也同样出现了一些不同的声音。有人认为救人这事本身就是她应该做的，也有人认为是"炒作"。曹爱文在接受采访时也表示因为现代媒体传播速度非常快，一件事情可以迅速传播，一个人可以迅速蹿红，但是也会很快被大家忘掉。她也说自己只是一个普通的记者。我希望更多的媒体人能够像曹爱文一样在平凡的岗位上作出不平凡的业绩。

附录一　即兴评述话题分类练习题

附录一　即兴评述话题分类练习题

一、中学生素质

1. 英国女王伊丽莎白二世经常说这样一句话："节约便士，英镑自来。"每天深夜，她都亲自熄灭白金汉宫小厅堂和走廊的灯，并坚持皇家用的牙膏要挤到一点不剩。勤俭节约也是中华民族的传统美德。

请谈谈你对勤俭的认识与看法。

2. 苹果公司的创始人史蒂夫·乔布斯曾说过这样一句话："领袖和跟风者的区别就在于创新。"创新是一个民族进步的灵魂，是一个国家兴旺发达的不竭动力，是一个政党永葆生机的源泉。

请谈谈你对创新的认识。

3. 2010年1月4日，北川中学男生板房宿舍内发生了一起血案。高一（5）班16岁的学生母志鹏潜入相邻宿舍，用长刀将熟睡中的一位同学杀死。杀人后，他在一本笔记本中写道："我对不起父母，对不起老师，对不起这个同学，我又不认识人家，为什么把人家杀了呢？我很后悔！"随后，母志鹏自首。对于作案动机，他只说过一句话："杀个人，就可以不上学了。"

根据材料内容，谈谈你对中学生厌学倾向的看法。

4. 大连市一所中学的两名男生由于没钱上网，将顶楼上装有通信设备的大铁箱拆下，背到了居民楼下的废品收购站卖出。这两名男生并不知道这些设备非常昂贵，价值20万元。他们当破烂只卖了150元。他们的行为使当地通信受到了极大的影响。前来检修的工作人员发现通信设备被盗后马上报了警。经侦查，民警顺藤摸瓜在网吧将两名男生抓获。法院以盗窃罪分别判处两名学生8年有期徒刑。而两名学生竟然认为他们只获得了150元赃款并不构成犯罪。

你认为当前中学生法律意识淡薄吗？你认为应通过什么途径对中学生加强法律意识教育？

5. 由李安导演执导的《少年派的奇幻漂流》于2012年11月22日在中国大陆正式上映。该片根据扬·马特尔风靡全球的同名小说改编而成。一名在寻找灵感的作家得知派·帕帖尔的传奇故事后，找到了派·帕帖尔。派给作家讲了两个与海难有关的故事。第一个故事中，派和老虎由相互争斗到共同生存，派最终排除万难获救，老虎离开。这个故事充满了对人性、理性与信仰的光芒。可是，作家并不相信这个美好的故事。于是，派讲了第二个残忍的求生故事：派和另外三人同坐一艘救生艇。途中厨子杀死了水手和派的母亲，派杀死了厨子，坚持到被救。最终，作家还是选择了相信第一个故事。派说："所以你相信上帝存在。"

请结合材料，就理想与现实谈谈你的看法。

6. 请谈谈你对这幅漫画的看法。

7. 2012年5月31日，著名女作家冰心的嫡孙吴山在奶奶的墓碑面前，亲手用红油漆写下"教子无方，枉为人表"八个大字，还贴上了一封信。这一切源于吴山和父亲吴平的家庭矛盾及财产纠纷。父子多次对簿公堂，两次败诉的吴山选择用这种方式吸引社会的关注。按照吴山的说法，他这么做只是为了替母亲讨回公道。不少网友表示，吴山冒犯的不只是自己的奶奶，也是中国人最为看重的孝道。

请结合材料谈谈你对"孝道"的看法。

8. 目前，我国青少年心理问题发生率在45%左右。这些心理问题表现为以学习障碍、情绪障碍、行为障碍等为主的不良心理状况，严重影响着青少年的身心健康发展。青少年心理咨询主要以激发学习兴趣、消除厌学逃学和学习障碍、协调同学关系和亲子关系、中高考心理减压、学生职业规划、青春期性心理教育、不良品行纠正与健全等为主。

请谈谈你对青少年心理问题的看法。

9. 成都七中嘉祥外国语学校上学期末向全体学生家长和学生发出"在校期间学生每日凭卡消费额以35元为限，每月以22天计算，除餐费外每月凭卡消费额不得突破200元"的倡议。学校认为，勤俭节约是中华民族的传统美德，此举对中学生勤俭节约意识的形成和习惯的养成,对学生人格的塑造,都具有重要的现实意义。还有家长建议在学生中设立一项"节俭"奖。

请谈谈你对这一现象的看法。

10. 泉州一中政教处的谢老师介绍说,中学生处于心理叛逆期,容易产生抽烟等行为;发现学生抽烟,学校一般予以口头警告,对情节严重的予以警告并记录在案;学校也定期对学生进行思想教育和心理辅导,还设有以学生为主体的志愿者劝导队,对身边的抽烟现象予以制止和教育。

请谈谈你对中学生吸烟现象的看法。

11. 随着电视剧《小别离》的热播,"让孩子接受怎样的教育"在社会上引发了热烈探讨。其中最让家长们关注的就是要不要在孩子初中毕业后将其送到国外读书,打造新一代的"小海归"。根据教育部统计,从1978年到2015年底,中国出国留学人员累计高达404.21万人。其中,2015年出国留学人数达52.37万人,相比2014年增长了13.9%,增加6.39万人,而低龄留学生便占了一半以上。

请谈谈你对出国留学低龄化的看法。

12. 近日,校园暴力成为网络热议的话题。群殴、羞辱以及烫烟头等事件不仅在舆论上持续发酵,而且施暴者也遭"人肉",被几近一面倒地"口诛笔伐"。校园暴力的频发,未成年犯罪的零成本等问题突出。据专家分析,这其实是长期积淀的社会问题的外露。

请谈谈你对校园暴力现象频发的看法。

13. 在准大学生徐玉玉遭电信诈骗尸骨未寒之际,2016年8月23日凌晨,来自山东省临沭县的大二学生宋振宁也在遭遇电信诈骗后,心脏骤停。他们的遭遇并非个案:江苏、重庆都曝出大学生被骗案例。倒卖个人信息已形成"黑色产业链"。3名倒卖用户数据的业内人士近日都承认说:"只要你听说过的学校,不论大学、中学、小学,(它们的数据)都有。"就此情况,教育部全国学生资助管理中心主任田祖荫呼吁大学生提高警惕。他称,有困难找学校,找资助中心,有问题打各省的热线电话,打教育部的热线电话。千万不要想当然,让告诉账号就告诉账号,让输密码就输密码。

请你谈谈中学生应如何面对电信诈骗。

14. 2010年至今的数年来,全国至少发生44起校车事故,约8成均有致死情况,死亡人数达到150余人,其中多数是幼儿。根据事后情况说明显示,车辆超载成为校车事故的罪魁祸首,司机无行车资质及车辆不符合规定也是悲剧发生的主要原因。

请你谈谈我国校车事故频发的深层原因。

15. 张丽莉被网民称为"最美的老师"。29岁的她是黑龙江佳木斯市第十九中学初三(三)班的语文老师。在2012年5月8日的一次交通事故中,面对疯狂而来的汽车,她一把推开已吓呆的学生，自己却被车子碾断双腿，导致高位截肢。学生的生命保住了，而她却再也站不起来了。

谈谈你对这件事的感想。

16. 数年前，北大毕业生陆步轩当屠夫的新闻曾一度传遍大江南北，并引发了人们关于此行为是否浪费人才的大讨论。数年之后，另一位北大才子陈生也悄悄进入养猪行业，并在不到两年的时间在广州开设了近100家猪肉连锁店，营业额达到两个亿，被人称为广州"猪肉大王"。陈生十多年前放弃了让人羡慕的公务员职务毅然下海，倒腾过白酒和房地产，打造了"天地壹号"苹果醋，如今卖猪肉卖成了千万富翁。

高才生卖猪肉是不是一种人才浪费？请结合案例谈谈你的看法。

17. 6岁的安安是昆明市一所知名小学的一年级新生，可刚入学两个月，便被沉重不堪的家庭作业给弄得哭起了鼻子。爸爸董先生在微博上吐槽："孩子才一年级，做作业就要两个小时，今天更是达4个小时。你是要孩子拿诺贝尔写字奖吗？反思吧，中国教育制度。"董先生的一席话引起了网友的共鸣。

你认为中国的教育制度有哪些改进的地方？谈谈你的看法。

18. 清华老校长梅贻琦先生有句名言："所谓大学者，非谓有大楼之谓也，有大师之谓也。"

请谈谈你对这句名言的理解。

19. "网红"是网络红人的简称。近年来，国内互联网上的"网红"多数指的是一些为了出名不惜整容、炒作、快速消费自己的年轻人。他们在网上被热议的同时，也在潜移默化中影响年轻人的价值取向。有人指出，国外网友追捧的"网红"，多是凭一己之力影响社会的人。2016年初，中国青年报社会调查中心通过问卷网，对2002人进行的一项调查。调查发现，76.2%的受访者认为现在有很多追捧"网红"的人，绝大部分受访者对"网红"的评价都是"博上位""骗子""庸俗"和"没有节操"等贬义字眼。

请谈谈你对"网红"的看法。

20. 2011年10月29日，第五届全国亿万学生阳光体育冬季长跑启动仪式在长沙举行。在长跑运动中，有部分孩子绕着田径场行进一圈就跑不动了，也有的孩子一下场就瘫倒在地。中国青少年学生的体能耐力真是令人担忧。这无疑是对中国青少年体育的又一次沉重打击。

请谈谈你对此类事件的看法。

21. 据报道，广东东莞东方明珠学校组织学生外出秋游时，与佛山盐步中学的学生发生冲突。秋游演变成群殴事件，并有学生受伤。盐步中学负责人说，"对方超过100名学生围住我校700多名学生"，但否认动用西瓜刀。

请谈谈你对学生群殴事件的看法。

22. 10年来，湖南省的大中小学生的身体状况有什么变化呢？湖南省教育厅公布了《湖南省学生体质健康状况研究报告（2000~2010年）》。研究报告显示十年间湖南学生身高平均增长1.91厘米，体重平均增长1.73千克。除了这些变化，学生生长发育与营养方面也有一些问题被发现，如超重、肥胖学生大量出现，其中7到12岁年龄段的小胖子增长速度最快。

请谈谈你对此现象的看法。

23. "'狼爸'打孩子是教育的艺术吗？""'虎妈'的教育理念有没有合理性？"……关于家庭教育，很多人有自己的看法。但他们对自己的看法也不敢确定对错。就这样，大家都迷失在各种似是而非甚至南辕北辙的理念中。

日前，教育部印发了《关于加强家庭教育工作的指导意见》，明确了家长在家庭教育中的主体责任，要求广大家长依法履行家庭教育职责，严格遵循孩子成长规律，不断提升家庭教育水平。

请谈谈你理想中的家庭教育模式。

24. 有人说，现在的大学生，有能力、有思想、有素质、有身体的是成品，有能力、没有思想、有身体的是半成品，没有能力、没有身体的是废品，有思想、素质差的是危险品。名校也有这样的学生！

你认为什么样的大学生才是优秀的大学生？

25. 2015年10月中旬，雅思官方宣布取消了中国约350名考生的成绩。随后SSAT官方也确认取消了中国地区357名考生Upper Level SSAT的考试成绩。一个月内，两场国际考试成绩被取消，涉及中国考生超过700人。成绩被取消的原因竟不约而同指向了"过度押题""成绩太过完美"。

分数太高有何问题？中国考生为何屡遭信任危机？带着这些问题，请谈谈你对"过度押题"这一行为的看法。

26. 上海社会科学院社会学研究所研究员徐安琪在上海某区作了一项调查：不再读书的未婚子女超过85%的需要依靠父母为其支出部分甚至全部生活费。他将这部分年龄介于20~30岁的青年人群称之为"啃老族"或"傍老族"。这一现象在很多地方同样存在且情况严重。

谈谈你对"啃老"现象的看法。

27. 近年来，报考艺术专业的中学生日渐增多。但是，有些考生缺乏系统的专业知识学习，有些甚至从未经过专业训练，只是在临考前几个月"快速充电"。你如何看待这种"临时抱佛脚"的做法？

28. 你是如何理解"子欲养而亲不待"这句话的含义的？

29. 即将踏入大学校园的你，肯定对大学生活有很多向往，谈谈你心目中的大学生活。

30. 你心目中的大学老师和中学老师有什么区别？

31. 2015年10月6日，洛阳市宜阳一高两个女生发生矛盾。17岁的崔某，直接用水果刀在宿舍将女同学刺死。2015年10月4日，有人在商丘民权一居民楼楼顶，无意中拍到了8名女生围殴同学的现场。2015年9月，新乡获嘉一名女生被人连续扇耳光的视频在网上传播。最近，初高中校园的暴力事件在网上传播率极高。视频中，很多孩子解决矛盾的方式令人咋舌。

结合案例，你认为应以什么方式解决同学之间的矛盾。

32. 最近，我们发现，在孩童的文化生活里，耳熟能详的童谣、儿歌少之又少，取代它们的是适合大人们听的"情歌"。孩子的童年该有适合自己的歌曲。而事实上，现在能传唱得好的儿歌太少了。这个问题应该引起社会的关注。

你对当下童谣、儿歌的缺失有什么看法？

33. 2015年的江西替考案、2014年的河南杞县替考案、2008年的甘肃天水替考案……近年来，高考、研究生入学考试等国家考试屡屡曝出"舞弊门"。仅2014年的河南高考替考案，就查实违规违纪考生165人，其中替考127人。

谈谈你对考试作弊行为的看法。

34. 你认为应不应该限制学生消费？

35. 现今社会，你怎么看待节约？

36. 看到老人摔倒在路边，扶不扶？有人说，一定扶；有人说，担心"被讹"，不敢扶。2015年9月的一天，在郑州高新区的银屏路和翠竹街路口往北50米，郑州外国语新枫杨学校的两位高中生看到老人摔倒了，或许没时间想别的，下意识地就去扶起了老人。更让人吃惊的是，路过的热心市民也纷纷表示如有纠纷要给两位学生作证，还拿手机拍起了视频。

如果你在路上遇见摔倒的老人，你会怎样做？为什么？

37. 新的一年，新的希望。你新年的愿望是什么？为什么？

38. 中央电视台有这样一句广告词："少年强则中国强。"李宇春的歌曲《少年中国》中有"少年强，中国一定也很棒"。

你是如何理解"少年强则中国强"这句话的？

39. 北京大学考试研究院院长秦春华在《中国青年报》发表文章，提出这样一个问题：我们公认"四大名著"是经典，但是这个经典真的就适合孩子阅读吗？秦春华认为，"四大名著"或许并不适合儿童阅读。

也有这方面的专家认同秦春华的观点。在他们看来，孩子的世界应该是阳光、快乐的，孩子接触到的读物也应该是阳光、快乐的。而《水浒传》满是打家劫舍，《三国演义》中充斥着阴谋诡计，《西游记》里蕴含着浓重的佛教色彩，《红楼梦》大讲"色空幻灭"。"四大名著"可能还真不适合儿童阅读。

你认同"四大名著或许并不适合孩子阅读"的观点吗？为什么？

40. 重庆一个3岁的小女孩上培训班迟到了。为了进教室，她两次说"我有钱"。培训班老师认为这种现象已经司空见惯：这个小女孩不是第一个说自己有钱的小朋友，说自己有钱或爸爸有钱、妈妈有钱的小朋友已经有好几个了。当要求得不到满足时，他们就会说这样的话，想让老师来满足他们的要求。

结合身边案例，谈谈你对"儿童成人化"现象的看法。

41. 日前，中国青年报社会调查中心通过问卷网对2002人进行的一项调查。调查结果显示，90.6%的受访者觉得现在学生写作文"撒谎"的情况多。其中，31.8%的受访者觉得非常多。拾金不昧也被写滥了，不是捡钱交给警察叔叔，就是捡到东西交给老师；乐于助人也是极受欢迎的题材，要么帮老人过马路，要么帮生病的同学补习功课；勤俭节约更是老套路。

请就学生在写作时"撒谎"这一现象谈谈你的看法。

42. 谈谈你对"人肉搜索"的看法。

43. 2010年10月20日深夜，西安音乐学院大三学生药家鑫，驾车撞人后又将伤者刺了八刀致其死亡。2011年4月22日，西安市中级人民法院一审宣判，以故意杀人罪，判处药家鑫死刑，剥夺政治权利终身，并赔偿被害人家属经济损失45498.5元。5月20日，陕西省高级人民法院对药家鑫案二审判决宣布维持原判。2011年6月7日上午，药家鑫被执行死刑。药家鑫事件让我们不得不联想到了对于大中专学校学生的素质教育和法制教育问题。

请谈谈你对加强大中专学校学生素质教育和法制教育的看法。

44. 当年创造"五连冠"奇迹的中国女排，能取得那么辉煌的成绩，靠的是著名的"女排精神"。因此，在本届里约热内卢奥运会上中国女排再次登顶，为中国代表团夺得最珍贵的一枚金牌之后，几乎所有的媒体和许许多多的网民，都在欢呼"女排精神"的回归。

请谈谈"女排精神"对你的启示。

45. 《中国青年报》刊发一系列报道，披露多起涉嫌高考加分作弊的案例。系统性的、大面积的高考加分舞弊现实，指向了一个困扰学生及其父母的尖锐问题：高考加分政策是不是正在走向变形甚至是失败？

请谈谈你对高考加分政策的看法。

二、时事政治

1. 市民曹女士反映，不久前，她到农业银行存300个1元硬币到个人账户上，结果银行收了她6元钱手续费。银行解释说，清点硬币要收费，200个硬币就要收5元钱，每增加100个，加收1元钱。可她3月份去存硬币的时候，银行并没收这项费用。

银行向个人收"数钱费"是否合理？谈谈你的看法。

2. 高速公路"双节"免费通行后，各条高速很快都传出"史上最堵"的消息。京沪高速天津段出现大批车辆拥堵，京沪大动脉宛如停车场。堵在路上的人纷纷下车活动，有做广播操的，有踢毽子的，还有遛狗的，而大多数人则是在无奈地等待。

高速拥堵是不是免费的错呢？谈谈你的看法。

3. 2011年3月，各大新闻媒体纷纷报道，33岁的北大女硕士在京城就业连连受阻后，回到家乡另谋生路，结果找工作又是一再受阻。最后她决定和农民工一起学习油漆技术。高学历却找不到好工作，这类情况这些年更是屡见不鲜。

请就此事谈谈你的看法。

4. 近日，南京第二十九中的学生家长向江苏新闻广播电台反映，该校实行高三年级学生家长轮流替代老师进行监考、自习课值班。学校的这一做法很快引起很大争议。家长王先生反映，从今年9月10号开始，南京市第二十九中高三年级的学生家长开始轮流参加月考监考。学校还对家长监考作出了明确规定：每场考试两名家长需要在考场一前一后站立，每隔一段时间互换位置。尽管考场外有校方工作人员巡视，但没有老师在场。

谈谈你对此事件的看法。

5. 刚上了一个多月的学，张某怎么也没想到，事情会闹得这么大。张某今年16岁，在西安市阎良区武屯中学上高二。10月11日23时30分左右，宿舍熄灯了，他叫来其他宿舍的同学孙某，在宿舍里抽起了烟，随后，遇上校长查宿。在上铺的孙某慌忙之下，将烟摁在床沿试图熄灭。不巧的是，还没有灭的烟灰落到下铺的被子和床单上，将被子和床单点燃了。10月12日，学校要求两名学生停课在家。10月14日，校方开会讨论这起校园违纪事件，决定将这两名学生开除。

谈谈你对这一事件的看法。

6. 近日，南京胡先生脑干出血入院，他的面包车停在路边。由于家中无人会开，上高中的女儿就在车上贴了张纸条，上面写道："警察叔叔请不要贴罚单，医院费用我们小家已很难承担……"交警了解情况后，决定按规定罚款50元，同时交警们主动捐款，为他家人送去1000元。
谈谈你对这件事的看法。

7. 近日，阜阳市颍州区三合镇新宅小学一学生因没有按要求完成数学课堂作业，被数学老师狠狠拧了耳朵。家长报警后，学生在民警和家长陪伴下到医院治疗，右耳被缝5针。
谈谈你对老师体罚学生这一现象的看法。

8. 在重庆市渝中区某火锅店当店长的谭长府特喜欢交朋友。他的朋友圈每天都很热闹。他每次一发出消息，就会有上百个点赞，数十条评论。为啥他能做到"一呼百应"？因为他每周都会发"点赞"红包。一个月下来有三四百元的开支。从一年多前到现在，他已经发了六千多元。对此，他总是笑道："发红包事小，联络感情事大，主要是怕在朋友圈被遗忘了。"
你赞同这种联络感情的方式吗？为什么？

9. 近日，北京市通州区贵友大厦门口一名乞丐突然昏倒。一名过路女子为乞丐实施心肺复苏和人工呼吸。救醒人后，女子见其没事就走了，目击者夸赞女子"勇猛"。
在人性化越来越淡薄的社会，我们应如何"拒绝冷漠，传递温暖"？

10. 近日，媒体报道柳州一小区有个无人看管菜摊。菜价10多年从未上涨，买菜者自主选菜付款。这种方式延续了30年，菜钱一分未少。
谈谈你对这一现象的看法。

11. 英国《卫报》2016年10月12日刊登长篇文章介绍中国一年一度的高考。这篇文章的内容包括考前的准备、两天考试期间的紧张和考后的焦急等待。英国广播公司网站10月12日引述《卫报》文章称，分数的高低决定人生机会和赚钱潜力，那个分数是每个中国孩子一生中最重要的数字。
你认同"分数的高低决定人生机会和赚钱潜力"这个论断吗？为什么？

12. 这些年，由权钱交易引发的加分丑闻不断被曝光。这些丑闻也同样导致了老百姓对于取消高考加分的呼声越来越强烈。高考加分沦为"拼爹"游戏、"特长生"不断出现"水货"、考生违规篡改民族身份造假、高考"三模三电"舞弊事件……几乎在每年高考结束后，人们都会质疑种种存在的问题并与教育权威机构打"口水战"，然后满怀期待不公平的现象在明年会有所改变。虽然教育部去年年底调整了部分高考加分项目的方案，在一定程度上收紧了加分政策，但中国的高考似乎到现在也终究还是一个怎么都解不开的"死结"。
请结合材料谈谈你对考生作弊加分现象的看法。

13. 就在中国为其快速老龄化的社会担忧之时，"最帅大爷"的横空出世无疑为世人提供了对抗岁月侵袭的最佳建议。现年80岁的王德顺是个演员，但他时不时也会客串一下模特。凭着强健的体魄、飘逸的灰色长发以及仙风道骨的胡须,王德顺在去年一夜爆红。这个耄耋老人在时装周时装T台的走秀使中国时装模特界掀起了一场风暴。健康的体魄和积极的人生态度让他成了中国老年人的楷模。

谈谈你理想中的老年生活是什么样的。

14. 据中国之声《央广夜新闻》报道,近日有多名网友爆料,以治疗网瘾著称的山东科技防卫专修学校存在殴打学生、关禁闭、逼迫学生喝拖把拧出的水等体罚行为。山东省教育厅经过调查,认为爆料属实,责令该学校立即停止有关办学行为。

你认同材料中"治疗网瘾"的做法吗?请谈谈中学生应怎样把握好上网的"度"。

15. "地沟油"流入餐桌这一现象屡见不鲜,虽然经过我国有关部门严厉打击,但依然阴魂不散。据有关专家统计,每年返回餐桌的地沟油达百万吨级,这个问题的症结在哪里呢?

根据材料分析该事件形成的原因,并提出相应对策。

16. 11月11日是传说中的"光棍节"。没传统没来由的"光棍节"突然爆红,很多年轻人对它很热衷,11日当天到处充满过节的氛围。这些年真正的中国传统节日却越来越被淡化,西方的节日越来越盛行。

你是怎么看待这一现象的?谈谈你的看法。

17. 日前,台湾出现了在食品添加剂"起云剂"中加入有害健康的塑化剂(DEHP)事件。事件规模之大为历年罕见,在台湾引起轩然大波,被称为台湾版的"三聚氰胺事件"。专家提醒在生活中应少用塑料制品,那样既环保又能减少对身体的危害。

你是怎样看待近年来出现的越来越严重的食品安全问题的?谈谈你的看法。

18. "蓝瘦香菇"突然走红网络,QQ空间、百度贴吧、微博等也被它刷屏,引发众多网友模仿的热潮。然而也有网友表示,现在看见"蓝瘦香菇"就想吐。还有网友说道:"哎,烦死了,到处都是一堆硬凑流行词的。"

"duang""不明觉厉"……这些词曾红极一时,但似乎又很快从大家的视野中消失了。网络热词的诞生得益于互联网普及,而互联网的特点也造成了网络词汇传播快、消亡快、生命周期短的特点。有数据显示,这些热词从爆发、流行到明显消退,其实平均只用47天,而它们的平均"寿命"也不足半年。

请谈谈你对网络热词的看法。

19. 王女士的侄儿小明(化名)在广元市利州区某小学读五年级。跟平常放学一样,小明回家就开始写作业。可这次的作业写到晚上9点过后还没有写完,"我就去看他,还以为是作业很难,他不会写。"王女士告诉记者,"原来他写的作业是抄写课文。"

抄写课文是最简单的作业了,可小明为什么一直没写完呢?看到王女士来看自己写的作业，小明的泪水一下子就涌出来了。原来，这是老师给班上的部分学生布置的特殊作业。"老师觉得我们一些同学上课不积极回答问题，就让我们回来抄写这篇课文的第一段，抄写20遍。"

你认同材料中老师的做法吗？为什么？

20. 自从1995年江苏省丰县的"雏鹰工程"实施以后，1998年安徽凤阳首先引入大学生村官。此后，海南、浙江、河北、河南等省均出台了引导大学生到农村工作的相关政策。"十七大"报告提出，解决好农业、农村、农民问题，事关全面建设小康社会的大局，必须始终作为全党工作的重中之重。作为构筑新农村发展平台的大学生村官计划，无疑将对解决好"三农"问题、加快农村经济发展起到积极的推动作用。

你是如何看待"大学生村官"这一现象的？谈谈你的看法。

21. 网曝成都市红十字会在汶川地震后设立的募捐箱，因多年未打开，导致箱内纸币长出白毛。据当时出资制造募捐箱的公司负责人表示，原本应放在公共场所的募捐箱，因有些被严重损耗，甚至被盗，最后超过500台募捐箱被弃于仓库。

请谈谈你对这件事的看法。

22. 最近，北京大学的学生发现，图书馆内开设了一家苹果体验店。图书馆南侧近40平方米的苹果体验店与图书馆整个氛围显得格格不入。透过玻璃墙，依稀可以看到包括iPhone、Mac Book Air、IPod等苹果产品。不少学生质疑图书馆借此盈利。北大图书馆多媒体中心工作人员表示，开苹果体验店的初衷在于让学生体验将数字化新技术用于学习的便利，该店与图书馆没有商业利益关系。但图书馆工作人员的说法并不能打消学生及社会各界的质疑。

你认为这一现象的出现是利大于弊还是弊大于利？为什么？

23. 李娜获得法网女单冠军，成就了自己的梦想，也给中国网球打开一扇窗，得到了社会各界给予的高度评价。湖北省委书记、省长亲自予以表彰，如此规格出乎了不少人的意料。湖北省给李娜60万元的奖励，更是引起诸多议论：有人认为该奖，也有人说不必奖。

在你看来，是否应该奖励李娜60万元呢？谈谈你的看法。

24. 三年一次的经济合作与发展组织（OECD）国际学生评估项目（PISA）调查结果公布。首次参加PISA的上海15岁在校生，在阅读、数学和科学三项素养评价中，均排首位。中国学生知识测试位居榜首，引起了国内外教育界和媒体的广泛关注，同时也引来了颇多争议。因为此前也有一项调查评估，在全球21个受调查国家中，中国孩子的计算能力排名第一，想象力排名倒数第一，创造力排名倒数第五。

根据材料内容，请谈谈你对"中国孩子想象力排名倒数第一"的看法。

25. 我国著名导演冯小刚执导的贺岁电影《1942》，讲述了中国抗日战争战略相持阶段后，在河南大旱的情况下，千百万民众离乡背井、外出逃荒的民族悲剧，在全国范围内产生了较大反响。著名河南籍作家二月河在接受采访时表示："河南是中国人的父亲，我们要尊重父亲。"而反观当前，河南人形象在全国许多地方并不被看好，甚至有个别人"谈河南人色变"的现象。请谈谈你眼中的河南人形象。

26. 在"十二五"的开局之年，我们又迈上了新的征程。"十二五"时期是全面建设小康社会的关键时期，是深化改革开放、加快转变经济增长方式的攻坚时期。国家发改委副秘书长杨伟民一度申言，"十二五"规划与此前的规划有着本质差别，过去的规划追求"国强"，"十二五"规划则追求"民富"。"国强"到"民富"的转变成为公众关注十七届五中全会的最大亮点。
从"国富民强"到"民富国强"的转变，体现了什么？谈谈你的看法。

27. 据东方网消息，第三极书局、风入松书店、光合作用书房……不到两年时间里，这些在北京乃至全国都有很大影响力的民营实体书店都陷入了经营危机。第三极书局亏损关张，风入松书店无奈停业，光合作用书房遭供货商"哄抢"。民营实体书店遭受的经营危机引起了人们持续的热议和反思。
结合材料，谈谈你对实体书店相继倒闭现象的看法。

28. 网络上的"恶搞"风气渗透到了"红色经典"里面。例如，有人"恶搞"说："雷锋是因为帮人太多累死的。""黄继光是摔倒了才堵枪眼的。""董存瑞为什么牺牲？因为被炸药包上的两面胶粘住了。"……
你是怎么看待"恶搞"红色经典这一现象的？谈谈你的看法。

29. 随着知识经济时代的到来，网络已经走进千家万户，深入我们的生活。网络不仅缔造了属于自己的概念体系，还派生、演绎了自己的词汇，这就是网络语言。从目前互联网迅速在中国普及的情况看，很多网络用语对规范使用汉语言文字造成了很大的冲击。例如，小学生作文出现"神马都是浮云""我的人生摆满了杯具"等。
你认为应如何改变这种局面。

30. 北京大学招生办公室主任刘明利就北大2009年的自主招生政策进行了解读说明。他特别指出，2009年北大自主招生将不招收生活中不孝敬父母的学生。
针对北大自主招生"拒招不孝子"，你是怎么看的？

31. 春节临近，年味渐浓。因为衣食无忧，没有了从前过年的那股盼头儿，许多人不知道咋过好了。如今，欢欢喜喜过大年似乎只是个口号而已，年味淡了，不知所措了，多数人都深有同感。而相比之下，洋节却潜移默化，日渐红火。"圣诞节""情人节"等舶来的节日在神州大地遍地开花。
请谈谈你是如何看待现今春节意识的变淡和洋节越来越时兴的现象的。

32. 农民工也可以上北大了。由共青团广东省委联合有关部门推出的"圆梦计划"完成了今年秋季招生考试。该计划由政府出资,北京大学、中山大学、天津大学等10多所高校联手,推出物流管理、模具设计、机电一体化等专业,为1万名在粤的新生代农民工提供以网络授课为主的大学教育。

有评论称,象牙塔之门开始向年轻的农民工们敞开,知识力量成为他们人生新的"变量",这个变化,为个体发展带来新希望,也将为整个社会的发展创造新契机。

结合材料和生活所闻,谈谈你的看法。

33. 微博就像一个引车卖浆者云集的大茶坊。但客观地讲,这个有着1.95亿用户的言论平台带有鲜明的媒体特征,也确实已经成为其他媒体的重要新闻源。

成立不到3个月的微博"辟谣联盟",撩动了新媒体舆论场里最敏感的那根神经。他们揪出了关于今年6月北京暴雨的若干张移花接木的照片,揭穿了"卖淫女裸体受审照"的子虚乌有,澄清了"出血性大肠杆菌已入侵北京"等不实信息。

请你结合实例谈谈微博辟谣的重要性。

34. 民政部发布《中国慈善事业发展指导纲要(2011～2015年)》(征求意见稿),面向社会公开征求意见。意见稿表示,未来5年,民政部将推行慈善信息公开透明制度,完善捐赠款物使用的追踪、反馈和公示制度;及时发布慈善数据,定期发布慈善事业发展报告。建立和完善以慈善业务年审为主要手段的监管制度,重点加强对信息披露、财务报表和重大活动的监管。鼓励开展慈善公开日、利用互联网动态披露捐赠信息、捐赠人参与项目活动、聘请社会监督员、设立重大慈善项目巡视员等监督方式,提高监督的及时性与效率,更好地落实捐赠人、受益人、社会公众等的知情权、监督权。

请谈谈你心目中的慈善事业是什么样的。

35. 2016年5月18日凌晨1时许,南阳市西华村一栋三层民宅突发大火,浓烟滚滚。千钧一发之际,租住在一楼的南阳方城男子王锋奋不顾身扑进火海,先后救出6条鲜活的生命。在持续半个多小时的大火中,王锋连续"折腾"了三个来回,从居民楼到通往张衡路口的小巷里,一路上留下了王锋救人奔跑的带血脚印。最终,王锋被烧成了"炭人",在半昏迷中被抬上救护车,后被送往南阳南石医院抢救。居住在同楼上的托教老师、学生、邻居等20多人安全脱离险境,无一人受伤。

请你对王锋的行为进行评价。

36. 重阳节期间,安徽省合肥市一所老年公寓,先后有4拨"爱心人士"来给老人献爱心,内容之一都是给老人洗脚。有位老人一天内被"爱心人士"洗了7次脚。此前,在学雷锋日,重庆一家敬老院接待了8批志愿者,因为一拨又一拨的志愿者反复给老人们洗头,不少老人感冒了。老人们普遍反映,节日献爱心过于集中,被折腾得很不舒服,还造成了不必要的浪费。为了躲避过节扎堆式的献爱心,不少养老机构选择节日期间闭门谢客。

请谈谈你对这种"秀"爱心现象的看法。

37. 随着暑假的到来，各类奥数培训班又步入黄金期。尽管早在2005年教育部就明确规定公办学校禁办奥数班，但全国各地各类奥数培训班依然禁而不止。近日，成都市教育局宣布出台4条铁令彻底整治"疯狂的奥数"，国内多个城市的教育管理部门也相继出台有关整治措施。有关奥数班的存留争论再次成为社会热议的话题。

奥数班该不该取消？为什么？谈谈你的看法。

38. 在现代社会，手机作为我们的交流工具给我们的生活带来便利的同时，也带来一些不容忽视的负面影响，特别是对于正在成长的青少年。据媒体调查，许多青少年已经对手机产生了依赖心理。

谈谈你对这一现象的看法。

39. 日前，北京地铁四惠站的一幕场景撕裂了舆论。在一段短视频中，一名地铁女工作人员对一名来自外地的男乘客出言不逊，尽管现场嘈杂不堪，但还是能听到"臭外地"等带有辱骂性的字眼。此事一出，立刻在网上炸开了锅，舆论几乎一边倒地批评那位地铁工作人员。还有人"现身说法"，列举自己在大城市遭遇歧视的经历，地域差异引发的"地图炮"频频发出。

请结合案例谈谈对地域歧视的看法。

40. 易明是一个13岁的少年。和多数在学校里的同龄人不同，他混迹于犯罪团体之中，是精通撬车技能的"老江湖"。在过去两年里，他被警察抓过十几次，但每次都因年龄未满14岁，被放回家"由家长进行教育"。他一次又一次地重返犯罪团伙，然后一次又一次地被抓，周而复始，不断循环。

易明的故事激起了公众对未成年人犯罪问题的新一轮关注，也再次证明了现有法律体系应对未成年人犯罪问题的缺陷。然而，像一些网友所主张的那样，降低承担刑事责任的法定年龄，把"少年犯"都送进监狱。这样就能解决问题吗？答案恐怕是否定的。

应以怎样的方式对待"少年犯"这一群体呢？谈谈你的看法。

三、人生感悟

1. 中国道家创始人老子有句名言："天下大事必作于细，天下难事必作于易。"这句话的意思是：做大事必须从小事开始，天下的难事必定从容易的做起。海尔集团总裁张瑞敏说过，把简单的事做好就是不简单。伟大来自于平凡，往往一个企业每天需要做的事，就是每天重复着所谓平凡的小事。

请谈谈你对"细节决定成败"这一观点的看法。

2. 李白面对权力和金钱的诱惑，不为所动，才有了"贵妃研墨""力士脱靴"的流芳美事，也有了他"安能摧眉折腰事权贵，使我不得开心颜"的千古名句。拒绝诱惑，需要的是坐怀不乱的气概，更需要对自己信仰的坚定追求。

请谈谈你对拒绝诱惑的理解和看法。

3. 根据所学知识，举例说明一个最让你感动的近代历史人物或者历史故事，并说明感动你的理由。

4. 2010年1月8日是已逝摇滚乐天王猫王75岁的冥诞。3000多名粉丝和猫王的家人，在田纳西州猫王故居雅园为猫王庆生。而在英国也有猫王模仿赛举行。猫王的魅力，真是历久不衰。

你有偶像吗？请谈谈你对"偶像的力量"的理解。

5. "不要等到来不及了，不要等到没有机会了。就像所有的父母都不愿意缺席孩子的成长一样，我们也不应该缺席他们的衰老。"这是北大女博士王帆的演讲稿《你陪我长大，我陪你变老》的两句话中。

请谈谈你对"你陪我长大，我陪你变老"的感悟。

四、名言解读

1. 总有一种感动让人怦然心动，总有一种情感"秒杀"无坚不摧。在苏州木渎镇，一位少女在暴雨中为残疾乞丐撑起一把雨伞；在赣州南门文化广场，一位交警俯身背起一名跌倒在地的老人；在安徽亳州一间简陋的屋子里，一位白发苍苍的母亲艰难地给瘫痪在床的儿子喂粥……当这些令人动容的瞬间被定格，在微博和论坛上被数以十万次的转发的时候，一种温暖的力量，正推动着我们迎来洒满阳光的秋天。

请结合材料和自身实际谈谈你对"普通人的道德勇气不仅来自于个体的自觉，更需要社会的呵护和激励"这句话的认识。

2. 高尔基先生说过："书籍是人类进步的阶梯。"多读书，可以让你有许多的写作灵感，可以让你在写作文的时候采用更多更好的方法。在写作的时候，你还可以运用一些书中的好词好句和生活哲理，让别人觉得你更富有文采，你的作文更有美感。多读书，可以让你变聪明，变得有智慧去战胜对手。多读书，可让你变得更聪明，遇到困难了，你就可以勇敢地去面对，用自己的方法来解决问题。这样，你就又向自己的人生道路迈出了一步。

请结合材料，谈谈你对"书籍是人类进步的阶梯"的理解。

3. 你是如何理解"压力就是动力"这句话的？

4. 你是如何理解"态度决定一切"这句话的？

5. 谈谈你对名言"我不同意你的观点，但我誓死捍卫你说话的权利"的理解。

五、文艺体育

1. 根据茅盾文学奖评委会的最终评议结果，张炜的《你在高原》等5部作品最终胜出。结果一揭晓，便在学界和读者中引起了巨大争议。

此次公布的第八届茅盾文学奖获奖名单，5位获奖作家4位是中国作协会员，这是公众质疑的焦点之一。此次获奖作品中，张炜的《你在高原》长达450万字，相当于6部《红楼梦》。评委麦家表示，自己"咬着牙用一天半的时间把它读完了"。麦家"咬着牙"才读完《你在高原》，其余60位评委中只有10多位进行了通读，更多评委连作品都没仔细看就评定为获奖，如此评奖显然太草率。这也是这次茅盾文学奖评选争议的原因之一。

早在几年前，就有专家指出，茅盾文学奖已经严重偏离了奖项的宗旨，已成为名不副实的"矛盾奖"。结合材料，谈谈你的认识。

2. 郭晶晶要退役。无数人关注她退役后同香港霍公子的婚嫁话题，恐怕没有人担心她退役后找不到工作，因为眼下"赛而优则仕"似成惯例。奥运冠军们迅速"变身"公务员或"准公务员"的现象屡见不鲜，如张洁雯、邓亚萍、熊倪、王楠、冼东妹等。

你是如何看待"赛而优则仕"这一现象的？

3.《人民时评》提到，现在社会上的"扫黑行动""扫黄行动"和"打拐行动"都取得了不少的成绩，赢得了大家的好评，那么，在娱乐界也应来个"扫俗行动"。眼下这"低俗、媚俗、庸俗"的"三俗风"刮得可不小，正如著名表演艺术家李默然所说的那样："有的小品，短短10分钟就演了两三个色情笑话。"有些媒体在报道娱乐活动时，故意介绍哪位女演员"与谁有隐情，生了孩子"等。如此种种，实乃是"低俗、媚俗、庸俗"，引起人们的强烈不满和尖锐批评。

请谈谈你对娱乐界"媚俗化"倾向的看法。

4. 在文坛相对寂寞而且文学青年越来越少的今天，卫慧、棉棉等几位70年代出生的标榜"新新人类"的女作家忽然异军突起。她们附带着大幅照片的作品成为新宠。一位称自己是"卫迷"的女中学生说羡慕卫慧真实地书写自己的经历从而成为新新人类的代言人。

谈谈你对"新新人类"作家的看法。

5. 2012年11月24日，江苏教育电视台《棒棒棒》节目邀请干露露母女三人做现场嘉宾。节目录制期间，母女三人口出污言秽语等片段在网络流传，造成不良的社会影响，引发广泛关注。11月29日，广电总局发布公告，对江苏教育电视台自2012年11月30日零时起进行停播整顿。国家广电总局在公告中称："江苏教育电视台违反《广播电视管理条例》，罔顾媒体社会责任，为丑恶言行提供展示舞台，造成了恶劣的社会影响，应当受到严厉谴责，广电总局将依据有关法规，给予严肃处理。今后各级各类广播电视媒体，以及包括网络、移动终端在内的各类视听新媒体，严禁丑闻劣迹者在视听节目中发声出镜。"

请就此事谈谈你对电视节目"低俗化"的看法。

6. 2012年10月11日，诺贝尔文学奖揭晓，我国作家莫言获奖。虽然莫言不是第一个获得诺贝尔奖的中国人，但肯定是第一个被如此广泛关注的中国诺贝尔奖获得者。莫言得奖后，在中国掀起了一股"莫言热"。莫言的著作《丰乳肥臀》一度卖到断货。不少网民甚至说："正是莫言的获奖，才使中国文学就此站上了世界文学的大舞台。"

请谈谈你对材料中网民观点的看法。

7. 2015年12月初，中国政法大学聘前奥运冠军邓亚萍为兼职教授，引来网上无数口水，即使在学校内部也引发激烈争论。

你认为邓亚萍可以兼职大学教授吗？为什么？

8. 网络直播在2016年成为非常火的网络互动方式，各种直播网站、手机应用让人眼花缭乱。甚至很多明星也加入到网络直播行列。

你如何看待目前流行的网络直播？谈谈你的看法。

六、校园一瞥

1. 日前，各地语文教材删除了很多的经典文章。这样的做法引起了不少争议。其实大部分同学对新教材反响还不错，觉得很亲切。赞同的教育专家也觉得教材更新很正常，经典文章也是一个不断更新的过程，要尊重学生的口味需求，还原文学审美本质功能，适应教学改革的需要，顺应时代的要求。当然，也有人强烈反对语文教材有如此大的改动。

请就各地语文课本删除大量经典文章这一做法谈谈你的看法。

2. 一位网友在北京大学的校园论坛上发帖说，北大数学系大四毕业生、湖北籍男孩柳智宇放弃美国麻省理工学院的全额奖学金，选择出家遁入空门。记者前天前往西山的龙泉寺，确认柳智宇已经开始修行，但要正式皈依佛门还要有一个考察期。

请谈谈你对这一事件的看法。

3. "当你40岁时，没有4000万身家不要来见我，也别说是我学生。"北师大教授董藩发微博称，高学历者的贫穷意味着耻辱和失败。此言一出，立刻在微博上引起巨大争议。

请谈谈你对这一事件的认识。

4. 经济合作与发展组织（OECD）公布了国际学生评估项目（PISA）调查结果。在全球47万名中学生的角逐中，上海中学生以全部三项测试第一的成绩让世界惊异。这也引来了西方褒贬不一的声音。美国《纽约时报》盛赞中国基础教育震撼西方；英国《金融时报》却给国人泼了冷水，称"高分未必高能"；《福布斯》杂志干脆指出，和中学生斩金夺银大相径庭的是，中国大学毕业生素质堪忧。国内有关专家表示，归根结底，都是因为中国的素质教育不给力。

根据材料内容，请谈谈你对"素质教育"的理解。

5. 湖北省荆州市两名幼童被闷死在幼儿园校车一事，刺痛了社会的神经。校车惨剧，近年来频频发生：湖南衡南县农用车非法搭载学生，造成14死6伤；黑龙江双城市一辆满载小学生的非法校车坠桥翻车，造成8人不幸身亡、39人受伤……

根据材料说明怎样才能让孩子坐上放心车。

6. 因为一座"真维斯楼"的横空出世，刚刚度过百年华诞的清华大学再一次被推到了风口浪尖。2011年5月25日清华大学第四教学楼因被休闲服生产企业真维斯冠名，而挂牌改名为"真维斯楼"。有网友将照片传至网上，引起广泛关注。此外，在清华大学教育基金会官网上对14个院所、实验室和楼宇等筹款项目也给出了"冠名费"清单，金额共计7.5亿余元。该消息引起网友热议。

你怎么看待名牌冠名大学教学楼这一现象？

7. 学生小雨（化名）碍于情面替同学参加考试，结果被学校开除。他不服学校的处分，向北京市教委申诉被驳，于是一纸诉状将市教委告到北京西城区法院。庭审中，小雨的代理律师称，校方作出的开除学籍处分，在某种程度上剥夺了小雨的受教育权利。而北京市教委代理人认为：替考是一种严重的作弊行为，虽然小雨平时表现较好，这并不能抵消他的违纪行为；校方作出的开除学籍处分，没有剥夺学生的受教育权，而是行使学校的管理职能。目前小雨已经报名参加了高考复读班，准备参加高考。

因为"替考"而被开除，你认同这样的做法吗？为什么？

8. 近年来，随着适龄入园儿童数量的迅速上升和人民群众对优质学前教育的迫切需求，家长从学前教育就开始追求"不让自己的孩子输在起跑线上"的目标。学前教育也像"小升初"一般出现了择校现象，使学前教育资源不足的矛盾更加突出。"入园难"已成为社会问题，引起了广泛的关注。

请就"入园难"这一现象谈谈你的看法。

9. 星火学校位于丰都县城丁庄码头上。在一年一度的家长大会上，当1200多名教师、学生和家长正聚精会神地聆听着校长郑天云的讲话时，意外的一幕出现了。一位衣着朴素的农村老太太登上了讲台，校长突然跪下为老人洗脚。伴着《母亲》的旋律，校长一边洗脚一边教育学生父母操劳之不易。有人落泪感动，也有旁观者质疑是替个人和学校炒作。这位校长则称当代学生"感恩的心太淡薄"。

谈谈你对"炒作"感恩的看法。

10. 父亲是身家不菲的建筑商，爷爷去世时给她留下了一套房子和一笔现金。但扬州大学文学院大一新生王俊乔却不让父亲和爷爷替自己上学"买单"，硬是要自己贷款上大学。这个从小喜爱并练习武术的"90后"小女生极具"个性"的做法，在同学中引起不小的轰动。当别人问起原因时，王俊乔的回答很简单："不靠家人靠自己。"对王俊乔的行为，人们的看法褒贬不一。

家境富裕却贷款上学，你认同这一做法吗？为什么？

11. 2012年，全国大学生毕业人数超过680万。人力资源和社会保障部调查显示，今年大学生找工作出现热门专业就业趋冷、就业满意率不足五成、高学历就业难等特点。在中山大学，一名叫杨顺的保安，利用工作的闲暇时间，自学英语，经常找外国留学生练习口语，并为外国留学生补习中文。其间他邂逅来中山大学留学的瑞典姑娘晓梦，两人坠入爱河，并在瑞典完婚。在保安哥杨顺之前，北京大学西门站岗的保安甘相伟根据自己在北大蹭课的经验完成了《站着上北大》一书。时任北大校长的周其凤为他的书作序。如今，甘相伟是一所私立学校的语文老师。

请谈谈你对知识与学历的看法。

12. 北大副校长说："你是北大人，看到老人摔倒了你就去扶。他要是讹你，北大法律系给你提供法律援助；要是败诉了，北大替你赔偿！"这段话2011年9月21日出现在微博上，时隔一个月后这则帖子突然火爆网络，并衍生出了多个高校的版本，被网友称为"校长撑腰体"。

"校长撑腰体"走红说明了什么？请谈谈你的看法。

13. 据报道，北大公布了明年"校长实名推荐制"的实施细则，和去年公布的遴选要求相比，今年细化了很多，还列出了不得被推荐的四条"高压线"，其中第一条就是"不孝敬父母"。不孝就没有资格被推荐上北大。

谈谈你对"不孝就没有资格上北大"的看法。

14. 南昌市进贤县第二中学初三年级的班主任安排学习较差的学生在教室外面考试。记者看到，四楼及五楼的楼道上坐满了参加期中考试的学生。8日刚好是廿四节气中的立冬，当地气温突然下降了十几度。孩子们在瑟瑟寒风中考试，他们有的戴着帽子，有的握紧拳头，脸蛋冻得通红。

请谈谈你对这一现象的看法。

15. 近年来，中小学生意外伤害事故居高不下。仅去年全年，急救中心便因中小学生意外伤害出车急救244次，占出车急救总数的1.7%。据了解，导致学生意外伤害的原因主要是车祸、溺水、相互打闹和中毒，其中车祸导致学生伤害的比例高居首位。

请谈谈你对这类事件的看法。

16. 诺贝尔物理学奖得主杨振宁的妻子翁帆，目前在清华大学建筑学院建筑历史专业攻读博士学位。翁帆清华读博的消息一出，顿时引发坊间热议，有人"不怀好意"地认为其中必有猫腻——翁帆走后门了，清华为翁帆大开绿色通道了。此前，当记者问"翁帆的导师是谁"、翁帆入读清华"是通过博士考试统招，还是因为杨振宁而做的特殊安排"时，清华大学建筑学院教学办公室一女性工作人员说："不管我们的学生是不是名人，我们都要保护她的隐私。"然后挂掉了电话。清华大学招生办一位女性工作人员也拒绝回答此问题，并称："希望记者不要再来打扰我们了。"如今，尽管清华新闻中心负责人表示，翁帆是以香港居民的身份提出博士生入学申请的。

针对清华大学的这种回应公众的做法，谈谈你的看法。

17. 一篇《邹平县第一中学惊现"谈话死"》的帖子被各大网站转载，并引起网友热议。帖子称，邹平县一中一名17岁的高二学生范鹏飞在晚自习时被班主任叫出去谈话突然死亡。遭遇"谈话死"。记者最新获悉，公安机关认定范鹏飞是因摔跌导致颅脑损伤死亡，肇事教师柴某涉嫌犯罪，目前已被刑事拘留。教师柴某谈话期间与学生发生推搡行为，涉嫌过失致人死亡。

针对材料中提及的谈话过程中造成学生死亡的事件，谈谈你的看法。

18. 由上海矿业大学学生网站——学生在线披露的部分书商在南湖校区非法经营盗版书籍、音像制品的图片新闻，引起了相关部门的注意。首先作出反应的是校学生会。本次销售活动是该部门拉的外联赞助，赞助商为学校内部的某书社。学生会反映该书商经营的商品属正版，而且已向学生在线的主管部门反映过。此事件很快引发了一场关于盗版进高校的讨论。

谈谈你对盗版书籍进入学校的看法。

19. 高中生，这些父母眼中的宝贝，现在也越来越多地步入社会实践，开始初尝通过自己劳动获得果实的快乐。据估算，目前上海有5%左右的高中生正在打工。而且，这个比例还在上升。

谈谈你对高中生打工的看法。

20. 武汉科技学院高职学院50名身材高挑、形象气质颇佳的女生，经过自荐、推荐、层层考核等环节后脱颖而出，正式成为该校"淑女班"的首批学员。按校方公布的教案，这50名美女学员将接受系统的礼仪培训，最终被培养成秀外慧中、品位高雅的新"淑女"。

谈谈你对高校开设"淑女课堂"的看法。

21. 近日，发布在网上的一则"乌鲁木齐市第十二小学要求学生背记相关领导人的名字"的消息引起网友关注。一时间，学生该不该记领导的名字，在网友中引起了争议。七千多网友参与辩论投票，其中76.8%的网友反对这一做法，而有17.2%的网友选择支持。这则消息还引发了小学生要背领导人名字是关心时政还是作秀的争论。

你对此现象有何看法？

22. 南京林业大学聘请百名"红袖章"在校园内巡逻，专查行为亲昵的大学生情侣。此种做法引发了舆论争议。

请谈谈你对这一做法的看法。

23. 期末考试将至，为了"杜绝考场作弊，教会学生诚信做人"，重庆工商大学会计学院推出"诚信考试"。考场内不设监考员，让学生自律、诚信地完成这次期末考试。

谈谈你是如何看待这一现象的。

24. 据《重庆晚报》报道，重庆市铁路中学高一(20)班的外聘心理课老师贺小燕，从开学第一堂课开始，就跟学生约定，如果谁迟到或谁的作业没有交，就要接受处罚——男生做50个俯卧撑，女生做50个下蹲。而她自己26日这天因"太忙"，迟到了10分钟，又没把学生的作业带来，于是自罚100个下蹲。可是，她做完后就晕倒在讲台上。

谈谈你对这一事件的看法。

25. 广东一高中耗资130多万元修建新校门，每平方米造价1.8万元。学校校长称，校门的修建是政府工程，由政府出钱，130多万元也不是很多。

请谈谈你对这一行为的看法。

26. 近日，根据北大"中学校长实名推荐制"的要求，经过初审合格的学生名单已经公示结束。被推荐的90名学生将直接参加北大自主招生面试，面试合格者高考可降30分录取。根据以往北大自主招生的惯例，如果这些学生通不过面试，北大将给予在高考提档时5分的优惠。

谈谈你对这一现象的看法。

27. 上海市某重点中学在一项助学金发放过程中发生了一件出人意料的事：一位学生在得知自己获得本年度助学资格后，回家痛哭了一场。之后，其父母致电组委会：强烈要求退出助学名单。学生觉得这是一件很没面子的事情。

请谈谈你对这一事情的看法。

28. 《山东省义务教育条例（草案修改稿）》规定：对违反学校管理制度的学生，学校不得开除或者责令其转学、退学，否则给予通报批评，责令改正。

请谈谈你对这一规定的看法。

29. 四川大学大胆推出重量级改革——支持中学校长推荐"奇才""偏才""怪才"，只要中学校长认为自己的学生在某一方面有特别突出的成绩或有特别的贡献，都可以写亲笔信推荐。对于分数未上线的考生，如果专业能力经测试出类拔萃，将报教育部批准后破格录取。

请谈谈你对这一政策的看法。

30. 据报道，贵州大方县兴隆乡狮子村13岁的廖崴，以563分的成绩考上了中国农业大学理学院化学系，但他家境贫寒，付不起学费。2009年8月10日，本报率先报道廖崴和母亲来贵阳筹集学费一事。此后，不少热心人士向母子俩伸出了援手。之后，廖崴在各界人士以及中国农大的帮助下顺利入学。但这位之前被媒体广泛称为"神童"的13岁孩子在第一学期期末考试中，他的无机化学只考了33分，位列全班倒数第一。

对此，你有什么看法？

31. 你如何看待男女分校学习这一现象？

32. 有人说，学校是一个炫富的地方。谈谈你对这句话的理解。

33. 有人说，现在的大学生，有能力、有思想、有素质、有身体的是成品，有能力、有思想、没有身体的是半成品，没有能力、没有身体的是废品，有思想、素质差的是危险品。名校也有这样的学生！不知阁下认为自己能否称之为成品？

成才标准是为国家作多大贡献还是考取名校？谈谈你的看法。

34. 8名复旦大学教授联名请求学校破格录取一个"天才"，但因高考成绩6分之差，省招办拒绝投档。陕西省西安市高新一中的高三应届生孙见坤征服了教授的心，也摸到了大学的门，却"搞不定"招办的章。

请你评价这一社会现象。

35. 华中科技大学2010年本科新生入学报到。该校拟清退307名硕士生和博士生的消息，震动了初入大学的新生。

华中科大拟清退307名党政干部等在职研究生，对此你怎么看？

七、地球家园

1. 据住建部透露，我国承诺开展"无车日"的城市新增19个，达到143个。但与此同时，针对"无车日"的非议也日渐增多。如抱怨"无车日"让生活更"添堵"。媒体梳理发现，"无车日"当天青岛、济南等全国多个城市的交通状况比平日更拥堵。

看来华丽的"无车日"并没有触到城市那根拥堵的神经。一方面是城市管理者把"无车日"当成了一场时尚秀，意思一下就行了；另一方面是城市的主人们不愿意为城市的拥堵承担自己的那份责任。看来"无车日"虽然来了，但"无车日"所代表的精神还离我们很远。

以低碳生活为主题，谈谈你对这种情形看法。

2. 康菲公司渤海19-3石油开采平台漏油事故，造成渤海湾污染面积高达5500平方公里，使渤海海洋生态遭到严重破坏，造成了养殖户及海洋渔业损失估计超过10亿元。在媒体、公众纷纷质疑和指责声中，康菲从违规操作到恶意隐瞒和欺骗，以及对中国海洋石油资源掠夺和破坏性开采的方式，放任不管导致渤海湾环境污染日益扩大的做法，逐一浮出水面。

有专业人士称，康菲公司的这种违规操作和恶意隐瞒不但不能帮助自身渡过难关，反而还会造成一连串的不良后果。你同意这种说法吗？为什么？

3. 牺牲生态环境得不偿失，这是被无数事实证明了的真理。我们不能在同样的问题上重复栽跟头、交学费了。渤海溢油不止，云南"铬污染"未平，恒山因过度开采"破相"还令人揪心不已，陕西榆林沙漠中竟出现高耗水的高尔夫球场更让人难以接受……

请结合自身经历，谈谈如何才能切实保护好生态环境，实现社会可持续发展。

4. 世界遗产是被联合国教科文组织和世界遗产委员会确认的具有普遍突出价值、人类罕见、无法替代的文化和自然财富。张家界作为世界自然遗产、世界地质公园、中国5A级旅游景区，理所当然是全人类共同的财富。但是，目前张家界景区却因人工修建索道、户外巨型电梯、鬼谷栈道等大型建筑，使当地原本就比较脆弱的石英砂岩地质结构受到一定程度的破坏。另外，因投资商"重效益、轻管理、轻保护"，也使资源提前耗费、过早退化。

请结合材料，以"旅游开发与环境保护"为题谈谈你的看法。

5. 日本地震引发的核危机让世界开始重新思考能源的结构。以煤炭、石油、天然气为代表的传统能源未来将面临更多的责任与机遇。业内人士预计，在我国的电力生产结构中，火电体现尤为明显。煤炭分析师龚云华认为，由于对煤炭需求的依赖，能够真正做到减少碳排放的目标，至少需要5年以上的时间。如果未来核电发展受到抑制，火电也将比预期承担更多的能耗重任。针对日本地震引发的核危机，各国都在重新考虑能源结构。我国人口多，能源消耗也多。

为了实现可持续发展，你认为作为青少年应该怎么做才能为我国能源的可持续发展贡献自己的一分力量？

6. 2009年冬，北半球多国遭罕见暴雪侵袭，已造成百余人死亡。印度、韩国等国也出现极端天气。南半球则暴雨成灾、洪水泛滥，上百人丧生。专家称气候变暖致大量海水蒸发，大气中水汽增多，容易导致极端天气。

谈谈你对这一现象的看法。

7. 马尔代夫有着"人间天堂"的美誉。然而，由于全球变暖导致海平面上升，这个印度洋上的天堂岛国正面临"消失"的危险。马尔代夫总统纳希德在该国水下6米处的海底主持了一次内阁会议，呼吁世界各国领导人采取措施减少温室气体排放，以减缓海平面上升的步伐。

你对马尔代夫水下会议有什么看法？

8. 全球变暖的主要原因是人类在近一个世纪以来大量使用矿物燃料，排放了大量的温室气体。全球变暖会使全球降水量重新分配，冰川和冻土消融，海平面上升等，既危害自然生态系统的平衡,更威胁到人类的食物供应和居住环境。

面对全球变暖危机,我们应该怎么做?谈谈你的看法。

八、影视与广告

1. 《裸婚时代》是一部反映80后婚恋困境的都市情感剧,从"我没车,没钱,没房,没钻戒,但是我有一颗陪你到老的心"!这一如此浪漫的求婚告白,到"细节打败爱情"的无奈,层层揭开裸婚面对的残酷现实。

你对裸婚有怎样的看法?

2. 观众投诉东莞电视台,称东莞电视台播的广告时间太长,影响了他们正常观看电视剧的权利。有的网友还戏称,现在不是电视剧里插播广告,而是广告里边插播电视剧。

请问你怎样看待这一现象。

3. 在2012年9月举行的第37届国际比基尼小姐大赛上,组委会安排选手们穿着手工绣花的比基尼,佩戴京剧演出头饰,以昆曲为背景音乐进行演出。组委会官员解释说,这是为了将东西方文化结合,向世界宣传京剧,传递东方美感。很多网友对此评论说,这是"玷污国粹""不伦不类"。

假如你是一名新闻评论员,请谈谈你是如何看待"比基尼京剧"的。

4. 广电总局出台"限娱令",要求各地方卫视从7月起,在17:00至22:00黄金时段,娱乐节目每周播出不得超过三次。这一政策被媒体提前曝光之后,迅速引起连锁反应。各大卫视见招拆招,在保持优势节目的同时,将旗下娱乐节目资源进行了大规模的重组和调整。原有节目的去娱乐化、新节目打擦边球等方法均是层出不穷。

请谈谈你对"限娱令"的看法。

5. 继"超女"之后,各种娱乐选秀节目立刻纷至沓来。《闪亮新主播》《美丽中学生》《新声夺人》《超级偶像》等节目如雨后春笋般遍地开花。而与《超级女声》同性质、同时期的《梦想中国》《我型我 SHOW》也在全国高调开锣。相互之间竞争的激烈程度可想而知。伴随着中国这种泛娱乐时代到来的"命意老套,题材趋同,风格单一"也成了业界对国内电视节目雷同的评价。

你是如何看待电视节目同质化现象的?

6. 经典电视剧曾给我们留下深刻的记忆。关于重拍经典电视剧人们持不同的观点。有人觉得经典是不可复制的,是那个特定时期的记忆;现在电视剧的拍摄缺少创新的题材,难以超越经典;在许多观众心中,经典的角色是独一无二的。但也有人认为,如果能够从现在的角度拍出符合这个时代与人们审美的电视剧,不只是对经典电视剧的复制,而是加入更多吸引人的情节,在原版的基础上挖掘出更多的新意,那将又是一部经典。

对此，谈谈你的看法。

7. 随着电视这种大众媒体的发展和普及，电视内容过于暴力日渐成为人们讨论的一个话题。现如今，不但正常节目中包含暴力，连一些宣传片和商业广告也在使用有暴力内容的镜头，越来越多的暴力电影甚至是卡通片也正在被大量制造出来……

你是如何看待电视内容暴力对未成年人的影响的？

8. 在电视事业蓬勃发展的今天，电视节目的"主持人化"，成了各电视台普遍采取的手段。目前，大多数电视台的栏目都采取了主持人化的形式。这就使得观众在欣赏到各具特色的节目的同时，也欣赏到了各具特色的节目主持人。同样，节目主持人在展示其形象的同时，也向观众展示了其自身的素质。

请你谈谈作为一名主持人，哪样素质是最可贵的。

9. 有人说，媒体是社会的一面放大镜，它可以放大社会生活中的善良和丑恶。有些人认为，新闻媒体一定要把真实放在第一位，因为只有真实的新闻才对得起所有人的信任。也有些人认为，新闻媒体一定要把社会责任放在第一位，在报道真实的新闻之前，先考虑一下对社会的影响。由于媒体的放大作用，一条真实的报道可能让受众对食品安全失去信心，对社会诚信失去信心，甚至对整个社会失去信心。

请谈谈你是如何看待新闻媒体的社会责任的。

10. 2011年7月23日晚上8点30分左右，北京南站开往福州站的D301次动车组列车运行至甬温线上海铁路局管内永嘉站至温州南站间双屿路段，与前行的杭州站开往福州南站的D3115次动车组列车发生追尾事故。这次事故造成40人（包括3名外籍人士）死亡，约200人受伤。

在报道过程中，央视女主播秦方竟多次忍不住激动的情绪，流露出真情实感，特别是在对父母双亡的小伊伊的报道中，泪洒直播间。

请你谈谈主持人播报新闻时，能否带有感情色彩。

11. 《变形金刚3》首映后，植入广告的商家——美特斯邦威、伊利、TCL、联想等纷纷称自己都赚了个"盆满钵满"。有人说，电影中植入的很多广告都让观众开怀大笑，且并没有贬斥其"恶心"，这样的植入广告是成功的、巧妙的、值得国内影视界借鉴的，这也正是电影广告的魅力和商业效应所在。但是，还有人说，电影还是纯粹一点比较好，不要过多地植入广告。

对于这两方面的说法，你的观点是什么？为什么？

12. 20世纪80年代以后，世界范围内的电影，尤其是好莱坞电影，经历了一次从"叙事电影"到"景观电影"的转变。20世纪90年代，尤其是进入21世纪后，电影高科技得到前所未有的迅猛发展，人类社会进入了"技术时代"，当代文化正在变成一种视觉文化。

影视生产越来越注重和依赖新技术、高科技,并且以大明星、大投入、大制作来制造视听奇观征服观众。与此同时,中国电影在产业化、国际化、全球化的背景下也不失时机地选择了大片策略。

有人认为,这些"大片"不尊重叙事的逻辑、情节的逻辑、人物性格的逻辑,造成了很多笑场和漏洞,同时也放弃了从文学中去寻找电影的主题、趣味、美感和人性深度的努力,有意无意地拒绝文学的滋养,不可避免地陷入文学性贫血的艺术困境,应该予以批评。

对此,你是如何认为的呢?谈谈你的看法。

13. 随着科技的进步和时代的发展,人们手中的收音机已经被当今年轻人手中的手机所取代。听歌、看电视、获取新闻、和朋友聊天等,用一部几英寸大的手机就可以全部实现。在新媒体的冲击下,传统媒体的霸主地位在逐渐削弱。在我国,报纸和电视开始逐渐走向深度化、评论化和专题化的道路。报纸开始推出电子版和手机应用,电视也加强了直播和点播功能,例如,中央电视台推出的CNTV网络电视。两大传统媒体的变化都是为了适应当前平板电脑和手机的普及。

作为传统媒体之一的广播媒体,你认为当下的优势是什么?为什么那样认为?

14. 时下,各大卫视纷纷推出电视相亲节目,为大众做起了电视红娘,例如,江苏卫视的《非诚勿扰》、湖南卫视的《我们约会吧》、浙江卫视《为爱向前冲》等。有人认为在这些节目中,一些嘉宾身份造假、自我炒作、言论低俗,主持人引导乏力,部分节目盲目追求收视率,放任拜金主义、虚荣等不健康、不正确的婚恋观。这些做法严重背离了社会主义核心价值体系,违反了广播电视净化社会文化环境、抵制低俗之风的有关要求,损害了广播电视媒体的形象,这样的节目是不会长久存在的。而有的人则认为,电视相亲节目的内容新颖,很符合大众的娱乐心理,只要不断变换节目形式就可以长久存在。

针对上面的观点,你是如何看待电视相亲节目的走向呢?

15. 在央视的"3·15"晚会上,著名相声演员郭德纲代言的"藏秘排油"成为人们关注的焦点。不是因为它好,而是因为它成了"问题产品"的代表。借着这个"东风",郭德纲也着实意外地又风光了一下。名人代言很多,大到房地产小到洗衣粉。通常情况下消费者对明星代言的产品都照单全收,买单格外痛快。可是,对于那些问题产品的虚假广告甚至是精神垃圾,买单的又该是谁呢?

谈谈你对名人代言电视广告误导消费者的看法。

16. 有这样一则公益广告:一位年轻的妈妈晚上睡觉前给她的母亲端水洗脚,这一切全被这位年轻妈妈的小儿子看到了。受到妈妈的启发后,他也吃力地端来一盆热水要给他的妈妈洗脚,并配有孩子稚嫩的声音"妈妈洗脚"和广告词"父母是孩子最好的老师"。

你是如何看待"父母是孩子最好的老师"这句广告词的?

17. 2012年,以微博为代表的新媒体的优越性进一步显现。传统媒体不得不想尽办法挽留受众。传统媒体的受众流失在发达国家更加明显。目前，不少传统媒体走上了与新媒体融合的道路，效果明显。例如，体育直播节目和娱乐选秀类节目均开通了场外微博互动。

你认为怎样才能增加电视节目的互动性？

18. 当《武林外传》中的"佟湘玉"和《走西口》中的"豆花"把满口的"额额额"改为"我我我"时，她们的可爱度会因此减分；如果王宝强把"光荣地死球了"说成"光荣地牺牲了"，那"顺溜"的亲切感也会打折……国家广电总局近日通过官方网站重申"限制方言令"——通知指出，除地方戏曲片外，电视剧应以普通话为主，一般情况下不得使用方言和不标准普通话。

谈谈你对方言电视剧的看法。

19. 著名节目主持人柴静做新闻有自己的风格。她的风格让许多观众认可，但也备受争议。有人认为："柴静很装，太不真实。"

10年前，柴静在一次采访中，蹲下身帮一位男孩擦去眼泪。这个镜头被编进了片子。节目播出后，有人因此开始喜欢柴静，也有人因此开始讨厌她。这个镜头引发了广泛的讨论。有人质疑柴静是不是"表演性主持"，甚至有同行戏称她是"新闻戏剧主义"的代表人物。对此，柴静说："真和假，最大的区别在于有无目的。如果说我在做这个动作之前，是为了感动你，那就假了，如果没有目的性，真实作出心中的反应，这可以接受，这是我现在的想法。"

请谈谈你眼中的"真"与"假"。

20. 请你评析一档电视娱乐节目。

21. 如今，电视购物节目可谓异常盛行。电视购物有别于网络购物。请你谈谈两者的异同，并分别说明它们的利弊。

22. 2012年春，中央电视台制作的纪录片《舌尖上的中国》热度空前，成了人们茶余饭后甚至是网络论坛、微博上必谈的话题。节目从原料最开始的来源谈起，运用平实、朴素的旁白，介绍美食的制作以及背后中国人的智慧、饮食哲学和对家乡的爱。谈到这部纪录片，不少人的感受是"眼前一亮""每次看得都饿了"。与此同时，不少网友也开始纷纷"晒舌尖"。例如，"舌尖上的河南""舌尖上的安徽"和"舌尖上的成都"等。

为什么《舌尖上的中国》会如此成功？请谈谈你的看法。

九、播音与主持

1. 在中国众多的广播电视主持人中，有这样一个群体，他们表现出色，是大众的偶像，是收视率的保证，往往有着超越一般主持人的影响力。老百姓管他们叫——明星主持人。

说出一位你印象最深的明星主持人，谈谈你对明星主持人的看法。

2. 郎永淳和欧阳夏丹加盟央视一套《新闻联播》,担任主持人,且首次亮相。当天《新闻联播》节目的收视率比当年前10个月平均收视率提高了19%。

你怎样看待《新闻联播》中注入新面孔这一现象?谈谈你的看法。

3. 国家广电总局日前出台了《广播电视广告播出管理办法》。该办法自2010年1月1日起施行。办法明确要求今后播出机构每套节目每小时商业广告播出时长不得超过12分钟。

你是怎么看待这一规定的?

4. 《村长开汇》是河南新农村频道全新打造的一档融合了新闻、情景短剧以及百姓才艺展示的节目。该节目以村长开会的口吻融合了用视频、图片、漫画和主持人用方言主持等的形式,展示着每天都在发生的重大新闻。

请谈谈你对主持人使用方言主持节目现象的看法。

5. 一个名牌节目可以造就一个知名主持人,一个优秀的节目主持人也可以使一档节目骤然增光。反之,不佳的主持人则会使一个具有很大潜力的节目黯然失色。

结合实际,举例说明主持人与节目的关系。

6. 近期,石家庄广播电视台影视频道《情感密码》栏目被判定违规。国家广电总局在通报中指出该节目"雇用群众演员表演,用夸张的表演手法肆意渲染家庭矛盾,刻意放大扭曲的伦理道德观"。

请谈谈你对节目内容造假的看法。

7. 近日,不断有媒体因为报道假新闻受到新闻管理部门的处罚。有的新闻工作者为了吸引读者的眼球,不顾事实,公开造假新闻。

请结合材料,谈谈你对新闻工作者职业道德的看法。

8. 2012年,中央电视台推出了特别节目《走基层·百姓心声》。记者随机在街头向受访者提问:"你幸福吗?"面对仓促而来的问题,面对全国最有影响力的电视媒体,许多受访者的回答构成了中国普通百姓的心声。然而,在这些回答中,也有诸如"我姓曾""我耳朵不好"以及"在你提问的这会儿,我被人插队了,还得再排队买票"等回复。有些人认为,央视此次的电视调查充满了人情味,很真实,很接地气儿。也有不少网友认为,这样"简单粗暴"的提问实在是"太脑残"。

如果你是央视记者,你会怎样就"民众幸福感调查"提问?

9. 从中央电视台《大风车》节目中崭露头角,到湖南卫视《快乐大本营》栏目一举成名的"另类"主持人何炅,同时还是大学教师和电台DJ。不仅如此,他还相继出版了《炅炅有神——我是这样长大的》和《快乐如何》两本书。他可谓身兼数职。

请你就主持人身兼数职这一现象谈谈你的看法。

10. 当前，电视节目主持人群化已成为当前广播电视传播的新潮流。例如，深受广大年轻人喜爱的湖南卫视《天天向上》和《快乐大本营》，均是采用了主持人团体的方式。

请你结合自身经验，分析一下主持人群化的优势和不足。

11. 现在网上对一些娱乐节目主持人的评价很多。有人说他们制造了快乐，还有人说他们庸俗、不务正业。

请你选择一个娱乐节目主持人，说说你的看法。

12. 作家殷谦认为，主持节目是一种非常重要又极其高级的精神创造活动，不是随便什么人都可以搞的。但有人认为主持人这一行业是大家或多或少都能轻而易举做到的。

请针对材料中的不同观点，谈谈你的看法，并谈谈一个主持人应该具备哪些素质。

13. 中国播音主持"金话筒奖"是中宣部批准设立，由中国广播电视协会主办的中国播音主持行业最高等级的大奖。近年来，央视多位主持人获此殊荣，如白岩松、董卿、张泉灵、杨锐、董浩、刘纯燕、孙小梅、李小萌、鲁健、文静等。

选出一位你了解的主持人，谈谈你对他（她）的看法。

14. 当前，"泛主持人化"现象在我国电视界极其普遍，尤其是一些特别节目和综艺晚会，大有一哄而上的趋势。所谓"泛主持人化"，主要是指主持人来源的广泛性，诸如娱乐明星、相声演员等非科班出身的知名人士纷纷跨界担当电视节目主持人。

请谈谈你是如何看待我国电视节目"泛主持人化"现象的。

15. 近年来，湖南卫视几度成为收视冠军，尤其是在综艺类节目。你喜欢湖南卫视的节目吗？为什么？你认为湖南卫视还存在哪些问题？

16. 主持人孟非曾谈到他应聘《南京零距离》主持人时的经历。当时考官们纷纷议论：孟非到底适合不适合做主持人？他的光头能播新闻节目吗？在此之前，主持人都是些俊男靓女，突然间冒出这样一个人来会不会让观众吓一跳呢？

请谈谈你对主持人外在形象的看法。

17. 港台腔是一种广泛流传于华语流行歌曲与港台地区娱乐节目主持人中的腔调，尤其以台湾地区最为明显。有人称之为"嗲"，有人认为这玷污了中国的语言。可还有些大陆年轻人对之追捧与效仿，认为它是流行与时尚的标志。

你是如何看待港台腔现象的？

18. 近来，国内不少省级电视台也开始实施主持人的明星化战略。湖南卫视、江苏卫视等都以栏目为依托，利用各种形式不断扩大主持人的影响力，精心培养电视台的招牌主持人。

你对主持人明星化有什么看法？

19. 在一些人看来，想当主持人，选择艺术类的播音主持专业或者普通类的新闻传播专业是一条"捷径"。然而，国内一些金牌主持人并没有走这样的"捷径"，比如撒贝宁、何炅他们都是非科班出身的优秀主持人。

你是如何看待优秀主持人非科班出身这一现象的？

20. 近年来，一些演员转行做主持人，像王刚、牛群。他们分别主持的《王刚讲故事》《牛群》，收视率都非常好，深受观众朋友的喜爱。

对于演员主持节目这一现象，你如何看待？

21. 每一位观众都能列出自己记忆中的许多位主持人。细数下来，有的主持人出现一次或几次就能留下深刻印象，有的主持人在固定节目里很长时间才让人们对他有所印象，这当中的因素很多。但作为一名主持人，有鲜明的个性至关重要。

你如何理解播音员和主持人的个性？

22. 主持人把演戏当成是第二职业，演员客串主持人，这些都无可厚非。然而，细心的观众发现，这些双重身份的主持人在主持节目时总在不经意间流露出表演的痕迹。

你认为主持人在主持节目过程中应不应该含有表演成分？

23. 目前，我国的美女主持人太多了。有时候觉得她们驾驭话题的能力似乎略显不足。而国外更多的主持人并不都是年轻漂亮的，而是有多年丰富经验的记者走上来的。

你怎么看美女主持现象？

24. 我国的节目主持人出现在20世纪80年代初期。伴随着改革开放的步伐，节目主持人这一形式逐渐取代了通行了半个多世纪的拘板播读和话外音解说的形式。节目主持人是否需要表演？有人否定，认为主持人不需要表演，有了表演就有了虚假成分；有人赞同，认为它丰富了节目形式。

你是如何看待主持人主持节目时表演这种现象？

25. 曾经有一位老新闻工作者说过：每天看着20多岁的俊男靓女在电视屏幕上预测经济前景，纵观国家大事，阔谈婚姻、事业、家庭，我就像体会着大街上遇到卖假药的心情。

你是如何看待这一现象的？

26. 美国三大广播公司中有六个最著名的新闻节目主持人，他们在开始做主持时，平均年龄是43岁。有人问白岩松，距离他理想的主持人境界还有什么障碍，他回答的是"年龄"。

你认为年龄对于主持人来说真的那么重要吗？

27. 主持人的魅力是凝聚在主持人身上的美感对听（观）众的吸引力，也就是把听（观）众留在收音机或者电视机前的吸引力。

你认为成功的主持人最大的魅力是什么？

28. 近年来，报考艺术专业的中学生日趋增多，但是有些考生缺乏系统的专业学习，有些甚至从未经过专业训练，只是在临考前几个月"快速充电"。

你是如何看待这种"临时抱佛脚"的做法的？

29. 近年来，报考播音主持专业的考生人数剧增。但是，对于电台、电视台来说，需要的主持人数量又是非常有限的，甚至可以说目前国内的主持人需求出现了饱和的状态。

对此现象你有何看法？

30. 《实话实说》作为中国内地第一个大型电视谈话节目，曾经创下了辉煌的成绩，但是后来由于收视率不理想而停播，告别荧屏。崔永元曾抛出一句著名的媒体人言论——"收视率是万恶之源"。

请你谈谈对"收视率是万恶之源"这句话的看法。

31. 为了吸引受众的眼球、制造耸人听闻的效果，当今的假新闻越来越泛滥，让大众分不出真假，只能一味接收。假如你是一名播音员，当你拿到一份明知是假新闻的稿件时，你会如何处理？

32. 对于众多有着播音主持梦想的青年人来说，央视无疑是他们梦寐以求的舞台。但是，央视对主持人的诸多限制又让一些知名主持人先后选择了离开。

请谈谈你对此事的看法。

33. 伴随着广播电视的快速发展，新闻类、社交类以及综艺类的栏目越办越多，由此也带动了播音员、主持人队伍的发展壮大。

播音员与主持人有什么根本区别？谈谈你的看法。

34. 谈话节目是当今社会比较"火爆"的电视节目形态之一。在我国，继20世纪90年代中期中央电视台推出《实话实说》之后，许多电视台也纷纷上马新式的谈话节目。

请谈谈你是如何看待谈话节目在我国的兴盛。

35. 白岩松不是一个新面孔。在过去的10年里，喜欢并收看中央电视台《焦点访谈》栏目的人们，不会不知道那个总是紧锁着眉头、理智而又冷峻的主持人白岩松。白岩松曾经在他的那本《痛并快乐着》中表示"渴望年老"。

你怎样理解主持人白岩松说的"渴望年老"？

36. 2011年6月5日，央视新闻频道女主持人欧阳夏丹在主持《共同关注》的时候，没有"照常"穿职业装，而是穿了一件蓝青色、镶着闪亮银边装饰的牛仔风格小外套。作为央视新闻栏目，欧阳夏丹平日的出镜服装都是西装革履，多以蓝、黑、灰等相对"稳"一点的颜色为主，所以这件牛仔外套一出镜，马上就引发了观众的热议。

对此，请谈谈你的看法。

37. 在2009年央视春节联欢晚会中，某主持人在报幕时出现了"马季的儿子是马季"的口误。对此，春晚总导演郎昆作出了回应，他说主持人有一点小小的口误很正常，就像演员跟不上节奏或者忘词或者跑调是一样的，只是大家都没有发现很多的歌舞节目、杂技节目抛脱的失误量是很大的，主持人在280分钟的主持过程中，出现口误是非常正常的。

假如你作为一名主持人在节目中出现了口误，你是诚恳地向观众道歉还是利用巧辩让大家一笑而过呢？

38. 电视娱乐节目的快速发展要求主持人的主持风格达到娱乐、搞笑等效果。因此，娱乐节目主持人在主持节目时所使用的语言应该丰富多彩，要突破规范、勇于创新。不论是节目制作团队还是台上的主持人，除了在节目样式上做到吸引人眼球，也要在主持人的语言运用上苦下功夫，为了赢得收视率甚至要"语不惊人死不休"。

对此，谈谈你的看法。

39. "1997年2月邓小平逝世，讣告很急。从晚上10点接到任务到第二天《新闻联播》播出，罗京老师都坚持在直播台上进行相关新闻直播。那次的《新闻联播》是直播时间最长的一次，达1小时45分钟，整整两天两夜罗老师一直在工作着。"罗京26年无差错播报似乎成了他最光辉的写照。

请问你眼中的罗京是什么样的主持人？

40. 2009年12月28日，中国网络电视台（英文简称CNTV）在北京举行开播仪式。中国网络电视台是中国国家网络电视播出机构，是以视听互动为核心，融网络特色与电视特色于一体的全球化、多语种、多终端的公共服务平台。

网络电视是发展趋势吗？为什么？

41. 随着互联网的快速发展，如今网上阅读非常流行，甚至有超越传统阅读的趋势。电子阅读以快捷、方便、易查询等特点，迅速成为人们看书的主要途径，使得传统阅读遭遇冷落。

电子刊物会取代传统刊物吗？为什么？

42. 近年来，我国各省市台纷纷推出了方言节目以吸引观众的眼球。如杭州台西湖明珠频道《阿六头说新闻》，采用杭州话播报，并在挖掘地域资源、弘扬本土文化上闯出了一条新路，使节目收视率节节攀升。

请谈谈主持人使用方言主持节目现象的看法。

43. 谈谈你对平民选秀节目的看法。

44. 谈谈你对草根明星的看法。

45. 四名新主播坐上了《新闻联播》的主播台，这是《新闻联播》开播近30年来第一次集中推出新面孔。央视索福瑞的收视数据调查显示，"新人效应"刺激了《新闻联播》的收视率，最高时达到了平时的两倍，收视群方面，年轻观众增加了80％。
谈谈你对《新闻联播》亮相新面孔的看法。

46. 谈谈你最喜欢的一位主持人。

47. 你认为说新闻节目会取代播新闻节目吗？为什么？

48. 你认为朗诵作品最重要的是声音还是情感？

49. 谈谈你对《湖南卫视》娱乐立台的看法。

50. 你认为主持人应该是一专多能还是一专一能？

51. 你认为主持人应不应该讲求表演艺术？

52. 各大电视台在近两年里都将目光投向电视剧领域，大力打造自制偶像剧，如湖南卫视的《丑女无敌》《一起来看流星雨》，上海卫视的《网球王子》，浙江卫视的《爱上女主播》等。
谈谈你对自制偶像剧的看法。

53. 浙江卫视《我爱记歌词》节目成功推出之后，全国各台掀起记歌词节目的浪潮。你对各大电视台跟风办节目有什么看法？

54. 你如何理解节目中主持人对现场气氛的把握？

55. 报考专业时，你认为爱好和就业前景哪个更重要？

56. 你怎么看待搭档主持人之间的配合？

57. 在今后的电视节目中，你认为科班出身的主持人优势大吗？

58. 如今，随着《天天向上》《快乐大本营》《欢乐英雄》等娱乐节目越来越受到观众的喜爱，"天天兄弟""快乐家族""美女主持团"等主持人团体的形式也成为时下最热门的讨论话题。

主持人团体形式和传统的两人主持形式你更喜欢哪一种？为什么？

59. 李咏在接受《燕赵都市报》采访时说："我的言谈举止、衣着打扮在国家电视台已经够可以了……在央视做娱乐节目，再想比我出位就会遇到麻烦。"

你认为娱乐节目主持人是否需要娱乐底线？

60. 2005年，香港凤凰卫视的著名节目主持人胡一虎主持《凤凰全球连线》节目。他费尽心机，约好了对中国台湾亲民党主席宋楚瑜的专访。可是，就在离直播专访开始仅剩一个小时的时候，宋楚瑜方面称临时有要事，无法接受采访了。但专访的节目预告已经提前播了出去。

当时，如果你是胡一虎，你该怎么办？

61. 2014年4月17日早上，央视早间新闻栏目《朝闻天下》女主播文静在镜头前打哈欠，被网友发现并截图上传，引起热议。无独有偶，《香港早晨》女主播龚伟怡在3月27日早上六点半直播的节目中出错。当电视正在播放记者报道沉船意外时，她偷空吃东西。但没想到报道因大浪而中断，画面转回直播间时正好拍到她大嚼点心的画面。

谈谈你对这种现象的看法？你认为作为一名合格的主持人应具备哪些素质？

62. 谈谈你报考播音与主持专业的优势和不足之处。

63. 你认为主持人的亲和力是什么。

64. 一些主持人的普通话并不标准，但是依然很受观众的喜爱，你怎样看待这一现象？

65. 谈谈你最喜欢的一个谈话类节目主持人。你认为谈话类节目主持人必须具备的素质是什么？

66. 你认为出镜记者和播音员有什么区别？

67. 请你以"绿色"为题，模拟主持一档节目。

68. 近来，播音与主持专业越来越趋向边缘化了。请你谈谈播音与主持专业的优势与不足。

69. 职业道德要求新闻工作者要有雪亮的眼睛，明辨善恶；要有坚定的立场，维持正义；要有人道主义的信念，尊重生命；要有诚实的品质，敢说真话；要有中立的态度，严谨客观。你是怎么理解新闻工作者的职业道德的？

附录二
历年高考作文题汇编 (2002 ~ 2016)

附录二 历年高考作文题汇编 (2002 ~ 2016)

2002年全国高考作文试题

阅读下面的材料，根据要求作文。

有一位登山者，在途中遇上暴风雪。他深知不尽快找到避风处，非冻死不可。他走啊走啊，腿已经迈不开了。就在这时，脚碰到一个硬硬的东西，扒开雪一看，竟然是个快冻僵的人。登山者犯难了：是继续向前，还是停下来援救这个陌生人？心灵深处翻江倒海之后，他毅然作出决定，脱下手套，给那人做按摩。经过一番按摩，陌生人可以活动了，而登山者也因此暖和了自己的身心。最后，两个人互相搀扶着走出了困境。

也许不是人人都会碰上这种生死的抉择，但是每个人却常常遇到、见到、听到一些触动心灵、需要作出选择的事情。那时，我们大家是怎样选择的呢？又应该如何选择呢？请以"心灵的选择"为话题写一篇作文，所写内容必须在这个话题范围之内。

【要求】立意自定；文体自选；题目自拟；不少于800字；不得抄袭。

2003年全国高考作文试题

阅读下面的文字，根据要求作文。

宋国有个富人，一天大雨把他家的墙淋坏了。他儿子说："不修好，一定会有人来偷窃。"邻居家的一位老人也这样说。晚上，富人家里果然丢失了很多东西。富人觉得他儿子很聪明，而怀疑是邻居家老人偷的。

以上是《韩非子》中的一个寓言。直到今天，我们仍然可以在现实生活中听到类似的故事；但是，也常见到许多不同的甚至相反的情况。我们在认识事物和处理问题的时候，感情上的亲疏远近和对事物认知的正误深浅有没有关系呢？是什么样的关系呢？请就"感情亲疏和对事物的认知"这个话题写一篇文章。

【要求】①所写内容必须在话题范围之内。试题引用的寓言材料，考生在文章中可用也可不用。②立意自定。③文体自选。④题目自拟。⑤不少于800字。⑥不得抄袭。

2004年全国高考作文试题汇总

一、全国卷（山东、河南、河北、安徽等地区）

阅读下面的文字，根据要求作文。
①走你自己的路，让别人去说吧！（但丁）
②常问路的人不会迷失方向。（波兰谚语）
③应当耐心地听取他人的意见，认真考虑指责你的人是否有理。（达·芬奇）
④相信一切人和怀疑一切人，其错误是一样的。（塞纳克）
面对各种说法，有人想，我该相信谁的话呢？也有人想，还是相信自己最重要。请以"相信自己与听取别人的意见"为话题，自定立意，自选文体，自拟标题，写一篇不少于800字的文章。所写内容必须在话题范围之内。

二、全国卷（老课程卷：广西、海南、西藏、陕西、内蒙古等地区）

阅读下面的文字，根据要求作文。
某网站"4220聊天室"有这样一段谈话。
A：我给大家讲个故事。一个老太太有两个女儿，大女儿嫁给洗染店老板，小女儿嫁给雨伞店老板。老太太天天为女儿忧虑：雨天，担心洗染店的衣服晾不干；晴天，生怕雨伞店的雨伞卖不出去。后来，有一个聪明人开导她："老太太好福气啊，雨天，小女儿生意兴隆；晴天，大女儿顾客盈门。您哪一天不快活啊！"
B：妙极了！改变思维的角度和方式，我们就会有新的感受和发现。
C：快乐幸福是这样得来的吗？
D：阿Q！
请以"快乐幸福与我们的思维方式"为话题，自定立意，自选文体，自拟标题，写一篇不少于800字的文章。所写内容必须在话题范围之内。

三、全国卷（吉林、四川、黑龙江等地区）

阅读下面的文字，根据要求作文。
某网站"4220聊天室"有这样一段谈话。
A：快乐的人生，也会有痛苦。有的人能直面挫折，化解痛苦；有的人却常常夸大挫折，放大痛苦。
B：是呀，有的人能把不小心打破一个鸡蛋，放大成失去一个养鸡场的痛苦。
C：考试失手，竞争失利，恋爱失败，亲友失和，面子失落，哪怕是其中的一点点，都是无法排解的痛苦啊！

请以"遭遇挫折和放大痛苦"为话题，自定立意，自选文体，自拟标题，写一篇不少于800字的文章。所写内容必须在话题范围之内。

四、全国卷（甘肃、青海等地区）

阅读下面的文字，根据要求作文。

一个富人去请教一位哲学家，为什么自己有钱以后很多人不喜欢他了。哲学家将他带到窗前，说："向外看，你看到了什么？"富人说："我看到外面有很多人。"哲学家又将他带到镜子前，问："现在你又看到了什么？"富人回答："我自己。"哲学家一笑，说："窗子和镜子都是玻璃做的，区别只在于镜子多了一层薄薄的白银。但就是因为这一点银子，便叫你只看到自己而看不到别人了。"

请以"看到自己与看到别人"为话题，自定立意，自选文体，自拟标题，写一篇不少于800字的文章。所写内容必须在话题范围之内。

五、上海卷

以"忙"为话题，写一篇文章。
【要求】①题目自拟。②1000字左右。③不要写成诗歌。

六、北京卷

以"包容"为题，写一篇文章。
【要求】①"包容"有宽容、大度、不计较、有气量的意思，也有一并容纳、接受不同意见的意思。本题若只从其中一个方面写，也可以。②除诗歌外，文体不限。③不少于800字。

七、江苏卷

阅读下面的文字，根据要求作文。
水有水的性格——灵动，山有山的性情——沉稳。
水的灵动给人以聪慧，山的沉稳给人以敦厚。
然而，灵动的海水却常年保持着一色的蔚蓝，沉稳的大山却在四季中变化出不同的色彩。
请以"水的灵动，山的沉稳"为话题，写一篇不少于800字的文章。
【要求】①话题包括两个方面，可以只写一个方面，也可以兼写两个方面。②立意自定。③文体自选。④题目自拟。⑤不得抄袭。

八、湖南卷

阅读下面的文字，根据要求作文。

目前，我国18岁以下未成年人已达3.67亿，在每个孩子的背后，是一双双深情关注的眼睛。家长对孩子教育的重视，超过了以往任何一个时代。中国的家庭教育，也有了长足的进步。现代教育意识向家庭的渗透、家长与孩子民主平等关系的建立、家长们春风化雨般的言传身教……都给我们留下了深刻的印象。但中国目前的家庭教育，也存在不少问题。

家庭教育对青少年的成长无疑具有举足轻重的作用。你对家庭教育，一定有自己的感受和思考，请以"家庭教育"为话题，自选角度，自拟题目，写一篇不少于800字的文章。

【要求】①所写内容必须在规定的话题之内。②除诗歌外，文体不限。③不得抄袭。

九、浙江卷

阅读下面的文字，根据要求作文。

有关部门调查显示：某省公众的人文社会科学素养总体达标比例只占总人口的7.5%，与该省的经济发展颇不相称。该调查认为：人文素养反映了一个人的基本修养和品质，体现了人与自然、人与社会、人与人之间关系的价值观；缺乏人文素养，失落人文精神，必然会制约个人乃至社会、国家、民族的可持续发展。因此，我们在建设物质家园的同时，应高度重视精神家园的建设。

读了上述材料，你有些什么想法呢？请以"人文素养与发展"为话题写一篇文章。可以记叙经历、见闻，谈谈体验、感受，讲述故事，发表议论，展开想象，抒发感情，等等。

【要求】①所写内容必须在话题范围之内，试题引用的材料，考生在文章中可用可不用。②立意自定，角度自选，题目自拟。③除诗歌外，文体不限。④不少于800字。⑤不得抄袭。

十、天津卷

阅读下面的文字，根据要求作文。

选材的木匠来到山里，当他看到一堆奇形怪状的树根时，认为是无用之材，摇摇头就走了。不久，一位根雕艺术家也来到这里，看到树根，喜出望外，就把它们拾回家，加以雕琢。树根变成了精美的根雕艺术品。

这则材料会使人产生许多联想。请你结合生活实际，以"材与非材"为话题，写一篇文章。

【要求】①所写内容必须在这个话题范围之内，试题引用的材料，考生在文章中可用也可不用。②立意自定。③文体自选。④题目自拟。⑤不少于800字。⑥不得抄袭。

十一、福建卷

选择下面所列的一个人物或文学形象作为话题，自选角度，写一篇不少于800字的作文。

人物：孔子、苏轼、曾国藩、鲁迅、史蒂芬·霍金。
文学形象：曹操、宋江、薛宝钗、冬妮娅、桑提亚哥。
【要求】①题目自拟。②立意自定。③文体自选。④不得抄袭。

十二、辽宁卷

阅读下面的文字，根据要求作文。

记者采访一位名人的母亲时说："您有这样出色的儿子，一定会感到十分自豪。"母亲赞同地说："是这样。不过，我还有一个儿子，也同样使我感到自豪，他正在地里挖土豆。"

这位母亲的话令人深思。功成名就，确实让人骄傲；平凡充实，也足以令人自豪。请结合自己的经历和感受，就"平凡与自豪"这个话题写一篇文章。

【要求】①所写内容必须在话题范围之内。试题引用的材料，考生在文章中可用也可不用。②立意自定。③文体自选。④题目自拟。⑤不少于800字。⑥不得抄袭。

十三、重庆卷

阅读下面的文字，根据要求作文。

一位登山队员参加攀登珠穆朗玛峰的活动，在海拔8000米的高度，他体力不支，停了下来。后来当他讲起这段经历时，大家都替他惋惜：为何不再坚持一下呢？再攀一点高度，再咬紧一下牙关呢？

"不。我最清楚，海拔8000米是我登山生涯的最高点，我一点都没有遗憾。"他说。

在这则材料中，登山队员对自我的认识与"大家"对他的期望是不一致的。在现实生活中，自我认识与他人期望有时一致，有时不一致。一致、不一致都值得我们深思。请就"自我认识与他人期望"这个话题，写一篇文章。

【要求】①试题引用的材料，考生在文章中可用也可不用。②立意自定。③文体自选。④题目自拟。⑤不少于800字。⑥不得抄袭。

十四、湖北卷

阅读下面的文字，根据要求作文。

唐朝的刘禹锡写过一首《昏镜词》。诗的小引说：一位制镜的工匠在店铺里摆了十面铜镜求售，其中只有一面磨制得清晰光亮，其余九面都昏暗模糊。有人不解地问："为什么镜的昏明如此悬殊？"工匠解释说："并不是不能把所有的镜子都磨制得一样光亮，问题是买镜子的人，十中有九喜欢昏镜而不喜欢明镜，因为清晰光亮的镜子能照见无论多么细小的瑕疵，绝大多数人用这样的镜子会感到不自在。"

刘禹锡所说的镜似乎不是单指用来照脸面、照身影的日常用具。小至单个的人、一个家庭，大则一个民族、一个国家，乃至整个人类，都离不开"镜"；"镜"也无处不在，有明镜，也有昏镜。

制镜、售镜自有目的，买镜、用镜大有讲究。请就"买镜"这个话题写一篇文章。

【要求】①所写内容必须在话题范围之内，试题引用的材料，考生在文章中可用也可不用。②立意自定。③文体自选。④题目自拟。⑤不少于800字。⑥不得抄袭。

十五、广东卷

阅读下面的寓言，根据要求作文。

古时东瓯（今浙江南部沿海一带）人住的是茅屋，经常发生火灾，为此他们痛苦不已。有个东瓯商人到晋国去，听说晋国有个叫冯妇的人善于搏虎，凡是他出现之处，就无虎。东瓯商人回去后把这个消息告诉了国君。由于东瓯话"火"和"虎"的读音毫无区别，国君误以为冯妇善于"扑火"，便以隆重的礼节从晋国请来了冯妇。第二天，市场上失火了，大家跑去告诉冯妇。冯妇捋起袖子跟着众人跑过去，却找不到虎。大火烧到王宫，大家推着冯妇往火里冲，冯妇被活活烧死。那个商人也因此而获罪。（据《郁离子·冯妇》改编）

上述寓言中的人物由于语言沟通的问题，彼此一再产生误解，以致冯妇葬身火海。由此可见，语言上的沟通成功与否，有时影响巨大。请以"语言与沟通"为话题写一篇文章，可结合个人见闻、感受或学习语言的体会来写。

【要求】①所写内容必须在话题范围之内。试题引用的寓言材料，考生在文章中可用也可不用。②立意自定。③文体自选（诗歌除外）。④题目自拟。⑤不少于800字。⑥不得抄袭。

2005 年全国高考作文试题汇总

一、全国卷Ⅰ

一个人问丹麦物理学家玻尔："你为什么能创造出世界一流的物理学派？"玻尔回答说："因为我不怕在我的学生面前暴露出我愚蠢的一面。"生活中我们常常会遇到类似的情况。请以"意料之外和情理之中"为话题，自定立意，自拟题目，自选文体，写一篇不少于800字的作文。

二、全国卷Ⅱ

甲、乙两个好朋友吵架，乙打了甲一拳，甲在沙地上写了"今天我的好朋友打了我一拳"。又一次外出时，甲不小心掉进河里，乙把他救了上来，甲在石头上刻了"今天我的好朋友救了我一命"。乙问甲为什么要这样记录？甲说："写在沙地上，是希望大风帮助我忘记；刻在石头上，是希望刻痕帮助我铭记。"生活中有许多事情可以忘记，有许多事情又是需要铭记的。请以"忘记和铭记"为话题，写一篇不少于800字的文章。自定立意，自选文体，自拟标题。所写内容必须在话题范围之内。

三、山东卷

皇帝要建宫殿，百工齐集。木匠和石匠暗中竞争。一天，木匠求胜心切，责备小徒弟。小徒弟心中不平，将木匠的尺子锉短了一分。结果，用短的尺子量过的木柱就被做短了。可木柱等材料都是进贡的木材，非常珍贵。木匠和徒弟都面临杀头的可能。在焦急中，石匠想了办法，在石柱上加了一块东西，石柱凸起一块，将局面挽救。木匠和徒弟不但得以保存性命，并且宫殿如期完成。石匠的这种方法形成了一种新的建筑风格，沿袭下来。

请以"双赢的智慧"为话题，自定立意，自选文体，自拟题目，写一篇不少于800字的作文。

四、辽宁卷

题目：今年花盛去年红。
【要求】①除诗歌外，文体不限。②不少于800字。

五、天津卷

请以"留给明天"为题写一篇作文。
【要求】①除诗歌外，文体不限。②不少于800字。

六、江苏卷

古人常用"凤头、猪肚、豹尾"来形容写文章，意思是开头要精彩亮丽，中间要充实丰富，结尾要响亮有力。小到学习生活，大到事业人生，又何尝不是如此呢？请以此为话题，写一篇800字左右的文章，题目自拟，不要写成诗歌或剧本，除此文体不限。

七、北京卷

以"说'安'"为题写一篇作文。"安"可以解释为"安全""安宁""安逸""安于"等意思。自行选取角度，写一篇议论文，不少于800字。

八、上海卷

阅读以下提示，根据要求作文。

近年来，在课堂教学之外，以下现象也大量进入我们的视野。请看一组社会广角镜——

镜头一：武侠小说风靡了几代读者。其实，以"侠"为人格理想，是一种由来已久的精神传统。言情小说则往往将花样年华与感伤情感交织在一起。这都是作品吸引众多青少年读者的原因。

镜头二：《中学时代》《同桌的你》等流行歌曲，唱出了莘莘学子的生活。幼稚与成熟、青春与成长、追求与迷茫，是一种难解的情结，在校园的绿草地上总有它的一席之地。

镜头三：时至今日，广告已成铺天盖地之势，连世界名曲也进入了某些品牌的广告中。于是，高雅的古典音乐在一些青少年的耳中成了商品而非音乐旋律。

除此之外，还有各种卡通、音像制品、韩剧、休闲报刊及时装表演等等，因此需要对当今的文化生活作一番审视和辨析，并谈谈它们对你的成长正在形成怎样的影响。

请以"文化生活中三个镜头的影响"为话题，写一篇不少于800字的作文。

九、广东卷

题目：纪念。

【要求】议论文；不少于800字。

十、浙江卷

唐诗曰：一叶落而天下知秋。宋诗云：春色满园关不住，一枝红杏出墙来。一叶飘落而知秋，一叶勃发而见春。寻常事物往往是大千世界的缩影，无限往往收藏在有限中。请以"一枝一叶一世界"为话题自拟题目，写一篇文章，除诗歌外，体裁不限。

十一、福建卷

下面两幅图可以给人丰富的联想或感悟，请根据提示文字对它们加以比较，把图给你的联想或感悟写成一篇900字左右的文章。

【要求】①联想或感悟与两幅图都相关。②题目自拟。③立意自定。④文体自选。⑤不得抄袭。

十二、湖南卷

从一个人的成长来看，要先学会走，然后才会跑，任谁都跑过——无论身体上还是心灵上，但跑的体验不尽相同。请结合自身生活实际以"跑的体验"为话题，写一篇不少于800字的议论文或记叙文。

十三、重庆卷

1. 以"筷子"为题，写一篇200字以上的说明文。
2. 以"自嘲"为题，写一篇除诗歌以外的任何文体的文章，600字以上。

十四、湖北卷

王国维在《人间词话》中写道："诗人对宇宙人生须入乎其内，又须出乎其外。入乎其内，故能写之；出乎其外，故能改之。入乎其内，故有生气；出乎其外，故有高致。"

根据以上文字，结合自己的感悟写一篇文章，题目自拟，体裁不限，不少于800字。

十五、江西卷

题目：脸。

2006年全国高考作文试题汇总

一、全国卷Ⅰ（河北、广西等地区）

一只鹰抓了一只羊，被一只乌鸦看到了。乌鸦想学鹰抓羊，由于能力不够，结果被牧羊人抓到了。

根据你对材料的理解，写一篇作文。

二、全国卷Ⅱ（黑龙江、吉林等地区）

目前，中国读书的人越来越少。据有关部门调查，6年来我国国民图书阅读率持续走低：1999年为60%，2001年为52%……造成这种情况的原因是多方面的。识字的人为什么不读书？中年人说"没时间"，青年人说"不习惯"，还有的人说"买不起书"。相反网上阅读率越来越高：1999年是3.7%，2003年为18.3%。全面了解材料，选择一个侧面或一个角度，自己确定题目，写一篇800字左右的文章。

三、北京卷

题目：北京的符号。
【要求】除诗歌外的任意体裁均可。

四、上海卷

题目：我想握着你的手。
【要求】不少于800字；不要写成诗歌；不要在文章中透露个人信息。

五、天津卷

《新华字典》里有一个新词，叫"愿景"。请以"愿景"为题，写一篇800字的议论文。

六、重庆卷

小作文：以"车站一瞥"为题目，写一篇描述性的文章，200字左右。
大作文：走与停是生活中常见的现象，会引发我们对自然、社会、历史、人生的思考和联想。请以"走与停"为题，写一篇600字左右的作文，文体不限，诗歌除外。

七、辽宁卷

题目：肩膀。

八、江苏卷

鲁迅说，世界上本没有路，走的人多了，就成了路。也有人说，世界上本来有路，走的人多了，反而没路了……请以"人与路"为话题写一篇800字左右的文章。

九、浙江卷

据《列子》记载，子贡倦于学，告仲尼曰："愿有所息。"仲尼曰："生无所息。"古今中外，还有诸多相关的论述，例如：
人就是不断地进行创造性的工作，工作是使人得到快乐的最好办法。（康德）
我这一生基本上只是辛苦地工作。（歌德）
天子乃祈来年于天宗……劳农夫以休息之。（《吕氏春秋》）
休闲不是偶尔玩一次，而应是人们三分之一的生活。人们应该学会超前休息，也就是说在疲劳之前，适当休息效果最佳。（医学专家）

读了上述文字，你有何感想？请以"生无所息"或"生有所息"为话题写一篇文章。可讲述你自己或身边的故事，抒发你的真情实感，也可阐明你的思想观点。

【要求】①所写内容必须在话题范围之内，可任写一个方面，也可兼写两个方面。②立意自定，角度自选，题目自拟。③除诗歌外，文体不限。④不少于800字。⑤不得抄袭。

十、安徽卷

人生经历中，各种接触、交流的过程都是"读"的过程，读人生，读父母。
以"读"为话题，写一篇文章，不少于800字。

十一、福建卷

创新思维课堂上，同学们各抒己见，先挑出3个比较有意思的话题：①诸葛亮借箭未满十万支；②戈多来了；③留下一点空白。请同学们任意选择一个作为话题，题目自拟，体裁自选，写一篇不少于800字的文章。

十二、江西卷

请以"燕子减肥"为话题，写一篇作文。

十三、山东卷

人们在地球上看月亮的时候，月亮是晶莹明亮的。当人们踏上月球的时候才发现月亮和地球一样是凹凸不平的。请根据你的联想和感悟，以此为话题，写一篇除散文以外文体的作文。

十四、湖北卷

"三思而后行""三人行必有我师焉""举一反三"……从以上带"三"字的成语中，你得到了什么启示？请根据你的感悟、联想或启示写一篇作文，不少于800字。

十五、湖南卷

以"谈意气"为题目，写一篇议论文。

十六、广东卷

一个雕刻家，正在一刀一刀地雕刻一块尚未成形的大理石。渐渐地，脑袋、肩膀都露出来了。雕刻家雕出了一个美丽的天使。一个小女孩看到了,问:"你怎么知道天使藏在石头里?"雕刻家说:"石头里本没有天使,但我是用心在雕刻。"请以"雕刻心中的天使"的为题,写一篇800字左右的作文。

十七、四川卷

生活中,有许多疑问,有人好问,有人不好问。请以"问"为话题,写一篇不少于800字的文章。

十八、陕西卷

一只老鹰俯冲抓羊。乌鸦看到学习老鹰的样子俯冲抓羊,结果爪子挂在羊毛上,被放牧人抓到乌鸦。放羊人的儿子说:"爸爸这是什么鸟?"爸爸说:"一只忘记自己是什么的鸟。"

请根据你对材料的理解,写一篇不少于800字的作文。

2007年全国高考作文试题汇总

【新课标地区】

一、广东卷

请以"传递"为话题写一篇作文,不少于800字,体裁不限(诗歌除外)。

二、山东卷

请以"时间不会使记忆风化"为话题,自拟题目,自选主题,自选文体,写一篇800字左右文章。

三、海南卷

题目:论科学家的创新与创造。

四、宁夏卷

以"机遇与坚持不懈的精神"为话题,写一篇不少于800字的文章。

【非新课标地区】

一、上海卷

以"必须跨过这道坎"为题,写一篇文章。
【要求】①不少于800字。②不要写成诗歌。③不得透露个人相关信息。

二、全国卷Ⅰ

题目:人生,诗意还是失意。

三、全国卷Ⅱ

关于"帮助"的两个例子:一个是反面例子,丛飞帮助别人,别人没帮他;另一个是正面例子,白血病小学生帮助别人,别人也帮助了他。任选一个例子,以此为话题写一篇800字左右的作文。

四、北京卷

刘长卿《别严士元》中有两句诗:"细雨湿衣看不见,闲花落地听有声。"好多人对这两句诗有评论。根据自己读这两句诗的体会,展开联想,写一篇文章。题目自拟,体裁不限,800字以上。

五、天津卷

题目:有句话常挂在嘴边。

六、重庆卷

题目:酸甜苦辣说高考。

七、辽宁卷

以"我能"为话题写一篇作文。

八、江苏卷

题目:怀想天空(我们头上的灿烂星空)。

九、浙江卷

阅读下面的文字，按要求作文。

还记得你的童年吗？随着年龄的增长和思想的成熟，那些美丽的梦想、单纯的快乐似乎在一步步离我们远去。

苍茫的丛林间，玛雅文化湮没了；丝绸古道上，高昌古国消逝了。人类在消逝中进步。行走在消逝中，既有"流水落花春去也"的怅惘，也有"谁道人生无再少"的旷达……

读了上面两段文字，你有何感想？请以"行走在消逝中"为话题写一篇不少于800字的作文。可讲述你自己或身边的故事，抒发你的真情实感，也可以阐明你的思想观点。

十、安徽卷

题目：提篮春光看妈妈。

十一、福建卷

题目：季节。

十二、江西卷

每天，我们都要和语文打交道，无论是在课内还是在课外。在你的记忆深处，或许留有许多语文学习的深刻印章，或许留有对语文的诸多感想。

题目：语文，心中的一泓清泉；语文，想说爱你不容易。

请以此为题作文（二选一），文体不限，不得抄袭或套作，不少于800字，不得另拟题目。

十三、湖南卷

结合自己的经历以"诗意的生活"为题，写一篇不少于800字的记叙文或议论文。

十四、湖北卷

母语是一个人最初学会的一种语言，人人都有自己的母语。母语是民族文化的载体，是民族生存发展之根。在当今世界多元文化竞争与交汇的时代，母语越来越受到普遍关注。我们交流思想感情，欣赏文学作品，掌握科学文化知识等，都离不开母语。可以说，我们每天都在感受母语，学习母语，运用母语。

针对以上材料，根据你的理解和体会，写一篇作文。

十五、四川卷

题目：一步与一生。

十六、陕西卷

一个小孩跌倒了，周围有三个大人，分别代表了社会、家庭和学校，这三个人异口同声地说"出事了"。请根据你对材料的理解，写一篇文章，文体自选，题目自拟，800字以上。

2008年全国高考作文试题汇总

一、全国卷Ⅰ

与"抗震救灾"有关的材料作文。材料提供了包括捐款、救援队等六条与抗震救灾有关的素材，要求考生完成作文，不限体裁。

二、全国卷Ⅱ

材料作文。材料主题：海龟和老鹰。根据材料选择一个角度构思作文，自拟标题，自定文体。

三、北京卷

在课堂上，老师拿了一个玻璃杯，里面放了一个大石头，石头差不多和杯子一样大。老师问大家："杯子满了吗？"
一个学生回答："没满，还可以放沙子。"
待学生放完沙子，老师又问："满了吗？"
全班同学回答满了，有一个男孩却回答没有满，还可以放水。
老师笑了，接着把沙子和石头倒出来，杯子是空的。
这回老师是往杯子里放沙子和水，然后问大家："杯子满了吗？如果要放石头进去，该怎么放？"
男孩就把杯子里的沙子和水倒出来，先把石头放进去。
根据材料自选角度，自拟题目，写一篇不少于800字的文章，除诗歌外，体裁不限。

四、上海卷

平时大家关注更多的也许是"我们"，如果把视线移向"他们"，你会看到什么，又会想到什么？请以"他们"为题写一篇作文。除了诗歌外，文体不限，字数800个左右。

五、四川卷

题目：坚强。

六、浙江卷

题目：触摸城市或者感受乡村。

七、安徽卷

以"带着感动出发"为题目，写一篇作文，文体不限，800字左右。

八、广东卷

以"不要轻易说'不'"为题目，写一篇作文，文体不限，800字左右。

九、重庆卷

以"生活在自然中"为题目，写一篇作文，除了诗歌外，文体不限，800字左右。

十、江苏卷

好奇心总是伴随着美好童年，诸如成功、失败、质疑、平庸等词语与好奇心相关联。请以"好奇心"为题目，写一篇800字左右的作文，角度自选，立意自定，除诗歌外，文体不限。

十一、宁夏卷·海南卷

小兰和妈妈都喜欢看小鸟飞翔，听小鸟唱歌。他们第一次养鸟，妈妈忙，女儿贪玩，没几天小鸟就饿死了。第二次养鸟，母女俩要好好地养小鸟。养了一个月，小鸟长得很好，可朋友说他们残忍地剥夺了小鸟自由唱歌、自由飞翔的权利。母女很不舍地将小鸟放飞了。第三次与小鸟亲密接触，是因为收到一封放生活动的邀请函。信函说放生活动既环保又慈善。母女俩买了两对小鸟兴高采烈地去参加了放生活动。

请以此为话题，写一篇作文，题目自拟，文体不限，800字左右。

十二、湖南卷

"天街小雨润如酥,草色遥看近却无。"根据此诗句中你读出的意境和哲理写一篇议论文或记叙文。题目自拟,800字左右。

十三、江西卷

以2007年洞庭湖鼠灾为背景,以田鼠的口吻或者田鼠天敌的口吻给人类写一封信。800字以上。

十四、福建卷

三个人进商店买饮料,一个买甜的,一个买苦中带甜的,一个买淡的。根据此情景写一篇作文,题目自拟。

十五、山东卷

以"春来草自青"为话题,写一篇作文,题目自拟,除诗歌外,文体不限,800字左右。

十六、天津卷

以"人之常情"为题目,写一篇作文,800字左右。

十七、湖北卷

以"举手投足之间"为题目,写一篇作文,除了诗歌外,文体不限,800字左右。

2009年全国高考作文试题汇总

一、全国卷Ⅰ

阅读下面的材料,根据要求写一篇不少于800字的文章。

兔子是历届小动物运动会的短跑冠军,可是不会游泳。一次,兔子被狼追到河边,差点被抓住。动物管理局为了小动物的全面发展,将小兔子送进游泳培训班,同班的还有小狗、小龟和小松鼠等。小狗、小龟学会游泳,又多了一种本领,心里很高兴;小兔子和小松鼠花了好长时间都没学会,很苦恼。培训班教练野鸭说:"我两条腿都能游,你们四条腿还不能游?成功的90%来自汗水。加油!嘎嘎!"

评论家青蛙大发感慨："兔子擅长的是奔跑！为什么只是针对弱点训练而不发展特长呢？"思想家仙鹤说："生存需要的本领不止一种呀！兔子学不了游泳就学打洞，松鼠学不了游泳就学爬树嘛。"

【要求】选准角度，明确立意，自选文体，自拟标题；不要脱离材料内容及含意的范围作文，不得套作，不得抄袭。

二、全国卷Ⅱ

根据阅读材料，自拟题目写一篇不少于800字的文章。

材料一：

在一个圣诞节前夕，道尔顿给他的妈妈买了一双"棕灰色"的袜了作为圣诞节的礼物。当妈妈看到袜子时，感到袜子的颜色过于鲜艳，就对道尔顿说："你买的这双樱桃红色的袜子，让我怎么穿呢？"道尔顿感到非常奇怪：袜子明明是棕灰色的，为什么妈妈说是樱桃红色的呢？疑惑不解的道尔顿拿着袜子又去问弟弟和周围的人。除了弟弟与自己的看法相同以外，被问的其他人都说袜子是樱桃红色的。道尔顿对这件小事没有轻易地放过，他经过认真分析比较，发现他和弟弟的色觉与别人不同。原来，自己和弟弟都是色盲。道尔顿虽然不是生物学家和医学家，却成了第一个发现色盲的人，也是第一个被发现的色盲症患者。为此，他写了一篇论文《论色盲》，成为世界上第一个提出色盲问题的人。后来，人们为了纪念他，又把色盲症称为道尔顿症。

材料二：

日本安藤发明方便面 二战后，日本食品严重不足。一天，安藤百福偶尔经过一家拉面摊，看到穿着简陋的人们顶着寒风排起了二三十米的长队。这使他对拉面产生了极大的兴趣，感到这是大众的一个巨大需求。1958年春天，安藤百福在大阪府池田市住宅的后院内建了一个10平方米的简陋小屋，找来了一台旧制面机，然后买了面粉、食油等，埋头于方便面的开发。

功夫不负有心人 安藤百福设想的方便面是一种只要加入热水立刻就能食用的速食面。他开始研究时完全处在摸索阶段，早晨5点起床后便立刻钻进小屋，一直研究到深夜一两点，睡眠时间平均不到4个小时，这样的日子整整持续了一年。后来，安藤夫人做的油炸菜肴启发了他。油炸食品的面衣上有无数的洞眼，这是因为面衣是用水调和的，其中的水分在油炸过程中会发散掉，形成"洞眼"，加入开水就会变软。这样，将面条浸在汤汁中使之着味，然后油炸使之干燥，就能同时解决保存和烹调的问题。于是，他很快便拿到了方便面制法的专利。

抓住稍纵即逝的灵感 1966年安藤百福第一次去欧美视察旅行。当他拿着拉面去洛杉矶的超市时，他让几个采购人员试尝拉面。他们没有放面条的碗，找到的只有纸杯子。于是，他们把面分成两半放入纸杯中，注入开水，用筷子吃，吃完后把杯子随手扔进了垃圾箱。安藤恍然大悟，脑子里就有了开发"杯装方便面"的构想。在一次从美国回国的飞机上，安藤发现空中小姐给的放开心果的铝制容器的上部是一个由纸和铝箔贴合而成的密封盖子。当时，他正被如何才能长期保存这个问题困扰，想找一种不通气的材料。杯装方便面的铝箔盖在那一刻就这么定了下来。

材料三：

一个美国农民穷得没饭吃，只好去给当地的一个富翁打杂。一天夜晚，他借着身旁煤油灯的微光洗衣服，不小心把旁边的煤油灯打翻了，把那昂贵的礼服弄脏了。女主人知道后非常生气，扣掉了这个农民两个月的工钱。从此，这个农民把这件衣服挂在窗户上，每天起床以后看它一眼才开始新一天的工作，以示工作不要马虎。两周之后的一天，他起床以后照常看了衣服一眼，但他发现被煤油弄脏的污点奇迹般地消失了。

2010年全国高考作文试题汇总

一、全国卷Ⅰ

题目：有鱼吃还捉老鼠？

二、全国卷Ⅱ

题目：浅阅读行动。

三、北京卷

题目：仰望星空与脚踏实地。

四、重庆卷

题目：难题。

五、陕西卷

题目：谈成才环境。

六、天津卷

题目：我生活的世界。

七、安徽卷

题目：哲理联想。

八、河南卷

题目：早。

九、四川卷

几何学上的点只有位置而没有长度，没有宽度没有高度，正是无数的点构成了无数条线、无数个面、无数个立体……请就以上材料，展开联想，写一篇不少于800字的文章。

十、广东卷

题目：与你为邻。

十一、江西卷

题目：找回童年。

十二、江苏卷

题目：绿色生活。

十三、湖北卷

以"幻想"为话题，写一篇不少于800字的作文。

十四、浙江卷

题目：角色转换之间。

十五、山东卷

题目：人生的光影变化。

十六、辽宁卷

以"知足常乐"为话题，自拟题目，写一篇不少于800字的作文。

十七、海南卷

题目：人的成长是有规律的。

十八、宁夏卷

题目：成才是有规律的。

2011 年全国高考作文试题汇总

一、全国卷Ⅰ

题目：期待成长。

二、全国卷Ⅱ

阅读下面的材料，根据要求写一篇不少于800字的文章。

2010年9月12日，北京一家体育彩票专卖店的业主为某彩民垫资购买了一张1024元的复式足球彩票。第二天，他得知这张彩票中了533万元大奖，并在第一时间给购买者打电话，并把中奖彩票交给买主。他成为又一位彩票销售"最诚信的业主"。

有人据此在互联网上设计了一项调查："假如你垫资代买的中了500万元大奖的彩票在你手里，你怎么做？"调查引来16万人次的点击，结果显示：有29.9%的人选择"通过协商协议两家对半分"，有28.1%的人选择"把500万元留给自己"，有22.1%的人选择"把500万元给对方"，还有19.9%的人没作选择。

【要求】选好角度，确定立意，明确文体，自拟标题；不要脱离材料内容及含意的范围作文，不得套作，不得抄袭。

三、江苏卷

题目：拒绝平庸。

四、广东卷

大千世界，"原点"无所不在。"原点"可以是道路的起点，可以是长河的源头，可以是坐标的中心，可以是事物的根本。请以"回到原点"为题目，联系生活体验与认识，写一篇作文，自定文体，不少于800字。

五、山东卷

以"这世界需要你"为题目,写一篇不少于800字的作文,除诗歌外,任何文体皆可。

六、江西卷

题目:拥抱。

七、安徽卷

以"时间在流逝"为话题,写一篇作文。

【要求】①立意自定,题目自拟,除诗歌外,文体不限。②不得套作,不得抄袭。③不得透露个人信息。④书写规范,正确使用标点符号。

八、浙江卷

以"我的时间"为题,写一篇作文,不少于800字,文体不限。

九、湖南卷

某歌手第一句话由"大家好,我来了"变为"谢谢大家,你们来了"。以此为意,自拟题目写一篇作文。

十、北京卷

鹿特丹世乒赛结束后,师生们在一起讨论这次比赛。

生甲:太好了,中国队又包揽了全部冠军!这叫实至名归。竞技体育就得靠实力说话。

生乙:但我更愿意看见外国选手成功挑战中国名将。一个国家长期垄断某体育比赛的金牌,其实并不利于这个项目的发展。

生丙:有人主张中国队应让出一两枚金牌,我不赞成,如果故意输球,就有违公平竞赛原则和奥林匹克精神……

老师:同学们说的都有一定道理,有些道理不仅体现在乒乓球运动上,也适用于其他社会生活领域。

根据以上材料,自选角度,自拟题目,联系实际,写一篇不少于800字的文章。除诗歌外,文体不限。

十一、重庆卷

以"情有独钟"为话题写一篇作文,自拟题目,除诗歌外,文体不限。

十二、上海卷

犹太王大卫在戒指上刻有一句铭文:一切都会过去。契诃夫小说中的一个人物在戒指上也有一句铭文:一切都不会过去。这两句寓有深意的铭文,引起了你怎样的思考?请根据你对材料的理解,自拟题目,写一篇文章。

十三、四川卷

题目:总有一种期待。
【要求】不少于800字;诗歌除外,体裁不限。

十四、湖北卷

题目:旧书。

十五、辽宁卷

阅读下面的一段材料,根据要求写一篇不少于800字的文章。

有位哲学家举着一个苹果对他的学生说:"这个苹果是我刚从果园摘来的,你们闻到它的香味了吗?"有一个学生看到苹果红红的就抢着说:"闻到了。"

哲学家又走到学生面前让他们闻,有的说闻到了,有的闻也不闻就说闻到了,只有三个学生默不作声。哲学家说:"你们怎么了?"其中一个学生又闻了闻,说:"什么味也没闻到。"还有一个学生上来摸了摸说:"这是什么苹果?"

【要求】选好角度,明确立意,确定文体;不要脱离所给材料的范围作文,不得套作,不得抄袭。

十六、新课标卷(河南、山西、吉林、黑龙江、宁夏、新疆、海南)

据美国全球语言研究所公布的全球21世纪十大新闻,其中有关中国作为经济和政治大国崛起的新闻名列首位,成为全球最大的新闻。该所跟踪了全球75万家纸媒体、电子媒体及互联网信息,发现其中报道中国崛起的信息有3亿多条。那么,中国的崛起主要有什么值得称道的和关注的特点呢?《中国青年报》和新浪网在中国网民中进行了调查,结果排在前六名的分别是:经济发展、国际影响、民生改善、科技水平、城市新进程和开放程度。

请根据以上材料,谈自己的所思所想,写一篇作文。选择一个恰当的角度,自拟题目,文体不限（除诗歌外）；不要脱离材料的含意，不得套作，不得抄袭。

十七、福建卷

根据以下文字，写一篇不少于800字的记叙文或议论文。

袁隆平说："我的工作让我常晒太阳、呼吸新鲜的空气。这使我有了个好身体……我梦见我种的水稻长得像高粱那么高，穗子像扫把那么长，颗粒像花生米那么大。我和我的朋友，就坐在稻穗下乘凉。"

十八、江西卷

大作文："君子有三乐，而王天下者不与存焉。父母俱在，兄弟无故，一乐也；仰不愧于天，俯不怍于人，二乐也；得天下英才而教育之，三乐也。君子有三乐，而王天下者不与存焉。"以"孟子三乐"为主题写一篇记叙文或议论文，700字左右。

小作文：要求根据印象对鲁迅进行评价，要用自己的观点进行表达，200字左右。

十九、陕西卷

以"中国的发展"为话题，写一篇不少于800字的作文。

二十、天津卷

从望远镜、显微镜、放光镜、哈哈镜、三棱镜中至少选两种，并以此为话题，谈谈自己的感悟与观点，写一篇作文。

2012年全国高考作文试题汇总

一、全国卷（贵州、云南、甘肃、内蒙古、青海、西藏、河北、广西）

题目：细节决定成败。

二、北京卷

老计是一名火车巡逻员，每天在深山里走几十里路守护铁路，清理碎石，防止巨石滑落。每有火车经过他都会敬礼，火车都会鸣笛回应。请结合材料，自拟题目，写一篇不少于800字的文章。

三、上海卷

人们对于自己心灵中闪过的微光往往会将它舍弃，只因为这是自己的东西，而从天才的作品中人们却认出了曾被自己舍弃的微光。请根据材料，选取一个角度，自拟题目，写一篇不少于800字的文章。

四、辽宁卷

一个音乐家登台演出穿得非常朴素。有人问他为什么不穿得华丽些，他说人要隐没于音乐之后。请根据以上材料写一篇作文。

五、江西卷

有人说，不要老想着你没有拥有什么，而要想着你拥有什么；有人说，你不要想着你现在拥有什么，而要想着你没有拥有什么。对上述说法，你可有感悟和思考？请自选角度，自拟题目，写一篇文章。

六、广东卷

阅读以下文字，根据要求作文。

醉心于古文化研究的英国历史学家汤因比曾经说过，如果可以选择出生的时代与地点，他愿意出生在公元1世纪的中国新疆，因为当时那里处于佛教文化、印度文化、希腊文化、波斯文化和中国文化等多种文化的交汇地带。

居里夫人在写给外甥女涵娜的信上说："你写信对我说，你愿意生在1世纪以前……伊雷娜则对我肯定地说过，她宁可生得晚些，生在未来的世纪里。我以为，人们在每一个时期都可以过有趣而且有用的生活。"

上面的材料引发了你怎样的思考？请结合自己的体验和感悟，写一篇文章。

【要求】①自选角度，自拟标题，自定文体。②不少于800字。③不得套作，不得抄袭。

七、陕西卷

阅读下面的文字，根据要求作文。

有个船主，让漆工给船涂漆。漆工涂好漆后，顺便将船上的漏洞补好了。过了不久，船主给漆工送了一大笔钱。漆工说："工钱已经给过了。"船主说："这是感谢补船漏洞的钱。"漆工说："那是顺便补的。"船主说："当得知我的孩子们驾船出海，我就知道他们回不来了。因为船上有漏洞，现在他们却平安归来，所以我感谢你！"

【要求】请选好角度，确定立意，明确文体（诗歌除外），自拟标题；不要脱离材料内容及含意的范围作文；不得套作，不得抄袭，不得透露个人相关信息；书写规范，正确使

八、福建卷

"运动中的赛跑,是在有限的路程内看你使用了多少时间;人生中的赛跑,是在有限的时间内看你跑了多少路程。"

根据以上材料写一篇800字左右的作文。

九、安徽卷

在一处施工单位里,有一个不用的施工梯放在路上,上面挂着警示语"施工梯请注意安全!"。有一天,一个人将警示牌更改为"不用时请将梯子收起!"。

请考生针对以上材料发表自己的感想,自主命题写作文。

十、山东卷

"我辈既以担当中国改革发展为己任,虽石烂海枯,而此身尚存,此心不死。既不可以失败而灰心,亦不能以困难而缩步。全神贯注,猛力向前,应付世界进步之潮流,合乎善长恶消之天理,则终有最后成功之一日。"

上面是孙中山先生说的一段话。请根据孙中山的话,自行命题写一篇作文,体裁不限。

十一、重庆卷

这是一个发生在肉类加工厂的真实故事。

下班前,一名工人进入冷库检查,冷库门突然关上,他被困在了里面,并在死亡边缘挣扎了5个小时。

突然,门打开了,工厂保安走进来救了他。

事后,有人问保安:"你为什么会想起打开这扇门?这不是你日常工作的一部分啊!"

保安说:"我在这家企业工作了35年。每天数以百计的工人从我面前进进出出,他是唯一一个每天早上向我问好并下午跟我道别的人。"

"今天,他进门时跟我说过'你好'但一直没有听到他说'明天见'。"

"我每天都在等待他的'你好'和'明天见'。我知道他还没有跟我道别,我想他应该还在这栋建筑的某个地方,所以我开始寻找并找到了他。"

请阅读材料,自拟标题,自选角度,自选文体(诗歌除外),写一篇不少于800字的作文。

十二、江苏卷

题目：忧与爱。

十三、河北卷

题目：把握方向。

2013年全国高考作文试题汇总

一、新课标全国卷Ⅰ（山西、河南、陕西、河北）

阅读下面的材料，根据要求写一篇不少于800字的文章。

一位商人发现并买下了一块晶莹剔透、大如蛋黄的钻石。他请专家检验，专家大加赞赏，但为钻石中有道裂纹表示惋惜，并说："如果没有裂纹切割成两块，能使钻石增值，只是一旦失败，损失就大了。"怎样切割这块钻石呢？商人咨询了很多切割师，他们都不愿动手，说风险太大。

后来，一位技艺高超的老切割师答应试试。他设计了周密的切割方案，然后指导年轻的徒弟动手操作。当着商人的面，徒弟一下子就把钻石切成了两块。商人捧起两块钻石，十分感慨。老切割师说："要有经验、技术，但更要有勇气，不去想价值的事，手就不会发抖。"

【要求】选择好角度，确定立意，明确文体，自拟标题，不要脱离材料内容及含意的范围作文，不得套作，不得抄袭。

二、新课标全国卷Ⅱ（内蒙古、贵州、甘肃、青海、西藏、海南、吉林、新疆、黑龙江、云南、宁夏）

阅读下面的材料，根据要求写一篇不少于800字的文章。

高中学习阶段，你一定在班集体里度过了美好的时光，收获了深厚的情谊，同窗共读，互相帮助，彼此激励，即便是一次不愉快的争执，都给你留下难忘的记忆，伴你走向成熟。

某机构就"同学关系"问题在几所学校作了一次调查。结果显示，60%的人对同学关系表示满意，36%的人认为一般，4%的人觉得不满意。

如果同学关系紧张，原因是什么？有人认为是自我意识过强，有人认为是志趣、性格不合，也有人认为源于竞争激烈等。

对于增进同学间的友好关系、营造和谐氛围，72%的人表示非常有信心。他们认为互相尊重、理解和包容，遇事多为他人着想，关系就会更加融洽。

【要求】选择好角度，确定立意，明确文体，自拟标题，不要脱离材料内容及含意，不得抄袭。

三、上海卷

生活中，大家往往努力做自己认为重要的事情，但世界上似乎还有更重要的事。

这种现象普遍存在，人们对此的思考不尽相同。请选取一个角度，写一篇文章，谈谈你的思考。

【要求】①题目自拟。②全文不少于800字。③不要写成诗歌。

四、北京卷

阅读下面的对话，按要求作文。

科学家：假如爱迪生来21世纪生活一个星期，最让他感到新奇的会是什么呢？

文学家：我想，手机会不会让他感到不可思议呢？

科学家：我同意，手机是信息时代的一个标志物，简直称得上是一部掌中电脑，丰富的功能一定会让这位大发明家感到新奇。

文学家：手机的广泛应用，深刻地影响着人们的交往方式、思想感情和观念意识，或许这也是爱迪生意想不到的吧。

科学家与文学家各自对手机的看法，引发了你的哪些思考和想象？请自选角度，自拟题目，自定文体（诗歌除外），写一篇不少于800字的文章。

五、江苏卷

一群人来到光线暗淡、人迹罕至的洞穴里探险。洞穴里很神秘，他们就点了几支蜡烛，发现里面竟然有一群色彩斑斓的蝴蝶。他们欣赏了一会儿，不想惊动、打扰蝴蝶就离开了。几天后，他们回到原地，想看看蝴蝶在不在，却发现蝴蝶已经栖居到更深更黑的地方去了。他们在想：是不是几支蜡烛的光亮影响了蝴蝶的生活习惯了呢？

【要求】阅读材料，自选角度，自拟题目，采用除诗歌外的文体，完成作文。

六、四川卷

有人说：过一种平衡的生活——学一些东西，想些问题，做些事情，打打球，画画画儿……

针对这种说法，同学们展开了热烈的讨论。

请根据以上材料，结合自己的体验与感悟，写一篇不少于800字的文章。

【要求】①文体自选。②不得抄袭，不得套作。③用规范汉字书写。

七、湖南卷

阅读下面的文字，按要求作文。

1. 它被天边的彩云所吸引，奋力飞腾，寒冷、饥寒、风雨都无法阻止它。它毅然决然地向上飞，飞上高山之巅，已经精疲力竭，伤痕累累。一个声音问：值得吗？天地苍茫，彩云缭绕。它内心充实而满足，喃喃地答道：我愿意！

2. 父亲的书桌对面有一把小椅子，儿子坐在那里陪伴回家在桌子前剪报的父亲。父子俩没有说话，静静相对。儿子望着父亲祥和的面容，心里充溢着宁静的幸福。父亲，您辛苦了，能这样陪陪您，我真的很愿意。

根据上面两则材料，结合自己的感受和思考，任选角度，自拟题目，写一篇不少于800字的记叙文或议论文。

八、福建卷

阅读下面的材料，根据要求作文。

我仰望着夜空，感到一阵惊恐。如果地球失去引力，我就会变成流星，无依无附在天宇飘行。哦，不能！为了拒绝这种"自由"，我愿变成一段树根，深深地扎进地层。

上面的材料引发你怎样的感悟或联想？请就此写一篇不少于800字的议论文或记叙文。

【要求】①必须符合文体要求。②角度自选。③立意自定。④标题自拟。⑤不得抄袭，不得套作。

九、辽宁卷

阅读下面的材料，根据要求写一篇不少于800字的文章。

一位年轻人事业无成，非常郁闷。一天，他在海滩上遇到一位老人。老人抓起一把沙子扔在沙滩上，问："你能找到吗？"。年轻人说："不能。"老人又抓起一颗珍珠扔在沙滩上，问："这回呢？"，年轻人说："能。"年轻人恍然大悟，一个人只有成为珍珠才能得到别人的认可。

根据阅读后的感悟和联想写一篇不少于800字的文章。

十、广东卷

阅读下面的文字，根据要求作文。

有一个人白手起家，成了富翁。他为人慷慨，热心于慈善事业。

一天，他了解到有三个贫困家庭，生活难以为继。他同情这几个家庭的处境，决定向他们提供捐助。一家十分感激，高兴地接受了他的帮助；一家犹豫着接受了，但声明一定会偿还；一家谢谢他的好意，但认为这是一种施舍，拒绝了。

【要求】①自选角度，确定立意，自拟题目，文体不限。②不要脱离材料内容及含意的范围作文。③不少于800字。④不得套作，不得抄袭。

十一、江西卷

一段时间以来，"中学生有三怕：奥数、英文、周树人"成了校园流行语。实际情况是，有些同学有这"三怕"（或其中"一怕""二怕"），有些同学不但不怕反倒喜欢。

你对上述"怕"或"不怕"（含喜欢）有何体验或思考？请自选角度，自拟题目，写一篇文章。

【要求】①写记叙文或议论文。②不得透漏个人信息。③不得抄袭，不得套作。④不少于700字。

十二、重庆卷

大豆是蛋白质含量极其丰富而又十分廉价的食物。可它的境遇曾一度尴尬，煮熟的大豆难以引起人们的食欲，并且会使肠胃胀气。人们需要更好的大豆食用方式，后来，用盐卤点制豆浆而发明了豆腐。

豆腐的诞生彻底改变了大豆的命运。豆腐让人体对大豆蛋白的吸收和利用，变得更加容易；豆腐柔软变通的个性给擅长烹饪的中国人留有极大的创造空间，豆腐也因此被制作出品类繁多的菜肴，以适应不同地区人们的口味和喜好。所有这些，让普通的大豆得到了升华。

【要求】①结合材料的内容和含意，选准角度，明确立意。②自拟标题，自选文体（诗歌除外），不少于800字。③不得套作，不得抄袭。

十三、浙江卷

根据下面的文字，根据要求作文。

中国作家丰子恺说，孩子的眼光是直线的，不会转弯的。英国作家赫胥黎说，为什么人的年龄在延长，少男少女的心灵却在提前硬化。美国作家菲尔丁说，世界将失去孩提王国，一般失去这一伟大王国，那就是真正的沉沦。

综合上述材料，你有什么所思所感？写一篇不少于800字的文章。

十四、安徽卷

阅读下面材料，根据要求写一篇不少于800字的文章。

有的人看到已经发生的事情，问："为什么会这样？"

我却梦想从未有过的事物，然后追问："为什么不能这样？"

——萧伯纳

【要求】①选好角度，确定立意，明确文体（诗歌除外），自拟标题，不要脱离材料内容及含意的范围作文。②不得套作，不得抄袭，不得透漏个人相关信息。③书写规范，正确使用标点符号。

十五、天津卷

中国自古有"学而知之"的说法，这里的"学"，通常被理解为从师学习。韩愈就说过："人非生而知之者，孰能无惑？惑而不从师，其为惑也，终不解矣。"随着时代的发展，我们获取知识、掌握技能或懂得道理的途径日益多元化。请结合你的心得和体验，在"＿＿而知之"中的横线处填入一个字，构成题目，写一篇文章。

【要求】①不能以"学而知之"为题。②除诗歌外，文体不限。③不少于800字。④不得抄袭，不得套作。

十六、湖北卷

你注意到了吗？装鲜牛奶的容器一般是方盒子，装矿泉水的容器一般是圆瓶子，装酒的圆瓶子一般又放在方盒子里。方圆之间，各得其妙。古诗云："方圆虽异器，功能信具呈。"人生也是如此，所谓"上善若水任方圆"。

请根据你对材料的理解，自选一个角度，写一篇不少于800字的文章。

十七、广西卷

尚先生在出租车上丢了一部手机，然后他打了该手机号码，通了之后被挂掉。于是，尚先生给该手机发了一条短信，说愿意用2000元酬金换回这部手机。一个多小时后，捡到手机的人表示愿意归还。后来，捡到手机者把手机还给了失主，没有拿酬金就离开了。记者事后联系上捡到手机的人。他说，他本来不想归还手机，但看到手机里的照片和短信，得知这个失主最近给芦山地震灾区的人捐了款，所以他才决定把手机归还失主。他说，不能用贪心来对待爱心，我们要多一些真诚和友善。

根据上述材料写一篇不低于800字的作文，题目自拟，不能脱离材料的内容和意义。

十八、山东卷

阅读下面的材料，根据要求写一篇不少于800字的文章。

近年来，素有"语林啄木鸟"之称的《咬文嚼字》开设专栏，为当代著名作家的作品挑错，发现其中确有一些语言文字和文史知识差错。对此，这些作家纷纷表示理解，并积极回应。中国作协主席铁凝诚恳地感谢读者对她的作品"咬文嚼字"；莫言在被"咬"之后，也表达了自己的谢意。他表示，请别人挑错，可能是消除谬误的好办法。

【要求】①选准角度，自定立意。②自拟题目。③除诗歌外，文体不限，文体特征鲜明。④不要脱离材料内容及含意的范围。

2014年全国高考作文试题汇总

一、新课标卷Ⅰ

阅读下面的材料，根据要求写一篇不少于800字的文章。

"山羊过独木桥"是为民学校传统的团体比赛项目。规则是，双方队员两两对决，同时相向而行，走上仅容一人通行的低矮独木桥，能突破对方阻拦成功过桥者获胜，最后以全队通过的人数多少决定胜负。因此习惯上，双方相遇时，会像山羊抵角一样，尽力使对方落下桥，自己通过。不过，今年预赛中出现了新情况：有一组比赛，双方选手相遇时，互相抱住，转身换位，全都顺利地过了桥。这种做法当场引发了观众、运动员和裁判员的激烈争论。

事后，相关的争论还在继续。

【要求】①选好角度，确定立意，明确文体，自拟标题。②不要脱离材料内容及含意范围作文，不得套作，不得抄袭。

二、新课标卷Ⅱ

阅读下面的材料，根据要求写一篇不少于800字的文章。

不少人因为喜欢动物而给它们喂食。某自然保护区的公路边却有如下警示：给野生动物喂食，易使他们丧失觅食能力，不听警告执意喂食者，将依法惩处。

【要求】①选好角度，确定立意，明确文体，自拟标题。②不要脱离材料内容及含意的范围作文，不得套作，不得抄袭。

三、北京卷

北京过去有许多老规矩，如"出门回家都要跟长辈打招呼""吃菜不许满盘子乱挑""不许管闲事儿""笑不露齿，话不高声""站有站相，坐有坐相""作客时不许随便动主人家的东西""忠厚传世，勤俭持家"等，这些从小就被要求遵守的准则，点点滴滴，影响了一辈辈北京人。

世易时移，这些"老规矩"渐渐被人们淡忘了。不久前，有网友陆续把一些"老规矩"重新整理出来贴到网上，引发了一片热议。

"老规矩"被重新提起并受到关注，这种现象引发了你哪些思考？

请自选角度，自拟题目写一篇文章，文体不限，不少于700字。

四、上海卷

根据以下材料，自选角度，自拟题目，写一篇不少于800字的文章（不要写成诗歌）。

你可以选择穿越沙漠的道路和方式，所以你是自由的；你必须穿越这片沙漠，所以你又是不自由的。

五、四川卷

阅读下面的文字，根据要求作文。

人，只有在自己站起来之后，这个世界才能属于他。

这句话引发了你那些思考？请自选角度写一篇不少于800字的文章。

【要求】①标题自定，文体自选。②不得抄袭，不得套作。③用规范汉字书写。

六、江苏卷

根据以下材料，选取角度，自拟题目，写一篇不少于800字的文章，文体不限，诗歌除外。

有人说，没有什么是不朽的，只有青春是不朽的。

也有人说，年轻人不相信有朝一日会老去，这种想法其实是天真的，我们自欺欺人地抱有一种像自然一样长存不朽的信念。

七、福建卷

"提到空谷，有人想到的是悬崖，有人想到的是栈道桥梁。"

根据这句话，写一篇议论文或记叙文，题目自拟，不少于800字。

八、湖南卷

被誉为"最美乡镇干部"的某乡党委书记，在一个其他人不肯去、去了也待不到两年的地方，一干就是八年，以坚定的信念和顽强的意志，率领村民发奋图强，将穷乡僻壤建设成了美丽的乡村。面对洒满心血与汗水的山山水水，他深有感触地说："心在哪里，风景就在哪里。"

根据上面的材料，自选角度，自拟题目，写一篇不少于800字的记叙文或议论文。

九、辽宁卷

夜晚，祖孙二人倚窗远眺。"瞧，万家灯火，大街通明，霓虹闪耀，真美！"男孩说，"要是没有电，没有现代科技，没有高楼林立，上哪儿看去？"老人颔首，又沉思摇头："可惜漫天繁星没有了，沧海桑田，转眼之间啊！当年那些祖先，山洞边点燃篝火，看月亮初升，星汉灿烂，他们欣赏的也许才是美景。"

请根据材料写一篇作文，体裁不限。

十、广东卷

黑白胶片的时代，照片很少，只记录下人生的几个瞬间，在家人一次次的翻看中，它能唤起许多永不褪色的记忆。但照片渐渐泛黄，日益模糊。

数码科技的时代，照片很多，记录着日常生活的点点滴滴，可以随时上传到网络与人分享。它从不泛黄，永不模糊，但在快速浏览与频繁更新中，值得珍惜的"点滴"也可能被稀释。

【要求】①自选角度，确定立意，自拟标题，文体不限。②不要脱离材料内容及含意的范围。③不少于800字。

十一、山东卷

阅读下面的材料，根据自己的感悟和联想，写一篇不少于800字的文章。

窗子就是一个画框，从窗子望出去，就可以看见一幅图画。有人看到的是雅，有人看到的是俗，有人看到的是闹，有人看到的是静……

【要求】①选准角度，自定立意。②自拟题目。③除诗歌外，文体不限。④文体特征鲜明。

十二、江西卷

大作文：

探究作为我国现行课程标准倡导的学习方式之一，常常出现在课堂、实验以及课外学习过程中。有的同学觉得，探究给自己留下了一段难忘的学习经历；有的同学认为，探究是一种重要的学习方式；有的同学则抱怨，探究在教学活动中往往流于形式——

对课内外学习中的探究，你有何体验、见闻或思考？请自选角度，自拟题目，写一篇文章。

【要求】①写记叙文或议论文。②不得透露个人信息。③不得抄袭，不得套作。④不少于700字。

小作文：

请按下列要求写一段话，描写春节期间的某个场景。

①集中表现出喜庆祥和的气氛。

②应用疑问句和排比句来表达情感。

③最后一句能概括全段内容。

④结构相对完整，语言简明、连贯、得体。

⑤不少于200字，不得透露个人信息。

十三、安徽卷

阅读下面的材料，根据要求写一篇不少于800字的文章。

一位表演艺术家和一位剧作家就演员改动剧本台词一事，发表了不同的意见。表演艺术家说：演员是在演戏，不是念剧本，可以根据表演的需要改动台词。剧作家说：剧本是一剧之本，体现了作者的艺术追求，如果演员随意改动台词，就可能违背创作的原意。

【要求】①选好角度，确定立意，明确文体（诗歌除外）。②自拟标题，不要脱离材料内容及含意的范围作文。③不得套作，不得抄袭，不得透露个人相关信息。④书写规范，正确使用标点符号。

十四、重庆卷

读下面的材料，根据要求作文。

一个游客去波罗的海海滨度假，找到一处房屋。打算同房东——一位和蔼可亲的老人签下租房合同。老人劝他不妨先试住几天，看究竟合适不合适，再作决定。

游客住下后感到很满意。到第5天，将要签合同时，却发生了一点意外：一个精美的玻璃杯被他不小心打碎了。他有些忐忑不安地打电话告诉了老人，老人说："不要紧，你又不是故意的，我过来签合同时再拿一个来。"游客把碎玻璃和屋里的其他垃圾打扫了。不久，老人来了，进屋后就问："玻璃杯碎片呢？"游客回答说，已装进垃圾袋，放到门外了。老人赶紧出门，打开垃圾袋看过后，脸色凝重地对游客说："对不起，我不再把房子租给你了。"

然后，老人仔细地将玻璃碎片一一捡了出来，放入另一个垃圾袋，写上："玻璃碎片，危险！"

【要求】①结合材料的内容和含意，选准角度，明确立意。②自拟标题，自选文体（诗歌除外），不少于800字。③不得套作，不得抄袭。

十五、湖北卷

阅读下面材料，按要求作文。

游客们来到山脚下，这里流水潺潺，鸟语花香。游客问下山的人：上面有好看的吗？有人答没有，有人答有。

于是，有人留在山脚赏景，有人继续爬山。来到山腰，这里古木参天，林静山幽。游客问下山的人：上面有好看的吗？有人答没啥好看的，有人答好看。

于是有人在山腰流连，有人继续攀登。来到山顶，只见云海茫茫，群山隐约。

请根据你对材料的理解和感悟，自选一个角度，写一篇不少于800字的文章，文体自选，标题自拟。

十六、天津卷

阅读下面的文字，按要求作文。

也许将来有这么一天，我们发明了一种智慧芯片。有了它，任何人都能古今中外无一不知，天文地理无所不晓。比如说，你在心里默念一声"物理"，人类有史以来有关物理的一切公式、定律便纷纷浮现出来，比老师讲的还多，比书本印的还全。你逛秦淮河时，脱口一句"旧时王谢堂前燕"，旁边卖雪糕的老大娘就接茬说"飞入寻常百姓家"，还慈祥地告诉你，这首诗的作者是刘禹锡。这时一个金发碧眼的外国小女孩抢着说，诗名《乌衣巷》，出自《全唐诗》365卷4117页……这将是怎样的情形啊！

读了上面的材料，你有怎样的联想或思考？请就此写一篇文章。

十七、广西卷

阅读下面的文字，根据要求写一篇不少于800字的文章。

农民工老王突发胃穿孔，被送进医院。为救治这名贫困患者，医院开通"绿色通道"给他做手术，又进行了10天治疗。虽然老板主动送来5000元，老王仍欠下4000多元医疗费，而医院默许他出了院。老王刚一康复就回到了工地："哪怕打工还钱再难，我也得努力。是医院和老板救了我。"可欠款还是像石头一样压在他心上，最终，老王鼓足勇气找到医院，说出了想在医院打工抵债的心思。院方深受感动，聘他为陪检员。老王也特别敬业，作为曾经的患者，他格外懂得怎样帮助病人。

【要求】①选好角度，确定立意，明确文体，自拟标题。②不要脱离材料内容及含意的范围，不得套作，不得抄袭。

十八、浙江卷

阅读下面的文字，根据要求作文。

门与路永远相连，门是路的终点，也是路的起点。它可以挡住你的脚步，也可以让你走向世界。大学的门，一边连接已知，一边通向未知。学习、探索、创造是它的通行证。大学的路，从过去到未来，无数脚印在此交集，有的很浅，有的很深。

综合上述材料，结合你的所思所感，写一篇不少于800字的作文。

2015年全国高考作文试题汇总

一、全国卷Ⅰ（河北、河南、山西、陕西）

阅读下面的材料，根据要求写一篇不少于800字的文章。

因父亲总是在高速公路上开车时接电话，家人屡劝不改，女大学生小陈迫于无奈，更出于生命安全的考虑，通过微博私信向警方举报了自己的父亲。警方查实后，依法对老陈进行了教育和处罚，并将这起举报发在官方微博上。此事赢得众多网友点赞，也引发一些质疑，经媒体报道后，激起了更大范围、更多角度的讨论。

对于以上事情，你怎么看？请给小陈、老陈或其他相关方写一封信，表明你的态度、阐述你的看法。

【要求】①综合材料内容及含意，选好角度，确定立意，完成写作任务。②明确收信人，统一以"明华"为写信人，不得泄露个人信息。

二、全国卷Ⅱ（甘肃、广西、贵州、黑龙江、吉林、辽宁、内蒙古、宁夏、青海、西藏、新疆、云南、海南、江西）

阅读下面的材料，根据要求写一篇不少于800字的文章。

当代风采人物评选活动已产生最后三名候选人：大李，笃学敏思，矢志创新，为破解生命科学之谜作出重大贡献，率领团队一举跻身国际学术最前沿；老王，爱岗敬业，练就一手绝活，变普通技术为完美艺术，走出一条从职高生到焊接大师的"大国工匠"之路；小刘，酷爱摄影，跋山涉水捕捉世间美景，他的博客赢得网友一片赞叹："你带我们品味大千世界。""你帮我们留住美丽乡愁。"

这三人中，你认为谁更具风采？请综合材料内容及含意作文，体现你的思考、权衡与选择。

【要求】①选好角度，确定立意，明确问题，自拟标题。②不得套作，不得抄袭。

三、广东卷

阅读下面的文字，根据要求作文。

看天光云影，能测阴晴雨雪，但难逾目力所及；打开电视，可知全球天气，却少了静观云卷云舒的乐趣。

漫步林间，常看草长莺飞、枝叶枯荣，但未必能细说花鸟之名、树木之性；轻点鼠标，可知生物的纲目属种、迁徙演化，却无法嗅到花果清香、丛里气息。

从不同的途径去感知自然，自然似乎很"近"，又似乎很"远"。

【要求】①自选角度，确定立意，自拟标题，文体不限。②不要脱离材料内容及含意的范围。③不少于800字。④不得套作，不得抄袭。

四、北京卷

从下面两个题目中任选一题，按要求作答。不少于700字。

在中华民族发展的历史长河中，从古至今有无数英雄人物：岳飞、林则徐、邓世昌、赵一曼、张自忠、黄继光、邓稼先……他们为了祖国，为了正义，不畏艰险，不怕牺牲；他们也不乏儿女情长，有普通人一样的对美好生活的眷恋。中华英雄令人钦佩，是一代又一代华夏儿女的榜样。

请以"假如我与心中的英雄生活一天"为题,写一篇记叙文。

【要求】①自选一位中华英雄,展开想象,叙述你和他(她)在一起的故事,写出英雄人物的风貌和你的情感。②将题目抄写在答题卡上。

《说起梅花》表达了作者对梅花"深入灵魂的热爱"。在你的生活中,哪一种物使你产生了"深入灵魂的热爱"?这样的热爱为什么能够深入你的灵魂?

请以"深入灵魂的热爱"为题作文。

【要求】自选一物(植物、动物或器物。梅花除外),可议论,可叙述,可抒情,文体不限。

五、四川卷

在一次班会上,同学们围绕"学会做人:我看老实和聪明"展开了讨论。
甲:老实是诚实、忠厚,聪明是机智、敏锐。
乙:老实和聪明能为一个人兼而有之。
丙:老实是另一种聪明,聪明未必是真聪明。
……

请根据上述材料,联系现实生活,结合自己的思考,自选角度写一篇不少于800字的文章。

【要求】①题目自拟,立意自定,文体自选。②不得抄袭,不得套作。③用规范汉字书写。

六、安徽卷

阅读下面的材料,根据要求写一篇不少于800字的文章。

为了丰富中小学生的课余生活,让同学们领略科技的魅力,过一把尖端科技的瘾,中科院某研究所推出了公众开放日系列科普活动。活动期间,科研人员特地设计了一个有趣的实验,让同学们亲手操作扫描式电子显微镜,观察蝴蝶的翅膀。

通过这台可以看清纳米尺度物体三维结构的显微镜,同学们惊奇地发现:原本色彩斑斓的蝴蝶翅膀竟然失去了色彩,显示出奇妙的凹凸不平的结构。

原来,蝴蝶的翅膀本是无色的,只是因为具有特殊的微观结构,才会在光线的照射下呈现出缤纷的色彩……

【要求】①自选角度,确定立意,明确文体(诗歌除外),自拟标题。②不要脱离材料内容及含意的范围作文。③不得套作,不得抄袭,不得透漏个人相关信息。④书写规范,正确使用标点符号。

七、湖北卷

泉水在地下蓄积。一旦有机会，它便骄傲地涌出地面，成为众人瞩目的喷泉，继而汇成溪流，奔向远方。但人们对地下的泉水鲜有关注，其实，正是因为有地下那些默默不语的泉水不断聚集，才有地上那一股股清泉的不停喷涌。

请根据你对材料的理解和感悟，自选一个角度，写一篇不少于800字的文章，文体自定，标题自拟。

八、上海卷

根据以下材料，自选角度，自拟题目，写一篇不少于800字的文章（不要写成诗歌）。

人的心中总有一些坚硬的东西，也有一些柔软的东西。如何对待它们，将关系到能否造就和谐的自我。

九、重庆卷

一个刚上车的小男孩请公交司机等一等他妈妈。过了一分钟，孩子妈妈还没到，车上的乘客开始埋怨，说母子俩耽误了大家时间。这时，那位腿有残疾的母亲一瘸一拐地上了车，所有人都沉默了。

请根据以上材料，联系现实生活，结合自己的思考，自选角度，写一篇不少于800字的文章。

【要求】①题目自拟，立意自定，文体自选。②不得抄袭，不得套作。③用规范汉字书写。

十、山东卷

阅读下面的材料，根据自己的感悟和联想，写一篇不少于800字的文章。

乡间有谚语："丝瓜藤，肉豆须，分不清。"意思是丝瓜的藤蔓与肉豆的茎须一旦纠缠在一起，是很难分辨的。

有个小孩想分辨两者的不同，结果把自家庭院里丝瓜和肉豆的那些纠结错综的茎叶都扯断了。

父亲看了好笑，就说："种它们是用来吃的，不是用来分辨的呀！你只要照顾它们长大，摘下瓜和豆来吃就好了。"

【要求】①选准角度，自定立意。②自拟题目。③除诗歌外，文体不限。④文体特征鲜明。

十一、浙江卷

阅读下面的文字，根据要求作文。

古人说"言为心声""文如其人"。性情偏急则为文局促，品行澄淡则下笔悠远。这意味着作品的格调趣味与作者人品应该是一致的。

金代元好问《论诗绝句》则认为"心画心声总失真，文章宁复见为人"。艺术家笔下的高雅不能证明其为人的脱俗。这意味着作品的格调趣味与作者人格有可能是背离的。

对此你有何看法，写一篇文章阐明你的观点。

【要求】①题目自拟，观点自定。②明确文体，不得写成诗歌。③不得少于800字。④不得抄袭，不得套作。

十二、天津卷

近年来社会上流行一个词——"范儿"，并派生出"中国范儿""文艺范儿""潮范儿""有范儿"等一系列词语。"范儿"多指好的"风格""做派"，近似于"有气质""有情调""有品位"的意思。一个民族有一个民族的"范儿"，一个时代有一个时代的"范儿"，不同职业有不同职业的"范儿"，一个人也可能有一个人的"范儿"……

请根据上面的材料，结合你的生活体验与思考写一篇文章。

【要求】①自选角度，自拟标题。②文体不限（诗歌除外），文体特征鲜明。③不少于800字。④不得抄袭，不得套作。

十三、江苏卷

根据以下材料，选取角度，自拟题目，写一篇不少于800字的文章；文体不限，诗歌除外。

智慧是一种经验，一种能力，一种境界……

如同大自然一样，智慧也有其自身的景象。

十四、福建卷

阅读下面的材料，根据要求作文。

地上本没有路，走的人多了，便也成了路。

有时，走错路也是一件有意思的事情，如果没有走错了路，就不会发现新的路。

世上没有走不通的路，只有不敢走的人。

上面三则材料，引发你怎样的感悟和联想？请就此写一篇不少于800字的议论文或记叙文。

【要求】①必须符合文体要求。②角度自选，立意自定，标题自拟。③不要脱离材料内容及含意的范围。④不得抄袭，不得套作。

十五、湖南卷

有一棵大树，枝繁叶茂，浓阴匝地，是飞禽、走兽们喜爱的栖息场所。飞禽、走兽们经常讲它们旅行的见闻。大树听了，请飞禽带自己去旅行，飞禽说大树没有翅膀，拒绝了。大树想请走兽帮助，走兽说大树没有腿，也拒绝了。于是，大树决定自己想办法。它结出甜美的果实，果实里包着种子。果实被走兽们吃了以后，大树的种子就这样传播到了世界各地。

请根据上面的材料，自选角度，自拟题目，写一篇不少于800字的记叙文或议论文。

2016年全国高考作文试题汇总

一、全国卷Ⅰ（河北、河南、山西、江西、广东、安徽、湖南、湖北、福建）

阅读下面的漫画材料，根据要求写一篇不少于800字的文章。

【要求】结合材料的内容和寓意，选好角度，确定立意，明确文体，自拟标题；不得套作，不得抄袭。

二、全国卷Ⅱ（甘肃、青海、西藏、黑龙江、吉林、辽宁、宁夏、内蒙古、新疆、陕西、重庆、海南）

阅读下面的材料，根据要求写一篇不少于800字的文章。

语文学习关系到一个人的终身发展，社会整体的语文素养关系到国家的软实力和文化自信。对于我们中学生来说，语文素养的提升主要有三条途径：课堂有效教学、课外大量阅读、社会生活实践。

从自己的角度分析这三种学习方式，谈如何提高学习语文素养。

三、全国卷Ⅲ（四川、广西、云南）

某人推出的花茶新工艺，但很快被模仿，市场上出现了不少假冒伪劣产品。他担心这样下去会破坏这一市场，于是公开了工艺流程，并制定行业标准，最终规范了市场，自己也成了致富带头人。请考生根据材料自拟题目，写一篇800字的作文。

四、北京卷

从下面两个题目中任选一题，按要求作答。不少于700字。

1. 《白鹿原上奏响一支老腔》记述老腔的演出每每"撼人胸腑"，令人有一种"酣畅淋漓"的感觉。某种意义上，可以说"老腔"已超越其艺术形式本身，成了一种象征。

请以"'老腔'何以令人震撼"为题，写一篇议论文。

【要求】从老腔的魅力说开去，不要局限于陈忠实散文的内容，观点明确，论据充分，论证合理。

2. 书签，与书相伴，形式多样。设想你有这样一枚神奇的书签：它能与你交流，还能助你实现读书的愿望……你与它之间会发生什么故事呢？

请展开想象，以"神奇的书签"为题，写一篇记叙文。

【要求】①表现爱读书、读好书的主题。②有细节，有描写。

五、上海卷

随着现代社会的发展，人们的生活更容易进入大众视野，评价他人生活变得越来越常见，这些评价对个人和社会的影响也越来越大。人们对"评价他人的生活"这种现象的看法不尽相同，请写一篇文章，谈谈你对这种现象的思考。

【要求】①自拟题目。②不少于800字。

六、天津卷

在阅读方式多元化的今天，你可以通过手机、电脑等电子设备，在宽广无垠的网络空间中汲取知识；你可以借助多媒体技术，"悦读"有形有色、有声有像的中外名著；你也可以继续手捧传统的纸质书本，享受在墨海书香中与古今圣贤对话的乐趣……

当代青年渴求新知，眼界开阔，个性鲜明，在阅读方式的选择上不拘一格。

请围绕自己的阅读方式，结合个人的体验和思考，谈谈"我的青春阅读"。

【要求】①自选角度，自拟标题。②文体不限（诗歌除外），文体特征鲜明。③不少于800字。④不得抄袭，不得套作。

七、江苏卷

根据以下材料，选取角度，自拟题目，写一篇不少于800字的文章。文体不限，诗歌除外。

俗话说，有话则长，无话则短。有人却说，有话则短，无话则长——别人已说的我不必再说，别人无话可说处我也许有话要说。有时这是个性的彰显，有时则是创新意识的闪现。

八、浙江卷

网上购物，视频聊天，线上娱乐，已成为当下很多人生活不可或缺的一部分。

业内人士指出，不远的将来，我们只需在家里安装VR（虚拟现实）设备，便可以足不出户地穿梭于各个虚拟场景：时而在商店的衣帽间里试穿新衣，时而在诊室里与医生面对面交流，时而在足球场上观看比赛，时而化身为新闻事件的"现场目击者"……

当虚拟世界中的"虚拟"越来越成为现实世界中的"现实"时，是选择拥抱这个新世界，还是选择远离，或者与它保持适当距离？

对材料提出的问题，你有怎样的思考？写一篇论述类文章。

【要求】①角度自选，立意自定。②标题自拟。③不少于800字。④不得抄袭，不得套作。

九、山东卷

行囊已经备好了，开始一段新的旅程。路途漫漫，翻检行囊会发现，有的东西很快用到了，有的暂时用不上，有的想用而未曾准备，有的会一直伴随我们走向远方……

【要求】根据材料，选准角度，自定立意，自拟题目，不少于800字。

后 记

仲夏的夜,热浪袭袭,蝉鸣阵阵,扰得人难以入睡,心中竟有点儿不安、惆怅和烦躁。白日的喧嚣沉寂下来,又使得这夜晚格外寂静。窗外一望无垠的黑帐上繁星点点,格外明亮,如水似梦……众多的星星似连成一条通往天堂的阶梯,明亮而耀眼。不禁想起艺考的孩子们,他们不也拥有一个这样的"明星梦"么?

"宝剑锋从磨砺出,梅花香自苦寒来。"这是所有艺考考生都不得不经历的一段痛苦而又快乐的旅程。如果说高考像是过独木桥,那么艺考则像是千军万马挤独木桥,其中的艰辛怕是只有经历过的人才能深刻体会到。谁又能知道聚光灯下神采奕奕的背后付出了多少艰辛。金钱和时间的高额付出、文化课和专业课的双重压力,使得这些孩子们心力交瘁。但是,为了心中的艺术梦,他们勇于拼搏,坚持到底,永不言败,这需要多么大的勇气和决心啊!

《主持人话题宝典》的这次再版,选取了近几年来的热点话题。这些话题严格地紧贴考试要求,精准把握艺考态势,细致地剖析解题思路,力图为艺考学子们奉上一本优质实用的宝典,让孩子们在前行的道路上不再迷茫和孤单,大踏步地走入理想的高校。本书部分话题的编写修订工作由董彦君老师和河南大学新闻与传播学院2015级硕士研究生康筱、岳竹青、潘曈、邓倩、张延鑫、蔡知佞、汪蕊、度冉、赵俊卿等同学完成,在此一并向他们表示感谢。

有志者,事竟成。愿各位考生都能圆自己的艺考梦,金榜题名,捷报相传。

作者

2016年10月